知识产权专题研究书系

XIANYOUJISHUKANGBIAN LILUN
YU SHIYONGWENTI YANJIU

现有技术抗辩理论
与适用问题研究

曹新明　著

知识产权出版社
全国百佳图书出版单位

图书在版编目（CIP）数据

现有技术抗辩理论与适用问题研究／曹新明著.—北京：知识产权
出版社，2017.2

ISBN 978－7－5130－4654－1

Ⅰ.①现… Ⅱ.①曹… Ⅲ.①专利侵权—研究 Ⅳ.①D913.404

中国版本图书馆 CIP 数据核字（2016）第 311890 号

责任编辑：刘　睿　邓　莹　　　　责任校对：潘凤越
封面设计：SUN 工作室　　　　　　责任出版：刘译文

现有技术抗辩理论与适用问题研究
曹新明　著

出版发行：**知识产权出版社** 有限责任公司	网　　址：http：//www.ipph.cn
社　　址：北京市海淀区西外太平庄 55 号	邮　　编：100081
责编电话：010－82000860 转 8113	责编邮箱：liurui@cnipr.com
发行电话：010－82000860 转 8101/8102	发行传真：010－82000893/82005070/82000270
印　　刷：保定市中画美凯印刷有限公司	经　　销：各大网上书店、新华书店及相关专业书店
开　　本：720mm×1000mm　1/16	印　　张：20.5
版　　次：2017 年 2 月第一版	印　　次：2017 年 2 月第一次印刷
字　　数：330 千字	定　　价：58.00 元

ISBN 978－7－5130－4654－1

目　　录

导　言

第一节　研究现状及选题意义

一、专利制度发展现状

2013 年 11 月 12 日，中国共产党第十八届三中全会通过《中共中央关于全面深化改革若干重大问题的决定》，其中明确提出了"加强知识产权运用和保护，健全技术创新激励机制，探索建立知识产权法院"。❶ 该项重大决定，为我国实施创新驱动发展战略和知识产权战略指明了发展方向。根据党中央"加强知识产权运用和保护"的号召，知识产权研究者应当加强知识产权基本理论与应用研究。在此千载难逢之际，本课题对现有技术抗辩之理论与适用研究，不仅具有理论价值，而且具有现实战略意义。

综观当今世界各国，以美国为代表的西方发达国家，已经完成专利制度新一轮的修改完善，以进一步激励创新，以创新驱动发展。例如，2011 年 9 月 16 日，美国总统奥巴马签署经过国会参众两院通过的《美国发明法案》（Leahy-Smith America Invents Act，AIA，HR1249）。并将在自此以后的 18 个月后该法案生效，正式成为美国对其《专利法》的修正法案。❷ 美国 AIA 最引人关注的修改就是将其固守的先发明原则修改为发明人先申请原则，向当今国际专利制度通行的先申请原则靠拢了，仅有的差异在于其在先申请人必须是发

---

❶　引自 2013 年 11 月 12 日发布的《中共中央关于全面深化改革若干重大问题的决议》第三部分第（13）段。

❷　《美国发明法案》，载 http://www.wtoip.com/news/a/20130304/609.html。

明人。❶

除美国之外，日本自 20 世纪 90 年代起，频繁修改其专利法，使之成为科技立国战略的助推器。进入 21 世纪以后，日本首先举起了知识产权战略的大旗，对包括专利法在内的绝大多数知识产权制度进行修订，为其知识产权战略服务。2011 年 6 月，日本公布专利法部分修改令；2012 年 4 月 1 日，修改令正式生效。❷

2009 年 7 月 31 日，德国联邦议院通过了《德国专利法简化与现代化法》（以下简称《现代化法》）。该修正法案对其专利法、实用新型法、外观设计法和雇员发明法等法律同时作了修订。其修订部分于 2009 年 10 月 1 日同时生效。❸

面对如此严峻的形势，我国于 2008 年 12 月 27 日对专利法进行第三次修订，对职务发明申请权归属制度、专利共有制度、强制许可制度、专利侵权例外等诸项制度进行修订，同时还增加了现有技术抗辩措施等新内容，使我国专利制度得以完善。专利法中增加现有技术抗辩措施，从实体法的角度看，不仅可以避免公共领域元素被他人垄断用以牟取其私利，而且有利于促进技术创新；从程序法的角度看，不仅可以节约诉讼成本，而且可以加快专利侵权审判速度。

二、专利侵权诉讼现有技术抗辩研究现状

根据有关资料，国内外学者关于现有技术抗辩理论与适用问题的研究，所涉内容广泛，但比较重点集中在以下几个方面。

（一）专利侵权抗辩制度本体问题的研究

国内学者着重关注现有技术抗辩的具体适用方法，并进行一定的比较法研究。谭筱清《已有公知技术抗辩原则在专利侵权诉讼中的运用》（《人民司法》2002 年第 8 期）着重分析已有公知技术在专利

---

❶ 《美国发明法案》（2011）第 3 条。

❷ http://blog.sina.com.cn/s/blog_ 96b27e750100ve9c.html.

❸ 张韬略、黄洋："《德国专利法之简化和现代化法》评述——浅析德国专利法律的最新修改"，载《知识产权》2009 年第 10 期。

侵权诉讼中适用的主要情形，既可以适用于被控侵权技术与涉案专利技术相同情形，也可以适用于被控侵权技术与涉案专利技术等同的情形。但是，只要被控侵权人能够举证证明其所实施的技术与已有公知公用技术相同或等同，其抗辩就能够成立。杨志敏《关于"公知技术抗辩"若干问题的研究——从中、德、日三国判例与学说的对比角度》（《比较法研究》2003 年第 2 期）提出，公知技术抗辩就是指被控侵权人通过证明自己实施的技术与公知技术相同或明显近似来对抗权利人、拒绝承担侵权责任的主张。它是依专利制度的基本原理产生的并由被告方享有的抗辩性权利。它不仅在等同侵权判定中适用，而且在相同侵权判定中同样适用。其适用符合诉讼经济原则和便于确保诉讼双方当事人在法律地位上的平等。它的最大特点在于与专利有效性的判断无关，人民法院能在诉讼中独立判断、也容易判断适用，而不会产生与职权分开原则及《专利法》第 56 条❶相抵触的问题。针对我国存在大量的瑕疵专利权的现实，人民法院理应积极允许公知技术抗辩。张晓都的《现有技术抗辩的认定——以"防伪铆钉"实用新型专利侵权纠纷案为例》（《中国专利与商标》2007 年第 2 期）认为，在专利侵权诉讼中，被控侵权人可以采用现有技术抗辩。尤其是当被控侵权人所实施的技术相对于现有技术具有新颖性的情况下，现有技术抗辩成功与否取决于该技术是否具有创造性。张鹏、崔国振《现有技术抗辩的对比方式和对比标准探析》（《知识产权》2009 年第 1 期）考察现有技术抗辩措施的起源与发展，并且就德国、日本和美国等国家对现有技术抗辩所采用的不同模式进行适当的比较分析，揭示彼此的相同点与差异，指出现有技术抗辩的对比方式应当是被控侵权技术与现有技术进行对比，对比标准应当是新颖性标准。张鹏的《现有技术抗辩制度本质论》（《科技与法律》2010 年第 1 期）认为，从纠纷解决机制的角度而言，现有技术抗辩制度的制度价值就在于保障善意第三人的可得利益，立足于私法利益的保护；无效制度则运用公共权力对于瑕疵专利的不当授权加以纠正，具有行政属性，立足于公共权力的行使。

---

❶　2008 年《专利法》第三修正案第 59 条。

以此作为制度本质，现有技术抗辩制度应当仅适用于等同侵权，并且不适用于抵触申请；对比方式应当是被控侵权技术与现有技术之间的单独对比；对比标准应当是新颖性标准。翟文峰、张炳生的《现有技术抗辩的抗辩模式与对比对象》（《北京理工大学学报（社会科学版）》2011年第2期）认为，将被控侵权技术与涉案专利对比有着明显的合理性，应作为现有技术抗辩适用的操作方法。而将被控侵权技术与现有技术直接对比，有违纠纷处理程序而且也不符合"抗辩"的应有之意，甚至可能偏离专利侵权纠纷处理的中心，不应被采纳。朱旭云的《也谈现有技术抗辩的适用——从现有技术抗辩法律制度本源出发》（《知识产权》2011年第7期）认为，现有技术抗辩权理论基础在于《民法通则》第5条、《专利法》第22条第1款和第23条的规定，即获得保护的专利应符合专利性的要求，实施现有技术的权利是法律赋予自然人和法人的合法民事权益，具有相对独立性，并非来源于他人的侵权指控，可以单独存在，是"不侵权之抗辩"，而不是"侵权例外抗辩"。在适用现有技术抗辩的时候，应首先明确专利权的保护范围，合理划分公众与专利权人的权利范围。梁熙艳《权利之限：侵权审理法院能否直接裁决专利权的有效性——析日本最高裁判所的"Kilby第275号专利上告审判决"及影响》（《知识产权》2005年第4期）介绍日本最高裁判所在专利侵权诉讼中采用权利滥用学说并将权利滥用的成立要件适当放宽，裁判所不必等待特许厅的无效审决生效即可作出在当事人之间实质上视专利权为相对无效的判决，从而确立了一个可迅速作出是否构成侵权判断的途径。易玲的《日本〈专利法〉第104条之3对我国的启示》（《科技与法律》2013年第3期）认为，知识产权确权问题取决于行政权与司法权的分配与制衡，而我国的这两大权力配置不合理，其突出体现在，专利侵权诉讼与无效审理程序并存时，由于法官的自由裁量权过弱产生中止诉讼等问题。而《日本特许法》第104条之3意义重大，这一条款虽然没有明确法院直接宣告专利权无效的权力，但是实质上已变相地赋予法院在无效抗辩中间接的裁判权，可供中国参考借鉴。结合国情和现实背景，中国可借鉴日本的有益做法，对专利侵权诉讼中止问题重新梳理，合理配置行政权与司法权，适当扩大法官自由裁量权的边界，建立专利无效宣告程序与诉讼的协调机制。易玲的《专利有效性判定之行政与司法的协调——基于专利侵权诉讼中无效抗辩问题的思考》（《湖南商学院学报》2013 年第 6 期）进一步指出专利有效性之行政判定已日渐凸显其弊端，司法判定的功能及其价值不容忽视，作者在专利司法判定的可行性分析基础上提出了专利行政与司法判定之协调的具体思路。

（二）公共领域的研究

现有技术抗辩通过保障现有技术的不可专利性维护了专利制度中的公共领域。公共领域的研究在国内属于新课题，研究成果主要集中在三个方面：（1）探讨知识产权各单行法中的公共领域的范畴。如李雨峰的《版权法上公共领域的概念》（《知识产权》2007 年第 5 期）认为，版权法中的公共领域具有维护公共教育、信息自由、创作自由的功能，从肯定性方面的重要内容至少包括公共教育、阅读、后续创作等方面的内容，公共教育是版权立法与实践的重要内容。它不仅关涉一个人的自身成长，还关涉一个民族的整体知识水平、创造程度、价值观念、意识形态乃至社会秩序等，必须保证公众最低成本地获得知识；阅读不仅是一种私人的事情（private business），它还具有公共品格，一个健康的公共领域不仅维持着表达自由（阅读是其条件）这种宪法性权利，而且具有实质平等的道德意味。后续创作是公众在公共领域中的另一重大利益。对于处于公共领域中的作品，人们可以自由进行翻译、改编、注释等。如果承认知识具有累积性的特征，那么，任何创作都是后续性的创作，都是二次性的。这说明了一个充沛的公共领域的重要性。（2）讨论知识产权法中公共领域的基本特性。如王太平的《知识产权法中的公共领域》（《法学研究》2008 年第 1 期）认为，虽然对于公共领域的概念学者有不同的解释，但都有一个基本的价值取向：公共领域是指不受知识产权保护的材料或者知识产权效力所不及的材料的某些方面，它总是和私人产权相对的，公共领域有两种性质：①公共领域是一种公共所有权，知识财产一旦被生产出来，对其控制就越少越好，知识产权只是为了解决生产问题的手段，是临时性的；②公共领域是不能撤销的，某项材料一旦进入公共领域，就不能再变成私人财产。

公共领域的客观基础是知识社会属性的公共性，自然属性的共享性，经济属性的外溢性以及演进上的历史继承性。冯晓青的《知识产权法的公共领域理论》（《知识产权》2007年第3期）认为，公共领域可以通过洛克理论加以分析并通过实证分析形式加以理解，在知识共有物中，也同样存在范围的限制，知识共有物从产权角度讲是知识产品中未被赋予法律保护的部分，即知识产权法中的公有领域。这种公有领域是没有被赋予财产权的智力创造物，也包括一开始就被法律规定为公有领域的东西。其形式多样，可以是保护期届满的专利技术与作品、没有被列入一国知识产权保护范围的知识产品等。将洛克学说适用于知识产权时，除了考虑智力创造者的权利外，公众权利也有必要加以考虑。公众使用公有物的自由甚至在很强意义上是财产的一种，因为作为一种自由的权利，它应当是稳定的受保障的权利，它确定了人们有权免受他人财产限制的领域。（3）探析知识产权法中公共领域的保护。如胡开忠的《知识产权法中公有领域的保护》（《法学》2008年第8期）认为，国内外通过各种手段侵占公共领域的资源的现象，比如权利人变相延长保护期、滥用知识产权妨碍他人对公有领域的资源使用、处于公有领域的资源被人抢占，保护公有领域就是保护社会公众接触和利用人类社会文明成果的权利，应从立法和司法的角度加强对公有领域的保护。王太平的《美国Dastar案：区分商标与著作权法，捍卫公共领域》（《电子知识产权》2006年第2期）认为，2003年德斯塔公司诉20世纪福克斯电影公司一案，最高法院区分了著作权法和商标法，拒绝了对作品的商标法保护，从而阻止了著作权人在著作权期满后通过商标法保护使著作权永久化的企图。

国外对公共领域的研究比较系统，主要成果有：基恩·奥奇：《作者、发明人和商标所有人：知识产权私权性与公有领域》（18 Colum. -VLA J. L. & Arts 1 1993—1994）；露西·吉博特：《公有领域的未来》（L. Guibault and P. B. Hugenholtz（eds），*The Future of the Public Domain*，Kluwer Law International. Printed in the Netherlands）；艾琳·M. 凯恩：《不合格专利：〈维护科学的公有领域〉》（*St. John's Law Review*，Vol. 80，pp. 519，2006）；哈诺·达根：《财产与公有领

域》（*Yale Journal of Law & the Humanities*：Vol. 18：Iss. 3，Article 5.）。这些成果不仅对公共领域的外延进行许多探讨，而且从经济学、自由主义、共和主义等角度对公共领域的内涵进行深入分析，对专利制度、著作权制度和商标制度中的公共领域进行分别研究，对专利制度中可专利性与公共领域关系进行探析。

（三）现有技术抗辩中现有技术的研究

现有技术是现有技术抗辩的关键所在，国内学者的研究主要集中于现有技术抗辩的称谓和探讨抵触申请可否成为现有技术抗辩中援引的现有技术。

1. 关于现有技术抗辩的称谓

杨志敏《关于"公知技术抗辩"若干问题的研究——从中、德、日三国判例与学说的对比角度》（《比较法研究》2003 年第 2 期）认为，提倡使用"公知技术抗辩"一语，主要是为了避免加用"自由"二字后可能会带来的歧义，这里的"公知技术"也完全与专利三性审查中使用的现有技术相对应。专利审批过程中，强调现有技术（公知技术）的公知事实，而不管已公知或已处于公知状态中的技术是否由他人合法独占。同样的道理，公知技术抗辩适用中，法院也应只审查被告提供的公知技术是否在专利申请日之前已被公知这个事实，至于这个公知的技术是否由他人享有专利权等则在所不问。因为该抗辩的引用者是用技术公知的事实，而不是用他人的权利来对抗原告专利权的行使。如翟文峰、张炳生的《现有技术抗辩的抗辩模式与对比对象》（《北京理工大学学报（社会科学版）》2011 年第 2 期）认为，在《专利法》引入现有技术抗辩之前，学者们对它的名称表述不一，诸如公知技术抗辩、自由公知技术抗辩、自由现有技术抗辩、已有技术抗辩、现有技术抗辩等。根据学者的不同称谓，对诸观点可以总结为两种表达："现有技术"（公知技术、已有技术）和"自由现有技术"（自由公知技术）。既然《专利法》规定了"现有技术"，为了保持名称一致和使用上的统一，应采用"现有技术"的称谓。名称的区别，反映了学者们关于现有技术抗辩的不同观点，争议的焦点在于是否允许被控侵权人使用"非自由现有技术"进行抗辩。按照现行《专利法》，应当允许非自由现有技术进行抗辩。

2. 关于抵触申请可否成为现有技术抗辩中援引的现有技术

对此，有两种不同的观点。持否定观点者，如张荣彦《也谈现有技术抗辩的认定》（《中国专利与商标》2007 年第 4 期）认为，使用现有技术抗辩原则的基础是该技术被在先公开，即只有已经被公开的技术才可以作为抗辩的依据。抵触申请不具有这种属性，不可以作为抗辩的依据。持肯定观点者，如张晓都《现有技术抗辩的认定——以"防伪铆钉"实用新型专利侵权纠纷案为例》（《中国专利与商标》2007 年第 2 期）认为，在判断被控侵权人实施的技术相对于对比现有技术是否具有新颖性时，该对比现有技术可以是抵触申请，且对比文献是指抵触申请的全文，而不限于其权利要求记载的技术方案；但在判断被控侵权人实施的技术相对于对比现有技术是否明显无创造性时，该对比技术不能是抵触申请。张晓都在《再谈现有技术抗辩的认定标准与现有技术抗辩中的抵触申请》（《中国专利与商标》2008 年第 1 期）进一步表达其观点：归纳起来，抵触申请用于现有技术抗辩的规则是，当被控侵权人实施的技术对涉案专利构成相同侵权，抵触申请可以用于现有技术抗辩；在判断被控侵权人实施的技术相对于对比现有技术是否具有新颖性时，对比现有技术可以是抵触申请，但在判断被控侵权人实施的技术相对于对比现有技术是否具有明显的创造性时，对比现有技术不能是抵触申请。黄敏在《浅议现有技术抗辩中的抵触申请》（《中国专利与商标》2008 年第 3 期）阐述其观点：根据《专利法》第 22 条第 2 款，通常将他人向专利局提出过的，能使其申请日与公开日之间提出的同样的发明或实用新型专利申请丧失新颖性的专利申请称为抵触申请。抵触申请和现有技术都是判断新颖性的依据。

国外学者普遍关注的是不同国家对现有技术的界定及态度，以及因国家间的差异在专利国际协调过程中引起的困难。关于现有技术的学术争议主要在于秘密现有技术（secret prior art）能否成为现有技术，能否作为新颖性和创造性的判断标准，这也是 WIPO 在协调各国专利制度过程中关注的重点问题之一。此外，美国学者还关注了现有技术的界定、外延，及其具体应用。国外主要研究成果有：唐纳德·M. 卡梅伦和乔丹娜・珊英特，Secret Prior Art Europe and Japan-A Different View（. 2003 by the authors. Presented at the Annual Meeting of the AIPLA，Washington D. C.，October 31，2003. ）；Harvard Law Review Association：Prior Art in the Patent Law；詹姆斯・B. 坎布雷尔：The Impact of Private Prior Art on Inventorship，Obviousness and Inequitable Conduct；道格拉斯・托马斯，Notes Secret Prior Art—Get Your Priorities Straight（*Harvard Journal of Law & Technology* Volume 9，Number I Winter 1996. ）。

（四）现有技术抗辩与其他抗辩的比较研究

现有技术抗辩的独特性也体现在与其他专利侵权抗辩手段，以及与相关制度的比较中。在国内研究中，其他抗辩的比较研究主要集中在如下方面。

1. 现有技术抗辩与无效抗辩的比较

杨波、何莉莉《专利侵权抗辩：现有技术抗辩与专利无效宣告的差异解析》（《中国发明与专利》2013 年第 8 期）认为，虽然对于利用现有技术的被控侵权人来说，现有技术抗辩制度和无效宣告制度都可能使其免于停止侵权及赔偿责任，但上述两种制度在立法目的及功能方面有着较大差异，并且在提出请求的主体、时机以及适用的理由方面都有很大不同。具体而言，现有技术抗辩仅仅适用于专利侵权诉讼已经进行且被控侵权人实施的技术属于现有技术的情形。而对于更广泛的情形，例如，市场主体为了减少投资风险或者扫清目标市场的知识产权障碍需要对已授权专利提出质疑，为了降低竞争对手利用持有的专利权进行宣传或者获取招投标中的竞争优势等情形，在能够确认或者通过咨询得知相关的专利权存在上述实质性缺陷的情况下，市场主体（或者社会公众）只能通过无效宣告制度来解决。陈柳叶、高明月《透过三星苹果专利战看现有技术抗辩和专利权无效抗辩》（《2014 年中华全国专利代理人协会年会第五届知识产权论坛论义》）认为，专利权无效抗辩与现有技术抗辩两种抗辩措施具有明显的区别：根本属性和效力不同、适用范围不同、对比对象和对比标准不同、诉讼效益不同。

2. 现有技术抗辩与等同原则的关系

主要成果有：杨志敏《关于"公知技术抗辩"若干问题的研

究——从中、德、日三国判例与学说的对比角度》（《比较法研究》2003 年第 2 期）认为，总体上讲公知技术抗辩与专利保护范围的解释无关。然而，技术性判断远比单纯的法律性判断要复杂。在这里，假定选用国内外多数人认同的应在被控侵权物与公知技术间进行创造性判断的标准，就可得出：只有在特定情况下，才需与专利保护范围进行比较。具体地讲，当被控侵权物与公知技术相同时，依照专利权的效力不可及于公知技术之判断，便可毫无顾虑地允许公知技术抗辩，直接判定侵权不成立，而不管原告专利要求是全部还是部分由公知技术构成等。只是当被控侵权物与公知技术相比较存在某种差异，且被控侵权物相对于公知技术具有创造性时（此时有可能侵权），才有必要将被控侵权物放在原告专利保护范围内对比，看是否存在抵触。如有抵触，既表明原告专利具有专利性，也表明被控侵权物构成侵权。这是公知技术抗辩在相同侵权中适用的情况。而公知技术抗辩在等同侵权中的适用则不同，只需被控侵权物与公知技术直接比较，如有新颖性和创造性，即可判定等同侵权成立，反之，则适用抗辩，认定不构成侵权。如濮家蔚《等同原则与公知技术抗辩的交叉和冲突问题探讨》（《知识产权》2004 年第 2 期）认为，"等同原则"适用时所涉及和针对的不是争讼的整体技术方案，而是技术方案中的某个或某些具体技术特征间的替换问题。"公知技术抗辩"则相反，它是从整体技术方案上对专利权保护内容的一种排除性的限制，所涉及和针对的是技术方案整体，而非某个或某些具体技术特征。如和育东、甫玉龙《专利相同侵权下现有技术抗辩制度反思》（《法学杂志》2011 年第 11 期）认为，从现有技术抗辩制度的历史发展趋势看，它不再构成对相同侵权的抗辩事由。我国《专利法》第 62 条将现有技术抗辩扩展到相同侵权，不符合现有技术抗辩作为权利抗辩的性质，必然加重专利权人在侵权诉讼中的证明责任，提高制度运行成本，违反专利推定有效原则，对其科学性有必要加以反思。聂稻波、汪泉、王俊峰《论现有技术抗辩应当与创造性高度以及等同原则的范围相适应》（《法制博览》2014 年第 2 期中旬刊）认为，在我国目前的专利法体系中，现有技术抗辩采用新颖性标准或者创造性标准都是不合适的而采用相同侵权或等同侵权的标准无论从法理上还是实际操作中都是比较好的选择。从创造性高度、等同的范围和现有技术抗辩三者之间的关系上来说，现有技术抗辩采用相同侵权或等同侵权的标准，也能够避免产生现有技术抗辩范围与等同范围重叠的问题，在充分保护专利权人和公众权利的同时，最大化专利制度对社会经济发展的促进作用。比较研究主要如杨志敏《日本法院对专利等同原则的适用与启示》（《专利法研究（2011）》）：根据日本最高法院确立的等同第四要件，如果被控侵权物与专利申请之时的公知技术相同（具有"相同性"），或者被控侵权物与发明所属技术领域的普通技术人员在专利申请之时从公知技术容易推导出的技术相同（具有"推导容易性"），则排除等同的适用。可见，等同第四要件是阻止等同成立的消极要件，同时也是对抗专利权人主张等同的手段。故该要件又可称为"公知技术抗辩"。杨志敏《德国法院对专利等同原则的适用及其启示》（《法商研究》2011 年第 4 期）认为，德国法院在专利等同原则的适用上建立有积极的等同适用标准与消极的等同适用标准。其中，现有技术抗辩的理论与实践对我国专利制度的完善有重要启示意义。

在国外，对相关制度的比较也主要集中在现有技术抗辩与等同原则的衔接，以及与专利权无效宣告的制度协调上。国外学者围绕现有技术抗辩对等同原则的限制，以及现有技术抗辩的对比标准进行探讨。在美国，现有技术抗辩是在等同原则的完善中逐渐确立的，其发展无法脱离等同原则，学者的研究成果集中在现有技术抗辩与等同原则的关系上，如克里斯·赖安（Chris Ryan）：Practicing the prior art is not a defense. At http：//www. cnet. com/news.；布鲁斯·M. 韦克斯勒（Bruce M. Wexler）：Bridling the Doctrine of Equivalents——Preclusion by Prior Art[1]Ann. Surv. Am. L. ，1991. 该作者重点介绍专利

---

[1] 根据等同原则也可以判定直接侵权，美国联邦最高法院在适用等同原则判定专利侵权时采用三个等同标准：（1）实质相同功能；（2）采用实质相同的技术方案；（3）达到相同的技术效果。在 Wilson Sporting Goods Co. v. David Geoffrey & Associates 案中，联邦第九巡回上诉法院判决认为，如果专利权人主张的等同保护范围属于现有技术，即使被控产品实质上等同于主张专利权的发明，仍然不能认定为侵犯专利权。其实是以采用现有技术抗辩限制等同原则的扩张。

侵权诉讼中的等同原则。即使被告所实施的技术没有完全落入专利权利要求的字面解释范围，只要是以其技术与涉案专利技术具有实质相同的方法和实质相同的功能，产生实质相同的结果，也可能构成侵权。在这种情况下，被告可以专利权包含了现有技术进行抗辩，使其免于承担侵权责任。Nobuhiro Nakayama, *Industrial Property Law* (2d Rev. Ed. IIP Tr., 2000.) 该著作以美国法院既有的判例为基础，详细分析工业产权法在美国经济发展过程中的作用，介绍专利法在具体实践中的运用。其中就现有技术抗辩案例作了介绍，就现有技术抗辩所涉及的相关理论进行专门论述。在日本，相同侵权中的现有技术抗辩是在协调侵权诉讼与无效宣告的过程中确立的，研究成果集中在如何协调侵权诉讼与无效宣告之间的分立，以及在相同侵权中确立现有技术抗辩的正当性和合理性上。如《侵权诉讼中有关无效宣告与无效审判关系的现状与课题》；小桥馨的《特许法104条第3款与现有技术抗辩》。黑濑雅志在发表于《电子知识产权》2006年第8期的《专利存在无效理由时被告的抗辩》中认为，中国专利法确立的等同原则的适用范围与日本的实务不同，揭示了等同原则的适用条件的日本最高法院判决❶中，对于等同原则的适用条件，提出"对象产品等，不能是在专利发明的专利申请时，与公知技术相同或者是该行业的一般技术人员能容易推想到的"。也就是说，被控侵权物如果是根据公知技术容易推想到的，那就适用等同原则，而不构成专利侵权。理由为："专利发明的专利申请时，已为公知的技术以及该行业的一般技术人员据此容易推想到的技术，任何人不应拥有专利权（参照《日本特许法》29条），因此不能认为属于专利发明的技术范围。"

3. 现有技术抗辩与先用权抗辩的比较

杨志敏《关于"公知技术抗辩"若干问题的研究——从中、德、日三国判例与学说的对比角度》（《比较法研究》2003年第2期）认为，公知技术抗辩在证明的内容上与先使用权不同，它只须证明自己实施的技术在专利申请日之前已公知即可。但是，先使用权是专

---

❶ "无限转动用滚珠花键轴承案件" 1998 年 2 月 24 日日本最高法院判决。

利法上有明文规定的抗辩性权利，它的主要目的在于促进发明技术的实用化，并兼有弥补先申请制的不足，防止不必要的重复申请的作用。可见先使用权制度与公知技术抗辩的宗旨明显不同，且判断标准也明显各异。先使用的技术，特别是实施准备中的技术极可能是未公知的技术；再有即使是专利申请日之前的公知技术，只要自己在申请日之前未作实施或准备，也不能成为先使用权抗辩用的技术。因此，先使用权抗辩与公知技术抗辩并列、竞合存在，后者的适用不会冲击先使用权制度。翟文峰、张炳生《现有技术抗辩的抗辩模式与对比对象》（《北京理工大学学报（社会科学版）》2011年第2期）认为，现有技术抗辩设置的目的是保证公众对公共知识资源自由合法利用的权利，使专利权人的覆盖范围不当扩大的专利权回归应有的位置，从立法本意看，它们有着根本的不同。因此，将现有技术抗辩纳入先用权制度中的做法也是不太可取的。

4. 现有技术抗辩与当然无效抗辩的比较

目前主要研究成果如李扬《日本专利权当然无效抗辩原则及其启示》（《法律科学》2012年第1期）认为，就当然无效抗辩和公知技术抗辩而言，两者虽然都能够加快诉讼效率、减轻当事人负担，但在法律构成上并不相同。公知技术抗辩是指，如果被告使用的是公知技术（不管是自由公知技术还是上面存在权利的公知技术），由于不属于要求专利权保护的技术，因此与原告要求专利保护范围内的技术没有关系，原告没有理由对被告行使停止侵害请求权和损害赔偿请求权。由此可见，在公知技术抗辩中，法院比对的是被告使用的技术和公知技术。经过比对，只要确认被告使用的技术属于公知技术，就可以根据不得针对公知技术行使专利权的专利法基本原理作出判决，因而法院不必考察专利技术本身的专利性问题。由此可以进一步看出，公知技术抗辩是以严格坚持法院和国家专利局的职能分工主义为前提的。在公知技术抗辩中，即使在专利权非对世性无效的个案中，法院也无权考察专利技术的专利性，此专利性只有清晰掌握技术发展脉络的国家专利局才有权考察。而当然无效抗辩不同。在当然无效抗辩中，如果需要进行技术比对的话，法院比对的是原告要求专利权保护的技术和公知技术的关系。经过比对，如果发现原告要求专利权保护范围内的技术存在专利法规定的丧失新颖性等无效理由，是不应当授予专利权的技术，应当被专利权无效审理程序宣告无效时，法院就可以根据不得针对被告行使存在无效理由的专利权的法理作出判决。由上可见，公知技术抗辩和当然无效抗辩具有各自不同的守备范围和作用，因而无法相互替代。可见，在法院首先查明原告要求专利保护的技术属于公知技术的情况下，被告只有利用当然无效进行抗辩的余地。结论只能是，当然无效抗辩并不能取代公知技术抗辩。从这里也可以进一步看出当然无效抗辩独立于公知技术抗辩的价值所在。李娜《论现有技术抗辩与当然无效抗辩》（《中国发明与专利》2013 年第 6 期）认为，基于专利权无效宣告与专利侵权诉讼采取分离模式的制度，在专利侵权诉讼中产生了现有技术抗辩制度，但是现有技术抗辩制度的适应并不能有效解决专利侵权民事诉讼效率低下以及当事人负担过重的问题，因而有必要在我国专利侵权诉讼中引入当然无效抗辩制度。当然无效抗辩和现有技术抗辩的共同点是被控侵权人在采用这两种抗辩理由做不侵权抗辩时，法院均无须中止侵权诉讼，从而可以使法院迅速且有效地审理侵权案件，同时，也能减轻涉案当事人的诉讼负担。当然无效抗辩和现有技术抗辩的区别主要表现以下几点：（1）是否涉及对专利权效力的判断；（2）法院审理涉及的技术不一样；（3）适用范围不一样；（4）法律效果不一样。

三、国内外研究述评

截至目前，国内外学者就专利侵权诉讼中现有技术抗辩所涉及的若干理论与适用问题已经进行了多视角的研究，其研究成果比较丰富。尤其德国、日本和美国学者在这方面所作的研究相对要多一些，因为在专利侵权诉讼中适用现有技术抗辩措施，发源于德国。通常德国人做事非常严谨，该国任何一项法律制度的构建或者法律措施的适用，不仅需要相应的理论支撑，而且必须是现实需要，两者缺一不可。早在 20 世纪 60 年代，德国专利法学者就对专利侵权诉讼中的现有技术抗辩进行充分研究，为专利侵权诉讼中的现有技术抗辩提供理论支撑。日本和美国虽然不是现有技术抗辩制度的创始国，但是，它们是当今世界上在专利法律制度建设和保护措施方面的先行者，与之相对应的就是理论研究与实务研究走在世界前列。其研究成果覆盖现有技术抗辩所涉及的各个方面，对我国在专利侵权诉讼中适用现有技术抗辩具有参考价值。

我国学者关于专利侵权诉讼中现有技术抗辩（包括现有设计抗辩）的研究，始于 20 世纪 90 年代末。其导因就是浙江省高级人民法院在 1997 年的一起专利侵权诉讼中，被告方以其所实施的技术是一项公知公用技术为由直接对抗专利权人的侵权指控，并获得法院的支持，最终胜诉。由此引发中国知识产权学者，尤其是专利法学者的关注，甚至是争论。此后十年，不仅专利侵权诉讼中的被告多次采用现有技术抗辩（包括现有设计抗辩），而且在 2001 年北京市高级人民法院颁布的《关于专利侵权案件审理若干规定》还专门规定了现有技术抗辩。❶ 2003 年启动我国《专利法》第三次修订程序后，社会各界非常关注能否将现有技术抗辩（包括现有设计抗辩）纳入修订案。值此时机，关于现有技术抗辩问题的讨论与研究逐渐增多。当然，我国学者关于这个问题的研究，不仅对国外学者的研究进行了引入，而且结合我国的具体实际在理论与适用方面展开了自己的研究，取得了前述研究成果。但是，这些研究也存在明显不足：（1）现有研究成果主要关注现有技术抗辩的本体研究，缺少对该制度基本原理的研究，研究成果缺乏深度。现有技术抗辩通过现有技术的运用，体现了专利制度促进创新、维护利益平衡的基本精神，蕴含着专利制度基本精神。（2）现有研究成果主要关注现有技术抗辩本身，而缺乏对该制度与其他相关制度的系统比较，研究成果缺乏广度。（3）缺乏对现有技术抗辩历史发展的研究，导致对该制度的研究缺乏历史视野。（4）较多关注现有技术抗辩中的抗辩要素，

---

❶ 2001 年 9 月 29 日，北京市高级人民法院颁布《关于专利侵权判定若干问题的意见（试行）》（北高发［2001］229 号）第 100～103 条规定为"已有技术抗辩"。2013 年 9 月 4 日，北京市高级人民法院颁布《专利侵权判定指南》，在第 125～132 条专门规定"现有技术抗辩及现有设计抗辩"。该规定根据 2008 年修订后的专利法对其 2001 年颁布的《关于专利侵权判定若干问题的意见（试行）》进行修订，使之更加完善。

而忽视了其中的现有技术要素，导致研究视野狭窄，无法通过该制度窥见专利制度的概貌。（5）对专利制度中公共领域的研究集中在不可专利的主题上，对公共领域中的另一要素现有技术缺乏分析。

四、选题意义

我国现代专利制度起源于 19 世纪末，以 1898 年 7 月 12 日光绪皇帝钦准的《振兴工艺给奖章程》为起点，以 1944 年通过的《专利法》为标志。直到 1984 年《中华人民共和国专利法》的颁布，正式开启了新中国专利制度的征程。新中国专利制度历史非常短暂，许多制度只能在探索中循序渐进。例如，关于专利侵权诉讼中的现有技术抗辩，1984 年颁布的《专利法》、1992 年和 2000 年修改后的《专利法》都没有给予明确规定。20 世纪 90 年代，以浙江省高级人民法院为代表的许多法院在专利侵权诉讼审判实践中，接受被控侵权人以其所实施的被控侵权技术是公知公用技术（已有技术或者公知公用技术）为由，对抗专利侵权进行指控，并作出相应的判决。此后，北京、上海、广东等省市的法院相继接受了被控侵权人采用公知公用技术（已有技术或者公知公用技术）抗辩的主张。尤其是北京市高级人民法院在 2001 年颁布的《关于专利侵权判定若干问题的意见（试行）》中明确规定了已有技术抗辩。直到 2008 年《专利法》第三次修正案才正式将现有技术抗辩作为一项抗辩措施写进专利法。尽管如此，我国知识产权理论界和实务界对现有技术抗辩的认识与适用，仍然存在明显差异。例如，关于用于抗辩的现有技术，有人认为只能是在涉案专利申请日以前的公知公用技术（不包括公知专利技术和抵触申请），有人认为可以是公知技术（包括公知公用技术和公知专利技术，但不包括抵触申请），有人认为应当包括公知公用技术、公知专利技术和抵触申请，也有人认为，被控侵权人所援引的用于抗辩的现有技术不仅包括公知公用技术、公知专利技术和抵触申请，而且还包括涉案专利申请日前处于宽限期的技术。在具体的审判实践中，以上各种观点分别被不同法院采用过，导致司法适用上的差别。发生这种现象的原因是多方面的，但是，最主要的原因在于知识产权学术界对现有技术抗辩的理论研究与适用研究的短缺。本人承担的课题"我国新《专利法》关于现有技术抗辩之理论与适用问题研究",通过对现有技术抗辩理论的梳理,使其理论脉络得以明晰。因此,该项研究成果将对我国现有技术抗辩进一步进行理论研究,正确认识现有技术抗辩的重要作用,对相关研究与实践提供理论指导。

另外,通过对现有技术抗辩适用的实体规则和程序规则研究所取得的成果,将对我国专利侵权诉讼中被控侵权人采用现有技术抗辩措施具有指导作用,对法院进行现有技术抗辩的司法审判实践也具有一定帮助。从现有技术抗辩的历史发展、理论基础出发,将现有技术抗辩与其他相关制度进行纵向比较,将各国的现有技术抗辩进行横向比较,有利于深入认识该制度的基本内涵,及其在专利制度中的地位、功能,也有利于统一各级、各地法院对该制度的认识,统一司法适用规则,维护司法权威性。

综上所述,研究现有技术抗辩,并以此为出发点探讨专利制度中一些基本问题,有利于加深对专利制度基本原理的理解,合理回应当今社会因专利扩张引发的反专利思潮;有利于认清现有技术抗辩的基本原理,指引我国司法实践。

第二节　研究内容和研究方法

一、基本思路和框架结构

本书遵循从理论到实践的研究思路,前半部分研究内容侧重对现有技术抗辩进行理论剖析,后半部分研究内容侧重对现有技术抗辩的适用进行分析。基本思路如下:从现有技术抗辩的内涵入手,对现有技术抗辩与相关专利侵权抗辩制度进行比较,并从三方面分析了现有技术抗辩的理论基础,继而对现有技术抗辩中的关键要素——现有技术进行深入分析。在这些理论考察的基础上,参照美、日、德三国现有技术抗辩运行情况,初步提出我国适用现有技术抗辩的基本规则(见图0-1)。

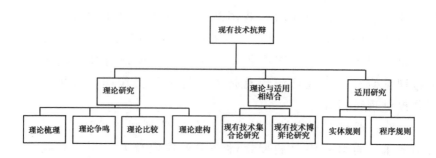

图 0 – 1　本研究框架结构

二、主要观点

研究过程中，本课题研究者提出一些新的研究角度和观点，作为对本题研究的初步结论。这些观点尚处于探索阶段，尚待进一步的深入研究以及司法实践的检验。

第一，本研究的第一项成果就是对现有技术之内涵与外延进行深入研究。在专利侵权诉讼中，被控侵权人采用现有技术抗辩所指的现有技术，就是在涉案专利申请日前已经公开并为公众所知的技术，以及申请日早于涉案专利申请日但在涉案专利申请日之后公开的抵触申请。因此，现有技术可以划分为三个集合：涉案专利申请日以前的公知公用技术、申请日早于涉案专利申请日并且在专利侵权诉讼之时仍然有效的专利技术以及抵触申请所包含的技术。应当注意：我国《专利法》第 24 条规定的三种不丧失新颖性例外的情形所涉及的技术，也是被控侵权人可以援引的现有技术。由此可见，本研究将现有技术抗辩中的现有技术与判断专利申请新颖性和创造性的现有技术作了区分。

第二，本研究提出的第二项研究成果就是确立的现有技术抗辩的理论基础。正是因为本研究对现有技术抗辩中的现有技术进行了精准的划分，由此而相应地确立了现有技术抗辩的理论基础分别是：（1）就以公知公用技术或者自由公知技术作为现有技术进行现有技术抗辩的情形而言，现有技术抗辩成立的理论基础是任何人不得从公有领域的纯公共产品中获得独占利益，因为公知公用技术或者自由公知技术属于公有领域的纯公共产品，是全人类的共同财富，不能被任何人垄断。（2）就以他人的在先专利技术与抵触申请作为现有技术抗辩的情形而言，现有技术抗辩成立的理论基础就是经济效益原则，因为在这两种情形下，如果不允许被控侵权人将这两种技术用作现有技术进行现有技术抗辩，被控侵权人就只能绕道寻求专利权无效宣告程序来保护其合法利益。（3）一般而言，法律规定现有技术抗辩的理论基础可以归结为激励创新理论。

第三，本研究所取得的第三项成果就是对抵触申请的性质与功能进行系统研究。抵触申请是指专利申请日早于涉案专利申请日但却是在涉案专利申请日后公开的专利申请，相对于涉案专利而言是未公开技术。抵触申请在专利申请审查程序中，只宜作为新颖性的对比基准，能否作为被控侵权人采用现有技术抗辩所援引的现有技术存在争议。本研究从理论和实践两个方面论证了：相对于涉案专利而言，抵触申请虽然不是现有技术，但是，从专利法规定抵触申请的法律意义与专利权无效宣告的诉讼成本高于现有技术抗辩的经济效益角度考量，抵触申请也是被控侵权人可以援引的现有技术。

第四，本研究所取得的第四项成果就是将现有技术抗辩与专利侵权诉讼的其他抗辩措施进行详细比较，分别从不同角度讨论各种抗辩措施的价值取向与实用效益，其目的在于指导被控侵权人正确选择与具体纠纷相适应的抗辩措施，以避免造成不必要的浪费，提高诉讼效益。

第五，本研究取得的第五项成果就是对现有技术抗辩适用的实体规则的研究，准确界定现有技术抗辩适用的范围、可援引的现有技术、现有技术抗辩的适用条件以及对被控侵权物是否属于现有技术的判定标准。本研究成果的主要观点分别是：现有技术抗辩不仅可适用于等同侵权，也可以适用于相同侵权；被控侵权人所援引的现有技术既可以是公知公用技术，也可以是涉案专利申请日之前的专利技术，还可以是抵触申请所包含的技术；现有技术抗辩所适用的条件主要是可行性与效益性；被控侵权物是否属于现有技术的判定标准主要就是必要技术特征的相同或者等同。

第六，本研究所取得的第六项成果主要是对现有技术抗辩适用之程序规则研究，探讨现有技术抗辩在我国适用的基本规则，提出判定被控侵权技术与现有技术"近似"时应以"等同"为判定标准的观点。同时，对现有技术抗辩适用的程序规则提出自己的见解。

三、研究方法

科学、合理的研究方法有助于本课题研究，得出正确结论。总体上看，本研究采用了以下方法。

（一）历史研究法

本研究将现有技术抗辩的演进划分为三个阶段：萌芽阶段、建立阶段和发展阶段。这种历史研究法更有利于认识现有技术抗辩在专利制度中的地位，厘清现有技术抗辩的内涵，从而加深对现有技术抗辩基本原理的认识。

（二）经济分析法

在知识产权制度中，专利制度的经济分析是最受关注的研究热点。专利制度的核心是产权制度，引入经济分析法为研究专利法问题提供了不同的视角，也从经济学角度论证了现有技术抗辩的必要性。在建立现有技术抗辩过程中，围绕现有技术抗辩与专利无效抗辩的适用，学者展开了许多讨论，而将经济学中的成本效益分析法运用于两种抗辩制度的比较，更能凸显出现有技术抗辩在特定情形中相对专利无效抗辩的优势。

（三）比较研究法

现有技术抗辩在我国的适用不过十几年，研究和借鉴他国做法在本研究中就显得尤为必要。本研究在运用比较分析方法时，不仅注意将有关国家的现有技术抗辩进行介绍、比较；而且关注有关国家与现有技术抗辩运行相关的其他制度，以期通过比较法研究，对我国现有技术抗辩的适用提供借鉴。

（四）案例分析法

本研究之目的是指导我国专利侵权诉讼审判实践。因此，本采用了案例分析法，通过案例引入和类型化案件的统计、分析，不仅可以全面掌握司法现实，而且为理论研究指明方向。在运用案例分析方法时尽量做到：（1）国内案例和境外案例并举，特别是对于美国和我国的最新案例给予关注；（2）个案分析和案件类型化思考并举，在介绍和评价个案的同时，归纳和总结同类案例，通过综合分析，探索现有技术抗辩的法律适用，总结实践经验。

（五）集合论研究方法

本研究采用集合论研究方法对被控侵权人可能援引的现有技术分为三个子集，使各个子集之间的界线得以明晰，既有利于对现有技术抗辩进行理论研究，又有利于对现有技术抗辩进行实践适用分析。通过集合论分析方法，本研究针对性地提出了现有技术抗辩成立的三个基本理论：激励创新理论、公有领域的元素不得被垄断理论与经济效益理论。在适用角度，可以相应地得出公知公用技术的援引是法律规定之立足点，他人的在先专利与抵触申请的援引是经济效益的必然要求。

（六）博弈论研究方法

博弈论研究方法，实际上就是最佳策略选择方法。在具体的专利侵权诉讼中，被控侵权人即使可以援引现有技术进行抗辩，但并非最佳策略。任何一场专利侵权诉讼实际上都是一种利益博弈，它包括三个方面的含义：（1）原告与被告之间的博弈、原告采用策略之间的博弈以及被告采用策略之间的博弈；（2）更有可能还涉及诉讼当事人与法院或者其他方面的博弈；（3）引入这种研究方法对现有技术抗辩的适用具有重要意义。

第三节　研究背景

一、我国《专利法》第三修正案

本研究基准是"我国2008年《专利法》"，即2008年12月27日由第十一届全国人民代表大会常务委员会第六次会议通过的《关于修改〈中华人民共和国专利法〉的决定》修改后的《专利法》。

我国现行《专利法》，1984年3月12日由第六届全国人民代表大会常务委员会第四次会议通过，1985年4月1日起施行；1992年9月4日，第七届全国人民代表大会常务委员会第二十七次会议进行第一次修订；2000 年 8 月 25 日，第九届全国人民代表大会常务委员会第十七次会议进行第二次修订；2008 年 12 月 27 日，第十一届全国人民代表大会常务委员会第六次会议进行第三次修订。经过第三次修订的《专利法》就是我国最新的《专利法》。在此之前的《专利法》没有关于现有技术抗辩的规定，第三修正案将现有技术抗辩纳入《专利法》，本书就是针对新《专利法》规定的现有技术抗辩所涉及的理论与适用问题进行研究。

二、国内外现实发展需要

2005 年 5 月 26 日，中共中央政治局举行第三十一次集体学习活动。在此次集体学习活动中，时任总书记胡锦涛明确指出我国经济发展、科技进步对知识产权制度的迫切需要，❶ 将知识产权制度在我国的重要性提到了前所未有的高度。

专利制度是知识产权制度的重要组成部分，也是科技进步与发展的先导力量。既然中央领导充分肯定了知识产权制度对我国经济发展、科技进步具有极其重要的作用，那么，作为知识产权重要组成部分的专利制度应当受到高度重视。当时，我国的专利法虽然经过 1992 年和 2000 年两次修订，但都受到某些外部因素的影响，从而导

---

❶ 胡锦涛说："随着经济全球化的深入和科技进步的发展，知识产权制度作为鼓励和保护创新、促进经济社会发展的基本法律制度，地位越来越重要，作用越来越突出。加强我国知识产权制度建设，大力提高知识产权创造、管理、保护、运用能力，是增强我国自主创新能力、建设创新型国家的迫切需要，是完善社会主义市场经济体制、规范市场秩序和建立诚信社会的迫切需要，是增强我国企业市场竞争力、提高国家核心竞争力的迫切需要，也是扩大对外开放、实现互利共赢的迫切需要。"

致其存在难以避免的缺陷。❶ 截至 2005 年，❷ 我国专利法的实施取得了显著成绩，主要体现为：专利工作体系逐步建立和完善；专利行政保护和司法保护不断得到加强；社会公众的专利意识有了明显提高；专利申请量和授权量持续高速增长；专利技术的实施率逐步提高。"九·五"期间，我国专利申请量年均增长 8.3%，授权量年均增长 18.7%；"十·五"期间，我国专利申请量年均增长 22.8%，授权量年均增长 15.2%。2006 年 6 月，我国专利申请累计受理量达到 300 万件，其中达到第一个 100 万件用了近 15 年，达到第二个 100 万件用了 4 年，而达到第三个 100 万件仅用了 2 年 3 个月。实践证明，专利法的制定和实施对鼓励和保护发明创造，促进科技进步

---

❶ 1992 年 9 月，为了履行中美两国达成的知识产权谅解备忘录，并为我国恢复关贸总协定缔约国提供有利条件，我国对专利法进行第一次修改。该次修改将授权前的异议程序改为授权后的撤销程序；开放了对药品和化学物质以及食品、饮料、调味品的专利保护；增加了本国优先权；增加了专利权人禁止他人进口行为的权利，将方法专利权的效力延及依照该方法直接获得的产品；将发明专利权的期限从 15 年改为 20 年，将实用新型和外观设计专利权的期限从 5 年（可续展 3 年）改为 10 年；增加了在国家出现紧急情况、非常情况或者为公共利益的需要可给予强制许可的规定。本次修改后的专利法自 1993 年 1 月 1 日起施行。2000 年 8 月，为了适应我国加入世界贸易组织（WTO）的形势需要，更有效地发挥专利制度促进科技创新和经济社会发展的作用，我国对专利法进行第二次修改。本次修改取消了撤销程序；取消了专利复审委员会对实用新型和外观设计的终局决定权；增加了发明和实用新型专利权人禁止他人许诺销售专利产品的权利；调整了职务发明创造权利归属的规定，允许发明人或者设计人利用单位物质技术条件下与单位约定权属；建立了诉前请求法院责令涉嫌侵权人停止有关行为的制度；增加了实用新型专利检索报告制度；明确了侵权赔偿额的计算方式；对善意侵权行为免除赔偿责任。第二次修改后的专利法不仅完全与世界贸易组织有关规则一致，而且更好地适应了我国完善社会主义市场经济体制、建设社会主义法治国家的需要。参见"专利法的制定和前两次修改"，载 http://www.sipo.gov.cn/sipo2008/zxft/zlfxg/bjzl/200903/t20090312_444621.html，最后访问日期：2012 年 10 月 31 日。

❷ 2005 年，我国正式启动对《专利法》的第三次修订工作。

和创新，推动我国经济社会全面、协调、可持续发展发挥了重要作用。❶

　　然而，与西方发达国家相比，我国建立并施行专利制度的时间比较短暂，对该制度本质特点和运作规律的认识还处于探索过程之中。为了使我国社会主义市场经济体制更加完善，我国专利法需要更进一步地改进和完善。从国内层面上看，关于职务发明创造权利的归属，虽然有明确的法律规定，但是，在具体实践中还存在着诸多模棱两可、模糊不清的地方，经常引发纠纷。尤其值得注意的问题是，因为职务发明创造权利归属的不明确，我国每年投入巨资所支持完成的职务发明创造，其实施效率极其低下。单纯从数量上看，我国早在 2010 年就已经成为专利数量大国，申请量位居世界各国之首。❷但是，按照国际公认的衡量专利实际效用的标准测算专利效用，包括对国家 GDP 增长的贡献率、对解决就业人口的贡献率以及对外贸出口增长的贡献率，❸ 我国专利效用非常低。为了解决这些现实问题，只有及时修订我国专利法，制定相应的促进专利产业化政策，才能使我国专利制度更好地发挥作用。

　　从国际层面上看，以世界知识产权组织为代表的国际组织一直在进行专利制度国际协调工作，以促进专利制度的变革发展。尤其是广大发展中国家从维护其自身利益的角度出发，极力主张对遗传资

---

❶　"我国专利法第三次修订的背景"，载 http://www.sipo.gov.cn，最后访问日期：2012 年 10 月 31 日。

❷　目前我国专利申请总量已经突破 200 万件，2001 年以来三种专利受理量的年平均增长率超过 20%，发明专利受理量年均增长率超过 25%。截至 2005 年上半年，我国累计商标注册申请已近 387 万件。2004 年我国商标申请量达 58.8 万件，其中来自国外的申请超过 6 万件，我国商标注册年申请量已连续 3 年位居世界前列。我国实用新型专利、外观设计专利和商标的年申请量已居世界第一，其中 90% 以上为国内申请；我国品种权申请以平均每年 30% 的速度增加，到 2005 年 7 月底申请总量达到 2 495 件，年申请数量居世界前列。引自 "中国成为世界知识产权数量大国"，载 http://www.china.com.cn/chinese/kuaixun/1019289.htm。

❸　该项标准来自美国国际知识产权联盟主席斯蒂芬·E. 斯维克撰写的 2006 年 "美国经济中的版权产业报告"，载 http://www.iipa.com/pdf/2006_ siwek_ full.pdf。

源、传统知识和民间文学艺术表达的知识产权保护形成国际规则。这一议题已经成为发展中国家和发达国家争论的焦点之一。另外，继 2001 年世界贸易组织多哈部长级会议通过《关于知识产权协定与公共健康的宣言》之后，世界贸易组织总理事会于 2003 年通过落实该宣言的决议，允许各成员在规定条件下给予专利强制许可，制造有关专利药品并将其出口到相关国家，从而突破了《知识产权协定》的有关限制。在此背景下，国际国内环境的转变形成了一种倒逼机制，只有及时修订我国专利法，适应国际形势的发展变化，才能更好地维护我国利益。

有鉴于此，2005 年，国务院成立以时任副总理吴仪为组长的国家知识产权战略制定工作领导小组。2008 年 6 月 5 日，国务院正式颁布《国家知识产权战略纲要》，将完善知识产权法律规范作为其战略重点之一。至此，第三次修改专利法，就成为一项明确的任务，其源动力来自为更好地适应国际国内形势发展的需要，及时解决我国专利制度运作中存在的问题，更有效地发挥专利制度促进我国自主创新和经济社会发展的重要作用；其推动力则来自落实党中央、国务院和全国人大常委会提出的要求。

三、司法审判实践

现行《专利法》于 1985 年开始施行。基于中国《专利法》（1984 版）对于专利行政机关和法院的职能划分，最高人民法院在 1985 年 2 月 16 日发布的《关于开展专利审判工作的几个问题的通知》（法（经）发〔1985〕3 号，已于 2002 年失效）作出具体规定："在专利侵权的诉讼过程中，遇有被告反诉专利权无效时，受理专利侵权诉讼的人民法院，应当告知被告按照《专利法》第 48～49 条的规定办理。在此期间，受理专利侵权诉讼的法院，可根据《民事诉讼法（试行）》第 118 条第 4 项的规定中止诉讼，待专利权有效或无效的问题解决后，再恢复专利侵权诉讼。"

最高人民法院的该通知作为一种司法解释，对下级法院开展专利审判工作具有准法律的约束力，法院在审理专利侵权纠纷时，遇到专利有效性问题，均应指引当事人根据《专利法》第 48～49 条规定向专利复审委员会提出；而可能由于该通知的发布，在 1985 年以后的相对长时间里，法院亦未适用公知技术抗辩专利侵权指控，以免触及专利有效性问题。

公知技术抗辩的引入，最初与专利权利要求的保护范围确定，尤其是等同物的确定有关。1985 年开始施行的《专利法》有关专利权保护范围的条款规定为："发明或者实用新型专利权的保护范围以其权利要求的内容为准，说明书及附图可以用于解释权利要求。"关于权利要求解释，在偏向专利权人的中心限定主义和偏向社会公众的周边限定主义之间，中国的立法者始终选择平衡的"折中说"。这给等同原则在中国的适用提供了条件。公知技术抗辩首次见于公开的官方文件，是 1992 年 8 月发布的《中国的知识产权制度》（中国科学技术蓝皮书第 7 号）。该蓝皮书在介绍审判实践中如何运用等同原则判定侵权时指出："不能运用等同原则将其保护范围扩大到申请日时的已有的技术。"在该蓝皮书中，公知技术抗辩是用于限制等同原则之下的等同物的范围，以避免运用等同原则时将专利保护范围扩大到申请日时的已有的技术。❶

自此以后，在专利侵权纠纷审判过程中，被控侵权人逐渐开始采用已有技术（公知技术、公知公用技术）抗辩，得到了法院的认可。但是，在专利侵权案件的具体审判实践中，受诉法院在适用现有技术抗辩时基本上是各自为政，各行其是。本课题组在 2010 年成立调研组分赴上海、北京、广东和湖北等地就专利侵权诉讼中现有技术抗辩适用的有关情况开展调研（调研表和调研数据分析附于本研究之后）。除了进行实地调研之外，课题组还收集了 2005～2010 年北京、上海、广东、浙江和湖北等地法院在专利侵权诉讼中适用现有技术抗辩的部分判决书。通过实地调研与实案分析，课题组发现，我国法院在现有技术抗辩适用方面存在诸多问题，综合表现为：（1）对现有技术适用范围，即现有技术抗辩是仅适用于等同侵权，还是同时适用于相同侵权，存在明显差异；（2）现有技术的选择存

---

❶ 吴玉和：《公知技术抗辩在中国司法实践中的运用和发展》，中国香港专利（代理）有限公司。

在差异，即用于现有技术抗辩的现有技术是否包括公知专利技术和抵触申请，存在差异；（3）现有技术抗辩适用的条件，即现有技术抗辩首先需要将被控侵权物与涉案专利进行比对，确定被控侵权物与涉案专利相同或者等同后，再将被控侵权物与现有技术比对，还是法院允许被控侵权物与现有技术比对，存在差异；（4）对现有技术抗辩适用的标准，即现有技术抗辩必须在专利侵权诉讼中的哪一个环节主张才能被法院接受，存在差异。

本研究项目正是在上述背景下产生的。

第一章　现有技术抗辩概述

2008 年 12 月 27 日，全国人民代表大会常务委员会第六次会议通过《关于修改〈中华人民共和国专利法〉的决定》，完成了我国《专利法》第三次修订工作（重新颁布的《中华人民共和国专利法》成为现行《专利法》）。本次修订增加了现有技术抗辩和现有设计抗辩（以下统称现有技术抗辩）措施，❶ 对我国专利制度产生重大影响。自现行《专利法》施行以来，专利侵权诉讼中的被告（被控专利侵权人）采用现有技术抗辩，既缩短诉讼时间，又节约诉讼成本，其适用的范围不断扩展。为了使现有技术抗辩能够在司法审判实践中得到更好的适用，本章将从现有技术抗辩的基本概念入手，以展现现有技术抗辩的概貌。

第一节　专利侵权抗辩

专利侵权抗辩，是专利侵权纠纷司法审判实践中或者行政调处过程中的被控侵权人，根据法律规定而采用的对抗原告方指控，以免于承担专利侵权责任并维护其合法权益的具体措施。一般而言，专利侵权抗辩是一种民事抗辩，具有民事抗辩的基本特性，并遵从民事抗辩的基本规则。

---

❶ 在《专利法》第三次修订之前，虽然被告在专利侵权诉讼中可以依据《最高人民法院关于民事诉讼证据的若干规定》第 2 条的规定来主张现有技术抗辩，并且在司法实践中也存在运用现有技术抗辩成功的案例，但这毕竟不是由《专利法》确立的对抗专利侵权诉讼的法定措施，两者具有质的区别。经过《专利法》第三修正案修改后重新颁布的《专利法》第 62 条就是关于现有技术或者现有设计抗辩的规定。

一、民事侵权抗辩

（一）民事抗辩

根据法学基本理论，按照诉讼当事人主张事项所依据的法律不同，可以将民事抗辩分为实体法上的抗辩和程序法上的抗辩。实体法上的抗辩，通常是指民事法律关系中的一方当事人对抗对方当事人请求所援引之法律依据属于实体法上的事项。具体实践中，实体法上的抗辩包括以下几点。❶

1. 权利不发生的抗辩

某种特定原因导致民事法律关系请求方所提出的请求自始就不能存在，被请求方基于该特定原因而进行的抗辩。例如，民事主体双方签订了一份专利实施许可合同（以下简称"样本合同"），后来，该样本合同许可人（专利权人，即债权人）的专利权被宣告无效。根据我国现行《专利法》第47条规定，被宣告无效的专利权自始即不存在。基于此项规定，该样本合同自成立时就不能存在。如果该样本合同债权人（专利权人）基于该样本合同请求债务人（被许可人）履行合同债务（向专利权人支付许可使用费），该合同债务人就可以行使债权人债权不发生的抗辩。

2. 权利消灭的抗辩

民事法律关系一方当事人所产生的请求，因某种特定原因的发生而归于消灭。例如，前述样本合同原本是有效合同，但是，在样本合同约定的有效期内，因许可人（专利权人）没有按照专利法规定缴纳专利维持费而导致其专利权被视为放弃，进而导致其专利权终止。由于样本合同的权利基础专利权终止，基于该合同产生的债权债务关系也就归于消灭。此后，该样本合同关系中的被许可人（债务人）就可以主张由该合同产生的债权消灭来抗辩许可人（专利权人，债权人）的履约主张。

---

❶ 参见梁慧星：《民法总论》，法律出版社2001年版，第81～82页；王泽鉴：《民法实例研习民法总则》，三民书局1999年版，第55页；佟柔：《中华法学大词典：民法学卷》，中国检察出版社1995年版，第39页。

3. 权利排除的抗辩

民事法律关系对方当事人依照法律规定或者合同约定享有某项请求权，但因某种特定事由的存在导致其该项请求权被排除。例如，在上述样本合同关系中，合同当事人可以根据我国《合同法》规定的不安抗辩权、先履行抗辩权以及一般保证中的先诉抗辩权等权利排除抗辩，来对抗对方当事人的请求。

在上述三种民事抗辩中，第一、第二两种抗辩是基于特定事实的发生而发生的，因此，可以将它们划归于事实抗辩；第三种是基于法定权利而发生的，因此，将它划归于权利抗辩。❶

程序法上的抗辩，通常是指民事法律关系中的一方当事人对抗对方当事人请求所援引之法律依据属于程序法上的特有事项。程序法上的抗辩可分为妨诉抗辩和证据抗辩。❷ 妨诉抗辩是指诉讼中的被告主张本诉不合法或者欠缺诉讼要件；证据抗辩则是指诉讼中一方当事人主张对方当事人用以证明案件事实的证据不合法或者缺乏证明力，从而请求法院驳回起诉。❸

由上分析可知，实体法上的抗辩和程序法上的抗辩两者之间具有明显差异。在具体法律实践活动中，程序法上的抗辩事由无须当事人提出请求，受诉法院即可依职权加以查明的事实；但是，实体法上的抗辩事由则适用处分原则，只有当事人依法主动提出抗辩时，法院才有权进行审理。如果当事人放弃抗辩，法院就不得依职权进行查明和判决。实体法上的抗辩适用范围很广，只要是涉及请求权的场合，被请求方都有行使抗辩权的可能。但是，在不同类型的法律关系中，被请求方行使抗辩权的事由可能是不相同的。

（二）民事侵权抗辩

民事侵权抗辩属于民事抗辩范畴，是指在民事侵权诉讼中，被控

---

❶ 王泽鉴：《法律思维与民法实例》，中国政法大学出版社 2001 年版，第174 页。

❷ 陈刚："抗辩与否认在证明责任法学领域中的意义"，载《政法论坛》2001年第 3 期，第 81 页。

❸ "证据抗辩"，载 http://baike.baidu.com/view/6935525.htm。

侵权方针对原告提出的诉讼请求,依据法律规定或者合同约定的抗辩事由而提出的免除或减轻其侵权责任的主张。在专利侵权诉讼中,被控侵权人可以根据我国专利法规定采用多种方式对抗原告方的侵权指控来维护其合法权益。例如,我国《专利法》第74条规定了专利侵权诉讼中被告之赔偿责任免除的条款。因此,专利侵权诉讼中的被告便可援引该项规定来对抗原告的损害赔偿请求。民事侵权抗辩事由,是指民事侵权诉讼中的被控侵权方依据法律规定或合同约定用以证明原告的侵权诉讼请求不成立或不完全成立的事实。例如,在赔偿责任免除抗辩中,被告的抗辩事由就是我国专利法规定的"不知道是未经专利权人许可而制造并售出的专利侵权产品",并且"能够证明该产品之来源合法"。只要被告能够证明这两项事由成立,其免于承担赔偿责任的抗辩就能够成立。

具体诉讼实践中,人们通常将抗辩事由划分为三种:(1)原告的诉讼主张不成立或者不完全成立的抗辩事由。在专利侵权诉讼中,如果原告不是专利权人,或者不是独占许可合同中的被许可人,或者不是中国专利权人等,就不具有专利侵权诉讼主体资格;或者专利侵权诉讼原告赖以支撑的权利因为被宣告无效或者放弃、被视为放弃而不存在;或者专利侵权诉讼原告所起诉的被告不适格等。(2)被告所实施的行为有法律依据或者合同依据。在专利侵权诉讼中,如果被告实施原告的专利没有获得原告的许可,但是被告的实施行为却获得了强制许可或者国家计划许可,那么,被告的实施仍然是合法的,不构成对原告专利侵权的侵犯。(3)原告的诉讼已经超过了法律规定的时效。❶

二、专利侵权及其构成条件

专利权是自然人、法人或者其他组织就其发明创造依法获得的专有权利。专利权受法律保护,但是其效力同时又受到法律的限制,包括对专利权保护期的限制、专利权有效空间的限制以及实施专利的限制。在法律规定的有效空间范围内和保护期内,任何人未经专

---

❶ 《专利法》第68条。

利权人许可不得擅自实施其专利。❶

侵犯专利权也称专利侵权，是指自然人、法人或者其他组织未经专利权人许可，以经营目的擅自实施其专利的行为。❷一般情况下，自然人、法人或者其他组织（以下统称"行为人"）实施他人专利是否构成专利侵权，应当满足以下条件。

（一）行为人所实施的对象须为他人受法律保护的发明创造

该对象包括以下要素：（1）已经依法获得了专利权。对于那些没有提出专利申请的发明创造、正处于专利申请审查程序中的发明创造等，不属于专利法保护对象。例如，已经在其他国家或地区获得专利权，但未曾向中国国家知识产权局提出专利申请的发明创造（这种专利权不是中国专利权，其效力不及于中国境内），或者已经向中国国家知识产权局提出专利申请但尚未授权专利权的发明创造（正处于审查阶段的专利申请，只有发明专利申请可能获得临时保护，但不是专利权），不是我国专利法的保护对象。至于那些从来没有在任何国家或地区提出专利申请的发明创造，更不可能成为我国专利法的保护对象。

（2）已经获得的专利权仍然处于法律规定的保护期限内。如前所述，专利权保护期受到法律限制，所以，专利权超过法律规定保护期的发明创造，就进入了公有领域，任何人可以自由使用之。因此，只有专利权没有超过法律规定保护期的发明创造，才可能受到法律保护。

（3）专利权有效期限内的发明创造仍处于受保护状态。根据私权自治原则，专利法允许专利权人主动放弃专利权而导致专利权提前终止，不再受法律保护。此外，某些仍处于法律规定保护期内的专利权，因为专利权人没有按照法律规定按时交纳专利维持费而导致权利被视为放弃，该专利权就提前终止，相应的发明创造即刻进入公有领域，不再受法律保护。❸另一种情况，专利法规定，被宣告

---

❶　《专利法》第 11 条。

❷　《专利法》第 60 条。

❸　《专利法》第 44 条。

无效的专利权自始不存在，属于公有领域，不受法律保护。❶ 从形式上看，已经放弃、视为放弃、被撤销或者宣告无效的专利权仍然处于受保护期限内，但它已经不再受保护了。

（二）行为人所实施的对象已经落入原告专利权保护范围

在专利侵权诉讼中，原告指控被告侵犯其专利权，不仅需要证明其拥有合法的专利权，而且需要证明被告所实施的技术或者设计落入其专利权保护范围。❷ 如果原告将被告所实施的技术与原告的专利技术进行比对，没有落入其专利权保护范围，那么，被告就不侵犯原告的专利权。当然，被告所实施的技术即使已经落入原告专利权保护范围，根据我国现行专利法的有关规定，❸ 被告也不一定侵犯原告的专利权。

至于被告实施原告专利的行为是否具有主观过错、是否给原告造成损害等，则不是构成专利侵权的必要条件。换言之，即使被告实施其行为时没有主观过错，也没有给专利权人造成经济损失，只要其行为满足上述两个条件，即构成对他人专利权的侵犯。

三、专利侵权诉讼

在我国，诉讼分为行政诉讼、刑事诉讼与民事诉讼 3 种。涉及专利领域的诉讼主要包含 6 种类型：（1）专利行政诉讼，即以国家专利行政部门，包括专利复审委员会或国家和地方知识产权局作为被告的专利行政案件、专利授权确权纠纷及专利行政管理机

---

❶ 专利权撤销，是全国人民代表大会常务委员会 1992 年 9 月 22 日通过的《关于修改〈中华人民共和国专利法〉的决定》增加的规定。该决定第 9 条规定，第 41 条修改为："自专利局公告授予专利权之日起六个月内，任何单位或者个人认为该专利权的授予不符合本法有关规定的，都可以请求专利局撤销该专利权。"第 12 条规定，第 44 条修改为："被撤销的专利权视为自始即不存在。"但是，专利权撤销制度被 2000 年的专利法修正案废止。

❷ 《专利法》第 59 条。

❸ 例如，《专利法》第 62 条规定的"现有技术或者现有设计抗辩"和第 69 条规定的"不侵权例外"等。

关行政行为引起的纠纷；（2）涉及专利的刑事诉讼，主要为假冒他人专利等犯罪行为；（3）专利权属纠纷诉讼，涉及专利申请权、专利权归属纠纷的案件；（4）专利侵权诉讼，即专利权人或利害关系人对专利侵权行为人提起诉讼的案件，包括侵犯发明专利、实用新型专利和外观设计等专利权的案件；（5）专利合同纠纷诉讼，包括专利申请权转让合同纠纷、专利权转让纠纷和专利实施许可合同纠纷等；（6）其他类型的专利诉讼，包括专利强制许可、专利使用费等诉讼。

专利侵权诉讼，是指因专利权受到侵犯，专利权人或者利害关系人向人民法院提起的请求侵权人承担停止侵害、消除影响、赔礼道歉、赔偿损失等法律责任的司法程序。专利侵权诉讼属于民事侵权诉讼范畴，适用民事侵权诉讼的一般规则，但与一般民事侵权诉讼相比具有其个性特征，从而形成了其特殊规则。从诉讼流程的角度来讲，从诉讼主体资格的确定、管辖法院的选择、诉讼时效期间，到当事人双方证据的提交、庭审质证的顺序、举证责任的分配都存在与普通民事侵权诉讼的差异。其中，专利侵权诉讼中的证据规则，包括双方如何提交证据以及最终举证责任的承担与一般民事侵权诉讼的差别尤为明显。专利侵权诉讼证据规则上的一系列特殊之处也影响着当事人的诉讼策略与双方诉求、抗辩的选择。

专利侵权证据规则的特殊之处体现在专利侵权诉讼本身所涉问题的专业性与复杂性。专利侵权诉讼中涉及的证据具有数量众多、种类繁杂、技术性强、知识面广、难于获取、极易丧失等特性。取证过程本身往往就是借助科学技术等手段提取、分析、审查、判断和确认证据的过程，就是认识和掌握发明创造产生、变化、运用及发展规律的过程，因而对专利侵权诉讼证据的收集、审查、判断和确认就比其他民事诉讼证据的相关工作更为复杂和困难。❶ 在专利侵权诉讼中，对于很多关乎技术特征的专业性问题，法官往往难于决断，

---

❶ 廖志刚："论专利侵权诉讼证据制度"，载《重庆工学院学报（社会科学版）》2008 年第 5 期。

需要专业人士的协助，这也催生了技术审查官、❶专门司法鉴定等一系列制度的发展。

我国《民事诉讼法》第 64 条第（1）项规定的一般证据规则是"谁主张谁举证"，❷最高人民法院颁布的《关于民事诉讼证据的若干规定》第 2 条进一步明确了当事人因没有正确履行其举证责任可能承担的后果。❸我国现行《专利法》❹第 61 条则根据新产品专利之特殊情形规定了举证责任倒置规则。❺依据该项特殊规则，在专利侵权诉讼中，被控侵权人的举证责任更为严格。在此类专利侵权诉讼中，原告所承担的举证责任包括：（1）原告需要提交证据材料证明其符合《民事诉讼法》第 108 条所规定的本案属于人民法院民事诉讼受理案件的范围；（2）原告需要证明本案符合我国现行《专利法》第 61 条规定举证责任倒置的适用前提，即原告需要提供证据材料证明其专利方法所直接生产出的产品属于专利法意义上的新产品；（3）原告需要提交证据材料证明被告生产的涉案产品与按照原告专利方法所直接生产出来的产品属于同样产品。

只有原告上述三项举证得以成立，该项诉讼中的被告才需要按照我国现行《专利法》第 61 条的规定承担证明"其产品制造方法不同于专利方法"的举证责任。在专利侵权诉讼中，原告与被告所负担的举证责任并不总是静态的，往往随着诉讼当事人双方的主张与抗辩而转移。如上分析可知，专利侵权诉讼是否适用举证

---

❶ 世界上很多国家和地区审判机关在涉及较多专业技术问题的专利诉讼案件审理中，引入专业对专业问题作出判断，此谓"技术审查官"，如美国和我国台湾地区等。

❷ 当事人对自己提出的主张有责任提供证据。

❸ 当事人对自己提出的诉讼请求所依据的事实或者反驳对方诉讼请求所依据的事实有责任提供证据加以证明。没有证据或者证据不足以证明当事人的事实主张的，由负有举证责任的当事人承担不利后果。

❹ 指根据 2008 年 12 月 27 日第十一届全国人民代表大会常务委员会第六次会议《关于修改〈中华人民共和国专利法〉的决定》第三次修正后的专利法条文。

❺ 专利侵权纠纷涉及新产品制造方法的发明专利的，制造同样产品的单位或者个人应当提供其产品制造方法不同于专利方法的证明。

责任倒置，取决于以下因素：（1）由原告通过三方面的证据材料举证证明该案符合举证责任倒置的前提；（2）由被告承担证明其制造方法不同于原告专利的举证责任。具体实践中，即使被告已经举证证明其所采用的制造方法不同于原告的专利方法，原告与被告所承担的举证责任并未就此结束。随着诉讼中主张—抗辩—反抗辩的转化，原告和被告双方可能就对方的主张不断提出新的证据予以否认。事实上，专利侵权抗辩伴随着当事人举证的不断变化，影响着诉讼程序的进程，甚至决定着侵权判定的最终结果，关乎当事人诉讼的成败。

四、专利侵权判定

专利侵权判定有着完全不同于传统民事侵权构成的独特之处，既涉及法律问题，也涉及技术问题。尤其值得注意的是：专利侵权诉讼所涉及的技术问题不只是其中的一个或者几个方面，而是覆盖了全部技术领域，包括传统技术、现代技术和最前沿的尖端技术。例如，3D 打印技术是当今时代的最新技术，已经引发专利侵权纠纷。❶对这样的专利权侵权纠纷进行审判，就需要拥有相关技术水平的代理人和法官。2002 年，美国联邦巡回上诉法院在 Tate Access Floors v. Interface Architectural Res. 案中总结了专利侵权判定的两个步骤：（1）解释原告主张的权利要求的范围；（2）将被控侵权物同适当解释后的权利要求进行比对，判定权利要求的每一技术特征在被控侵

---

❶ 3D 打印巨头 Stratasys 公司 2013 年 11 月 25 日宣布，它已经在美国明尼苏达地区法院提起专利侵权诉讼，该诉讼针对 Afinia 品牌 3D 打印机，这是太尔时代公司在美国品牌合作的产品，与其主打品牌 UPPlus 2 极其类似。Afinia 品牌的所有人为 Microboards 技术公司。Stratasys 公司声称 Afinia 3D 打印机侵犯了其四个 3D 打印专利，要求制止其侵权行为并赔偿。"3D 打印再现专利诉讼 或祸及国内企业"，载 http://oa.zol.com.cn/417/4174731.html。

权物中是否得到相同或等同的体现。❶ 可见，专利侵权判定与专利权利要求确定的保护范围及其解释，以及专利权利要求与被控侵权技术的对比相关。专利侵权判定的基本规则有两条。

（一）专利权推定有效

依据某个国家或地区专利法规定之专利申请程序获得的专利权，在专利法规定的保护期限内，如果没有发生导致专利权无效、丧失或者终止的事由，应当被推定有效。该项理论称为专利权有效推定原则。尽管该项原则非常重要，然而除了美国专利法之外，其他国家或地区的专利法少有关于专利权有效推定的规定。❷

专利有效推定包含多重信息：首先，专利权有效推定有利于维护国家专利行政管理机关依照法律规定程序授予的专利权的合法性。众所周知，专利制度赖以成立的必要条件之一就是必须建立国家层级的专利管理机关，受理发明人的专利申请，并对专利申请进行必

---

❶ On February 7, 2002, the Federal Circuit affirmed the district court's order preliminarily enjoining Interface from infringing U. S. Patent No. 4, 625, 491, which related to raised access flooring panels. The Federal Circuit noted：［Tate］ is entitled to a preliminary injunction if it shows the following four factors： （1） a reasonable likelihood of success on the merits； （2） irreparable harm absent an injunction； （3） that the balance of hardships tips in its favor； and （4） that the public interest favors an injunction. of actor is dispositive； the district court must weigh the factors against each other and against the form and magnitude of requested relief. In order to demonstrate likely success on the merits, Tate must show that, in light of the presumptions and burdens applicable at trial, it will likely prove that Interface infringes the asserted claims of the '491 patent and that the patent will likely withstand Interface's challenges to its validity.... Although the district court found that Tate had established likely success on the merits regarding both infringement and validity, only infringement is at issue in this appeal.... at http://www. law. umaryland. edu/faculty/lsung/documents/2002/020208b. pdf. 279 F. 3d 1357, No. 01 ~ 1275, （Fed. Cir. 2002）.

❷ 1952 年《美国专利法》（现行专利法）第 282 条 "有效性推定、抗辩"。a 款规定："专利权应被推定为有效。专利每一项权利要求（无论是独立权利要求、从属权利要求或者多项权利要求形式）均应被推定为有效，而不受其他权利要求有效性的影响。"

要的审查，对符合法律规定条件的专利申请授予专利权。即使是在主张专利权属于天赋人权或者自然权利的国家，例如法国，也建立了国家层级的专利行政管理机关，办理相应的专利事务。既然国家专利管理机关依照法律规定的程序给专利申请人授予了专利权，那么，该专利权就应当被推定为有效，除非该专利权因某种法定事由的出现而导致被终止。其次，专利权有效推定意味着，专利申请人依照法律规定程序获得的专利权并不是绝对的有效，而是推定的有效。一旦法律规定的某种事由出现，就可能使之归于消灭。例如，专利权的获得本来就存在瑕疵，只是国家专利行政管理机关在审查期专利申请时由于主观或者客观方面的原因而没有发现，后来被发现了，按照法律规定的程序使之回归原状。最后，专利权有效推定，充其量只是一种效力推定，并非效力固定。因此，在发生专利权侵权纠纷时，被告方可以采用举证方式，依照法律规定的程序来否定原告的专利权。从而为专利侵权诉讼中的被告人维护其合法利益创造了一种可能。

更进一步地讲，专利权有效推定原则充分体现了法律的公平正义精神，有利于防止某些人采用不正当手段牟取对某项发明创造的垄断利益，也有利于防止专利申请审查程序中的缺失，更可以防止专利申请人与专利申请审查机关合谋以获得不正当利益。普通社会公众，不论与专利权人是否存在直接或者间接利害关系，一旦发现某项专利存在法律规定的瑕疵，就可以启动法律规定的程序，矫正具有瑕疵的专利权。

在专利侵权诉讼中，原告向法院提起专利侵权诉讼指控被告侵犯其专利权之前，应当采用适当方式确定其作为起诉基础的专利权是有效的。被告接收到原告的侵权起诉状以后需要做的第一件事就是判断原告的专利权是否确定的有效。若有确切的证据证明原告的专利权可能是无效的，被告采用的最有效应对策略就是否定原告的专利权。因此，专利侵权判定的首要任务就是准确判定原告的专利权是否真是确定的有效。

（二）技术特征全面覆盖原则

专利制度保护的是具有新颖性、创造性、实用性的技术方案。不同于有形体，技术方案难以通过具体、形象的形态表现出来。技术方案的抽象性决定了，根据发明本身来确定无体财产是不可能的，专利法明显的依赖于登记程序。❶正如欣德马什所说，如果发明要得到确认，就必须通过书面说明加以定义。❷说明书是用来对发明进行界定的书面方式。现在，各国在界定发明技术方案上的做法基本一致：采用以技术特征组成的权利要求来确定发明的界限，同时参考说明书。在专利侵权诉讼中，如果被控侵权技术包含权利要求书中所记载的所有技术特征，即认为被控侵权技术落入专利权的保护范围，侵权行为成立。鉴于专利推定有效规则，在专利侵权诉讼中，只要被控侵权技术落入专利的保护范围，就认为侵权成立，而无需考虑涉案专利的有效性问题。除此以外，现代各国基本都承认等同原则为专利侵权判定的基本规则之一。

五、专利侵权抗辩内涵

专利侵权抗辩是指在专利侵权诉讼中，被控侵权人针对专利权人或者利害关系人的诉讼请求提出使自己免责或减轻责任的事由。被控侵权人针对专利权人或者利害关系人提出的诉讼请求提出的证明其诉讼请求不成立或者不完全成立的事实称为"抗辩事由"。❸

专利侵权抗辩属于民事抗辩中实体法上的抗辩，具有与其他民事抗辩相同的特征：首先，专利侵权抗辩具有相对性。无请求则无抗辩。专利侵权抗辩作为对抗侵权责任的手段是相对专利人的侵权责任请求提出的，因此专利侵权抗辩具有明显的相对性。其次，专利

---

❶ ［澳］布拉德·谢尔曼、［英］莱昂内尔·本特利著，金海军译：《现代知识产权法的演进》，北京大学出版社 2006 年版，第 183 页。

❷ 转引自"无限转动用滚珠花键轴承案件"，1998 年 2 月 24 日本最高法院判决。

❸ 白光清："专利侵权抗辩研究"，见《专利法研究 2001》，知识产权出版社 2001 年版，第 59 页。

侵权抗辩具有法定性。专利侵权抗辩的事由应由法律直接规定，其行使可以有效阻止民事责任的产生。最后，专利侵权抗辩具有对抗性。任何一种抗辩的行使目的都在于对抗权利人提出的请求，专利侵权抗辩也不例外，其行使在于对抗原告在诉讼中提出的要求其承担侵权责任的诉讼请求，具有对抗性。

同时，应当看到，专利侵权抗辩作为一种特殊的民事抗辩，不同于其他民事抗辩：首先，从对抗对象看，专利侵权抗辩会导致专利权人有关侵权责任的诉讼请求在法律上不成立或不完全成立。其次，从抗辩事由看，侵权抗辩事由一般由侵权行为的归责原则和侵权责任的构成要件派生而来，而专利侵权是否成立依据客观事实判定规则，因此其构成要件不同于一般民事侵权行为。因此，专利侵权抗辩事由与一般民事侵权抗辩相比，既有其共性，也有其个性。❶ 例如，专利侵权成立与否，有四个构成要件：（1）涉案专利权真实存在；（2）涉案专利权受我国专利法保护；（3）被告实施专利的行为没有合法依据；（4）被告实施专利是以营利为目的的。面对原告的专利侵权指控，被告便可以针对其中的任何一个构成要件进行抗辩。

专利法需要在激励发明创造和促进发明创造的推广应用之间寻求理想的平衡，在专利权人权利保护与社会公众技术获取之间寻求理想的平衡。专利权人取得专利权的目的不仅仅在于拥有其专有权利和防止他人的擅自利用，更重要的是通过以法律允许的方式进行处分以获得经济收益，以弥补开发时付出的成本和获得额外的经济利益。然而，由于专利权本身依赖于申请时的简化书面阐释，其保护边界并不那么确定。因此，专利权人可能滥用其专利权，损害社会公众的利益。针对专利权人滥用专利权的可能，需要通过设定与专利侵权诉请相对立的抗辩以达到平衡。

---

❶ 白光清："专利侵权抗辩研究"，见《专利法研究2001》，知识产权出版社2001年版，第59页。

禁止权利滥用原则在我国宪法及民事基本法中都有所体现。❶专利侵权诉讼中的被告以原告滥用专利权进行抗辩，就是为了在专利权人利益与社会公共利益之间寻求均衡的程序价值。专利权人利益与社会公众利益表现为此消彼长的关系，专利权人利益越大，社会公众利益就越小，反之亦然。当然，从法哲学的角度来讲，某种法律制度要达到法律秩序的目的，就必须通过承认某些利益，包括个人、公共和社会利益；规定各种界限，在这个界限内，上述各种利益将得到法律的承认，并通过法律规范使之有效；在法律规定的界限内努力保障这些已得到承认的利益。❷为防止个人利益侵害到公共利益与社会利益，在知识产权法，包括专利法中，利益平衡原则始终处在一个非常显要的位置。❸

当然，这种通过抗辩限制个人利益不当扩张以保障社会公共利益最大化的方式，在具体的诉讼中是通过切实保护被控侵权人利益来实现的。从具体的专利侵权纠纷来看，其实质就是专利权人与被控侵权人之间的利益关系转化。专利侵权纠纷中的被控侵权人，有可能真正地实施了侵犯原告专利权的行为，也可能没有实施侵权行为，也有可能实施了法律规定应当免责的侵权行为。专利侵权抗辩有利于保护被控侵权人的利益，具体表现在两个方面：一是对于没有实施战略侵权行为的被控侵权人而言，其抗辩是从根本上维护自己的合法权益，避免承受无辜侵权责任；二是对于实施了专利侵权行为的被控侵权人而言，其抗辩是为了避免因侵权而承受的一些额外的、不合理的责任。因此，作为专利侵权纠

---

❶　我国《宪法》第 51 条规定："中华人民共和国公民在行使自由和权利的时候，不得侵害国家的、社会的、集体的利益和其他公众的合法自由和权利。"我国《民法通则》第 7 条通过公序良俗的基本原则也彰显了权利不得滥用的思想，"民事活动应当尊重社会公德，不得损害社会公共利益，破坏国家经济计划，扰乱社会经济秩序"，即尊重公序良俗。权利人行使其权利时，违反这些规定的，即构成权利滥用。

❷　Pound: *In my Philosophy of Law*, Denver: West Publishing Company, 1961: 261.

❸　冯晓青：《知识产权法利益平衡理论》，中国人民公安大学出版社 2006 年版。

纷中的被告应变被动为主动，为了维护自己的利益，在法律允许范围内积极抗辩。

第二节 专利侵权抗辩类型

专利权是一种合法垄断权。一般来讲，未经许可擅自实施他人专利，就可能侵犯他人专利权，行为人就要承担相应的侵权责任。同时，专利法允许被控侵权人采用多种抗辩措施，以维护其合法利益，实现各方当事人之间的利益平衡，这体现了一个国家或者地区的专利保护水平。当今世界，国家之间的竞争主要取决于其科技硬实力与文化软实力，与其知识产权保护水平密切相关。[1] 对专利制度而言，专利保护水平与专利侵权责任制度密不可分，其中当然包括专

---

[1] 一个国家的综合国力的构成要素通常被分为有形力量与无形力量，或硬实力与软实力。美国哈佛大学教授约瑟夫·奈就将综合国力分为硬实力与软实力两种形态。硬实力（Hard Power）是指支配性实力，包括基本资源（如土地面积、人口、自然资源）、军事力量、经济力量和科技力量等；软实力（Soft Power）则分为国家的凝聚力、文化被普遍认同的程度和参与国际机构的程度等。相比之下，硬实力较易理解，而软实力就复杂一些。约瑟夫·奈把软实力概括为导向力、吸引力和效仿力，是一种同化式的实力——一个国家思想的吸引力和政治导向的能力。美国学者克莱因在20世纪70年代提出了有名的"国力方程"，把"战略目标"与"国民意志"作为衡量国力的重要组成部分。无论是"战略目标"还是"国民意志"，都是极其复杂的无形因素，也可称为软实力，难以用静态标准来衡量。另一位美国学者斯拜克曼把民族同质性、社会综合程度、政治稳定性、国民士气都视为软力量。英国著名学者罗伯特·库伯则认为，合法性是软实力的核心要素。综上所述，硬实力是指看得见、摸得着的物质力量；软实力所指的就是精神力量，包括政治力、文化力、外交力等软要素。两者既紧密联系，又互相区别。它们不是简单的加减关系，而是相辅相成、相互制约和协调。硬实力是软实力的有形载体、物化，而软实力是硬实力的无形延伸。在当前全球化浪潮、信息革命和网络时代的大潮下，硬实力的重要性显而易见。软实力则具有超强的扩张性和传导性，超越时空，对人类的生活方式和行为准则产生巨大的影响。"软实力与硬实力实力"，载 http://www.people.com.cn/GB/guandian/8213/8309/28296/2335163.html。

利侵权抗辩制度。面对国际发展的新形势，系统的研究专利侵权责任制度和侵权抗辩制度，对我国界定合理的专利保护范围、平衡各方利益具有重要意义。

在法律制度的设计上，抗辩权是对他人行使请求权的一种阻却，即权利人行使其请求权时，义务人享有的拒绝履行其请求的权利。在民法上，民事权利被分为支配权、请求权、抗辩权与形成权。民法上的同时履行抗辩权、先履行抗辩权、不安抗辩权等，属于典型的抗辩权类型。然而，作为一种防御性权利，在民事诉讼（包括专利侵权诉讼）程序中，被告通常都会针对原告的侵权指控采用相应的抗辩措施，以维护自己的合法权利。通常情况下，有侵权指控即应有抗辩，这是一对相生相克的权利主张方式。

关于专利侵权抗辩，我国现行专利法规定了多种情形，包括不侵权抗辩、专利侵权例外抗辩、专利权无效抗辩、专利权滥用抗辩、现有技术或者现有设计抗辩、起诉权抗辩（诉讼主体资格）、诉讼时效抗辩、合同抗辩等。概言之，专利侵权抗辩主要分为两大类，一是诉讼中的一般程序性抗辩，二是专利法上特有的实体性抗辩。

一、程序性抗辩

（一）诉讼主体资格抗辩

民事诉讼的原告是指与诉讼标的具有法律上利害关系的当事人。专利侵权诉讼中的原告一般情况下是专利权人，少数情况下可以是利害关系人。从经济效益角度分析，专利权的独占性实质是赋予权利人市场垄断地位以获得经济利益，实现方式包括权利人自己实施与许可他人实施。实质上，专利侵权行为就是行为人未经专利权人许可擅自实施他人专利，从中分享了专利权人的垄断利益。因此，专利侵权诉讼的原告只能是专利权人或者利害关系人。针对一件具体的专利侵权诉讼，被告可以对原告的诉讼主体资格提出质疑，以否定该侵权之诉的成立。对于被告的质疑，原告负有证明其是专利权人或者独占被许可人资格的义务。否则，被控侵权人诉讼主体资格抗辩成立，即原告不具备诉讼主体资格，致使该诉不成立。

诉讼主体资格抗辩还包括被控侵权人否定自己的被告资格，以对抗原告的专利侵权诉讼请求。

（二）诉讼时效抗辩

我国现行《专利法》第68条规定侵犯专利权的诉讼时效为两年，自专利权人或者利害关系人得知或者应当得知侵权行为之日起计算。被告认为原告提起的专利侵权诉讼超过法律规定的诉讼时效，就可以提出相应的诉讼时效抗辩。被控侵权人提出的诉讼时效抗辩主张成立的，该案中的原告将失去胜诉权。❶

二、实体性抗辩

（一）专利无效抗辩

专利无效抗辩，是指被控侵权人以请求专利复审委员会宣告原告的涉案专利权无效进行抗辩。我国现行《专利法》第45条规定，原告起诉被告侵犯其专利权的时候，被告认为原告的涉案专利权不符合我国专利法有关规定的，可以请求专利审委员会宣告该专利权无效，以达到维护其合法权利的目的。《专利法》第47条第1款规定，宣告无效的专利权自始无效。一旦涉案专利权被宣告无效，就肯定了原告支撑该项侵权诉讼的基础——专利权不存在，该侵权之诉就不能成立，更遑论遭受侵害了。因此，即使被告未经许可实施该项涉案技术或者设计，也属于对自由公知技术或者设计的使用，不构成

❶ 诉讼时效是指民事权利受到侵害的权利人在法定的时效期间内不行使权利，当时效期间届满时，人民法院对权利人的权利不再进行保护的制度。在法律规定的诉讼时效期间内，权利人提出请求的，人民法院应强制义务人履行所承担的义务。而在法定的诉讼时效期间届满之后，权利人行使请求权的，人民法院就不再予以保护。值得注意的是，诉讼时效届满后，义务人虽可拒绝履行其义务，权利人请求权的行使仅发生障碍，权利本身及请求权并不消灭。当事人超过诉讼时效后起诉的，人民法院应当受理。受理后查明无中止、中断、延长事由的，判决驳回其诉讼请求。参见"诉讼时效"，载 http://baike.so.com/doc/4987673.html。

侵权。❶

（二）专利权滥用抗辩

专利侵权诉讼中，被控侵权人认为专利权人为进行专利侵权诉讼恶意取得专利权，或是滥用专利权进行侵权诉讼的，可以采用专利权滥用抗辩措施。恶意取得专利权，是指将明知不应当获得专利保护的发明创造，故意采取规避法律的方法或者采取不正当的手段获得专利权，其获得专利权的目的在于获得不正当利益或制止他人的正当实施行为。❷滥用专利权进行侵权诉讼，就是原告对明显不构成侵犯专利权的产品或者方法提起侵权诉讼。原告在被控侵权人的产品明显不构成侵犯其专利权的情况下，出于不正当竞争或是打击被控侵权人的目的，以提起侵权诉讼的形式影响被控侵权人产品的市场销售。针对原告以恶意取得的专利权为依据提起的侵权诉讼或者滥

---

❶ 2006 年 7 月 26 日，国家知识产权局授予张某"长时间推力作用的超音速干粉灭火装置"实用新型专利权，专利号：ZL200520008704.X。张某取得专利权后，陕西兰德森茂消防科技有限公司（以下简称兰德森茂公司）认为，张某系利用工作期间掌握的资料申请的专利应归属其所有，遂以专利权属纠纷为由将张某诉至法院，请求确认 ZL200520008704.X 专利为兰德森茂公司享有。陕西省西安市中级人民法院经审理后判决：确认 ZL200520008704.X 的专利权人为兰德森茂公司。张某不服，提起上诉，陕西省高级人民法院经审理后维持原判。随后，兰德森茂公司以张某、成都神剑消防科技有限公司（以下简称神剑公司）在法院判决争讼之专利权归其所有的情形下，未经许可实施其专利，构成侵权为由，将张某、神剑公司诉至法院，请求判令张某、神剑公司立即停止侵权行为；消除影响；赔偿损失。2007 年 10 月 12 日，国家知识产权局专利复审委员会经对 ZL200520008704.X 专利审查后，宣告专利权全部无效，该决定已经生效。该专利全部无效公告于 2009 年 1 月 21 日在卷期号为 25—03 的专利公报中刊登。2009 年 4 月，西安市中级人民法院裁定：驳回兰德森茂公司的起诉。裁定送达后，当事人均未上诉，已发生法律效力。"专利权被宣告无效后应裁定驳回原告的起诉"，载 http://china.findlaw.cn/falvchangshi/zhuanli/zhuanliwuxiao/zlqwx/19081.html。

❷ 宁民三初字 [2003] 第 188 号民事判决书：江苏省南京市中级人民法院受理的袁利中使用早已被国家技术标准披露的技术方案申请专利，并利用该项专利提起专利侵权诉讼。

用专利权提起的侵权诉讼，被控侵权人应当采用专利权滥用抗辩措施，以维护其合法利益。❶

---

❶ 2002 年 7 月，荷兰飞利浦为了更进一步阻止未与之签约的光盘厂商将产品输入美国，依据《美国关税法》第 337 条的专利侵权排除条款，针对全球 19 家光盘片制造厂商（我国台湾地区厂商为国硕、大锐、桂阳和巨擘），向美国国际贸易委员会（International Trade Commission，ITC）提出控诉，要求调查 19 家厂商所生产制造的 CD-R/RW 盘片是否侵犯飞利浦的 6 项专利的专利权，并申请禁止被控厂商将未经许可的 CD-R/RW 盘片输入美国。国硕、巨擘等台湾地区光盘厂商以及国外厂商 Linherg 认为飞利浦的许可方式，例如，不论使用专利联盟中的专利数量多寡均需支付全额权利金，为不合理的要求，因此坚持抗辩，主张无侵权行为以及专利无效，并主张飞利浦的行为涉及专利权滥用。2003 年 10 月 24 日，ITC 行政法官作出初步决定，认为所有飞利浦主张受侵害的专利均为有效，被控诉厂商所生产的产品确实侵害飞利浦的专利，同时《美国关税法》第 337 条对于美国国内企业受到实质伤害的要件亦符合，但因为飞利浦的许可行为构成专利权滥用，而不能对被告厂商有效行使系争专利权。在此初步决定阶段，行政法官依其审理，认为飞利浦构成专利权滥用的事实有固定价格（Price Fixine）、价格歧视（Price Discrimination）以及搭售协议（Tying Arrangement），并且认为 CD-R/RW 专利联盟中的权利金架构对于商业交易产生不合理的限制。2003 年 11 月 5 日，飞利浦要求 ITC 主任委员对于行政法官作出的初步决定重新审核。2003 年 12 月 10 日，ITC 主任委员受理，但仅限于重新审核其因为专利权滥用而被认定不能主张其专利权的部分。后审核部分于 2004 年 3 月作出决定，ITC 主任委员再度认定飞利浦的行为因为专利权滥用而无法有效行使专利权，但主任委员审核确认的专利权滥用事实仅为搭售协议，对于行政法官在初步裁决中所认定的固定价格、价格歧视以及专利池中的权利金架构对于商业交易产生不合理的限制等事实并未进一步予以认定。ITC 于 2004 年 3 月作出的决定主要内容为：（1）飞利浦向 ITC 主张受侵害的专利因本质上构成专利权滥用的当然违法（Patent Misuse per se）而无法执行（Unenforceable），其理由是飞利浦采取强制一揽子许可（Package Licensing Pooling Licensing）方式，将依橘皮书标准（Orange Book Standards）生产 CD-R 及 CD-RW 盘片的必要专利与其他非必要专利搭售，构成专利权滥用；（2）飞利浦所主张的专利因其搭售安排，基于行政法官的分析依"合理原则"（Rule of Reason）判断亦构成专利权滥用而无法执行；（3）飞利浦因为专利权滥用造成的不当结果尚未被净化并清除；（4）基于并未违反 337 条款的决定，终止相关调查。后来，飞利浦针对此案以 ITC 为被告向美国联邦巡回上诉法院（CAFC）提出上诉，2005 年 9 月 21 日，美国联邦巡回上诉法院作出裁决，要求 ITC 继续审核此案。许春明、单晓光："'专利权滥用抗辩'原则"，载《知识产权》2006 年第 3 期。

（三）未落入专利权保护范围的抗辩

未落入专利权保护范围的抗辩，是指将被控侵权物与原告专利进行比对，其结果是没有落入原告专利权保护范围，从而对抗原告的专利侵权指控之措施。就技术而言，被控侵权物的技术特征与原告专利权利要求中对应的必要技术特征相比，有一项或者一项以上的技术特征有了本质区别。这种本质区别主要以两种形式表现出来：其一，新的技术特征使之变成了一项新的技术方案；其二，使被控侵权物采用的技术特征在功能、效果上明显优于专利独立权利要求中对应的必要技术特征，并且相同技术领域的普通技术人员认为这种变化具有实质性的改进，而不是显而易见的。此种"未落入专利权保护范围的抗辩"在专利侵权诉讼中的使用极为广泛，尤其在被控侵权人"无意"侵犯原告专利权的情况下，被控侵权人往往会以此理由进行抗辩。

（四）非基于生产经营目的抗辩

非基于生产经营目的抗辩来源于我国现行《专利法》第 11 条的规定。❶ 根据该条规定，未经专利权人许可，为生产经营目的实施他人专利，便可能构成对专利权的侵犯。对该条规定进行反向解读，即可得出专利侵权的另一抗辩事由：在专利侵权诉讼中，被控侵权人虽未经专利权人许可实施了原告的专利，但并非出于"生产经营目的"，亦不构成侵犯专利权。这一抗辩事由在适用范围上非常宽泛，在司法实践中也具有相当大的灵活性，需要在具体的案件中进行判断。

（五）科学研究及实验目的抗辩

科学研究及实验目的抗辩与非基于生产经营目的抗辩之间具有一

---

❶ 《专利法》第 11 条规定：未经专利权人许可，不得为生产经营目的制造、使用、许诺销售、销售、进口其专利产品，或者使用其专利方法以及使用、许诺销售、销售、进口依照该专利方法直接获得的产品。

定的关联性，❶ 但二者在司法适用中并不重合。科学研究及实验目的抗辩在专利立法上具有十分重大的意义。第三次修改后的现行《专利法》第 1 条即阐明了专利立法的目的与宗旨：保护专利权人的合法权益，鼓励发明创造，推动发明创造的应用，提高创新能力，促进科学技术进步和经济社会发展。专利法旨在在保护专利权与推动社会创新之间寻求平衡，理所当然，作为推动社会创新重要力量的科学研究及科学实验应当在专利法的保护中纳入重点的考量范围。在保护专利权的同时，如果被控侵权人属于为科学研究和实验目的而实施其专利，为避免妨害社会公众的研究开发进而推动社会科技进步，被控侵权人可以提出科学研究及实验目的的抗辩。

（六）药品专利实验例外抗辩

药品专利实验例外抗辩，即 Bolar 例外抗辩，是一项新兴的抗辩类型。❷ 这一制度为美国首创，并被加拿大、日本、澳大利亚、印度等国专利法所采纳，已于 2000 年得到世界贸易组织争端解决机构"不违反 TRIPS"的认可。❸ 我国《专利法》第三次修订过程中吸收了国外及国际上的成熟经验，结合我国实际规定了医药行政审批的抗辩：为提供行政审批所需要的信息，制造、使用、进口专利药品或者专利医疗器械，以及专门为其制造、进口专利药品或者专利医疗器械。

---

❶ 对于"科学研究及实验目的抗辩"与"非基于生产经营目的抗辩"之间的关系，主要有两种对立的观点：一种认为"科学研究及实验目的抗辩"属于"非基于生产经营目的抗辩"的一类特定情形；另一种观点认为"科学研究及实验目的抗辩"与"非基于生产经营目的抗辩"相互独立，二者具有不同的理由。程永顺：《中国专利诉讼》，知识产权出版社 2005 年版，第 206 页；尹新天：《专利权的保护》，知识产权出版社 2005 年第 2 版，第 129 页。

❷ 2008 年第三次修订的《专利法》第 69 条第（5）项增设了关于 Bolar 例外的抗辩，或者临床试验的豁免。

❸ 北京市第一中级人民法院知识产权庭编著：《侵犯专利权抗辩事由》，知识产权出版社 2011 年版，第 144 页。

（七）专利权穷竭抗辩

专利权穷竭抗辩是随着专利法的修改而不断完善的一项专利抗辩制度，在 2008 年《专利法》第三次修改中，专利权穷竭抗辩制度明确允许平行进口。专利权穷竭抗辩制度的关键点在于专利产品合法地进入市场流通领域，专利权人在专利权上的专有权不得持续性地基于该已被售出的商品。买受人得基于其对于商品的合法占有权自由处分该专利产品。专利权穷竭抗辩制度在于斩断专利权人伸得过远的"手"，以保障市场流通秩序的有效运行。

（八）先用权抗辩

我国现行《专利法》第 69 条第（3）项是先用权抗辩的法律依据。2009 年最高人民法院关于《审理侵犯专利权案件问题解释》第 15 条对先用权抗辩作了详细规定，以指导司法审判实践。❶

（九）临时过境抗辩

临时过境抗辩，虽然早在 1984 年颁布的《专利法》就作了规定，并且从未做过修改，但是，在司法审判实践中尚未适用过。临时过境抗辩发端于国际贸易的不断兴盛，与商品在国际上的自由流通具有不可分离的联系，在商品自由流通过程中为解决知识产权保护与国际贸易发展之间的矛盾应运而生。如果被控侵权人为临时通过中国领陆、领水、领空的外国运输工具，依照其所属国同中国签订的协议或者共同参加的国际条约，或者依照互惠原则，为运输工具自身需要而在其装置和设备中使用有关专利的，不视为侵犯专利权。

---

❶ 2009 年最高人民法院关于《审理侵犯专利权案件问题解释》第 15 条规定："被诉侵权人以非法获得的技术或者设计主张先用权抗辩的，人民法院不予支持。有下列情形之一的，人民法院应当认定属于《专利法》第 69 条第（2）项规定的已经作好制造、使用的必要准备：一是已经完成实施发明创造所必须的主要技术图纸或者工艺文件，二是已经制造或者购买实施发明创造所必需的主要设备或者原材料。《专利法》第 69 条第（2）项规定的原有范围，包括专利申请日前已有的生产规模以及利用已有的生产设备或者根据已有的生产准备可以达到的生产规模。"

（十）善意使用抗辩

善意使用抗辩也称合法来源抗辩，是 2000 年全国人民代表大会常务委员会通过的《关于修改〈中华人民共和国专利法〉的决定》增加的内容。[1] 被控侵权人要免除其侵犯专利权的赔偿责任，必须证明其具有主观上的善意，而这种善意通过被控侵权人举证证明其所使用、许诺销售、销售的专利产品具有合法的来源，包括由正规的市场流通渠道以正常的市场价格获得，并且该产品具有形式合法性，如此被控侵权人的善意使用抗辩方可成立。

（十一）现有技术抗辩

现有技术抗辩是一项从司法实践中逐步产生和发展起来的专利抗辩制度。2008 年第三次修订的《专利法》第 62 条规定了现有技术（设计）抗辩（简称为"现有技术抗辩"）制度：在专利侵权纠纷中，被控侵权人有证据证明其实施的技术或者设计属于现有技术或者现有设计的，不构成侵犯专利权。这一条文的规定，将司法实践中实际上已经存在多年的现有技术抗辩予以了法定化，使得现有技术抗辩在法律制度上有了明确的依据。在各种专利侵权抗辩制度中，专利无效抗辩和先用权例外与现有技术抗辩的联系最为紧密，在具体适用上也最容易产生不协调。在现有技术抗辩法定化以后，该项抗辩在司法实践中的运用愈加广泛，其理论基础及司法适用的相关问题成为司法实践中日益重大的问题，也是本书所要研究的重点所在。

（十二）禁止反悔原则抗辩

禁止反悔原则的抗辩属于对等同原则适用的限制，主要指向《审理侵犯专利权案件问题解释》第 6 条所规定的情形：专利申请人、专利权人在专利授权或者专利权无效宣告程序中，通过对权利

---

[1] 2000 年修改后的《专利法》第 62 条第 2 款规定："为生产经营目的使用、许诺销售或者销售不知道是未经专利权人许可而制造并售出的专利侵权产品，能证明该产品合法来源的，不承担赔偿责任。"2008 年《专利法》修正案对此未作任何修改，只是将条款顺延至第 70 条。

要求说明书的修改或者意见陈述而放弃的技术方案，权利人在侵犯专利权纠纷案件中又将其纳入专利权保护范围的，人民法院不予支持。禁止反悔原则的抗辩是被控侵权人得以提出的一种抗辩手段，但同时不仅限于被控侵权人的主张。在认定是否构成等同侵权的过程中，人民法院可以依照被控侵权人的主张，即由被控侵权人提出禁止反悔原则的抗辩，同时亦可由法官在审理案件的过程中发现禁止反悔原则适用的情形时限制专利侵权判定中的等同侵权判定。

（十三）合同抗辩

合同抗辩是被控侵权人以其所实施的专利技术已经得到专利权人或者第三方的许可，认为其实施专利技术的行为不构成侵犯专利权所进行的抗辩。合同抗辩为基于专利权人或第三方的许可所生的抗辩类型，其抗辩事由并非针对其不侵犯专利权而提出，而是针对与被控侵权人不承担侵权责任所提出。在被控侵权人主张其所实施的专利权已获得第三方许可所进行的抗辩中，往往存在一个相关联的第三方，即向被控侵权人进行授权许可的第三方。这一类专利侵权诉讼抗辩将专利侵权诉讼从侵权人与被控侵权人的双方扩展为三方主体，人民法院可以将专利许可或转让方列为共同被告，或是由被控侵权人在专利侵权诉讼之外再行主张权利。

第三节　现有技术抗辩及其作用

一、现有技术抗辩解析

专利法规定，任何人未经专利权人许可擅自实施其专利，构成专利侵权，但法律另有规定的除外。专利侵权纠纷发生后，专利权人与侵权行为人可以协商解决。迪过协商达成和解协议，是解决专利侵权纠纷双赢的合作博弈，[1] 能够使当事人双方的利益最大化。然

---

[1]　博弈是指两个或者两个以上的局中人为谋求自己的最大利益而进行的策略选择游戏。合作博弈是指博弈双方或者多方局中人相互之间缔结了具有约束力协议的博弈。王硕：《博弈论》，德威国际事业有限公司2010年版，第17页。

而，在许多情况下，专利侵权纠纷当事人一方或者双方不愿意协商解决，形成非合作博弈，❶ 就会引发专利侵权诉讼。

专利侵权诉讼是一方当事人（专利权人或者利害关系人）针对另一方当事人（涉嫌侵权行为人）采取的单方面指控，因此，起诉方提出的诉讼请求并非一定成立。面对原告方的指控，被告方可以根据具体情况采取相应的抗辩措施，包括不侵权抗辩、❷ 专利权无效抗辩、❸ 先用权抗辩、现有技术抗辩等，以维护其合法利益。

现有技术抗辩，是指专利侵权诉讼中的被告针对原告的专利侵权指控而采取的通过举证证明其实施的技术属于现有技术，以对抗原告的侵权指控从而维护自己合法权益的措施。

现有技术抗辩由德国首创。19 世纪末，德国专利法规定专利无效请求的时间为 5 年，自授予专利权公告之日起算。此期间届满后，即使某项专利权确实存在瑕疵，任何人也不得提出无效宣告请求。若瑕疵专利权人以某人侵犯其专利权为由向法院起诉，被告也不得对该项专利侵权指控采用专利权无效抗辩措施来维护其利益。换言之，被告即使能够举证证明其所实施的技术是原告专利申请日以前的公知公用技术，但是，只要原告能够举证证明被告所实施的技术落入原告专利权的保护范围，被告也得承担相应的法律责任，除非被告有其他抗辩理由。这样的制度设计虽然有其合理性，但其弊端也非常明显。这种制度的合理性主要是确保了专利权的稳定性，给专利权人一个适当的预期；其弊端就是让瑕疵专利权人从公共物品中获得了垄断利益，违背了专利制度的

---

❶ 非合作博弈是指局中人不可能达成具有约束力协议的博弈类型，即局中人根据其他局中人可能采取的策略而作出最有利于自己策略选择的博弈。王硕：《博弈论》，德威国际事业有限公司 2010 年版，第 18 页。

❷ 我国《专利法》第 69 条规定的不视为侵犯专利权的 5 种情形就是专利侵权诉讼中的被告可采取的不侵权抗辩措施。

❸ 根据我国《专利法》第 45 条的规定，当专利权人起诉被告侵犯其专利权时，被告可以原告的专利权无效为由请求专利复审委员会依法宣告原告的专利权无效，从而导致原告的起诉因无权利而不能成立，达到维护自己合法权益的目的。吴汉东主编：《知识产权法学》，北京大学出版社 2009 年第 4 版，第 195～197 页。

基本宗旨。为了克服这种弊端，德国对专利制度进行相应的改进，设计了自由技术❶抗辩措施，以避免瑕疵专利权人从公共物品中获得垄断利益。1941年，德国修改专利法废除专利权无效宣告请求的除斥期间，规定自发布授予专利公告之日起，任何人可随时提出无效复审请求。❷

日本专利法虽然没有规定现有技术抗辩，但日本法院在司法实践中也接受被告以其实施的技术是公知公用技术为由进行抗辩。❸ 在具体的专利侵权诉讼中，如果被控侵权人不愿意采用专利权无效抗辩措施来对抗侵权指控，法律不能强迫他们这样做，因为专利权是私权，不论是原告还是被告都有权自由选择最佳方式来维护其利益。如果受诉法院认为原告的涉案专利存在明显瑕疵，那么原告基于该专利所提起的专利侵权诉讼，就是专利权滥用行为，是法律所禁止的。❹ 由此可见，日本法院的做法比普通的公知公用技术抗辩走得更远。❺

---

❶ 德国法中的"自由技术"应当与我国常用的"公知公用技术"相同，与"现有技术"有所区别，因为现有技术包括两部分：公知公用技术与专利技术。

❷ 杨志敏：《专利侵权诉讼中"公知技术"抗辩适用之探讨——中、德、日三国判例、学说的比较研究》，见国家知识产权局条法司编：《专利法研究2002》，知识产权出版社2002年版，第75~76页。

❸ 例如，2000年4月11日，日本最高法院在"Kilby第275号专利上告审判决"中认定，在专利侵权诉讼中，在没有经过无效程序宣告专利无效前，任何人不得以专利无效为由来对抗专利权人行使其权利。梁熙艳："权利之限：侵权审理法院能否直接裁决专利权的有效性——析日本最高裁判所的'Kilby第275号专利上告审判决'及影响"，载《知识产权》2005年第4期。

❹ 梁熙艳：《审理侵权的法院是否可以对专利权的有效性进行判断——纵观日本最高裁判所的"Kilby第275号专利上告审判决"以及该判决前后日本专利侵权诉讼的变化》。转引自须建楚等："发明与实用新型专利侵权诉讼中的现有技术抗辩"，载《发明与商标》2007年第3期。

❺ 须建楚等："发明与实用新型专利侵权诉讼中的现有技术抗辩"，载《发明与商标》2007年第3期。

　　美国专利制度是世界上最早建立的，仅次于威尼斯共和国和英国。❶ 因此，美国的专利制度始终遵循专利权有效推定规则。❷ 根据这一规则，由美国专利商标局授予的专利权，在其保护期限届满前如果仍然是有效的，那么，任何人未经专利权人许可擅自实施其专利，就是对该专利权的侵犯。除了狭义的商业方法专利侵权诉讼外，如果被告在专利侵权诉讼中以现有技术抗辩，那么法院将予以驳回，其理由是：即使被告所实施的技术是现有技术也改变不了专利侵权的事实。❸ 美国专利法规定，专利侵权诉讼中的被告是否侵犯专利权，取决于被控侵权技术与涉案专利技术比对的结果，与其他技术不相干，当然与现有技术不相干。这就好比在亲子鉴定案例中，判断孩子 A 与某人 B 是否为父子关系：将 A 与 B 的血样进行比对，得出完全符合亲子关系的结果。此时，若将另一个人 C 的血样拿来与 A 的血样进行比对，结果发现 A 与 C 的血样也相符。此时，不能因为 A 与 C 的血样相符，就否定 A 与 B 的亲子关系。在此案例中，C 与 A 的比对结果，与 A 与 B 是否亲子关系不相干。

　　美国法院不考虑被告所实施的技术是否为现有技术，只要原告赖以支撑的专利权没有被宣告无效，并且被告所实施的技术正好已经落入专利权的保护范围，就构成专利侵权，被告就应当承担相应的法律责任。❹

二、现有技术抗辩的作用

　　一般而言，现有技术抗辩从被控侵权人、专利权人、社会公共利

---

　　❶　第一部《美国专利法》是 1791 年颁布的，《威尼斯共和国专利法》是 1474 年颁布的，《英国垄断法规》是 1623 年颁布的。

　　❷　《美国专利法》第 282 条的规定。

　　❸　例如，某公司研发出一种轿车，采用的是汽油引擎和发光二极管车灯，这显然是德国奔驰汽车公司的现有技术。但是，专利权人却认为该研发公司实施的是其享有专利权的集束发光二极管并以此起诉该研发公司。对于专利权人的指控，该研发公司就不能以其实施的是现有技术而进行抗辩。Tate Access Floors Inc. v. Interface Arch. Res. Inc., 279 F. 3d 1357（Fed. Cir. 2002）。

　　❹　Tate Access Floors Inc. v. Interface Arch. Res. Inc., 279 F. 3d 1357（Fed. Cir. 2002）.

益三个维度来看，主要有三个方面的作用。

（1）从被控侵权人的角度来看，现有技术抗辩能够使专利侵权诉讼中的被告免于承担侵权责任。在专利侵权诉讼中，如果被控侵权技术属于现有技术的范畴，根据任何人不得从公共物品上获得垄断利益原则，原告不能垄断该技术，被告有权自由使用该技术，所以，原告对被告的侵权指控不能成立，被控侵权人免于承担侵权责任，从而实现公众获取并自由利用现有技术手段权利的有效保护。

（2）从专利权人的角度来看，由于现有技术抗辩可以使其对被告的专利侵权指控遭受障碍，承担不利的判决结果。因此，现有技术抗辩可以对专利权人产生两个方面的作用：其一，在申请专利之前认真做好查新检索，以免导致将现有技术用来申请专利；其二，倘若在申请专利之前没有做好查新检索，至少应当在提起专利侵权诉讼之前进行一次检索，尽量避免遭受现有技术抗辩而败诉的结果，减少不必要的成本。

（3）从社会公共利益的角度来看，现有技术是截至某个特定的时间点已经为公众知晓的技术，不必在这种技术上再进行研发投资。任何人在进行研发投资之前，应当进行专利文献检索，准确了解计划研发技术的国内外状况，避免进行没有价值的研发。如果研发之前不进行必要的专利文献检索，即使开发出一项技术，获得专利权，也不可能得到保护。如果发生专利侵权纠纷，被控侵权人可以采用现有技术抗辩来维护其合法利益。

由此可见，现有技术抗辩具有三个方面的作用：从被控侵权人角度看具有免责作用；从专利权人角度看具有提示作用；从社会公众角度看具有指引作用。

第四节 现有技术抗辩的适用条件

一般而言，专利侵权诉讼就是原告指控被告所实施的技术落入专利权的有效范围，从而请求法院确认并给予相应救济的法律程序。为了维护自己的合法权益，被告可以针对原告的指控采取多种抗辩措施，其中包括现有技术抗辩。根据我国现行《专利法》第 62 条规定，被告采用现有技术抗辩的，必须举证证明其所实施的技术属于现有技术，而不考虑是否与原告的专利技术相同或者等同。从原告的角度看，为了确认被告实施的技术侵犯了其专利权，原告必须将被告所实施的技术（被控侵权技术）与其涉案专利技术进行比对。比对后可能产生三种结果：（1）被控侵权技术与涉案专利技术相同或者等同；（2）被控侵权技术与涉案专利技术部分相同或者等同；（3）被控侵权技术与涉案专利技术既不相同也不等同。如果属于第一种情况，被告可能构成侵权；否则就不构成侵权。

从被告的角度看，为了维护自己的合法权益，被告可以采用上述各种抗辩措施来对抗原告的侵权指控。但是，如果采用现有技术抗辩，被告首先需要找出一项现有技术，并将自己所实施的技术（被控侵权技术）与该现有技术进行比对。比对后可能产生三种结果：（1）被控侵权技术与该现有技术相同或者等同；（2）被控侵权技术与该现有技术部分相同或者等同；（3）被控侵权技术与该现有技术既不相同也不等同。如果比对结果是第一种情况，那么，被告现有技术抗辩成立；否则被告现有技术抗辩不成立。

专利侵权诉讼审判实践中，被告采用现有技术抗辩所需满足的前提条件可以概括为以下三点：（1）被告所实施的技术（被控侵权技术）落入其涉案专利技术保护范围；（2）被告已经找到可以用于抗辩的现有技术；（3）与现有技术抗辩相比较，被告可选择的其他抗辩措施诉讼成本更高。

如前所述，面对原告提出的专利侵权诉讼，被告可以采用的抗辩措施很多。因此，针对一项具体的专利侵权指控，被告应当采取何种抗辩措施，则要根据具体情况而定。换言之，面对某项具体的专利侵权指控，被告并不一定能够采用现有技术抗辩，例如，被告找不到用于抗辩的现有技术。另外，被告也并非总是需要采用现有技术抗辩，例如，采用先用权抗辩可能更有胜算。

一般而言，面对原告的专利侵权指控，被告决定是否采用现有技术抗辩，首先应当进行诉讼策略谋划，设计应对方案，寻找抗辩路径，确定抗辩措施。其中，主要的一点就是将其所实施的技术（被控侵权技术）与原告的涉案专利技术进行比对。对被告而言，将自己实施的技术与原告的涉案专利技术进行比对,是最经济、最简便、最可行的事情。通过比对,得出的结论如果是被控侵权技术与原告的涉案专利技术既不相同也不等同,被告就直接采用不侵权抗辩即可。如果得出的结论是被控侵权技术已经全面覆盖了原告的涉案专利技术,或者与原告的涉案专利技术等同,被告就可以考虑是否适用现有技术抗辩。在这种情况下,如果被告已经找到某项现有技术,其被控侵权技术与之相同或者等同,就可以考虑采用现有技术抗辩。但是,通过诉讼成本核算,结果是采用现有技术抗辩的成本太高,而且还有诉讼成本更低的其他抗辩措施,那么,就选择这样的抗辩措施。例如,有证据证明原告不具有合法的诉讼主体资格,采用否定原告的诉讼主体资格的抗辩即可。

因此,只有在原告所提供的证据足以证明被告所实施的技术已经落入其专利权的保护范围,被告已经找到可以用于抗辩的现有技术,并且与其他可以选择的抗辩措施相比,现有技术抗辩符合"最能节约诉讼成本,最能提高诉讼效益"原则的前提下,才可能选择适用现有技术抗辩。当下,我国法律允许被告采用现有技术抗辩,这实际上是在不宣告专利权无效的前提下,只要被告能够找到一项现有技术并将自己所实施的技术与之对比,得出其技术特征与之相同或者等同的结论,就可以免于承担侵权责任。

第二章　现有技术抗辩的历史考察

在专利侵权诉讼中，被控侵权人以其所实施的技术与某项现有技术相同或者等同，来对抗专利权人的侵权指控，使之免于承担专利侵权责任，是一项非常微妙的制度设计。一方面，该制度有利于弘扬公平理念，不仅让作为原告的专利权人不能从公共资源中获得垄断利益，而且让包括被告在内的社会公众能够从公共资源中获得正当利益；另一方面，该制度又将仍在受保护的专利权置之不理，使专利权形同乌有。面对这两个方面的问题，专利制度设计者并不进行价值判断。事实上，对抗专利侵权指控的现有技术抗辩，并不是自专利制度创始之初就有的，而是由德国创建于 20 世纪 60 年代，❶后来并没有被其他国家普遍接受，例如，美国和日本的专利法就没有规定现有技术抗辩。为了更好地展示现有技术抗辩的全貌，本章专题考察其历史轨迹，以便更好地理解和适用之。

第一节　萌芽阶段：权利要求解释
中的现有技术除外

人类社会发展到今天，维系于诸多公理和规则。❷公有领域的公共资源或者公共物品是全人类共有的，任何人不得从中获得垄断利益，这就是其中的一条公理。❸在技术领域，公知公用技术就是公有

---

❶　杨志敏："关于'公知技术抗辩'若干问题的研究"，见《专利法研究 2002》，知识产权出版社 2002 年版，第 76～78 页。

❷　公理，就是经过人们长期实践检验、不需要证明同时也无法去证明的客观规律。"公理"，载 http：//www. baike. com/wiki/% E5% 85% AC% E7% 90% 86。

❸　根据洛克的劳动理论，任何人在公有领域的公共元素上施之以自己的劳动，都可以使该公共元素从公有领域分离出来变成其私有财产。换言之，任何人都能够从公有领域的公共元素上获得利益，但不是垄断利益。

领域的公共元素，不能成为任何人的垄断利益。这项公理首先是专利制度所遵循的基本原则，例如，专利法规定，申请专利的发明创造应当具有创造性，就是强调申请专利的发明创造与申请日以前的现有技术相比较，比不具有显著的进步性或者非显而易见性，不能将公有领域的公共元素拿来申请专利。❶ 申请专利的发明，即使被授予专利权，此后，任何人只要举证证明该项发明不具有创造性，便可以通过专利权无效宣告程序请求专利复审委员会宣告该专利权无效。❷ 另外，该项公理也是现有技术抗辩赖以存在的理论基础。实际上，考察专利制度自 18 世纪中叶到 20 世纪初期在英国的发展历程可以发现，法律对专利的关注焦点曾两度发生转移，从最早对智力劳动的关注转向发明本身，其后从对发明本身的关注转向发明的价值。❸ 为了最大限度体现发明对社会作出的贡献，专利制度需要寻找一种合适的方法从专利技术赖以表述的形式——简化式表述中挖掘出发明内含的创造性，从而准确界定专利的保护范围。这一过程具体就体现为对简化式表述——在现代成熟的专利制度中表现为专利权利要求的解释。

一、专利权利要求解释的基本规则

专利权利要求是现代专利制度中用以确定专利权保护范围最重要的文件，由专利技术的必要技术特征构成。专利权利要求应当包含发明的所有必要技术特征，并且只能包含必要技术特征。如果其中包含不必要的技术特征或者多余的技术特征，将导致专利权保护范围的缩小。现代专利制度采用简化式表述方式来描述发明，其优点在于能够直观、明晰地揭示发明的本质特征，其缺点是过于简洁而导致专利权保护范围不清晰，❹ 由此产生对专利权利要求进行解释的

---

❶ 《专利法》第 22 条第 3 款。

❷ 《专利法》第 45 条。

❸ ［澳］布拉德·谢尔曼、［英］莱昂内尔·本特利著，金海军译：《现代知识产权法的演进》，北京大学出版社 2006 年版，第 207 页。

❹ 闫文军：《专利权的保护范围——权利要求解释和等同原则适用》，法律出版社 2007 年版，第 31 页。

必要性。

首先，实践中对专利权利要求的解释，可以在专利行政确权程序中进行，也可以在专利行政诉讼和民事侵权诉讼中进行，但必须围绕专利申请文件中的权利要求书展开。目前，世界上多数国家在确定专利保护范围上的做法是以专利权利要求为依据，说明书和附图用来解释权利要求书。❶ 其次，专利权利要求解释的目的是探求专利技术的本质特征，体现发明创造在促进技术进步上的贡献。为此，专利权利要求的解释就是揭示专利技术中具有可专利性的部分。由专利权利要求的目的所决定，对权利要求的解释可以超出权利要求文字所限定的范围，既可以进行扩大解释，也可以进行缩小解释。❷

二、现有技术在专利权利要求解释中的排除

将现有技术排除在专利保护范围之外是专利制度内含的基本精神，也是专利权利要求解释中需要遵循的基本规则。现有技术抗辩最初就表现为在专利权利要求解释中的现有技术除外。

在日本，现有技术抗辩最早起源于 1964 年，日本最高法院在"旋转式重油燃烧装置实用新型专利"案对权利要求解释时，将公知技术部分排除在专利保护范围之外的做法。日本的法律传统认为，专利权的授予和专利权有效性的确认是行政权力的范围，因此专利确权只能由专利行政机关进行，司法机关无权对专利的有效性作出认定。日本法院在判例中确立了在侵权诉讼中禁止审查专利有效的

---

❶ 《欧洲专利公约》第 69 条第 1 款规定，欧洲专利或欧洲专利申请给予的保护范围取决于请求权项内容，但发明说明书与附图应用来解释权项。《德国专利法》第 14 条规定："专利权和专利申请的保护范围由专利权利要求的内容确定，但是说明书和附图可以用于解释权利要求。"原文为 "The scope of protection of the patent and of the patent application shall be determined by the contents of the patent claims. The description and the drawings shall, however, be used for interpreting the patent claims"。我国现行《专利法》第 59 条也规定："发明或者实用新型专利权的保护范围以其权利要求的内容为准，说明书及附图可以用于解释权利要求的内容。"

❷ 杨志敏："关于'公知技术抗辩'若干问题的研究"，见《专利法研究 2002》，知识产权出版社 2002 年版，第 76～78 页。

规则，❶ 即使存在专利明显无效的情形，审理侵权诉讼的法院也不能干预行政机构的权力，只能根据被告的侵权事实作出侵权判决，或中止案件的审理，等待最终的无效裁定生效。在"旋转式重油燃烧装置实用新型专利"案中，日本最高法院指出，在确定实用新型的权利范围时，不应仅仅拘泥于"权利要求"的文字记载，而要考虑实用新型的性质、目的以及说明书附图的全面记载，从而记载实用新型的要旨。根据特许厅与法院权限分离的原则，尽管法院不能否定专利权的存在，然而对专利进行解释则是法院的专有权力。为了确定权利范围，必须在除去公知公用部分的条件下确定实用新型具有新颖性的内容。这一解释方法称为"公知部分除外论"。❷ 日本最高法院确定的这一解释方法得到许多下级法院的遵循，为专利侵权诉讼中仅仅实施现有技术的被告提供了有效的抗辩手段。但是这一解释方法以排除专利保护范围中的现有技术部分为基础，需要考察排除现有技术后专利权余下的保护范围，因此无法解释权利要求完全由现有技术构成的情况。❸ 在专利权利要求全部无效时仍会触及法院与特许厅的分工，为此日本法院在判例中通常会极力缩小专利权的保护范围，将专利权限制在说明书记载的实施例上，对保护范围作最狭窄的解释。

除现有技术抗辩以外，日本专利法中还有专利权滥用制度，可以实现对问题专利的规制。权利人基于明显无效的专利权提出的侵权诉讼属于滥用专利权，对专利权滥用的规制由日本法院在 2000 年的 Kilby 案中确立。Kilby 案确认，基于明显无效的专利权提出的侵权诉讼属于"专利权滥用"，不予支持。虽然法院无权直接宣告专利权无效，但是专利权滥用制度实质上确认了法院间接审查专利权有效性的权力。到 2004 年，日本国会修改了专利法，根据修改后的《日本

---

❶ "侵害訴訟における無効の判断と無効審判の関係等に関する現状と課題"，载 www. kantei. go. jp/jp/singi/sihou/kentoukai/titeki/pc/ronten1. pdf，2009. 4。

❷ ［日］鸿常夫等著，张遵逵等译：《日本专利判例精选》，专利文献出版社 1991 年版，第 238～240 页。

❸ Nobuhiro Nakayama, *Industrial Property Law*. Volume 1, Patent Law, 2nd Revised and Enlarged ed. (Law Lectures Series), Koubundou Publishers, 2000. 4, at 414.

特许法》第 104 条之三，在有关专利权的侵权诉讼中，如果原告的专利"应当在无效程序中被宣告为无效"，则专利权人不得针对被告实施自己的专利。涉案专利"应当在无效程序中被宣告为无效"由审理侵权诉讼的法院认定，无须等待特许厅的无效裁定。❶ 可见，日本专利法中的现有技术抗辩明显局限在对专利权利要求的解释上，是权利要求解释的方法，并通过权利要求解释达到剔除现有技术，合理确定专利权范围的工具的目的。实践中，日本的专利权滥用制度实际上主要发挥着规制问题专利的作用。

现有技术抗辩起源于德国，其目的是解决包含现有技术的专利权有效性问题。后来，德国建立了比较完善的现有技术抗辩规则。❷ 专利权利要求解释中的现有技术除外是现有技术抗辩的最早表现形式，现有技术抗辩与现有技术排除有着相同的目的，但现有技术除外只是权利要求解释的一种方法和规则，并未成为一种独立的制度，与现在现有技术抗辩作为被告免除侵权责任的抗辩手段这一定位也相去甚远，因此这一形态只能称为现有技术抗辩的萌芽。

第二节　确立阶段：等同侵权中的现有技术限制

现有技术除外论在专利权利要求解释中确立后，为专利侵权抗辩在专利侵权诉讼中作为对抗措施奠定了基础。现有技术抗辩首先在等同侵权中得到承认，逐渐发展到适用于被控侵权技术全面覆盖专利技术的专利侵权抗辩。

一、等同原则

专利侵权可以分为相同侵权和等同侵权。专利相同侵权，是指被

---

❶ 李明德："专利权与商标权确权机制的改革思路"，载《华中科技大学学报（社会科学版）》2007 年第 5 期，第 12 页。

❷ 杨志敏："专利侵权诉讼中'公知技术'抗辩适用之探讨——中、德、日三国判例、学说的比较研究"，见国家知识产权局条法司编：《专利法研究 2002》，知识产权出版社 2002 年版，第 76～77 页。

控侵权物（产品或方法）将专利权利要求中记载的技术方案的必要技术特征全部再现，被控侵权物（产品或方法）与专利独立权利要求中记载的全部必要技术特征一一对应并且相同。❶ 专利等同侵权，是指被控侵权物（产品或方法）中有一个或者一个以上技术特征经与专利独立权利要求保护的技术特征相比，从字面上看不相同，但经过分析可以认定两者是相等同的技术特征。❷ 这种情况下，应当认定被控侵权物（产品或方法）落入了专利权的保护范围，构成对专利权的侵犯。等同侵权已成为各国普遍承认的专利侵权类型。等同原则作为专利侵权认定的基本规则，是用于扩展权利要求文字内容表达的保护范围的工具，❸ 也是专利制度平衡权利人利益和社会公共利益的工具。

（一）等同原则之价值

对专利权利要求进行解释，实质上就是探求专利技术内在特征的过程。某一个国家或者地区对专利权保护程度的高低，由该国家或者地区对权利要求的撰写、审批原则以及对权利要求的解释方法共同决定，❹ 仅以中心限定原则为依据无法划定专利权保护范围的精准边界，因为这种界定方式难以揭示其本质特征。从这一点来看，界定专利权保护范围应当有一个基本标准，不能进行无限制的扩张。更为重要的是，界定专利权保护范围的中心限定原则削弱了专利制度的稳定性和权威性，会导致专利制度的信任危机。专利法适用结果的可预见性和稳定性，为专利权保护提供了有效的公示方法，以获得公众信任，才可能持续发挥激励创新之功能。在 17～19 世纪，专利制度创建伊始，因为专利权保护范围的不确定性，英国曾引发

---

❶　参见北京市高级人民法院 2001 年颁布的《专利侵权判定若干问题的意见（试行）》（京高法发［2001］229 号）第 26 条。

❷　参见北京市高级人民法院 2001 年颁布的《专利侵权判定若干问题的意见（试行）》（京高法发［2001］229 号）第 32 条。

❸　尹新天：《专利权的保护》，知识产权出版社 2005 年第 2 版，第 374 页。

❹　同上书，第 260 页。

对专利制度的信任危机，并导致 19 世纪中叶爆发的废除专利制度运动。❶ 由此可见，可预见性和稳定性是专利制度赖以存在的重要基础。

为了解决专利权利要求解释上的两难困境，一些国家在采纳周边限定主义的同时引入等同原则，将专利权保护范围向专利权利要求书字面表述的范围外扩展，并将其限定在专利权利要求书文字表述的等同物以内。这种制度设计在很大程度上缓解了专利制度的内部紧张情形。正常情况下，专利权保护范围中排除现有技术，既能实现专利制度的激励创新功能，又能充分保护在公共元素上存在的社会利益。

（二）等同原则的确立

等同原则源自美国，其目的在于最有效的保护专利权人利益。在一件具体的专利侵权诉讼中，判定等同侵权的关键是准确认定被控侵权物与专利技术的必要技术特征是否等同。在美国专利制度演进过程中，对"等同"的认定呈现出明显的阶段性特征。早在 1814 年，马萨诸塞州巡回法院在"奥利奥诉温克莱"一案的判决中就指出，"仅仅貌似不同（Colorable Differences），或者有微小的改进，并不能对抗发明人的权利"。❷ 后来，美国联邦最高法院在威南斯诉丹米德一案中确立了最早判定等同侵权的标准，即"被诉产品必须如此接近原形，以至于它在实质上包含了专利权人的运作方式，并且取得了和专利发明一样的效果"。❸ 及至格雷夫案，美国联邦最高法院明确了等同的标准，即"以实质相同的方式，实现实质相同的功能，达到相同的效果"。法院着重阐述了确立等同原则的意义在于防止侵权人利用替代物绕开专利权人在专利申请文件中通过语言选择设置的字面保护范围，而使专利成为

---

❶ Mark D. Janis, Patent Abolitionism, *17 Berkeley Tech. L. J.* 899.

❷ 张乃根：《美国专利法判例选析》，中国政法大学出版社 1995 年版，第 204 页。

❸ 曲三强：《知识产权法原理》，中国检察出版社 2004 年版，第 376 页。

"空洞、无用的东西"。❶

Graver 标准后来为美国联邦法院普遍采纳，并对其他国家的等同判定产生了影响。此后的判例法对等同的判定又出现了整体对比和逐一技术特征对比两种方法。整体对比法即联邦最高法院在 Graver 一案采用的方法，是将被控侵权装置或方法与发明进行整体对比。1997 年，美国联邦最高法院在 Pennwalt Co. v. Durand-Wayland，Inc. 案中抛弃遵循多年的整体等同法，澄清等同原则的适用准则，即"包含在权利要求中的每一个技术特征对于确定专利权保护范围来说都是重要的，因此等同原则应当针对权利要求中的各个技术特征，而不是针对发明作为一个整体"。❷ 我国北京市高级人民法院 2001 年颁布的《专利侵权判定若干问题的意见（试行）》对等同特征的认定即借鉴了该标准。❸

日本以均等论作为判断专利等同侵权的理论。在具体案件中适用均等论需满足三个条件：（1）达到发明目的的手段本质上相同；（2）作用和效果本质上相同；（3）对于普通技术人员来说，这种替换明显是可能的。❹ 20 世纪 80 年代以后，日本法院很少以均等论判决专利侵权案件。事实上，此后在专利侵权诉讼案件中仅有两例与专利申请有关的案例承认均等论成立。❺ 日本理论界认为不采纳均等论的主要原因在于在专利申请时没有出现的技术及技术发展趋势不应包含在专利权保护范围内，由于判断是否均等的时

---

❶　Graver Tank & Mfg. Co.，339 U. S at 607.

❷　尹新天：《专利权的保护》，知识产权出版社 2005 年第 2 版，第 397 页。

❸　该办法第 34 条规定："等同特征又称等同物。被控侵权物（产品或方法）中，同时满足以下两个条件的技术特征，是专利权利要求中相应技术特征的等同物：（1）被控侵权物中的技术特征与专利权利要求中的相应技术特征相比，以基本相同的手段，实现基本相同的功能，产生了基本相同的效果；（2）对该专利所属领域普通技术人员来说，通过阅读专利权利要求和说明书，无需经过创造性劳动就能够联想到的技术特征。"

❹❺　[日] 鸿常夫等著，张遵逵等译：《日本专利判例精选》，专利文献出版社 1991 年版，第 246 页。

间点在授权后，技术人员自然会站在侵权行为发生的时间点对两个技术特征是否等同作出判断。实践证明，这种做法为专利权人提供了过度的保护，在某种程度上妨碍了技术发展，减损了专利制度的激励创新功能。1998 年日本最高法院判决的"无限折动用滚珠花键轴承"案明确肯定了等同原则，并提出了相近的等同原则五要件：非本质部分、置换可能性、置换容易性、公知技术和特别事由（禁止反悔）。❶

我国现行《专利法》没有明文规定等同侵权，但是等同原则在司法实践中已经得到广泛应用，并出现了一些用以指导等同原则司法适用的规范性文件。❷ 在专利侵权诉讼中，受诉法院适用等同侵权原则将被控侵权物与专利技术必要技术特征进行比对时，所采用的是技术特征对比法，而非整体对比法。北京市高级人民法院在文山会海（北京）科技发展有限公司与唐亚伟等专利侵权纠纷案的判决中写道，涉案专利键盘共有 24 键，分左右两区，三排对称排列，被控侵权产品键盘共有 26 键，分左右两区，三排略有不规则的键盘排列，后者只是对前者的简单变换，并未产生意料不到的技术效果，二者应属于等同的技术特征。被控侵权产品与专利权利要求 1 技术方案相比，前者以基本相同的技术手段，实现基本相同的功能，实现了基本相同的技术效果，并且本领域普通技术人员无需创造性劳动

---

❶ 闫文军：《专利权的保护范围——权利要求解释和等同原则适用》，法律出版社 2007 年版，第 280 页。

❷ 参见北京市高级人民法院 2001 年颁布的《专利侵权判定若干问题的意见（试行）》（京高法发［2001］229 号）。

即可联想到构成了等同侵权。❶

　　从等同原则在上述三国的适用情况看，等同原则具有以下显著特征：（1）等同原则是专利制度的平衡机制，通过扩张专利权利要求书界定的专利保护范围实现对专利权人的更好保护；（2）等同原则必须以专利权利要求书为基础。专利权利要求是确定专利保护范围的主要工具，专利权人在任何情况下都不得脱离权利要求随意扩张专利的保护范围。

二、等同原则中的现有技术除外

　　美国 1990 年 Wilson Sporting Goods Co. v. David Geoffrey & Assocs.

---

　　❶　北京市第一中级人民法院判决认定，晓军公司是本案专利的独占实施人，其有权作为共同原告与专利权人唐某一起参加诉讼。唐某、晓军公司关于中科联社研究院实施了侵权行为的主张，于法无据，不予支持。本案中，文山会海公司实施了使用索恒汉语速记机进行速记培训的行为。冲击力公司、文山会海公司实施了销售索恒汉语速记机的行为。本专利权利要求 1 中对"垂直对齐"未作出特殊限定，对该技术特征的理解应限于该词语的通常含义，鉴于索恒汉语速记机相应键之间亦成直角对齐，故索恒汉语速记机具有该技术特征。本专利与索恒汉语速记机的键位数量虽有不同，但本专利是 24 个，索恒汉语速记机是 26 个，后者包含前者，故索恒汉语速记机具有本专利的 24 键这一技术特征。索恒汉语速记机的键位定义及排列仅是对本专利相应技术特征的简单替换，二者具有基本相同的功能，亦未产生意想不到的技术效果，本领域普通技术人员无需经过创造性劳动即可联想到。上述技术特征属本专利相应技术特征的等同特征。索恒汉语速记机已落入本专利权利要求 1 的保护范围，文山会海公司销售及使用索恒汉语速记机的行为已构成侵权，应承担相应的民事责任。冲击力公司销售索恒汉语速记机的行为亦构成侵权，同样应当承担相应的民事责任，具体赔偿数额本院予以酌定。索恒汉语速记机的编码方案未落入本专利权利要求 5 的保护范围，文山会海公司、冲击力公司的行为对权利要求 5 不构成侵权。依照《民法通则》第 118 条，《专利法》第 11 条、第 56 条第 1 款、第 60 条，《专利法实施细则》第 15 条第 2 款，《关于审理专利纠纷案件适用法律问题的若干规定》第 17 条之规定，判决：（1）冲击力公司停止销售索恒汉语速记机，文山会海公司停止销售及使用索恒汉语速记机；（2）冲击力公司于判决生效起 10 日内赔偿晓军公司经济损失 4 万元；（3）文山会海公司于判决生效起 10 日内赔偿晓军公司经济损失 6 万元；（4）驳回唐某、晓军公司的其他诉讼请求。参见《文山会海（北京）科技发展有限公司与唐亚伟专利侵权纠纷案二审民事判决书》[2007] 高民终字第 398 号。

案是一件标志性案例。❶ 此前，美国联邦巡回上诉法院通过一系列案例确立适用等同原则的"三部曲"：（1）确定实质等同；（2）适用禁止反悔原则；（3）排除现有技术。这种做法不仅确定了构成实质等同的客观检测方法，而且通过禁止反悔原则的适用防止权利人取得其在申请时没有要求的部分，并通过排除现有技术防止专利权人取得其在申请时无法获得的部分。最终结果就是限制了等同原则的适用，使专利权人的利益与被控侵权人的利益得以适度的平衡。其意义在于：通过实质等同要件的适用使专利权人有权在诉讼中调整专利权保护范围，而禁止反悔以及现有技术排除之要件则限制了专利权利要求的范围，使得专利权保护范围的调整受到了应有的限制。尤其值得肯定的是三部曲调和了专利申请书两种解释方法之间的冲突。实质等同要件表明现代专利法更加注重实质内容而非形式表达，倾向于以中心限定原则来对专利权利要求进行解释；同时，三部曲给中心限定主义的解释方法施加了双重限制，即禁止反悔原则的适用在主观上给专利权人施加了限制，排除现有技术条件在客观上给专利权人权利人施加了限制。

在 1998 年，日本最高法院在"无限折动用滚珠花键轴承"案中确立了等同原则适用的五个要件，其中包括公知技术。❷ 现有技术抗

---

❶ Bruce M. Wexler, Bridling the doctrine of equivalents—preclusion by prior art, 1991 Ann. Surv. Am. L. 571 at 578.

❷ 1998 年 2 月，在"无限折动用滚珠花键轴承"案中，日本最高法院第一次确认专利侵权可以适用等同原则。日本最高法院认为，即使被控侵权物与权利要求记载的技术特征存在差异，在满足下列条件的情况下，被控侵权物作为权利要求范围记载构成的等同物，仍属于专利发明的技术范围：第一，不同的部分不是专利发明的本质部分；第二，即使将被控侵权物中的不同部分与专利发明中的相应部分进行替换，也能产生相同的作用效果、实现发明的目的；第三，上述替换对本领域的普通技术人员来讲在被控侵权物制造时是容易想到的；第四，被控侵权物与专利发明申请时的公知技术或者本领域普通技术人员能够在专利申请日从公知技术容易推导出的技术并不相同；第五，没有诸如在专利申请过程中将被控侵权物从权利要求中有意识地排除之类的特别事由。转引自"日本专利侵权诉讼中禁止反悔原则的适用"，载 http://news.9ask.cn/zclaw/zcdt/200909/243033.html。

辩在日本既可以成为等同原则的要件，也可以应用在相同侵权中。在相同侵权案件中，如果被控侵权技术属于现有技术，原告提起的专利侵权诉讼行为就构成专利权滥用，其诉讼请求不能得到支持。适用等同侵权原则时，尽管公知技术作为等同的构成要件，有些学者却提出在等同侵权中专利权人有必要证明被控侵权物属于公知技术。在具体审判实践中，如果被告不提出被控侵权技术属于公知技术的主张并加以证明，法院就可以认定公知技术之要件成立。❶ 由此可见，在日本进行的专利侵权诉讼中，公知技术的举证责任由被告承担。由上分析可知，相同侵权中的专利权滥用和等同侵权中的公知技术要件都属于独立的现有技术抗辩，旨在实现对侵权责任的阻断。

　　在德国，专利权利要求解释中的现有技术除外论得以确立后，在专利侵权诉讼中以现有技术进行抗辩的做法便逐渐发展起来，法院可以直接适用现有技术抗辩对案件进行判决。专利侵权诉讼审判实践中，专利权侵权诉讼的成立取决于被告实施的技术是否与现有技术相同或者等同，❷ 若相同或者等同，则不成立；反之即成立。法院适用等同原则时，原告要求不审理技术水准的主张是不合理的。❸ 一般情况下，在德国专利侵权诉讼中，现有技术抗辩仅适用于等同侵权，而不能适用于相同侵权。德国实行行政权与司法权相分离，司法机关既无权干涉专利局的专利授权行为，也没有权力质疑专利权的有效性。因此，在相同侵权中不能适用现有技术抗辩，但是，评价某项专利的技术水准并不违反专利推定有效和法院法官无权审查专利权有效性的原则。

　　现有技术抗辩对等同原则的限制通过限制等同原则的成立，以及阻断等同侵权责任两种方式实现。由以上分析可知，在美国现有技术除外是等同原则的构成要件，因此证明原告主张的等同物不属于

---

　　❶　闫文军：《专利权的保护范围——权利要求解释和等同原则适用》，法律出版社 2007 年版，第 301 ~ 302 页。

　　❷　技术水准，the state of the art，是现有技术的另一种称谓，两者含义相同。

　　❸　杨志敏：《专利法研究 2002》，知识产权出版社 2011 年版，第 77 页。

现有技术的证明责任在原告，是主张等同侵权的必备要件；在日本现有技术抗辩对等同原则的限制是通过侵权抗辩实现的。作为一个独立的制度，现有技术抗辩的适用以被告主张为前提，因此相关的举证责任由被告承担。

三、现有技术除外

专利侵权包括相同侵权和等同侵权。相同侵权又称字面侵权，是指被控侵权物的必要技术特征与构成专利权利要求的必要技术特征从字面上看完全相同。相同侵权是对专利产品或专利方法的完全照搬。在相同侵权之外，还存在对专利权利要求进行简单改变后加以实施的行为，不能为相同侵权所涵盖，但同时又损害了专利权人的利益，被称为等同侵权。

等同原则的本质是对专利权利要求的扩大解释，是现代专利制度在专利权利要求之外探寻专利技术真相的结果。一般情况下，确定专利权保护范围以权利要求为依据，但是，在具体司法实践中可以对专利权保护范围进行解释。对此，英国早期采用"发明精髓"理论，德国采用"总的发明构思"理论，进而演变为侵权判定中的等同原则。对权利要求进行解释不仅要以权利要求为基础，而且要在可专利性的前提下进行。具而言之，扩张后的专利权保护范围应当符合创造性标准，等同原则的适用不得将现有技术纳入专利权保护范围，也不得将申请人在申请时为获得授权而放弃的部分纳入专利权保护范围。

现有技术除外作为等同原则的构成要件，因专利侵权诉讼遵循民事诉讼中的举证责任规则，诉讼双方有责任举出证据证明其主张的事实。如果将现有技术抗辩看作等同侵权的构成条件，则证明被告实施的技术属于现有技术的责任由侵权诉讼的原告承担；如果将现有技术抗辩看作独立的侵权抗辩手段，则证明被告实施的技术属于现有技术的责任由侵权诉讼中的被告承担。在 Wilson 案中，法院认为在等同原则的适用中，原告应当承担证明等同侵权的责任，包括证明其主张的等同物范围不包含现有技术，即使这一证据涉及假想

权利要求的可专利性问题也应当由原告提供。❶

可以看出，等同侵权中的现有技术抗辩已经获得了其作为侵权抗辩手段的地位。但将现有技术抗辩排除在相同侵权以外的态度使得现有技术抗辩沦为等同原则的构成要件，这一事实从美国联邦巡回上诉法院在 Wilson 案中对举证责任的分配中得到体现，但是，此阶段的现有技术抗辩仍没有成为独立的法律制度。鉴于现有技术除外在等同侵权认定中发挥着阻断侵权责任的作用，等同侵权中的现有技术抗辩可以看作是现有技术抗辩的确立。

第三节　发展阶段：现有技术抗辩在相同侵权中的确立

现有技术抗辩是具备独立制度价值的专利侵权抗辩手段。等同侵权中的现有技术除外虽然确立了现有技术抗辩阻断侵权责任的地位，但尚未赋予其独立的法律地位，对此可以从等同侵权中对现有技术除外的举证责任分配中看出。实际上，现有技术（公知公用技术）是公有领域的元素，如果被控侵权物与某项现有技术相同或者等同，则证明该被控侵权物属于公有领域。在这种情况下，即使专利侵权诉讼中的原告能够证明被控侵权物与其专利技术等同，被告实施该项技术的行为也不构成对其专利权的侵犯。但是，如果原告证明被控侵权物与其专利技术是相同的，不是等同的，被告还能采用现有技术抗辩吗？在此，必须明确回答以下问题：法院在适用全面覆盖原则判定是否构成专利侵权的同时，遭遇了公共元素利益分享理论的挑战，应当优先适用哪一项原则？对此有两种答案：第一，美国法院认为，如果被控侵权物全面覆盖了原告专利的全部必要技术特征，而且该专利权没有被否定，那么，为了维护专利权的权威

---

❶　Wilson Sporting Goods Co. v. David Geoffrey & Ass，904 F. 2d at 685（1990）.

性，应当优先使用全面覆盖原则，判决被告侵犯专利权。❶ 第二，日本法院认为，被控侵权物被证明为现有技术，那么，为了维护社会公众从公共元素中分享利益的权利，优先适用公共元素利益分享原则，判决原告滥用专利权。2008 年通过的《关于修改〈中华人民共和国专利法〉的决定》明确规定，不论被控侵权物是否全面覆盖原告专利的全部必要技术特征，只要被告能够举证证明其所实施的技术属于现有技术，就不构成对专利权的侵犯。❷ 由此可见，关于这个问题的两个答案，都有其理论依据。就某一个国家或者地区而言，对这个问题作出何种答案选择，都应当给予肯定。

一、现有技术抗辩向相同侵权的扩张

现有技术抗辩在我国最早见诸官方文件是 1992 年 8 月科学技术委员会发布的《中国的知识产权制度》（中国科学技术蓝皮书第 7 号）。蓝皮书在介绍司法实践如何运用等同原则判定专利侵权时指出："不能运用等同原则将其保护范围扩大到申请日时已有的技术。"❸ 2001 年北京市高级人民法院发布《关于专利侵权判定若干问题的意见（试行）》（京高法发［2001］229 号）。该意见对等同侵权中的现有技术抗辩进行了明确规定："已有技术抗辩是指在专利侵权诉讼中，被控侵权物（产品或方法）与专利权利要求所记载的专利技术方案等同的情况下，如果被告答辩并提供相应证据，证明被

---

❶ Conair Group Inc. v. Gmbh United States Court of Appeals For The Federal Circuit Decided: September 11, 1991. the Conair Group, INC., Plaintiff-Appellant, v. Automatik Apparate-Maschinenbau GMBH and Automatik Machinery CORP., Defendants-Appellees. Automatik Apparate-Maschinenbau GMBH, Plaintiff-Appellee, v. the Conair Group, INC., Defendant-Appellant Appealed from: U. S. District Court for the Western District of Pennsylvania; Judge Bloch. Michel, Circuit Judge, Skelton, Senior Circuit Judge, and Lourie, Circuit Judge. at http: //al. findacase. com/research/wfrmDocViewer. aspx/xq/fac. 19910911_ 0040416. CFC. htm/qx.

❷ 《专利法》第 62 条。

❸ 吴玉和："公知技术抗辩在中国司法实践中的运用和发展"，载《中国专利与商标》2007 年第 3 期，第 45 页。

控侵权物（产品或方法）与一项已有技术等同，则被告的行为不构成侵犯原告的专利权。""用已有技术进行侵权抗辩时，该已有技术应当是一项在专利申请日前已有的、单独的技术方案，或者该领域普通技术人员认为是已有技术的显而易见的简单组合成的技术方案。""已有技术抗辩仅适用于等同专利侵权，不适用于相同专利侵权的情况。""当专利技术方案、被控侵权物（产品或方法）、被引证的已有技术方案三者明显相同时，被告不得依已有技术进行抗辩，而可以向专利复审委请求宣告该专利权无效。"除此以外，2001年最高人民法院颁布《关于审理专利纠纷案件适用法律问题的若干规定》（法释〔2001〕21号）也明确了现有技术抗辩的法律地位，第9条规定："人民法院受理的侵犯实用新型、外观设计专利权纠纷案件……被告提供的证据足以证明其使用的技术已经公知的；……可以不中止诉讼。"2000年，最高人民法院民事审判第三庭向安徽省高级人民法院发出《关于王川与合肥继初贸易有限责任公司等专利侵权纠纷案的函》❶ 提出了将专利技术与现有技术现行比较的主张。2008年，全国人大会常委会通过《关于修改〈中华人民共和国专利法〉的决定》（以下简称"《专利法》第三次修正案"）。该修正案第32条规定："在专利侵权纠纷中，被控侵权人有证据证明其实施的技术或者设计属于现有技术或者现有设计的，不构成侵犯专利权。"自此，现有技术抗辩正式成为我国专利法规定的一项抗辩措施。然而，我国专利法对现有技术抗辩只作了原则性规定，而将其具体适用条件和方式留给了司法机关，包括最高人民法院作出司法解释以及受诉法院在司法实践中进行摸索和总结。在我国，关于现有技术抗辩的理论研究和具体适用虽然还处于起步阶段，但作为一项专利侵权

---

　　❶ 最高人民法院指出："不论神电公司技术与王川专利是否相同，在神电公司提出公知公用技术抗辩事由的情况下，只有在将神电公司技术与公知公用技术进行对比得出否定性结论以后，才能将神电公司技术与王川专利进行异同比较。在将神电公司技术与公知公用技术进行对比时，不仅要比较神电公司技术中有关必要技术特征是否已为对比文件所全部披露，而且在二者有关技术特征有不同的情况下，还要看这种不同是否属于本质的不同，即有关技术特征的替换是否是显而易见的。只有经过这样的对比，得出二者有本质不同以后，才能否定神电公司的该抗辩理由。"

抗辩措施有了明确的法律依据。

《中国的知识产权制度》蓝皮书第 7 号和京高法发［2001］229 号这两个文件将现有技术抗辩的适用限定于等同侵权领域，反映了我国司法实践最初对待现有技术抗辩的态度。但是也可以看出，尽管将现有技术抗辩看作对等同原则的限制，我国在这一阶段对待现有技术抗辩的态度与美国却是不同的：美国法院是从扩张的权利要求应当具有可专利性出发将现有技术除外作为等同侵权的构成要件，并将证明等同，包括等同物不属于现有技术的举证责任分配给原告；而我国从最初就是将现有技术抗辩看作独立于等同原则的侵权抗辩手段，因此证明现有技术的举证责任由被告承担。质言之，美国从"排除"（Preclusion）的角度定位现有技术抗辩；我国从"抗辩"的角度将其定位为独立的侵权抗辩手段。

我国早期适用现有技术抗辩的案件中比较典型的是北京市高级人民法院于 1995 年终审的李某诉首都重型机械厂侵犯专利权纠纷案。该案中，上诉人（原审原告）李某的"旗杆"专利技术方案涉及一种由中空旗杆、滑轮、旗绳组成，利用风源将风沿 3 条输气管道分别送到杆体内部的 3 个气室，并通过在杆体旗帜升起的一侧开设若干排气孔的吹飘旗帜装置。被上诉人（原审被告）机械公司制作的"旗杆"，也是由中空旗杆、滑轮、旗绳组成，其工作原理是利用风源将风沿一条输风管道送入旗杆内部的一个气室，通过在杆体旗帜升起的一侧开设的出气装置吹飘旗帜。二者的根本区别在于李某的专利技术方案在旗杆内有 3 个气室，而机械公司技术中的旗杆内仅有一个气室。二审法院认为，李某在专利技术中明确要求保护的只是 3 气室旗杆，而单气室"吹风式旗杆"实用新型专利技术的说明书已于 1987 年 1 月 14 日届满，并已在李某申请专利技术之前成为公有技术。因此，李某的"旗杆"专利保护范围，不应包括单气室旗帜吹飘装置。❶ 该案的被控侵权人在一审和二审的诉讼请求中均以其实施的技术与原告享有专利权的技术不等同提出抗辩，并未提出以现有技术除外作为抗辩，现有技术除外是法院主动依职权加以适用的。

---

❶ 北京市高级人民法院民事判决书［1995］高知终字第 5 号

从现有技术抗辩在中国的发展历程可以看出：现有技术抗辩的适用范围在中国经历了从等同侵权到相同侵权的发展。即使在 2008 年的《专利法》第三次修正案施行后，各地法院在司法实践中对于现有技术抗辩是否能够适用于相同侵权还存在分歧，如上海市高院在 2009 年 2 月审结的建德市朝美日化公司与 3M 创新公司侵犯发明专利权纠纷上诉案中指出："被控侵权产品的技术特征经比对已完全落入涉案专利的保护范围，属于相同专利侵权，而非等同专利侵权，因此不适用公知技术抗辩。"❶ 北京市高级人民法院早在 2006 年的"施特里克斯有限公司诉宁波圣利达电气制造有限公司及华普超市有限公司专利侵权案"的二审中就确认"已有技术抗辩不仅适用于等同侵权，而且适用于相同侵权"。❷ 尽管存在这些分歧，现有技术抗辩可以运用于相同侵权的做法却逐渐占据主流。最高人民法院在对施特里克斯案的再审申请以"驳回再审申请通知书"的形式确认了北京市高院在二审中认定相同侵权也可以适用现有技术抗辩的规则，认为"公知技术抗辩的适用仅以被控侵权产品中被指控落入专利权保护范围的全部技术特征与已经公开的其他现有技术方案的相应技术特征是否相同或者等同为必要，不能因为被控侵权产品与专利权人的专利相同而排除公知技术抗辩原则的适用"。❸

---

❶ ［2009］沪高民三（知）终字第 10 号判决书。

❷ 在涉案专利权利要求书中，对于两个双金属致动器致动是在"基本相同的温度下"同样没有作出具体限定。根据诉前原告就此作出的声明，在不同环境下，进行热接触的传动器的标称温度差值为 ±10℃。因此，根据权利要求书的字面解释，其限定点应当是温差数值，而不是某一具体的感温值。根据当庭演示的结果，被控侵权产品的两个双金属致动器的致动温度差值为 7℃，在原告声明的温差范围内，据此认定两个双金属致动器是在基本相同的温度下致动，故被控侵权产品的 d 特征与涉案专利的 D 特征相同。综上，"SLT-102"热敏控制器全面覆盖了涉案专利权利要求中记载的技术方案的全部必要技术特征。因此，被控侵权产品与原告的专利技术属于相同技术。但是，仍可适用已有技术抗辩。最后，被告采用已技术抗辩不成立。参见《施特里克斯有限公司诉宁波圣利达电气制造有限公司侵犯专利权纠纷案一审民事判决书》，［2005］二中民初字第 00013 号。

❸ ［2007］民三监字第 51-1 号决定书。

通过这些判例，我国基本确立了相同侵权中的现有技术抗辩。这一制度的确立使现有技术抗辩彻底脱离等同原则，巩固了其作为独立抗辩制度的法律地位。

二、相同侵权中确立现有技术抗辩的意义

现有技术抗辩在相同侵权中的确立使得现有技术抗辩彻底脱离了等同原则，成为独立的抗辩制度。但是对现有技术抗辩适用于相同侵权的正当性，学术界还存在争议。在司法实践中，一些法院仍坚持相同侵权中不适用现有技术抗辩。如上海市高级人民法院在建德市朝美日化公司与3M创新公司侵犯发明专利权纠纷上诉案中指出："被控侵权产品的技术特征经比对已完全落入涉案专利的保护范围，属于相同专利侵权，而非等同专利侵权，因此不适用公知技术抗辩。"● 但是，应当注意，上海市高级人民法院该项判决是在《专利法》第三修正案正式施行之前作出的。从法律适用上讲，应当是正确的。自2009年7月1日起，《专利法》第三次修正案正式施行。从此后，法院在审理专利侵权案件时，不得以被控侵权物全面覆盖原告专利的全部必要技术特征构成相同侵权为由，驳回被告采用的现有技术抗辩。

如上所述，在相同侵权的情况下，法律允许被控侵权人采用现有技术抗辩，所涉及的最大障碍就是两大基本原则的冲突：全面覆盖原则与公共元素利益分享原则的冲突。面对这种冲突，法律为什么允许被控侵权人采用现有技术抗辩，对抗原告的专利侵权指控，其考量基准应当是经济原则。

首先，在被控侵权物全面覆盖原告专利的全部必要技术特征的前提下，其准确信息应当是 $T^{被控侵权技术} = T^{专利技术}$；同时又有被控侵权物与某一项现有技术相同或者等同，即 $T^{被控侵权技术} = T^{现有技术}$ 或者 $T^{被控侵权技术} \approx T^{现有技术}$。根据等量代换规则，$T^{专利技术} =$ 或者 $\approx T^{现有技术}$。我国现行《专利法》第45条规定，此案中原告的专利技术应当属于现有技术，可以通过专利权无效宣告程序来宣告原告的专利权

● ［2009］沪高民三（知）终字第10号判决书。

无效，导致其自始不存在。依据该结果，被控侵权人就不构成专利侵权。但是，实践证明，被控侵权人采用现有技术抗辩比采用专利权无效宣告抗辩能够节约成本，缩短诉讼时间，提高诉讼效率。

其次，当全面覆盖原则与公共元素利益分享原则发生冲突时，法律允许被控侵权人采用现有技术抗辩对抗专利权人的侵权指控，也是为了最大限度地发挥公共元素的社会功用性，让全社会所有成员能够分享由公共元素带来的利益，而不允许专利权人独占其利益。这也是经济原则的体现。

最后，当全面覆盖原则与公共元素利益分享原则发生冲突时，允许被控侵权人采用现有技术抗辩，而不是逼迫其采用专利权无效宣告抗辩，对专利权人也是利益的。因为现有技术抗辩所产生的直接后果是免除了被控侵权人的侵权责任，并不导致专利权的无效。倘若此前本案中的原告（专利权人）已经向第三人发放了专利实施许可，只要其专利权没有被宣告无效，该专利权人仍然可以获得专利使用费。但是，如果该专利权被宣告无效，该专利权人就不能再向被许可人收取专利使用费。即使专利权人想收取，被许可人也不会再支付了。

总之，将现有技术抗辩引入相同侵权中是一种具有经济效益与利益考量的选择。其弊端是使通过国家专利行政管理机关授予的专利权没有得到充分的尊重，可能导致专利权的虚无化，但是，其积极意义仍然值得肯定。

第三章　现有技术抗辩比较研究

知识产权作为一个权利集合，由若干元素组成。对这些元素按照不同标准，可以划分为各种不同的子集。例如，以各权利元素所保护对象之创造性为标准，可以将知识产权集合划分为三个子集：创造性权利、标志性权利与经营性权利。以各权利元素产生的方式为标准，可以将知识产权集合划分为两个子集：他生性权利与自生性权利。前者包括专利权、商标权、植物新品种权等，后者包括著作权、商业秘密权、制止不正当竞争权等。

他生性权利的取得，必须满足两个条件：一个是实质条件，另一个是形式条件。就发明专利权而言，一项技术被研发出来以后，该技术持有人要想采用专利权保护，必须向国务院专利行政部门提出专利申请，并且其所提出的专利申请文件必须符合专利法及其实施细则的规定，才有可能被受理并通过审查，进而获得专利权，这就是形式条件。此处所指的实质条件，就是申请专利的发明创造必须符合专利法规定的相应条件。例如，申请专利的发明和实用新型应当具有新颖性、创造性和实用性。❶申请专利的外观设计应当具有新颖性，且不与他人的在先申请发生冲突。❷发明专利申请，经国务院专利行政部门审查，不符合实质条件的，不能被授予专利权。实用新型专利申请和外观设计专利申请，如果符合专利申请形式条件，不必经过实质审查，即可授予专利权。但是，专利法规定，任何人认为国务院专利行政部门授予的专利权不符合专利法规定条件，自

---

❶ 我国 2008 年修订后重新颁布的《专利法》第 22 条规定："授予专利权的发明和实用新型，应当具备新颖性、创造性和实用性。"

❷ 我国 2008 年修订后重新颁布的《专利法》第 23 条规定："授予专利权的外观设计，应当不属于现有设计，也没有任何单位或者个人就同样的外观设计在申请日以前国务院专利行政部门提出过申请，并记载在申请日以后公告的专利文件中。"

国务院专利行政部门公告授予专利权之日起，便可以向专利复审委员会提出宣告该专利权无效的请求。经审查，专利复审委员会认为专利权无效宣告请求成立的，就可以裁定宣告该专利权无效。❶ 换言之，不符合专利法规定实质条件的专利申请，不能被授予专利权；即使被授予专利权，也可以按照专利法规定的程序宣告无效。其他种类的他生性权利的取得同样需要同时满足这两个方面的条件。

自生性权利的取得，只需满足一个条件，即实质条件。自法律规定受保护的智慧创作物完成之时起就自动产生了，不必办理任何法律规定的手续。例如，我国现行《著作权法》第 2 条规定，符合著作权法规定条件的作品，已经创作完成便可立即产生著作权，无需办理任何手续，但法律规定不适用著作权法的对象除外。❷

从法理学角度看，本章开篇讨论他生性知识产权与自生性知识产权，其法律意义在于：他生性权利的取得既然需要根据法律规定办理相应手续，那么，这种类型的权利一经授予或者确认，除了该行政机关之外的任何其他机关，包括司法审判机关，都无权否定之。自生性权利的取得是自动的，只需办理任何法律规定的手续，所以，任何人，包括侵权诉讼中的对方当事人，都可以予以否定。在著作权侵权诉讼程序中，如果被告对原告的著作权提出质疑，那么该案中的原告有义务提供必要的证据，以证明其依法享有著作权，并且该项著作权仍然受法律保护（采用权利证成责任倒置：如果被告举证否定原告的权利，原告则需要举证证明其权利存在并且受法律保护）。但是，如果他生性权利遭受他人侵犯，该权利人提起侵权诉讼时只需提交相应的权利证书（如专利证书或商标注册证）即可。假如被告对原告提供的权利证书表示质疑，被告就负有举证责任。

专利权是一种他生性权利，在专利权运用过程中，除非按照专利

---

❶　我国 2008 年修订后重新颁布的《专利法》第 45 条之规定。

❷　我国经过 2001 年 10 月 27 日修改后的《著作权法》第 5 条规定，该法不适用于：（1）法律、法规，国家机关的决议、决定、命令和其他具有立法、行政、司法性质的文件，及其官方正式译文；（2）时事新闻；（3）历法、通用数表、通用表格和公式。

法规定的程序，任何人，包括司法机关，无权否定其专利权。在专利侵权诉讼中，法律规定被告方可以采用现有技术抗辩以维护其合法利益，但不是对原告专利权的否定。为了更加全面理解现有技术抗辩，正确运用现有技术抗辩措施，本章将对美、日、德三国现有技术抗辩的适用从各方面进行比较研究。

第一节　美国的现有技术抗辩

一、美国专利法关于现有技术抗辩的规定

专利制度起源于威尼斯共和国，以其 1474 年制定的专利法为标志。该法明确规定给发明人授予对其发明的独占权。但是，现代意义是专利制度却诞生在英国，以其 1624 年颁布的垄断法规（The Statute of Monopolies）为标志。该法第一次明确规定了获得垄断权的发明必须是新的，而且该项垄断权的有效时间为 14 年。该法为垄断权确立的这两个基本特征一直传承至今天，被世界各国的专利法吸收。❶

美国的专利制度始建于 1790 年，以其 1790 年颁布的专利法为标志。由此可知，美国只是现代专利制度的承继者，并不是创始者。但是，美国对专利制度的贡献却是不可否认的。例如，美国 1790 年的专利法沿袭英国垄断法规的路径，只要求获得专利权的发明是新的（新颖性）就可以了，并没有考虑其他实质条件。通过具体实践，美国人发现，一项新的发明，可能只是一种表象，就是所属领域的一个普通技术人员也可以做到的事情。对这种新发明授予专利权，可能有违专利制度激励发明创造的本质。因此，1849 年美国修改其专利法，将授予专利权的条件从一项增加到三项，即在新颖性基础

---

❶　US Patents——A Brief History，at http：//www. the-business-of-patents. com/us-patents. html.

上增加了实用性和非显而易见性（创造性）。❶ 美国对专利制度的另一个重要贡献就是其专利法明确规定，由专利局授予的专利权被推定有效。❷

基于专利权有效推定原则，美国专利法进一步规定了涉及专利权效力或者侵犯专利权诉讼的抗辩只限于以下理由：（1）无侵权行为、欠缺侵权责任或者不能实施专利权；（2）因为专利权不符合可专利性条件，在专利侵权诉讼中主张专利权无效；（3）任何其他依本法典足以构成抗辩事实或行为。❸

美国专利法所规定的其他抗辩主要包括以下几种：（1）善意使用抗辩，即行为人使用有关专利方法或者使用于制造或者其他商业方法中的机器、制造物或组成物的产品，被主张侵犯专利权的，该被指控方有权依据该法第 282 条第 2 款的规定，主张其出于善意而在美国境内对该产品进行商业使用，并且这种使用行为发生在该专利申请日以前 1 年或者在构成该专利申请现有技术公开日之前 1 年。（2）非营利实验使用，即由以公众为指定受益人的非营利研究实验室或其他非营利实体，诸如大学或医院。（3）权利穷竭，即专利权由专利权人或者合法实施者将其制造的专利产品销售后，专利权人即丧失对该专利产品的进一步处置权。行为人从合法渠道获得该专利产品后进行销售、许诺销售、使用的，属于正当实施行为，不构成对专利权的侵犯。（4）专利权限制与例外抗辩，包括个人抗辩、派生权利抗辩、非整体许可抗辩、放弃使用抗辩、大学使用例外抗辩等。（5）不合理主张抗辩，即专利权人所提出的主张不合理之抗辩。（6）无效抗辩，即专利权侵权诉讼中被告可以依据本法规定向法院提出宣告该专利权无效进行抗辩。❹

---

❶ Patent law: the definition of a patent was expanded to include that the invention applying for a Patent should be new, useful and also "non obvious" to other professionals in the same field. At http://www.the-business-of-patents.com/us-patents.html.

❷ 《美国专利法》第 282 条第 1 款规定专利权应被推定为有效。主张专利权任何权利要求无效的，应由主张者承担该无效的举证责任。

❸ 《美国专利法》第 282 条第 2 款规定。

❹ 《美国专利法》第 280 条规定。

由此可见，美国专利法并没有授权专利侵权诉讼中的被告采用现有技术抗辩。尽管如此，并不能否认在具体的专利侵权诉讼中，被告方采用现有技术抗辩来对抗专利权人的侵权指控。

二、现有技术抗辩基本理论

众所周知，美国是典型的判例法系国家，所以，美国的现有技术抗辩是通过判例法发展起来的。

1998 年的 Marquip, Inc. v. Fosber America, Inc. and Fosber SpA, Inc. 专利侵权纠纷案件中，美国联邦地区法院威斯康辛地区法院（The United States District Court for District Court of Wisconsin）根据等同原则判决被告不侵犯原告的专利权。❶ 美国联邦巡回上诉法院认为：基于任何人都不得对公有领域的技术获得独占权之基本原理，法院必须严格限制等同原则以阻止其将现有技术纳入其保护范围。❷ 该项支持在专利侵权诉讼中适用现有技术抗辩的基本理论，从表象上看似乎具有正当性与合理性。但是，从法学理论角度看却存在着逻辑矛盾。前面已经介绍了美国专利法之规定，专利权应被推定有效。该项规定包含了三个方面的基本内容：（1）依照专利法规定的程序获得的专利权，不论是否具有瑕疵，都是有效的。（2）既然依照专利法规定的程序获得的专利权是有效的，那么，对专利权效力的否定同样应当依照专利法规定的程序进行。在专利权依照专利法规定程序否定之前，其效力就不能被否定。（3）专利权是有效的，任何未经许可擅自实施受法律保护的专利的行为，就是对专利权的侵犯。单纯从专利权角度看，现有技术抗辩，就是在没有否定原告专利权的前提下，被告所实施的技术已经落入专利权保护范围，法院却判决被告实施专利的行为不侵犯原告的专利权。这种判决，实

---

❶ Marquip, Inc. v. Fosber America, Inc., No. 96-C-726-S (W. D. Wis. Sept. 14, 1998) (order). -more at: http: //caselaw. findlaw. com/us-federal-circuit/1081936. html#st-hash. iArC93zD. dpuf。

❷ Wilson Sporting Goods v. David Geoffrey & Assoc. , 904 F. 2d 677, 683, 14 US-PQ2d 1942, 1948 (Fed. Cir. 1990). more at: http: //caselaw. findlaw. com/us-federal-circuit/1081936. html#sthash. iArC93zD. dpuf.

质上就是否定了专利权的有效性。由此可见，现有技术抗辩与现行专利制度的权威性发生了冲突，尤其是在相同侵权案件中适用现有技术抗辩更是如此。因此，美国法院一直拒绝在相同侵权中适用现有技术抗辩，不仅因为美国法院有权直接在侵权诉讼中解决专利的无效宣告问题，而且美国一些学者认为现有技术抗辩在等同侵权中的适用会导致专利权的虚化，❶ 现有技术不应作为侵权抗辩手段。❷

在美国全面阐述现有技术抗辩与等同侵权、相同侵权关系的案例包括，1990 年的 Wilson Sporting Goods Co. v. David Geoffrey & Assoc. 案中，专利权人威尔逊发明了一种特殊性状结构的高尔夫球，比普通高尔夫球飞行的更远一些。邓洛普生产的高尔夫球与威尔逊的专利产品高尔夫球相近似。于是，威尔逊就起诉邓洛普侵犯其专利权。面对威尔逊的侵权指控，邓洛普进行答辩。邓洛普认为，自己生产的高尔夫球不仅与威尔逊的专利不同，而且还是一项现有技术，不构成专利侵权。威尔逊认为，根据等同原则，邓洛普侵犯了其专利权。受诉法院支持了原告威尔逊的主张，判决被告邓洛普侵权。对于该项判决，邓洛普向美国联邦巡回上诉法院提起上诉。上诉法院推翻了原审法院的侵权判决，其理由是：专利权利要求的字面含义涉及于等同权利范围，但是包含现有技术，被告实施的高尔夫球属于现有技术，不构成对原告专利权的侵犯。如果威尔逊试图针对邓洛普生产的高尔夫球主张权利，但是由于存在二氯奈脂的现有技术作为抗辩，原告的主张就不可能成立。❸ 具言之，威尔逊不能根据等同原则主张其权利指控被告侵犯其专利权。

威尔逊专利权侵权案件的终审结果肯定了现有技术抗辩可以适用于专利等同侵权的情形。其理论基础就是，任何人不能对公有领域的技术

---

❶ Peter K Yu, *Intellectual Property and Information Wealth Issues and Practice in the Digital Age Vol. 2 Patents and Trade Secrets*, First Published by Praeger Publishers, London, 2007, p. 23.

❷ Chris Ryan, Practicing the prior art is not a defense, at http：//news. cnet. com/8301 - 13796_ 3 - 9894563 - 79. html, 2009. 12.

❸ Wilson Sporting Goods Co. v. David Geoffrey & Associates 904 F. 2d 677 （1990）, at http：//www. invispress. com/law/patents/wilson. html.

获得独占利益。正如前面所说，美国专利法尽管没有就现有技术抗辩作明确规定，威尔逊案件的判决却肯定了现有技术抗辩可以适用于专利等同侵权的情形。问题是，能否依据该理论来确认，现有技术抗辩同样可以适用于专利相同侵权诉讼？1995 年的 Baxter Healthcare Corporation，Inc. and Utah Medical Products，Inc. v. Spectramed，Inc. 案给出了答案。该案的诉讼标的是一种血压传感器专利。

1984 年 9 月 25 日，Utah Medical Products Corporation，Inc. （以下统称犹他公司）的内科医生华伦士就血压校准传感器及其校准方法向美国 USPTO 提出专利申请。1986 年 9 月 9 日，该申请被授予专利权（美国专利号是 4610256，以下简称 256 号专利）。此案中的被告斯佩克特拉梅德早在 1983 年 5 月就开始销售传感器。这种仪器早于 256 号专利的申请日前 1 年多就在美国上市销售了。因此，这种仪器属于《美国专利法》第 102 条第 2 款规定的现有技术。1985 年，256 号专利产品正式投放市场后，被告人斯佩克特拉梅德对该专利仪器的白色连接线作了改变，尤其是对白色连接线的内孔连接器作了改变。这种改变使得该产品具有了更好的适用性。对此，犹他公司确信斯佩克特拉梅德的新产品侵犯了其 256 号专利权，于是要求斯佩克特拉梅德与其签订许可协议。犹他公司的该项请求遭到了斯佩克特拉梅德的拒绝。与此同时，斯佩克特拉梅德提出了再审 256 号专利的请求。1989 年 7 月，针对 256 号专利的再审证书已经颁发，犹他公司与 Baxter Healthcare Corporation，Inc. （以下统称 Baxter，256 号专利权的被许可人）对斯佩克特拉梅德提起专利侵权诉讼。❶

1992 年 9 月 29 日，美国加州中部地区法院对该案进行审理，有 8 名陪审团成员参加。1993 年 2 月 18 日，陪审团一致支持原告巴克斯特，肯定了 256 号专利权的可实施性，认为被告斯佩克特拉梅德的产品侵犯了原告 256 号专利权。然而，被告斯佩克特拉梅德坚信其行为不构成对原告 256 号专利权的侵犯：（1）根据原告专利权利要求

---

❶ Baxter Healthcare Corporation and Utah Medical Products, Inc., Plaintiffs-Appellants, v. Spectramed, Inc., Defendant/Cross-Appellant., at http://caselaw.findlaw.com/us-federal-circuit/1051356.html.

的字面解释或者等同原则，斯佩克特拉梅德的产品没有侵犯 256 号专利权；（2）斯佩克特拉梅德也没有引诱他人侵犯 256 号专利权；（3）原告 256 号专利权是无效的；（4）原告 256 号专利是不可实施的。因此，斯佩克特拉梅德提出了上诉。美国联邦巡回上诉法院指出，被告的主张是对专利侵权判定规则的错误认识，没有法律依据。因为认定侵权成立并不需要证明被控侵权物相对现有技术而言具有非显而易见性或者可专利性，只要原告主张的权利要求中的全部必要技术特征在被控侵权物中得到体现即构成相同侵权。相对现有技术的显而易见性问题是权利要求的有效性问题，并非侵权构成问题。上诉法院因此驳回了被告提出的现有技术抗辩，判决被告对原告主张的权利要求构成了相同侵权，即使被告能够证明其只是在实施现有技术。❶ Baxter 案中被美国联邦巡回上诉法院驳回的实施现有技术的抗辩区分开来，认为当其提出现有技术抗辩时，仅仅涉及双方的举证责任的分配；并力图将等同侵权中的现有技术抗辩引入到相同侵权中。

三、现有技术抗辩的适用范围

通过上述分析可以发现，在美国专利法中，现有技术抗辩仅适用于等同侵权，而与相同侵权无关。等同原则的实质是对专利权利要求的扩张解释，美国法院认为，对专利权利要求的扩张解释应当以等同物具有可专利性为前提。在相同侵权中，现有技术仅仅影响对模糊权利要求的解释，不能成为抗辩手段。现有技术抗辩在中国专利法与美国专利法中最显著的区别在于是否能脱离等同原则，取得独立的法律地位。我国现有技术抗辩脱离等同侵权在相同侵权中的确立，赋予了该制度以独立的法律地位和法律价值。相同侵权中出现现有技术抗辩意味着涉案专利的有效性存在某种瑕疵，此时被告可以通过无效抗辩或者无效宣告请求来实现救济。由于美国联邦法院在侵权诉讼中有权同时判决专利的有效性问题，因此，在美国的

---

❶　Baxter Healthcare Corp. v. Spectramed, Inc. , 49 F. 3d 1575, 1583, 34 U. S. P. Q. 2D(BNA) 1120, 1126(Fed. Cir. 1995) .

现有技术抗辩无法脱离等同原则而独立。而在我国，原则上法院无权审查专利的有效性，现有技术抗辩就给被告提供了一种很好的抗辩手段，既有利于迅速解决纠纷，又可以维护现行国家权力体系（行政程序与司法程序相互独立）的稳定性。

现有技术抗辩的司法适用比较复杂，其中涉及对比对象、对比标准等问题。前文的分析表明，美国法中的现有技术抗辩表现为等同原则中的"现有技术除外"，相同侵权中不存在现有技术抗辩。在美国，等同原则中的"排除现有技术"是一个法律问题，而非事实问题，因此由法官作出判决。

由上分析可知，在美国专利侵权诉讼审判实践中，现有技术抗辩仅适用于等同侵权，旨在限制专利权人通过等同原则不正当扩张专利权利要求界定的保护范围。无论从制度适用上还是从适用结果上，等同侵权中的现有技术抗辩并不对专利权的效力产生影响。对此，美国联邦巡回上诉法院在威尔逊案中作了明确阐述，将举证责任分配给原告绝不会削弱原告实际专利权利要求的推定有效性，无论原告能否获得对其主张的等同范围的保护，其专利权利要求的有效性都不受影响。❶

第二节　日本的现有技术抗辩

日本专利制度始建于明治四年（1871），以其1871年颁布的《日本专卖简则》为标志，并于明治五年（1872）被废止。❷尽管如此，日本的做法表明了日本政府早在19世纪末便形成了以西方先进的专利制度激发其国民发明创造热情的基本理念，为后来日本专利制度的建立奠定了基础。日本现行专利法是1959年4月13日制定的《日本特许法》。该法至今已经被修订了许多次，始终保持着与国际专利法律规范相一致。

日本现行专利法并没有关于现有技术抗辩的规定，但是，日本理

---

❶　904 F.2d 677, 685, 14 U.S.P.Q.2D(BNA)1942, 1948 – 1949(Fed. Cir. 1990).

❷　"日本专利制度的缘起"，载 http://news.9ask.cn/zlq/bjtj/200906/198158.html。

论界和实务界认为，现有技术抗辩是对等同侵权的限制。被告在相同侵权诉讼中采用现有技术抗辩，涉及专利侵权诉讼与专利权无效宣告程序两者之间的关系，经历非常曲折。在此，首先就日本专利理论与专利侵权诉讼有关内容作简要介绍。

一、专利授权行政行为的公定力及撤销诉讼

日本现在的法律体系属于大陆法系，同时也吸收英美法系的许多精华。❶ 日本法律将专利授权行为❷界定为行政行为，❸ 是行政机关行使国家公权力的表现。民事主体依照专利法规定的程序获得的专利权具有公定力，非经法定程序，不得撤销。从国家组织形式角度讲，国家的行政权、司法权和立法权应该是彼此分离的，国家行政机关依法行使行政权，司法机关依法行使司法权，立法机关依法行使立法权。但是，为了防止各机关滥用其权力，这三种类型的权力

---

❶ 日本在除奴隶社会的氏族法以外，没有自己创设的法律。奴隶制时期，日本使用固有的氏族法，主要表现为不成文的命令和习惯。公元645年的"大化革新"，废除了奴隶制，确立了以天皇为中心的中央集权统治，创建了以唐朝法律为模式的日本封建法律制度。明治维新以前，日本法承袭中国唐代和明代法制的传统，是中华法系的重要成员。明治维新以后，日本加入了大陆法系的行列，以德国法为样板建立了六法体系，但也保留了浓厚的封建因素。第二次世界大战以后，日本又吸收了英美法的许多精华。因此，日本法同时具有两大法系的特征。"日本法律体系"，载 http://wenwen.soso.com/z/q143313360.htm。

❷ 专利授权行为是指国家专利审查部门依有专利申请权的民事主体之请求，按专利法所规定的条件和程序，确认其发明创造是否具备可专利性的条件，依法作出决定并予以公开告示的行为。"专利授权行为的法律性质"，载 http://china.findlaw.cn/chanquan/zsvqrw/zhuanlifalunwen/6386.html。

❸ 从历史发展的角度来看，专利权的授予是一种授权许可行为，是皇室赋予特定主体一定期限的垄断特权，然而现行专利制度的发展已经改变了这种认识和制度操作模式，但把专利授权行为界定为行政行为，这是毫无争议的。从目的上看，专利确权行为其实就是对专利授权行为的一种纠正，对真正专利权人的一种再授权行为，所以说专利确权行为应被认为是行政行为。"对专利确权行为性质的再思考"，载 http://www.cssn.cn/news/516945.htm。

又必须相互制约，都不是绝对的。尽管专利授权行为属于行政行为，该项权力仍然应当受到司法权的约束，对专利行政机关作出的授权决定，应当接受司法机关的裁判。其结果直接表现为：当事人对专利行政机关作出的决定不服的，有权向法院提起行政诉讼，由司法机关作出最终裁决。❶

日本行政法学一般理论认为，行政行为以法律公权力为基础，具有其特殊性，因此即使该行为成立具有瑕疵，除非该行为属于明显且重大的违法行为，可以当即认定为当然无效；否则，原则上只能由具有相关权限的行政机关依照法律规定的程序或者利用职权撤销该行为。在该具体行为发生争议的情况下，只要有关行政机关没有最终作出撤销该行为的决定并产生法律效力，任何人都必须尊重该行为的有效性。这就是行政行为的公定力。

对于行政行为的公定力，日本学术界和实务界都有过精辟论述。早在 1955 年，日本最高法院就指出，某项具体的行政行为即使违法，只要没有依照有关法律规定的程序撤销，该行政行为仍然是有效的，但属于明显且重大违法的行政行为，可当即认定为当然无效。❷ 日本学术界较有代表性的观点包括：行政行为即使违法，在有关行政机关依照法律规定程序撤销前，任何人都不能否定该行为的效力。❸ 就某项具体行政行为而言，在有关行政机关没有依照法律规定的程序撤销的情况下发生了诉讼纠纷，即使所涉行政行为是违法的，仍然视为有效并且应当继续实施该行政行为。❹ 专利授权行为是具有公定力的行政行为，依据专利法规定，专利权可以被宣告无效，但是必须依照专利法规定的程序由特许厅审理决定。对特许厅作出的决定当事人不服的，有权针对该项决定提出撤销诉讼，但不能直接提起民事诉讼或者侵权诉讼。

---

❶ 《与贸易有关的知识产权协定》第 41 条第 4 款规定：诉讼当事人应有机会要求司法当局对行政终局决定进行审议，并在遵守某成员方有关案件重要性质的法律中有关司法管辖权规定的前提下，有机会要求至少对司法初审判决的法律方面进行审议。

❷❸❹ "侵害訴訟における無効の判断と無効審判の関係等に関する現状と課題"，载 http：//www.kantei.go.jp/jp/singi/sihou/kentoukai/titeki/pc/ronten1.pdf，2009.4。

发明人依照专利法规定的程序后的专利权，在法律规定的有效期限内，被推定是有效的，除非专利权人主动放弃或者被依法宣告无效。在专利侵权诉讼中，只要日本特许厅依照法律规定程序作出的宣告专利权无效的决定还没有生效，被告就不得以专利权无效进行抗辩。《日本特许法》第 123 条第 1 款、第 178 条第 6 款规定，宣告专利权无效必须经过无效审判程序，无效宣告申请人不能直接提起宣告专利权的诉讼请求。但是，对无效审决不服的，可以向专属管辖法院（东京高等法院）提起无效审决撤销诉讼。❶ 为了避免因专利权宣告无效后，先前侵权诉讼中败诉的被告以此为理由提出再审请求，浪费司法资源，《日本特许法》第 168 条第 2 款规定："在提起诉讼或者请求临时保全命令、临时禁令时，如果认为有必要，侵权诉讼的审理法院可以在无效审决还没有生效的期间内，中止侵权诉讼程序。"❷ 因等待专利权无效宣告结果而中止侵权诉讼的做法导致侵权诉讼审理的拖延，产生新的问题。日本产业界迫切希望法院即使在专利权无效宣告未生效时，也尽量不中止侵权诉讼的审理，妥善的一次性解决纠纷。为了实现上述目标，解决因专利确权机制和专利侵权诉讼分立带来的问题，日本从以下两方面采取了措施：首先，针对提高专利案件审判效率，统一专利案件审判标准采取了一系列司法体制改革措施，实现技术型案件的集中管辖和专家审理。其次，通过专利法律制度的不断完善，在侵权诉讼中探索运用专利权滥用的禁止和现有技术抗辩解决专利侵权诉讼和专利权无效宣告之间的分离。

二、专利侵权诉讼与专利权无效宣告之间的协调

日本学术界和实务界非常关注专利确权机制与专利侵权诉讼相互关系的协调。协调两者的关系，不仅有利于提高专利侵权案件的审判效率，还有利于妥善协调专利侵权诉讼和专利权无效宣告的结果。2000 年的 Kilby 案是正确处理两者关系具有转折意义的案例。

---

❶❷ 梁熙艳："权利之限：侵权审理法院能否直接裁决专利权的有效性"，载《知识产权》2005 年第 4 期，第 59 页。

（一）Kilby 案的判决

Kilby 案的判决❶于 2000 年由日本最高法院作出。该院采纳"权利滥用说"来解决侵权诉讼和无效宣告之间的分立问题。该案判决指出，当专利权上存在明显无效理由时，基于这个专利提起的禁止、损害赔偿等诉讼请求，在没有特殊情况时，应当认定为是权利的滥用而不被准许。对此，最高法院阐述了三个原因：（1）基于这种专利权的实施行为应当被禁止，对有关的诉讼请求给予支持实际上是给予了专利人不正当利益，违反了专利法的平衡理念；（2）在可能的范围内，所有人都希望相关纠纷能够在短时间内得到解决，但是，只要没有经过特许厅的无效认定，就无法在侵权诉讼中防止这种本身即包含着无效理由的专利权的滥用，而且对无效宣告申请人要求的手续过于繁杂，违反了诉讼经济性要求；（3）《日本专利法》第168 条第 2 款规定，如果专利存在明显的无效理由，没有规定其必须中止相关程序。❷ 最高法院通过权利滥用学说，否定了行使本身即包含无效原因的专利权的合法性。

在 Kilby 案件的判决中，最高法院实际承认了法院判定专利效力的权力。这一权力的行使以涉案专利存在"明显"无效理由为前提。根据最高法院的判例解说，"明显"无效这一要件，以无效宣告以前专利权的有效存在为前提，但可以排除具有公定力的专利权。权利

---

❶ 在 Kilby 案之前，日本的专利侵权诉讼是在专利有效的前提下解决是否存在侵权的问题，侵权诉讼的法院不对专利的有效性进行判定；而无效审判解决专利有效性的争议。为了解决因此造成的分立状况，2000 年以前日本学界和司法界提出了以下几种方法：（1）限定解释说；（2）自由技术抗辩说；（3）技术范围确定不能说，以无法确定专利的有效性，而驳回以专利权为基础的诉讼请求；（4）无效抗辩说，又称当然无效说，假如认定专利发明中含有缺少新颖性的重大且明显瑕疵时，应被认定为当然无效；（5）权利滥用说，以现有技术为基础而瑕疵申请的专利权的权利滥用绝对不被允许。

❷ Kilby 案判决 "侵害訴訟における無効の判断と無効審判の関係等に関する現状と課題"，载 http://www.kantei.go.jp/jp/singi/sihou/kentoukai/titeki/pc/ronten1.pdf, 2009. 4。

滥用的认定必须以客观利益为标准来衡量，明显具有无效事由的专利权的行使有违权利平衡理论，但假如行政厅不作出判决，就不允许其他人使用专利权的话，这会给专利权人带来不当得利，因此"明显"的存在显得尤为必要。此外，本判决所指的无效理由存在的明显性，与行政行为所存在的重大瑕疵的"明显性"不同，在侵权诉讼中，不允许在无效宣告之前对专利权进行侵犯，其中所指的"明显性"，是指明显存在导致专利权无效的事实，这个相比于仅仅要求存在无效理由，不管是举证还是其他方面的要求都会更高。❶ Kilby 案之后，原告主张明显存在无效理由的专利权滥用的案件激增，越来越多的下级法院进行效仿，采用权利滥用学说，驳回类似专利人的诉讼请求。❷

（二）Kilby 案后日本业界的讨论

Kilby 案之后，日本各界对该案判决展开了许多讨论，分析"权利滥用说"能否有效解决因侵权诉讼与无效宣告分立带来的问题。实际结果是，权利滥用说并没有彻底解决侵权和无效分离的全部问题，且在自身的适用中尚存在不明之处。"权利滥用说"的引入远未达到预期效果。

首先，何为专利权存在"明显"无效事由的标准并不明确。为了达到"明显性"要求，被控侵权人在向法院主张权利滥用的同时，还不得不向专利局提出专利权无效宣告请求。❸ 针对这些问题，Kilby 案后日本产业界在完善协调机制上又作出不少努力，提出了一系列意见。日本产业竞争力与知识产权研究会于 2002 年 6 月发布的报告书总结了日本产业界中存在的种种不同意见，这些意见围绕侵权诉

---

❶ "侵害訴訟における無効の判断と無効審判の関係等に関する現状と課題"，载 http://www.kantei.go.jp/jp/singi/sihou/kentoukai/titeki/pc/ronten1.pdf，2009.4。

❷ ［日］小桥馨："《特许法》第 104 条第 3 款与现有技术抗辩"，载《法科大学论集（第 4 号）》。

❸ ［日］黑濑雅志著，魏启学、陈杰译："专利存在无效理由时被告的抗辩"，载《电子知识产权》2006 年第 8 期，第 56 页。

讼的审理法院是否有权及其在何种程度上有权审理专利效力等问题。❶ 第一种观点认为，当专利无效理由不具有"明显性"时也可以对其进行认定。并且为了能够尽早解决侵权诉讼中的专利有效性问题，一次性解决纠纷，希望能够建立起专门的法院审理专利体制，该体制以东京、大阪地方法院的专门管辖和专门委员、调查官为基础。第二种观点认为，"明显性"要件与无效宣告制度密不可分，有必要将"明显性"标准作为侵权诉讼中专利无效认定的第一要件，以保证公正。不能随意的扩大侵权诉讼中的专利认定范围。并且，即使扩大侵权诉讼中的专利效力认定范围，只要侵权诉讼当事人或者第三人提起专利无效宣告之申请，对于专利权人来说便不可能一次性解决纠纷。此外，扩大法院的有效性审判范围，那么就不能很好的实施专利权无效宣告制度，并且也有可能造成侵权诉讼的审理期间的大幅度延长，这样便会增加瑕疵专利权人的不当得利。还有第三种观点认为，即使扩大侵权诉讼中的有效性判断范围，在诉讼的同时或者日后也有可能独立提出无效宣告，这样便违反了一次性纠纷解决的立法意图，因此应该取消无效宣告制度，或者设置一个请求无效宣告期限。这些分歧都反映出日本学术界在协调侵权诉讼与无效宣告上所作的努力。如上所述，一方面很多人希望侵权诉讼中专利有效性认定范围的扩大，另一方面也有人反对，如今还未有定论。而权利使用人就如何建立合理的解决纠纷机制提出制度完善旨在达成的三点目标：（1）如果要保留无效宣告制度，就应该避免在侵权诉讼过程中插入无效宣告，导致侵权诉讼被过度搁置；（2）法院在审理侵权诉讼过程中应该可以对专利的有效性予以判断；（3）应该确保有效的防御手段来对抗专利侵权诉讼中被告提出专利宣告无效的主张。

其次，Kilby 案件的判决实际上赋予法院判定涉案专利是否存在"明显"无效理由的权力，但专利权滥用理论在司法实践中的应用导致法院和特许厅都有权认定专利效力，出现了专利权无效宣告程序

---

❶ "侵害訴訟における無効の判断と無効審判の関係等に関する現状と課題"，载 http：//www. kantei. go. jp/jp/singi/sihou/kentoukai/titeki/pc/ronten1. pdf，2009. 4。

的结果与专利侵权诉讼中对专利效力的认定结果的差异。当事人在侵权诉讼外重复申请无效宣告请求的原因大致有三点：（1）使专利权无效宣告获得对世效力，日本学界认为以行政职权为基础的无效宣告具有对世效力，与解决当事纠纷的侵权诉讼手段具有一定差异。（2）将无效宣告申请作为对抗专利权人的诉讼战略手段。（3）在侵权诉讼的审理法院无法判断涉案专利是否具有"明显"的无效理由时，由特许厅解决专利的有效性问题。

（三）《日本特许法》第104条之三

2002年日本实施国家知识产权战略后，加快了国内知识产权法律制度完善的进程，几乎每年都要对各知识产权单行法进行修订。在专利法方面，日本国内的修法主要着力加强社会的创新能力，缩短专利审查周期，加强专利保护。其中，如何协调法院侵权诉讼和专利无效诉讼之间的关系是受到学术界和实务界共同关注的问题。基于上述问题的存在，2004年修改后的《日本特许法》，增加了第104条之三的规定，并删除了"明显性"要件。第104条之三包括两款："在涉及专利权或者实用新型实施权的侵权诉讼中，一旦该权利被无效审判认定为无效，专利权人或者专用实施权人便不得阻止相对人行使相关权利。""法院一旦发现某些侵权者利用前项所规定的攻击或防御方法而恶意拖延专利侵权审理，其可以利用其职权，作出相关决定。"

《日本特许法》第104条之三第一款表明在专利权为无效的情况下，专利权人不得以该专利为依据主张权利，提出停止侵害、赔偿损害等诉讼请求。这一款规定不同于Kilby案中的"权利滥用说"，是根据衡平理念，以一次解决纠纷，实现诉讼效益为目的，基于涉案专利无效提出的"不得行使专利权的抗辩"。❶

当专利侵权诉讼中的被告以该条为依据提出抗辩时，受理法院将以《日本特许法》对新颖性、创造性的规定为依据，对涉案专利进行审查，判断其是否存在无效事由。如果法院认定涉案专利存在无

---

❶　［日］黑濑雅志著，魏启学、陈杰译："专利存在无效理由时被告的抗辩"，载《电子知识产权》2006年第8期，第56页。

效事由，则专利人不得行使其权利，其请求不能得到法院支持。应当指出，法院的这种审查不同于由特许厅进行的无效宣告。但即使法院认定涉案专利存在无效事由，这种判决也仅对特定个案发生效力，而不具有绝对性。

《日本特许法》第104条之三第二款是对第一款规定的"不得行使专利权的抗辩"的限制。无论无效宣告程序，还是对"不得行使专利权的抗辩"的审查都需要进行新颖性、创造性审查，需要较长时间，为了防止被告滥用"不得行使专利权的抗辩"，造成审理的不当延迟，第104条之三规定了驳回"不得行使专利权的抗辩"的规定。即被控侵权人利用"不得行使专利权的抗辩"恶意拖延专利侵权审理，法院可以利用其职权，作出驳回决定。

《日本特许法》第104条之三是在Kilby案判决的基础上设立的，但该规定并非仅仅是对Kilby案判决的成文化。第104条之三从如下发展对Kilby案判决进行了发展：

第104条之三删除了Kilby案判决中的"明显性"要件，承认法院审查专利有效性的权力，并将这种审查结果限定在个案中。解决专利侵权诉讼与专利权无效宣告之间的分立问题一直是日本各界的研究重点。为了使法院取得审查专利有效性的权力，日本业界和学术界作出了各种研究、探讨和论证。Kilby案在这一过程中迈出了关键的一步，但诸多限制使得"权利滥用说"没有能有效解决侵权与无效分立的问题。第104条之三大胆承认法院审查专利有效性的权力，抛开了Kilby案判决中的遮羞布。另外，第104条之三将法院进行无效认定的结果限定在个案中，使之区别于由专利厅进行的无效宣告。可以说，第104条之三将无效宣告与无效抗辩区分开来。

三、现有技术抗辩的适用

如上所述，在日本，利用排除现有技术解决专利侵权诉讼中的无效专利，最初表现为专利权利要求解释中的现有技术除外。在此阶段的审判实践中，法院利用权利滥用理论与公知公用技术为人类共有理论驳回原告诉讼请求的案例较少，采用解释权利要求的方法则比较多。❶ 其原因是日本将专利授权行为当作行政行为，对专利权效力的否定应当适用行政行为的一般规则，并且行政权力和司法权力相互分离。基于该理论，在专利侵权诉讼中如果承认现有技术抗辩，就是违反了行政权与司法权相分立的思想。❷ 但是，从私权属性出发，作为私权的专利权受到某些方面的限制是无可争议的，并非是专利法个性使然。根据公共元素不能被任何人垄断理论，司法机关允许专利权人从仅包含现有技术的专利权中获益是不公平的。

　　如前所述，为了协调专利侵权诉讼和专利权无效宣告之间的关系，日本学术界曾经提出过自由技术抗辩理论、专利权滥用理论、专利权无效抗辩理论等。Kilby 案认定，基于明显无效的专利权提出的侵权诉讼应当认定原告的诉讼行为是专利权滥用。在 Kilby 案判决之后，《日本特许法》第 104 条之三明确赋予法院在个案中就专利有效性进行审查的权力。在专利侵权诉讼中，如果原告的专利权存在明显瑕疵，原告就不得行使专利权，以维护被告的合法利益。显然，这种抗辩措施以涉案专利同现有技术进行对比，不具有可专利性为行使条件。

　　日本的司法审判实践证明，在专利侵权诉讼中，面对原告具有明显瑕疵的专利权采用现有技术抗辩比专利权无效抗辩相比有以下优势：第一，能够简化诉讼程序。在第 104 条之三中的"不可行使专利权的抗辩"确立后，日本有学者提出，现有技术抗辩的最大优点在于可以将诉讼简单化和明确化，就现在的研究情况看，还没有发现比现有技术抗辩更加简洁与先进的抗辩理论。❸ 第二，现有技术抗辩同专利的有效性无关，采用现有技术抗辩不会涉及日本特许厅和法院的分工问题。为此，在日本相同侵权中的现有技术抗辩作为构成专利权滥用的一种情形，有效遏制了权利人依据无效专利提起侵

---

❶　Nobuhiro Nakayama, *Industrial Property Law*. Volume 1, Patent Law, 2nd Revised and Enlarged. （Law Lectures Series）, Koubundou Publishers, 2000. 4, at 415.

❷　Ibid at 10.

❸　［日］小桥馨："《特许法》104 条第 3 款与现有技术抗辩"，载《法科大学论集（第 4 号）》。

权诉讼的可能。具体而言，当专利技术方案与被控侵权技术方案完全一致的情况下，如果被控侵权人提出现有技术抗辩，并能够证明其实施的技术是现有技术，则应当认为涉案专利存在明显无效的理由，法院可以以权利滥用为由驳回专利权人的诉讼请求。❶

适用现有技术抗辩解决专利侵权纠纷的关键是确定被控侵权技术属于现有技术的标准，即被控侵权技术与现有技术是否以相同为构成要件，能否等同？对此，日本学者普遍认为现有技术抗辩的适用应仅限于被控侵权技术与现有技术完全相同的情况。❷ 采用相同标准的原因主要有两点：（1）在专利侵权诉讼中采纳现有技术抗辩后，日本各地方法院及其分支都有权在专利侵权诉讼中就被控侵权技术是否构成现有技术进行判定。从规范专利侵权诉讼标准的角度考虑，适用现有技术抗辩应尽量将法院解决的技术问题简单化，使法院无须借助其他专门机构就能够独立判决。（2）日本在侵权诉讼中引入现有技术抗辩的主要目的是尽可能使一个纠纷在一个诉讼中尽快解决。因此，现有技术抗辩的适用标准不应再使问题复杂化。如果允许在被控侵权技术与现有技术等同的情况下适用现有技术抗辩，实际上将导致法院承担同日本特许厅实质审查相似的任务，不仅增加了法院的额外负担，而且造成侵权诉讼审理周期过长，违背引入现有技术抗辩的初衷。无论是"明显相同、极为相似"，还是"完全相同"，相同侵权中的现有技术抗辩都采用了较为严格的适用标准。

与相同侵权中确立现有技术抗辩曲折历程相比，日本自20世纪90年代后积极承认和适用等同原则开始，现有技术抗辩就以"公知技术"要件的形式存在于等同原则的构成中。

---

❶ 闫文军：《专利权的保护范围—权利要求解释和等同原则适用》，法律出版社2007年版，第301页。

❷ 日本学者中山信弘指出，仅当被控侵权技术同现有技术明显相同或极为相似（closely resembling）时，才可以适用现有技术抗辩。Nobuhiro Nakayama, *Industrial Property Law*. Volume 1, Patent Law, 2nd Revised and Enlarged ed. (Law Lectures Series), Koubundou Publishers, 2000.4, at 418. 小桥馨认为，只有当被控侵权技术与现有技术完全相同时才可以适用。［日］小桥馨"《特许法》第104条第3款与现有技术抗辩"，载《法科大学论集（第4号）》。

日本法院首次承认等同原则的案件是 1961 年 5 月大阪地方法院在"发泡性 Polystyrol"案件。但从该案至 1998 年日本最高法院判决"无限折动用滚珠花键轴承"案前，日本法院对于等同原则的态度都很消极，绝大多数的案件中都否定构成等同。❶ 1998 年日本最高法院在"无限折动用滚珠花键轴承"案中承认等同原则，并明确等同原则构成的四个要件：置换可能性；置换显而易见性；公知技术和特别事由。❷ 其中"公知技术"要件是指，被控侵权物与专利申请时的公知技术或者本领域普通技术人员能够在专利申请日从公知技术中容易推导出的技术相同。对此，学者认为，倘若承认公知技术或从公知技术中容易推出的技术侵犯专利权，就等于认可对本质上处在公共领域中的技术授予垄断权。❸

对于何为"容易推导"，学者一般将其同专利审查时的"进步性"相比较，认为"容易推导"的标准同《日本特许法》第 29 条第（2）项规定的"进步性"标准相当。因为容易从相对于申请日的公知技术中推导出的技术，因缺乏进步性而不能得到授权，而"公知技术"要件的目的就在于防止等同原则不正当的扩张至申请时无法得到授权的范围。

日本有些学者认为，现有技术抗辩适用于相同侵权和等同侵权的举证责任分配是不同的。当被控侵权技术与现有技术完全相同时，由于专利权推定有效是前提，被控侵权物不属于现有技术也是当然之意，因此专利权人没有必要主张被控侵权物不是现有技术，也无须对此进行证明，证明被控侵权物实施的是现有技术的责任完全在于被控侵权人。而在等同侵权中，虽然专利有效是前提，但无法得出被控侵权物不是现有技术的结论，专利权人有必

---

❶ 闫文军：《专利权的保护范围——权利要求解释和等同原则适用》，法律出版社 2007 年版，第 274 页。

❷ Nobuhiro Nakayama, *Industrial Property Law.* Volume 1, Patent Law, 2nd Revised and Enlarged ed. (Law Lectures Series), Koubundou Publishers, 2000.4, at 401 ~ 408.

❸ Ibid at 407.

要提出被控侵权物不是现有技术的主张。❶ 理论界的这种探讨是对现有技术抗辩是否具有独立地位的分析：若认为等同侵权中，专利权人有义务证明被控侵权物不是现有技术，则"排除现有技术"实际上成为等同原则的构成要件之一。尽管理论界存在这样的探讨，但在日本的司法实践中，即使专利权人提出等同侵权的主张，也无须同时提出被控侵权物不是现有技术的证据。❷ 从这个意义上讲，无论在等同侵权中还是相同侵权中，现有技术抗辩都是完全独立的侵权抗辩制度。

由上分析可知，日本专利法中作为相同侵权抗辩手段的现有技术抗辩和作为等同侵权构成要件的"公知技术"在具体适用规则上存在差异。导致这一差异的原因在于两者虽同为现有技术抗辩，但其目的各不相同。相同侵权中的现有技术抗辩旨在简化专利侵权诉讼，达到一次性解决纠纷的目的，因此被控侵权物是否实施现有技术的标准宜简不宜繁。而等同侵权中"公知技术"要件则以合理限制等同范围为目的，旨在维持等同范围的可专利性，因此判定何为"容易推导"时，应参照可专利性条件中的"进步性"要件。日本专利侵权诉讼中的现有技术抗辩，划分为两种情形：第一种情形，被控侵权技术与原告的涉案专利技术相同；第二种情形，被控侵权技术与原告的涉案专利技术等同。在第一种情形下，被告采用现有技术抗辩的，由被告承担举证责任，证明被告所实施的被控侵权技术与现有技术相同，而不是等同，更不是彼此不相干。否则，被告就要承担侵权责任。在第二种情形下，被告采用现有技术抗辩的，由原告承担举证责任，证明其涉案的专利技术是非公知技术。否则，原告就要承担败诉的结果。由此可见，日本专利侵权诉讼中的现有技术抗辩，其首要前提是将被控侵权技术与原告的涉案专利技术进行

---

❶ ［日］松本悟："与等同原则有关的考察（二）"，转引自闫文军：《专利权的保护范围——权利要求解释和等同原则适用》，法律出版社 2007 年版，第 301 页。

❷ 闫文军：《专利权的保护范围——权利要求解释和等同原则适用》，法律出版社 2007 年版，第 301 页。

比对，根据比对结果的相同或者等同，以确定被告进行现有技术抗辩应当由谁来负担举证责任。

第三节　德国的现有技术抗辩

德国是大陆法系的代表性国家，因为大陆法系的许多法律传统和法律制度源自于此。专利侵权诉讼中的现有技术抗辩（或称自由公知技术抗辩）就源自德国。

一、德国的专利法院

德国专利法规定，专利权人以行为人侵犯专利权为由提起损害赔偿之诉，被告不能以原告的该项专利权无效进行抗辩。假如被告确认原告的该项专利权是无效的，就需要另外提起废除专利权之诉。对于废除专利权的诉讼，只有专利法院具有司法管辖权。❶专利法院是德国独有的，在德国的专利法律制度中发挥着重要作用。

以管辖范围为标准，德国法院可以分为宪法法院、❷普通法院和

---

❶　黄之英："联邦德国的专利法院"，载《科技与法律》1996 年第 2 期，第 68 页。

❷　德国联邦宪法法院（德语：Bundesverfassungsgericht，简称 BVerfG）是根据德国基本法特别设立的。从一开始，宪法法院就有意设立在卡尔斯鲁厄而不设在联邦首都（当时是波恩），以彰显其对其他国家机关的独立性。宪法法院的中心任务是进行司法审查，即对国家机关的行为进行审查，对违反宪法的行为宣布无效。在这个意义上，它和美国最高法院是类似的。此外，德国联邦宪法法院还有一些美国最高法院不具有的职权。它和美国等国的最高法院的主要区别在于它不是普通法院系统的一部分，而是一个独立的司法机构。人员组成宪法法院的法官由德国联邦参议院和德国联邦议院推选产生。根据德意志联邦共和国基本法（德国宪法），联邦宪法法院共有法官 16 名，由联邦议院和联邦参议院分别经由 2/3 的多数通过推选出 8 名。法官任期最长 12 年，不得连任。实际上，德国联邦参议院经常把选任宪法法院法官的权力委派给由数名参议院议员组成的所谓"法官任命委员会"来行使；许多学者对这种做法持批评态度，认为其是违宪的。载 http://www. bundesverfassungs-gericht. de。

专业法院三种类别。专利法院于 1961 年开始正式运作，❶ 独立于行政法院，与劳动法院、财政法院、社会法院等并列为五种专门法院，是欧洲专业化程度最高的专门法院。

作为大陆法系国家，德国首创并坚持了职权分离原则。德国专利侵权程序与专利无效程序的分离，可以追溯至 1882 年、1887 年帝国法院（后来的联邦最高普通法院）的两个判决，将侵权诉讼与无效诉讼分属不同法院管辖。德国学者 Kohler 曾认为，1877 年的专利法并不禁止审理侵权诉讼的法院对诉讼中提出的无效抗辩作出个别判断。1892 年的专利法修正案规定，专利无效只能在授权日起 5 年内向专利局提出。据此，两程序的分离予以明确。❷ 20 世纪 50 年代，某专利申请人向地方行政法院提起上诉，认为对专利局及其上诉委员会作出的决定缺乏司法救济违法了德国基本法的精神。❸ 地方法院及联邦高等行政法院支持了原告的诉讼请求，最高行政法院指出，从专利局的组织结构看，无法将其内设的申诉委员会视为法院，其所作决定属于行政机构的行为，行政法院可将其撤销。该判决确立了德国法院对专利行政行为的司法审查权，同时也产生了如下问题：（1）专利无效诉讼由行政法院审理，而专利侵权诉讼由普通法院审理，可能导致审理结果不同；（2）行政法院的法官欠缺技术知识，审理专利效力案件力不从心；（3）行政诉讼采取三审终审制，导致专利效力问题久拖不决，不利于专利侵权诉讼的解决及专利权保护。为了解决这些问题，德国决定建立专利法院，使专利侵权诉讼的审理与专利权无效判定得以统一。

---

❶ 江冠贤、陈佳麟："德国联邦专利法院介绍"，载 http://www.itl.nctu.edu.tw/act12.htm，2009.12。

❷ 郭寿康、李剑："我国知识产权审判组织专门化问题研究——以德国联邦专利法院为视角"，载《法学家》2008 年第 6 期，第 59 页。

❸ 1945 年《德国基本法》第 19 条第（4）项第 1 款规定，任何人的权利受到行政行为侵害时，可以向法院提起诉讼。郭寿康、李剑："我国知识产权审判组织专门化问题研究——以德国联邦专利法院为视角"，载《法学家》2008 年第 6 期，第 59 页。

专利法院受理的案件类型有五种：❶（1）针对德国专利与商标局就与专利、商标、外观设计、实用新型和集成电路布图设计有关的决定而提起的上诉；（2）针对联邦植物品种局就与植物新品种有关的决定提起的上诉；（3）针对专利授权提出的异议；（4）针对德国专利及德国境内的欧洲专利权的无效宣告；（5）针对颁发或撤销专利或实用新型强制许可提起的诉讼，以及要求调整法院通过判决确定的强制许可使用费的案件。专利法院处理案件的程序，部分与行政法院适用的程序类似，部分则遵从民事诉讼的程序。对专利法院判决的上诉，由联邦高等民事法院受理。❷

为了高效、正确地履行其职责，专利法院的法官包括法律法官和技术法官（其他法院，包括德国联邦最高普通法院，只设立法律法官，没有技术法官）。技术法官具有技术专长，其法律地位与法律法官一样。一般而言，技术法官从德国专利商标局的资深技术审查员中选任。专利法院之外的普通法院对于专利案件中的技术问题，通常委托鉴定队鉴定。2009年7月德国联邦议院通过的《德国专利法之简化和现代化法》，将专利法院受理案件上诉审的全面审理改为法律审理。❸ 如此一来，专利法院成为唯一有权对涉及专利效力的技术问题进行审理的法院。

二、现有技术抗辩在德国的发展

自由公知技术抗辩在德国专利法中经历了三个发展阶段，与专利保护范围的确定紧密联系在一起。自由公知技术抗辩最初在德国的引入是因为除斥期间届满后无法宣告专利权无效，而对侵权诉讼的被告提供一种救济。在1938年的Keller Fenster专利侵权诉讼案中，专利已过法定的5年除斥期间，被控侵权物包含于涉案专利的总的发

---

❶　郭寿康、李剑："我国知识产权审判组织专门化问题研究——以德国联邦专利法院为视角"，载《法学家》2008年第6期，第59页。

❷　黄之英："联邦德国的专利法院"，载《科技与法律》1996年第2期，第68页。

❸　张韬略、黄洋："《德国专利法之简化与现代化法》评述"，载《电子知识产权》2009年第10期，第51～52页。

明构思中。原告主张其权利保护范围及于等同物，被告提出原告专利属于公知技术，其权利范围只能限定于说明书记载的实施例范围。原德国帝国最高法院基于兼顾专利法稳定性与公知技术禁止独占两方面的考虑，选择将专利权的保护范围限定于说明书记载的实施例这一解决方法。❶

1941 年德国正式废除专利法中关于无效宣告除斥期间的条款后，自由公知技术抗辩得以保留下来，成为对专利权利要求进行限定解释的依据。德国最高法院在 Schuhsohle 案中认为，专利权无效宣告的除斥期间删除后，即使能在任何时候提出无效请求，法院仍有权利和义务对权利要求进行限制解释。此时，并非被告应提起无效请求不可。❷

历史地看，利用现有技术对专利权利要求进行限制性解释是现有技术抗辩在萌芽之初的表现形式。经历了这样一个初期的发展后，德国的现有技术抗辩逐渐在专利等同侵权中显现出来，脱离权利要求解释的规则成为独立的制度。

三、等同侵权中的现有技术抗辩

严谨的德国人将职权分离的法律传统发挥到极致，认为法院不得以任何方式触及由专利权利要求限定的保护范围的有效性。在相同侵权中现有技术抗辩的适用并不导致涉案专利无效，只使被告摆脱侵权责任，但现有技术抗辩的适用会间接否定涉案专利的效力。因为专利权利要求是由专利行政机关认可的，法院可以对权利要求进行扩大解释，并限定可以扩张的范围，但却无权干涉作为保护范围基础的权利要求。因此，在德国现有技术抗辩仅适用于等同侵权，在相同侵权中没有适用可能性。通说认为，第三人在任何时候都能提起无效之诉，因此没有必要采用自由公知技术抗辩。虽然瑕疵专利在授权后会妨碍竞争，但被控侵权人有义务为公众利益启动无效

---

❶ 杨志敏："关于'公知技术抗辩'若干问题的研究"，见《专利法研究2002》，知识产权出版社 2002 年版，第 76 页。

❷ 同上书，第 77 页。

程序。如果赋予被控侵权人以抗辩手段，虽然可以救济当事人，但不应获得授权的专利仍会存在。相反地，等同物的实施者则没有义务为公众利益提起无效之诉。另外，自由公知技术抗辩虽然可以简化专利无效之诉的程序，但其无条件适用会损害公众利益。❶ 因此，只有当被控侵权物中至少存在一个技术特征与专利权利要求中的技术特征的字面含义不同时，被控侵权人才可以援引自由公知技术抗辩。

现行《德国专利法》于1981年修改完成，专利法中的等同原则也由此经历了两个发展阶段。在旧法中，德国利用总的发明构思原则来解决被控侵权物与专利技术等同的问题，将等同分为"直接（明显）等同"和"间接（非明显）等同"。❷ 新法对专利保护范围的确定采用了现在世界各国通行的做法：专利权的保护范围由权利要求的内容来决定，说明书及附图用于解释权利要求。新法统一了旧法中两种不同的等同侵权，将适用等同侵权的条件归纳为解决手段的效果相同，以及本领域内的普通技术人员可以从专利权利要求中得出被控侵权物的技术方案。❸

在旧法体制中的自由公知技术抗辩的适用视情况而定：对于被控侵权物对专利技术构成直接（明显）等同时，自由公知技术抗辩只能部分适用于等同侵权，即当专利权人主张的等同范围相对于公知技术具有新颖性时，侵权成立；对于被控侵权物对专利技术构成间接（非明显）等同时，自由公知技术抗辩能全部适用，即当专利权人主张的等同范围相对于公知技术具有新颖性、进步性和高度性时，

---

❶　杨志敏："关于'公知技术抗辩'若干问题的研究"，见《专利法研究2002》，知识产权出版社2002年版，第79～80页。

❷　直接（明显）等同是指对于被领域的普通技术人员来讲，在专利申请时不需要经过特别考虑就可以看出被控侵权物使用了与专利发明具有同一效果的技术解决手段。间接（非明显）等同是指被控侵权技术与专利技术相似，并且超过了明显等同的程度，但是本领域的普通技术人员经过努力是可以想到的。如果被控侵权物具有发明性，则不属于等同。

❸　杨志敏："关于'公知技术抗辩'若干问题的研究"，见《专利法研究2002》，知识产权出版社2002年版，第81页。

侵权成立。

新专利法施行后,联邦最高法院在 1986 年判决的 Formstein 案在自由公知技术抗辩的发展中具有极其重要的意义。该案涉及的发明是街道边使用的石型材。专利石型材有一个与街道平行可以作为排水槽的长条槽,还有一个与长条槽和街道边缘交叉,用来将排水槽中的水排走的水槽。被控侵权人使用了传统的铺路石和路边石。每个路边石之间有 3 厘米的空隙。路边石之间的空隙形成了排水槽。一审法院认定构成侵权,二审法院撤销了一审判决。德国最高法院裁定将案件发回重审,并对自由公知技术抗辩进行了论述:在依 1981 年《德国专利法》的 14 条确定专利的保护范围时,允许被告使用被指控物与在先技术相比不符合专利的实质条件作为抗辩。在专利侵权诉讼中,被告不仅可以提出被控侵权物是从公知技术中可以得知的主张,还可以提出与在先技术相比发明不具有专利性的主张。这种抗辩的主张和举证责任由被告承担。即使允许这种抗辩,也不是对发明者正当保护范围的限制。❶

最高法院在 Formstein 案判决中对自由公知技术抗辩的阐述可以总结为如下要点:首先,现有技术抗辩在德国可以适用于等同侵权。其次,从适用现有技术抗辩的程序性事由看,当构成等同的结论初步成立后,就要进行是否构成自由公知技术抗辩的审理。自由公知技术抗辩作为侵权抗辩手段,其主张和举证责任都由侵权诉讼中的被告承担。最后,在适用现有技术抗辩时,被控侵权物属于现有技术的标准既包括被控侵权物使用的技术与现有技术相同,也包括被控侵权物相对现有技术不具有可专利性。这一标准的适用与专利局审查专利申请明时所采用的标准一致。采用这一标准实际上是在审查原告所主张的专利技术的等同范围是否具有可专利性,从而合理确定可以得到保护的等同范围,防止专利权人通过等同原则将专利范围扩张到其在申请时无法获得保护。

---

❶ 闫文军:《专利权的保护范围——权利要求解释和等同原则适用》,法律出版社 2007 年版,第 231 页。

第四节 美日德现有技术抗辩之比较

从上述对美、日、德三国现有技术抗辩及相关制度的介绍，可以得出一个大概的结论：在三国之中，现有技术抗辩都属于专利侵权抗辩手段。现有技术抗辩并没有因为美国与日、德分属不同法系而在制度定位上呈现出明显不同，然而，三国在现有技术抗辩的适用上仍然存在着一定的差异。

一、三国现有技术抗辩适用之比较

从适用范围上看，美、德两国中的现有技术抗辩仅适用于等同侵权，排除在相同侵权中的适用；日本法中的现有技术抗辩既可以适用于等同侵权，也可以适用于相同侵权。从现有技术抗辩的确立和发展过程看，其萌芽于权利要求解释中的现有技术除外，确立于等同侵权中，最初与抗辩并无关系。但专利法中的确权机制和侵权制度相互影响，大陆法系国家中专利侵权诉讼与确权程序的分离带来侵权诉讼因确权程序过分拖延的问题，为解决这一问题各国考虑在相同侵权中引入现有技术抗辩，尤其日本在解决两者分离问题上做出了许多探索。虽然同样的分立情形在德国也存在，但是德国是坚持在相同侵权中排除现有技术抗辩的适用，并依靠专利法院的集中管辖部分解决了分离带来的问题。在美国则不存在两程序的分离问题，专利有效性审查在侵权诉讼中可以一并得到解决。但在美国存在侵权诉讼审理周期过长，导致确权程序被拖延的问题，因此如何改革专利确权制度是美国当前亟待解决的问题。

从适用方法上看，美国路径并没有体现出现有技术抗辩的"抗辩"定位；而日本和德国路径较好的体现了"抗辩"之意。虽然美国法院明确了现有技术抗辩是积极抗辩手段，但现有技术抗辩自始至终是作为等同原则的限制。在司法中占据主导地位的假想权利要求准则是对构成等同的权利要求可专利性的分析，其适用围绕等同原则的功能展开。德国法中的现有技术抗辩虽然也属于对等同原则的限制，但在德国曾存在利用现有技术对专利权利要求进行限定解释的历史，因此德国在现有技术抗辩的适用上并不如美国一样将其彻底视为对等同原则的限制，而是坚持了其作为抗辩手段的地位，采用被控侵权技术与专利技术对比的方法。日本将现有技术抗辩引入相同侵权中以后确立了该制度的"抗辩"地位，在适用上坚持了被控侵权技术与现有技术对比的方法。

从适用标准上看，美国的 Ryco 检测法采用了"更接近"标准，威尔逊法采用了可专利性标准；日本区分适用范围，在相同侵权中采用较为严格的"相同或极为近似"标准，在等同侵权中采用"容易推导"标准；德国采用"可专利性"标准，三国之间差别较大。但总的来说，三国在等同侵权中认定现有技术抗辩成立的标准都较为宽松，并不要求被控侵权技术与现有技术完全相同；而在相同侵权中认定现有技术抗辩成立的标准则较为严格。这一差异也与该制度在等同侵权和相同侵权中的不同作用相符。

二、三国比较对我国之启示

美、日、德都是世界公认的科技强国，其技术发展离不开高水平的专利保护。近年来，美国在强调专利保护的同时，也开始注重提高专利质量，减少"问题专利"的产生。现有技术抗辩能有效防止专利人不正当扩张专利，合理界定专利范围，对平衡公益和私益具有重要意义。同这三国相比，中国专利制度还很稚嫩，有待完善的地方很多。就现有技术抗辩来讲，其适用在我国还较为混乱，各地区和各级法院之间没有统一的适用规则。美日德三国现有技术抗辩之间的比较对我国适用现有技术抗辩也提供了有益的指导和借鉴。

将美、日、德三国的现有技术抗辩同我国进行比较可以看出，四国在现有技术抗辩的司法适用规则上存在很多差异，这些差异是由现有技术抗辩在四国专利法中的不同地位决定的。第一，适用前提不同。作为等同原则限制的现有技术抗辩旨在防止专利人通过侵权诉讼取得他在申请时无法获得的东西，因此，在美国和德国，无论司法实践还是理论研究都认为在适用现有技术抗辩时首先必须确认专利技术方案和被控侵权技术之间的差异属于等同物，即存在等同侵权是现有技术抗辩的适用前提。在中国多数法院同时对是否构成侵权，包括相同侵权和等同侵权以及现有技术抗辩是否成立作出判定；也有一些法院认为实际侵权的认定并不是适用现有技术抗辩的前提。第二，适用范围存在差异。现有技术抗辩在美、德只适用于等同侵权；在中国和日本，大部分案例确认现有技术抗辩也可以适用于相同侵权。第三，对比规则不同。目前在中国大部分法院在适用现有技术抗辩时，是将被控侵权技术同专利技术进行对比。在美国，现有技术除外是防止专利人利用等同原则不正当扩张专利保护范围的手段，因此在对比时先勾画出专利人在诉讼中寻求保护的专利范围，然后将描述此范围的权利要求同现有技术对比，判定其是否具有可专利性，从而解决现有技术抗辩能否成立。

在各国之间，现有技术抗辩的适用取决于专利制度的其他方面，无法做到一刀切。如上文所言，现有技术抗辩在一国专利法中的地位与该国行政权与司法权的分离状况，以及专利权无效宣告制度存在密切关系，而现有技术抗辩的地位决定了该制度的适用规则。由于历史原因，各国在国家权力配置和法律传统上都存在差异。制度移植能在短时间内提高法制建设水平，显现了制度的后发优势，但法律规则的本土化更为重要。正如孟德斯鸠所言，"各国的政治法和公民法只不过是人类理性在各个具体场合的实际应用而已。这些法律应该量身定做，仅仅适用于特定的国家；倘若一个国家的法律适用于另一个国家，那是罕见的巧合"。[1] 实证研究也表明，不考虑社会背景，不关注人们的物质生活方式，而仅仅从需要或抽象"正义"出发的法律移植都失败了。[2] 因此，对他国的现有技术抗辩我国只能借鉴，而不能完全照搬。

美国在现有技术抗辩上选择假想权利要求法，日、德选择将被控侵权技术与现有技术进行对比皆由该制度在专利制度中的地位决定。在中国，现有技术抗辩既可以适用于等同侵权，限制专利权的不正当扩张；也可以适用于相同侵权，以排除诉讼中的问题专利。作为

---

[1] ［法］孟德斯鸠著，许明龙译：《论法的精神》，商务印书馆2012年版，第80页。

[2] 苏力：《法治及其本土资源》，中国政法大学出版社2004年版，第36页。

对等同原则的限制，现有技术抗辩适用于等同侵权在中、美发挥相同的作用。因此，等同侵权中的适用可以借鉴美国成熟的对比方法，即先确定原告在诉讼中寻求的专利保护范围，然后将其同现有技术进行对比判定是否具有可专利性。同我国目前普遍采用的将被控侵权技术同现有技术进行对比的做法相比，前者更为直接的切入原告诉求等同侵权的实质——寻求超出权利要求书字面范围的保护，也更符合现有技术抗辩在等同侵权中的作用——保证扩张后的专利权仍具有可专利性。而在相同侵权中，适用现有技术抗辩旨在绕过行政无效宣告，使无辜的被告从侵权诉讼中解脱出来，应当采用目前我国法院普遍的做法——将被控侵权技术对比现有技术的规则。

本章小结

考察美、日、德三国专利法中的现有技术抗辩及与该制度相关的其他问题，让我们更清楚的认识现有技术抗辩在专利法中的功能及与其他制度相互配合的运行原理。

现有技术抗辩的适用范围与一国国家权力的配置状况密切相关。国家权力包括立法权、司法权和行政权，其中司法权和行政权的关系对现有技术抗辩适用范围产生重大影响。美国属于司法国家，司法机关可以对国家的所有事务进行司法审查。决定授予专利权是行政机关的权力，但判定专利权是否有效的权力专属于法院。因此，在相同侵权中，被控侵权人可以一并向法院提出对专利效力的质疑，一次性解决纠纷，没有适用现有技术抗辩的余地。中、日、德作为大陆法系国家坚持行政权与司法权分立的原则，专利授权行为作为行政行为只能由行政机关做出，专利权的效力也是专属于行政权裁量的范围。为了解决专利确权机制与专利侵权诉讼分立带来的问题，日本将现有技术抗辩从等同侵权扩张至相同侵权，是对两权分立原则的变通。除此以外，日本设立了知识产权高等法院，将专利确权案件的审理和技术型专利侵权案件的上诉审理集中起来。德国严格遵循两权分立的原则，为了解决分立带来的问题创立专门审理专利确权案件的专利法院，实现专利确权诉讼的集中审理和专门审理。

由适用范围决定，美、德的现有技术抗辩是对等同原则的限制；日本的现有技术抗辩不仅限制了等同原则，而且发挥着规制侵权诉讼中问题专利的功能。

　　现有技术抗辩的适用方法取决于该制度在专利法中的地位。等同侵权中的现有技术抗辩是对专利权扩张的限制，旨在维护专利权人主张的专利技术的等同范围的可专利性，防止专利人通过适用等同原则获得其在提出专利申请时不能获得的保护。因此，在等同原则中适用现有技术抗辩，应以被控侵权物不同于现有技术，或相对现有技术不具有可专利性为标准。相同侵权中的现有技术抗辩是对问题专利的规制，以尽快把被控侵权人从侵权诉讼中解脱出来。因此，在相同侵权中适用现有技术抗辩，应尽量简化适用标准，仅以被控侵权物不同于现有技术为标准。

第四章　现有技术抗辩的理论依据

第一节　现有技术抗辩与公共领域

美国联邦巡回上诉法院在威尔逊案中对通过现有技术限制等同原则的适用作出了如下经典论述：等同原则中的现有技术除外并非是法院通过对权利要求进行限缩解释来维持专利的有效性，因为等同原则的适用并非对权利要求的解释；适用现有技术除外的原因在于防止专利人通过等同原则取得其在专利与商标局通过字面权利要求无法获得的保护。基于专利法的基本原则，任何人都不得对已经处于公共领域❶的技术获得排他权，因此法院总是通过排除现有技术来限制等同原则。❷

"公共领域是理解知识产权法的价值构造的一个十分有用的术语。"❸ 任何人不得从公共领域中独占获益是公共领域的一项基本特性。现有技术是处于公共领域中的技术。从公共领域的角度看，现有技术抗辩的理论基础是现有技术不应被垄断，任何人不得从公共领域中获益。

---

❶ 本节所称的公共领域专指知识产权法中的公共领域，有别于政治哲学研究中的公共领域。大部分国内学者将其称为"公共领域"，也有学者称"公有领域"。二者意义相同，均指向英文中的"public domain"。

❷ Wilson Sporting Goods v. David Geoffrey & Assoc., 904 F. 2d 677, 683, 14 U. S. P. Q. 2D (BNA) 1942, 1948 (Fed. Cir. 1990).

❸ 冯晓青："知识产权法的公共领域理论"，载《知识产权》2007 年第 3 期，第 3 页。

一、公共领域的基本理论

（一）公共领域的论证

支持公共领域的学者通常从经济学、自由主义、共和主义三个角度对其进行论证。

1. 公共领域的经济学分析

信息是公共产品，具有非竞争性，其复制的边际成本为零；如果没有法律制度的干涉，任何人都可以获取，又具有非排他性。非竞争性意味着，在完全竞争的市场里，信息可以在其边际成本（为"零"）上定价，这是最有效率的定价。但是如果定价为零，会供给不足。因此，法律制度必须进行干涉，通过独占权制度将信息的价格提高至有人愿意生产信息的水平。信息是独特的商品，但是对其定价过高很危险：信息在其生产过程中，技术投入也是产出。当信息价格增长时，同样增加了其投入成本和生产成本。最值得人们关注的是：公共领域是巨人的肩膀效应直接产生的结果，因为信息生产使用了信息作为投入，提供对信息的广泛获取途径将会维持较低的生产成本水平。

2. 公共领域的自由主义论点

自由主义论认为获取自由是基本原则，排他权作为政府对自由施加的限制必须严格限定在绝对必需的情况下。美国联邦最高法院法官布兰迪斯用自由主义学说论证了公共领域：法律的一般规则是人类最崇高的产品——知识、真理、概念和思想，通过同他人自愿交流成为如同空气一样共同使用的东西。自由主义学说在许多案件中得到体现。Bonito Boats, Inc. v. Thunder Craft Boats, Inc. 案的判决书写道："国会认为思想的自由使用是一项基本规则，专利保护则是例外。这一认识隐含在专利条款中。"❶ 该判决表明，美国法院承认国会对表达授予独占权的权力，但同时宣称对思想的自由获取是一般规则。

3. 公共领域的共和主义论点

共和主义论认为维护公共领域对于实现公正、有吸引力的民主文化至关重要。这一观点表现形式多样，但最终都倾向于描绘出强调民主参与的理想社会形态。❷ 共和主义论描绘的理想形态是一种"符号民主"（semiotic democracy），所有人都可以加入到塑造文化内涵的过程中。❸ 作为表现形式的作品同文化具有相关性，而理想的社会应当给公民提供接近文化相关性表达的有效途径，以实现对民主文化

---

❶ The Florida statute is aimed directly at the promotion of intellectual creation by substantially restricting the public's ability to exploit ideas that the patent system mandates shall be free for all to use. Like the interpretation of Illinois unfair competition law in Sears and Compco, the Florida statute represents a break with the tradition of peaceful coexistence between state market regulation and federal patent policy. The Florida law substantially restricts the public's ability to exploit an unpatented design in [*** 51] general circulation, raising the specter of state-created monopolies in a host of useful shapes and processes for which patent protection has been denied or is otherwise unobtainable. It thus enters a field of regulation which the patent laws have reserved to Congress. The patent statute's careful balance between public right and private monopoly to promote certain creative activity is a "scheme of federal regulation…so pervasive as to make reasonable the inference that Congress left no room for the States to supplement it." Rice v. Santa Fe Elevator Corp., 331 U. S. 218, 230 (1947 Congress has considered extending various forms of limited protection to industrial design either through the copyright laws or by relaxing the restrictions on the availability of design patents. See generally Brown, Design Protection: An Overview, 34 UCLA L. Rev. 1341 (1987). Congress explicitly refused to take this step in the copyright laws, see 17 U. S. C. @ 101; H. R. Rep. No. 94 ~ 1476, p. 55 (1976), and despite [* 168] sustained criticism for a number of years, it has declined to alter the [*** 52] patent protections presently available for industrial design.). See Bonito Boats, Inc. v. Thunder Craft Boats, Inc. 489 U. S. 141 (1989). at http://cyber. law. harvard. edu/IPCoop/89bonil. html.

❷❸ Steven J. Horowitz, Designing the Public Domain, *Harvard Law Review*, Vol. 122, No. 5, 2009, p. 1489.

的参与。公共领域是民主文化得以实现的地方。

（二）公共领域的特性

尽管可以从对公共领域的正当性进行多方面论证，但上述三个方面远未穷尽公共领域的一切特征，而只勾勒了公共领域的概貌。迄今为止对于何为公共领域仍然是众说纷纭，莫衷一是。

约柴·本克勒教授认为，如果信息没有受到任何独占权的保护，或者对受保护的信息存在一种特定使用（如合理使用）方法的例外，则认为这些信息处于公共领域中。❶ 有美国学者认为，公共领域是知识产权法不予保护的思想及其他智慧成果。❷

公共领域具有两个显著性质：（1）公共领域为公众所有。私法视野中的公共领域是与个人权利体系相对应的，构成公共领域的利益为公众所有，而为私人所有的利益一定不处于公共领域中。（2）公共领域不可撤销。❸ 某项材料一旦进入公共领域，则成为其中的永久元素，任何主体，包括个人和政府，都不得提取处于公共领域中的元素，而从中获益。

二、专利制度中的公共领域

虽然公共领域的概念极其抽象并缺乏稳定性，对公共领域的外延也难以作出准确界定，但是从专利制度的角度可以归纳出公共领域的一些基本属性。

（一）公共领域代表着公共利益

"公共利益"是与私人利益相对的概念，其上位概念"利益"本身就是一个充满争议的名词。美国法学家庞德将利益分为三种：个人利益、公共利益和社会利益。其中个人利益是直接涉及个人生活

---

❶　Yochai Benkler, Free as the Air to Common Use: First Amendment Constraints on Enclosureof the Public Domain, 74 N. Y. U. L. REV. 354 （1999）.

❷　Tyler T. Ochoa, Origins and Meanings of the Public Domain, 28 Daylon L. Rev., 2002，转引自胡开忠："知识产权法中公有领域的保护"，载《法学》2008 年第 8 期，第 64 页。

❸　王太平："知识产权法中的公共领域"，载《法学研究》2008 年第 1 期。

并以个人生活名义所提出；公共利益涉及政治组织社会的生活并以政治组织社会名义提出；社会利益涉及文明社会的社会生活并以这种生活的名义提出。社会利益包括安全利益、个人生活方面的利益、保护道德的利益、保护社会资源的利益，以及经济、政治、文化进步方面的利益。❶ 现在讨论的公共利益脱离了政治生活成为私法领域中的抽象概念，更接近庞德所讲的"社会利益"，并成为国家对个人财产权利进行干涉的正当依据。基于这一认识，学者们对公共利益探讨形成的成果可谓汗牛充栋。但"公共利益"是法学领域最富有开放性的名词之一，何谓"公共利益"始终不能通过简单明了的方式加以界定。法学中对公共利益的探讨不仅集中在部门法，如民法领域中，而且在作为母法的宪法中也有所体现。

宪法的一个基本功能是划定国家权力和公民权利的界限，防止国家权力无限扩张侵害公民权利。❷ 近代以来的法治发展中，绝对财产权理念逐渐发生变化，公共福利和社会政策对财产权的制约得到确立。各国宪法都赋予政府基于公共利益，在特定情况下对公民财产权利进行征收、征用。这一做法源于缓解公共利益和公民基本权利之间的紧张关系的需要，❸ 是在两者之间确立的界限。在宪法中以"公共利益"为条件限制公民权利的历史始自 1919 年魏玛宪法，其第 153 条规定："公用的征用，仅限于裨益于公共福利及有法律根据时。"现行宪法也有关于"公共利益"的规定，《宪法》第 10 条第 3 款规定："国家为了公共利益的需要，可以依照法律规定对土地实行征收或者征用并给予补偿。"第 13 条第 3 款规定："国家为了公共利益的需要，可以依照法律规定对公民的私有财产实行征收或者征用并给予补偿。"

利用公共利益来限制公民基本权利属于宪法保留事项，公共利益

---

❶ ［美］博登海默著，邓正来译：《法理学——法律哲学和法律方法》，中国政法大学出版社 1999 年版，第 147～148 页。

❷ 李集合："宪法上公共利益概念分析"，载《政法学刊》2008 年第 4 期，第 87 页。

❸ 冉克平："论'公共利益'的概念及其民法上的价值"，载《武汉大学学报（哲学社会科学版）》2009 年第 3 期，第 335 页。

条款必须由立法机关制定的法律明确规定之后才能成为限制公民权利的条件。因此，宪法中的"公共利益"条款是部门法中"公共利益"的立法依据。在规制私人生活关系的民事法律规范中，公共利益是代表与私人权利相对的领域，集中体现在财产法方面。我国合同法规定损害社会公共利益的合同无效，❶《物权法》中也有"为了公共利益的需要，依照法律规定的权限和程序可以征收集体所有的土地和单位、个人的房屋及其他不动产"这样的规定。私法领域最重要的原则是私法自治，公共利益条款是国家出于一定的社会目的和国家政策对私法进行干预的重要手段。

知识产权法是另一个对公共利益讨论众多的领域。知识产权客体的无形性使得权利的滥用和过度扩张同权利侵害一样容易发生，因此运用公共利益这一抽象的概念对权利进行合理限制在知识产权领域显得尤为迫切和必要。以公共利益与私人利益平衡为内容的"利益平衡论"甚至被视为知识产权法的理论基础被众多学者加以考察、分析，❷由此可见公共利益在知识产权法中的重要地位。

专利法中的公共领域是公共利益的载体。专利法运行的基本原理就是以对公众的公开换取技术的临时垄断，权利人的公开行为使技术进入公共领域。通过公共领域的作用，专利制度界定合理的专利保护范围，并确保公众获取技术，确保可持续的技术创新。首先，公共领域界定合理的专利保护范围。通过确定专利客体的除外领域，可专利性条件和有限的保护期限，公共领域为适度专利垄断提供了参照，为防止专利权不正当扩张提供了依据。其次，公共领域确保公众获取技术和技术的可持续创新。专利法的本质不是为专利权人垄断技术提供法律机制；相反，专利法需要促进革新的适当流动。通过技术公开，专利法中的公共领域推动了技术在公众中的扩散，

---

❶《合同法》第 52 条第（4）项。

❷ 相关研究成果参见冯晓青：《知识产权法利益平衡论》，中国政法大学出版社 2006 年版等。

并因此减少寻租行为，确保技术创新的持续性。❶

（二）公共领域具有相对性

不确定性是公共领域的显著特征之一。我们难以为专利制度中的公共领域划定一个精确的界限，但可以从公共领域的对立面出发揭示其范围。专利制度中的公共领域是相对的概念体系。这一相对性体现在两个方面：（1）公共领域是专利制度的对立领域；（2）对特定的专利权而言，公共领域是权利人不能支配的领域。

公共领域是相对专利制度而言的领域。公共领域代表公共利益，专利法保护的是专利权人的私人利益，两者具有既排斥又交叉的关系。从排斥性角度看，公有领域的元素不能被专利权人独占，而受法律保护的专利技术非经法律规定的情形不能被自由使用；从两者交叉角度看，公有领域的元素可能被某人作为专利技术独占，或者专利权人的专利技术本身就是公有领域的元素，而只是被虚假的专利外衣包裹着。正是因为公有领域的元素与专利领域的元素存在交叉，或者说，公有领域的元素与私有领域存在交叉，导致公有领域边界的模糊性，或者导致专利权可能被宣告无效。❷另外，根据洛克的劳动理论，任何人在公有领域的元素上施加了自己的劳动后，该附加了私人劳动的元素就可能从公有领域脱离出来进入私有领域。更值得注意的是，私有领域的元素，因为其考察视觉不同，仍可能属于公有领域。例如，专利技术本属于私有领域的元素，但是，从科学研究角度看，它仍然是任何研究人员都可以自由适用的元素。因此，公共领域和知识产权制度相互依存，没有现代知识产权法根本谈不上公共领域。❸

我们试图确定公共领域的范围时，必须警觉那种抽象化、简单化讨论公共领域的倾向。公共领域的外延也是相对专利权而言的。通过排除法划定公共领域的范围是常见的方法，公共领域基本上指不

---

❶　冯晓青："专利法利益平衡机制之探讨"，载《郑州大学学报（哲学社会科学版）》2005年第3期，第59页。

❷❸　王太平："知识产权法中的公共领域"，载《法学研究》2008年第1期。

受知识产权保护的材料或者知识产权的效力所不及的材料的某些方面。❶ 对每个特定的专利权，公共领域就是权利人不能支配的领域。

三、公共领域与专利制度的统一性

（一）公共领域与专利制度的对立

专利制度与公共领域之间的关系首先表现为对立，这种矛盾在证成专利制度的劳动论和功利论中都有所体现。

专利权作为一种垄断权，导致专利技术属于私有领域，而不属于公有领域。❹ 专利制度在400多年的演进过程中，关于其正当性的争论从来就没有停止过，因而发展出多种理论，包括功利论与劳动论等。

"功利论"从功利主义的基本思想出发，认为独占权的授予为知识产品的创造者提供了巨大的激励，促使其创造出更多更好的技术或者产品，从而促进社会总福利的最大化。"劳动论"从自然法思想出发，认为技术或者产品是创造者智力劳动的成果，从道义上讲应当受到独占保护。

下面将以劳动论和功利论为视角对专利制度进行简单分析。"劳动论"源自自然法思想，最为经典的劳动论阐述当属英国哲学家洛克的"劳动价值论"。"劳动价值论"有一个假设：土地上所有自然生产的果实和它所养活的兽类归人类所共有。洛克的理论有以下要点：（1）宣称劳动成果归劳动者所有。为了达成这一论点，洛克首先指出每个人对他自己的人身享有一种所有权。劳动者在任何东西中加入自己的劳动，使其脱离自然所提供的和那个东西所处的状态，就使它成为他的财产。（2）劳动产生财产权的前提是至少还留有足够的同样好的东西给其他人所共有。❺ 虽然洛克论述的是有形物的财

---

❶ 王太平："知识产权法中的公共领域"，载《法学研究》2008年第1期。

❹ 吴汉东等著：《知识产权基本问题研究》，中国人民大学出版社2005年版，第91页。

❺ ［英］洛克著，叶启芳、瞿菊农译：《政府论（下篇）》，商务印书馆1964年版，第19页。

产权，但劳动产生财产权的学说为论证专利制度的正当性提供了有益的思想资料。甚至只要将劳动价值论中劳动的范围扩大到智力劳动，就可以毫无障碍地对专利制度进行适用。

在主要的知识产权制度中，专利制度与技术进步、经济发展的关系最为密切，因此，最适宜用来分析专利制度的理论莫过于"功利论"。功利论从经济学的分析方法出发，认为授予发明人以独占权为代价换取对发明创造的披露，能够促使发明人作出更多更好的发明，从而推动技术创新和技术转化。尽管技术垄断会产生一定的社会成本，但是由此换取技术创新和披露，可以从整体上增加社会福利。功利论将经济学领域的成本—效益分析法引入专利领域，使抽象的财产权制度在经济学的产权界定下活灵活现起来。在功利论的分析框架中，如何界定技术产权能够实现社会福利最大化是核心问题。因此，经济学家对专利领域的关注集中于专利的最优保护期限和最优保护范围上。

在劳动价值论中，洛克假定了一个前提：资源最初处在归人类共有的状态中，而劳动产生财产权的前提是"留有足够的同样好的东西给其他人所共有"，必要条件是在原本处于共有状态的东西上"参加他自己所有的某种东西"。洛克所描述的处在共有状态的技术属于"知识共有物"，也可以用"公共领域"加以描述。洛克思想中的劳动产生财产权的条件凸显了专利制度与公共领域的矛盾：首先，新技术一旦被授权就由先发明人或先申请人独占，即使有其他人作出了同样的发明创造也不能享有任何权利，❶ 而技术本身的特性又决定了新技术在很多时候是非独一无二的。专利人在获得垄断权时，似乎并未给其他人留下"足够的同样好的东西"，将应当由所有人类共有的公共领域纳为私有。其次，劳动论为专利权的无限扩张奠定了基础，而专利的不正当扩张导致原本属于人类共有的公共领域被侵占。洛克对劳动产生财产权前提和必要条件的阐述为温迪·J. 戈登（Wendy J. Gordon）发挥，归纳为界定公共领域的两个核心标准：平

---

❶ 如果在申请人提出专利申请前，已经进行实施，或做好实施的准备，则可以享有先用权。

等标准和需要标准。每个人都有使用公共领域的平等权利，而且每个人都需要使用公共领域以维持生存。❶当专利人对新技术获取独占权时必须遵循平等和需要标准。专利制度公共领域实际构成对专利制度进行限制的平等维度。

从功利论的角度看，专利制度与公共领域之间的矛盾体现为专利领域中的"反公地悲剧"现象。如果要从经济学的某个理论或现象出发论证授予新技术以独占权的正当性，可以有很多途径。如技术的外部性现象、公地悲剧现象，以及大名鼎鼎的科斯第一定理。与本部分讨论相关的是公地悲剧现象。最早提出公地悲剧模型的是经济学家哈丁，他指出，在一片没有产权界定的公共草地上，每个放牧人出于利益最大化考虑会不顾草地的承受能力增加放牧数量，从而导致牧地被过度使用。为了克服公地悲剧，应当对公共牧场进行产权界定。将公地悲剧模型适用于技术领域，就可以得知技术的产权化是提供技术创新激励的有效方法。而专利制度在技术创新的同时引发过度创新，出现了所谓的"反公地悲剧"。专利领域的"反公地悲剧"体现在两个方面：（1）专利竞赛；（2）专利丛林。如果专利权人被赋予具有一定价值的公地的所有权，则成为权利人的动力会吸引众多研究人员进行专利竞赛。专利竞赛的存在会引发过度创新，使得专利制度带来的剩余增长效应因为对专利权本身的资源竞争而消散了。❷同时，过度创新诱发专利丛林现象，导致同一技术领域存在过多专利，甚至多个主体对同一技术享有数个专利。专利丛林不仅造成专利许可的困难，而且诱发另一轮专利竞赛，造成恶性循环：为了在专利交叉许可谈判中掌握更多的筹码，许多公司竭力获得更多的专利；新技术开发更必须从专利丛林中杀出一条血路。"反公地悲剧"现象展现的是专利权过度扩张后对公共领域的侵入，

---

❶ Wendy J. Gordon，A Property Right in Self-expression：Equality and Individualism in the Natural Law of Intellectual Property，*Yale Law Jounral*，102（1993），转引自饶明辉：《现代西方知识产权理论的哲学反思》，科学出版社 2008 年版，第 60 页。

❷ Donald G. McFetridge & Douglas A. Smith，Patens，Prospects，and Economic Sruplus：A Comment，23 *J. L. & Econ.* 197，198（1980）.

集中体现了专利权的独占性与公共领域共有性之间的矛盾。

无论在何种解释路径下，专利权的独占性与技术公共领域的非排他性之间的固有矛盾都如同挥之不去的梦魇，时刻威胁着专利制度的正当性证成。不解决这一矛盾，势必不能使现代专利制度建立在稳固的理论基础之上。

从另一角度看，公共领域与专利制度的对立还体现在公共领域中的技术不能获得专利授权。专利制度不仅设定了专利客体的排除领域，而且对可专利对象设定了严格的可专利性条件，保护了公共领域的完整性。美国宪法中的知识产权条款授权国会授予作者和发明人以一定期限的垄断权来促进科学和有益技术进步。这一权限虽广，但并非不受任何限制。美国联邦最高法院早在 1879 年的 The Trade-Mark Cases❶中即指出，国会不能滥用权力，将专有权授予作品和发明以外的事物。例如，国会不能对不构成原创作品的对象授予专有权。同样，知识产权条款限制了国会授予专利权的权限：只有相对于现有技术具有非显而易见的新发明才可以获得授权；而对于仅提取了公共领域中已有技术的发明不能进行授权。❷

（二）公共领域与专利制度统一于现有技术

尽管专利权的垄断性与公共领域的非排他性之间的矛盾显得有些不可调和，但仍应当看到专利制度与公共领域之间存在统一的基础，并且理想运行状态中的专利制度与公共领域应当是统一体。正如有研究指出：公共领域与知识产权之间，与其说是二元对立的关系，不如说是相互补充的关系。❸

专利制度与公共领域的统一性首先表现为专利制度最终将丰富公共领域，这不仅是专利制度的主要目标之一，而且是专利制度运行的最终结果。技术既具有无限发展性，又具有历史阶段性。人类迄今为止探索出来的一切都是无限发展不可穷尽的知识海洋中的阶段

---

❶　100 U. S. 82，93～94，25 L. Ed. 550，1879 Dec. Comm'r Pat. 619（1879）.

❷　Graham v. John Deere Co. of Kan. City，383 U. S. 1，6，15 L. Ed. 2d 545，86 S. Ct. 684（1966）.

❸　王太平：“知识产权法中的公共领域”，载《法学研究》2008 年第 1 期。

性成果。❶ 专利制度为技术创新提供充分激励,❷ 促成更多新技术的涌现。同时,受专利权保护的技术在期限届满后为社会公众共有,进入公共领域。通过这两方面的作用,专利制度极大地丰富了公共领域。

专利制度与公共领域统一于专利制度中的现有技术。在寻找专利制度与公共领域的统一点时仍要回到专利制度的基础理论中。在劳动价值论中洛克认为劳动使人们对原来处于共有状态的一切拨归了私用,从而产生了财产权。但是这种产生私有财产权的劳动必须达到一定的高度,即"使任何东西脱离自然所提供的和那个东西所处的状态","在这上面参加他自己所有的某些东西"。具体到专利制度中,劳动高度直接体现为专利的创造性要求。功利主义论者认为授予发明人在特定时间的独占权将激励人们从事发明创造,促进技术公开和技术转化,增加社会总福利。但专利权本质上是垄断权,权利人对专利产品的垄断定价会造成社会福利的损失。从经济学的角度看,专利制度并非激励技术创新的最优选择。因此,如何确定专利的保护期限和保护范围,以使专利制度的有益效果克服垄断带来的无谓损失是功利论者关注的主要问题,专利制度正当性的证成与专利制度的保护期限和保护范围密切相关。对此,要从多方面对专利人私益和社会公众利益进行平衡。公共领域是一定社会阶段人类思想和技术的集合体,是进行技术创新的基础和源泉。因此,公共领域为全人类共有、共用,不能为任何人垄断。具体到专利制度中,对公共领域的维护直接体现为专利的新颖性要求。新颖性要件和创造性要件集中体现了专利制度内部为调和专利垄断性和公共领域非排他性之间矛盾的制度安排,也是证成专利制度正当性的重要因素之一。新颖性、创造性均表现为对现有技术的运用,因此,可以说专利制度的垄断性和公共领域的非排他性统一于专利法中的现有技术。

---

❶ 夏先良:《知识论》,对外经济贸易大学出版社2000年版,第93页。

❷ 尽管没有证据表明专利制度是激励创新的最优方式,但在近400年的发展中现代专利制度在促进各国技术进步上发挥了重要、不可替代的作用。

现有技术是公共领域的组成部分，是专利权人不能支配的领域，在维护技术创新、合理确定专利保护范围上发挥着重要的参照作用。而现有技术范围的界定必须具体到每一项专利权来讲，专利法中凡提及现有技术之处必定是相对特定专利申请或专利权而言，可能包括在先专利技术。因为对于每一项专利权而言，在先专利技术也属于其不可支配的领域，属于公共领域的范畴。现有技术通过"公开"这一行为获得进入"公共领域"的资格，"公开"是确定专利法中公共领域范围的必备条件。公共领域具有不可撤销的属性。一旦成为公共领域中的元素，任何主体都不得从中获益：个人不得宣称对现有技术的独占权，国家也不能通过向个人"出让"现有技术获得任何对价。

第二节　现有技术抗辩对技术创新的促进

专利制度之于技术创新的关系，可以概括为：专利制度基于技术发展而生，由于技术进步而变；专利制度的发展过程就是一个法律制度变革与技术创新互动的过程；专利制度变革的历史就是技术创新的历史。一方面，新的技术革命往往决定着专利法的变革方向。从专利客体领域的扩张过程看，新技术领域的出现促成了专利客体的领域：生物技术的发展促成基因专利的出现；计算机技术的发展使得软件开发者在著作权之外寻求专利保护；同时，商业巨头开始对商业方法寻求专利保护。另一方面，专利制度的变革也对技术创新产生深刻的影响。无数经验表明，专利制度在促进技术创新，推动经济发展上发挥着重要作用。在19世纪欧洲的专利废除浪潮中，荷兰国会于1809年通过了废除专利法的决议。但是在废除专利法之后，荷兰的技术创新活动显著减少；到19世纪末20世纪初，出口连年下降。❶ 这些形势迫使荷兰国会不得不重新考虑专利制度的社会功能，于1912年重新制定专利法。而现代工业化国家中利用专利制度施行技术赶超型发展的成功事例也不在少数。

---

❶　汤宗舜：《专利法教程（第三版）》，法律出版社2003年版，第9～10页。

由此可见，现有技术属于专利法中的公共领域，不能为任何人独占。维护公共领域的不可专利性，同样维护了技术的可持续创新。专利制度对技术创新的保障通过其正向赋权和反向保障两种途径，排除现有技术来完成。一方面，专利法通过保障发明人获取收回研发投资的预期，从正向促进技术创新：（1）通过授予垄断权对发明提供激励；（2）通过对已授权专利实行技术公开机制，促进发明人进行改进发明；（3）通过对研究、开发、转化的投资提供便利进一步促进技术创新。另一方面，专利授权后通过无效宣告制度、现有技术抗辩第二次排除专利权中的现有技术，维护技术可持续创新。现有技术抗辩是专利制度中反向保障技术创新的手段，通过排除专利权中的现有技术维护公共领域的不可专利性，促进技术创新。

一、专利制度与技术创新的发展阶段

回顾整个专利制度的历史，一部专利制度的成长史，就是一部技术进步、技术创新的发展史。可以说，自 1624 年第一部专利法——《英国垄断法规》诞生后，专利制度与技术创新就成为两个无法绕开的命题。技术创新与专利制度既对立又统一，既相克又相生。下文将考察专利制度在英国建立之初的社会环境和专利制度进入国际化时期后国际形势的变化，从实证主义角度揭示专利制度与技术创新之间相互促进、相互制衡的关系。

（一）现代专利制度确立初期

尽管发明在人类社会中很早就出现了，但在前资本主义时代，人类社会中没有出现对发明进行法律调整的需求。究其原因在于：（1）前资本主义时代，科学技术尚不发达，并不是推动经济增长的主要因素；（2）前资本主义时代，物质财富贫乏，商品交换不发达，新技术不能迅速推广；（3）前资本主义时代，发明只是个别现象。

在现代专利制度最早确立的英国，首先爆发了引发生产力第一次巨大飞跃的产业革命，改变了 14 世纪前半叶英国工业落后于欧洲各国的现状。为了增加英国的科技发展速度，当时的英国国王爱德华三世采取了保护与鼓励大陆国家的技术人员定居英国的政策，让外来技术人员能在英国领土上自由经营而授予外来技术人员以特许经营的权利。

此后，这种特许权演变为专营专卖，成为富国强民的优惠政策。这些措施使得"无数能工巧匠，像蜂集花丛似的纷云沓至"❶。建立专利制度后，英国专利数量逐渐呈几何级数增长，1660～1790 年，重大发现和发明占全世界总数的 40%。❷ 由此可见，现代专利制度的建立为英国国内工艺水平的提高提供了有力的保障手段，为产业革命在英国的首先爆发提供了技术积累，并奠定了制度基础。

（二）专利国际化时期

19 世纪后，现代专利制度经历一次来势凶猛的废除运动后得到了巩固和发展，逐渐在世界各国建立起来。随着国际贸易的深入和技术交流的国际化，寻求建立一个统一的国际专利制度的呼声高涨起来。专利制度在各国的普遍建立为专利制度的国际化奠定了基础。1883 年签订的《巴黎公约》是专利制度国际化的开端。在寻求专利制度国际化之初，各国试图在程序和实质两方面制定世界统一的工业产权制度，但由于各国相互间的利益冲突和立法的差异，这一设想成为泡影，只能退而求其次，就各国专利法必须遵循的基本原则达成一致认识。

虽然建立统一协调的世界专利制度的设想在当时没有实现，但其后专利制度发展的历史证明，专利制度国际化是不可阻挡的历史潮流。同时，科技因素再一次显示了它和专利制度命运休戚相关，互相影响、促进的关系。有学者将专利制度自产生后的国际化过程划分为三个阶段：第一阶段是以《巴黎公约》为标志的专利申请国际化阶段；第二阶段是以《欧洲专利公约》和《斯特拉斯堡协定》为代表的一系列地区性专利公约和专利技术性协议的签订为标志的专利法协调和统一阶段；第三阶段是以国际专利条约和 1991 年草签专利法协调条约为标志（尤其是与贸易有关的知识产权协议的达成）的统一专利法保护标准阶段。通过将这三个阶段与三次科技革命和经济学家分析国际经济形成后发展至今的三个阶段进行比较，可以发现专利制度国际化的三个阶段与以科技革命为表现形式的科技发展的三个阶段和国际经济发展的

---

❶ 曾海帆编著：《专利制度发展简史》，湖南省专利管理局、湖南省科技情报所1985 年版，第 7 页。

❷ 同上书，第 11 页。

三个阶段，在时间上大体相同，在内容上大体适应。❶

二、专利制度现代发展对技术创新的阻滞

现代专利制度经过长达 4 个世纪的发展，已经进入全面的国际化发展时期。从国际多边条约的缔结上看，知识产权协定将专利制度纳入国际贸易的框架内，将各国专利法律制度直接与贸易政策挂钩；《实质专利条约（草案）》已经公布，各国在专利实体问题上的协调取得重大进展。从各国国内专利法律制度的修改上看，知识产权协定生效后，各国国内专利法修改频繁，尽管仍然存在实质差异，但是各国国内专利制度越来越显示出趋同性。

这是一个专利地位愈发重要的时代。促进并伴随着专利制度快速变革的是新技术的涌现。新技术的出现为专利制度的变革带来了重大机遇。生物技术的发展促成基因专利的出现；计算机技术的发展使得软件开发者在著作权之外寻求专利保护；同时，商业巨头开始对商业方法寻求专利保护。专利制度从客体领域到保护强度等方面都呈现不断扩张的趋势。有学者从经济学角度考察了专利制度的发展趋势，并得出结论，一国内部的专利制度在未来将会出现保护范围扩大、保护力度增强等发展趋势。❷ 专利权的扩张首先发生在技术先进国家，并迅速通过专利保护的双边和多边国际合作从技术发达国家向其他国家延伸。

面对专利制度的快速扩张和由此引发的专利现象问题，越来越多的人开始质疑专利制度是否真的能促进技术创新。从经济学的角度看，成为专利人的动力驱动越来越多的发明人加入专利竞赛中，引发反公地悲剧。从技术创新的角度看，专利竞赛不仅导致研究资源的大量浪费，而且诱导发明人出于阻击竞争对手的意图，而非技术创新的目的进行技术研发。专利竞赛导致专利申请大量涌现，不堪重负的专利行政部门不得不缩短专利的审查时间，由此出现了一些

---

❶　胡佐超：“试论专利制度的国际化发展”，载《外国法译评》1993 年第 4 期。

❷　吴欣望：《专利经济学》，社会科学文献出版社 2005 年版，第 114～117 页。

质量堪忧的"问题专利"。美国联邦贸易委员会 2003 年在其报告《促进创新：竞争与专利法律制度的适度平衡》中指出，问题专利从以下方面阻碍了技术创新。

首先，问题专利会阻碍创新或增加创新成本。由于问题专利的存在，竞争对手为了避免陷入昂贵且旷日持久的诉讼会从专利覆盖的技术领域撤回研究投入。这样会阻碍竞争者进入相关市场，并增加问题专利持有人压制竞争的可能性。也就是说，问题专利不仅抑制现有市场中的技术创新，而且压制潜在的市场进入者。其次，在一些特定行业问题专利会引发防卫性专利，造成专利丛林，引起专利许可的困难。在一些行业中，技术创新的类型主要是增量创新（incremental innovation），需要以现有技术为基础进行改进，如计算机硬件和软件业。在这样的行业中，专利技术众多，生产一件产品需要取得数以百计，甚至数以千计的专利许可。来自计算机硬件公司的代表称，在微处理器上有 1 万多人持有 9 万多项相互重叠的专利，形成专利丛林。❶ 问题专利诱发专利丛林，专利丛林问题造成专利许可中的许多难题。如竞争者要获取所有的专利许可，进入相关市场异常困难；为了在专利交叉许可谈判中掌握更多的筹码，许多公司竭力获得更多的专利；新技术开发更必须从专利丛林中杀出一条血路。一位来自软件公司的代表称，投资于这些所谓防卫性专利上的资金和时间本来可以用于开发新技术，现在却没有任何创新价值。❷

专利制度从来不是最优方案，而是激励技术创新众多选择中的可行途径之一。当现代专利制度与技术创新的关系变得暧昧不清时，专利制度急需通过内部调试矫正这种异化现象。

---

❶❷　"To Promote Innovation: The Proper Balance of Competition and Patent Law and Policy", in http://www.ftc.gov/os/2003/10/innovationrpt.pdf, 2009.8.

三、现有技术抗辩与技术创新

经济学理论认为，垄断会造成市场失灵，阻碍市场具有帕累托效率。❶ 相比较垄断而言，竞争有许多优点。基本经济学理论表明竞争比垄断能产生出更多的产品，并带来更低的价格；垄断不仅迫使消费者支出更多，而且会给社会带来无谓损失。因此，从取得价格、质量和消费者选择的最优组合上看，有效竞争是最佳方式。除此以外，垄断者相对自由竞争者而言缺乏创新的动力，因此竞争可以从未来的改进产品和服务的发展上产生更多的消费者剩余。一国的竞争政策多从促进竞争、增加消费者福利的目标入手。

（一）竞争政策和专利制度目标的一致性

鉴于竞争在组织经济和激励创新上的优势，现代国家基本上都建立了鼓励与保护竞争的相关法律制度，例如，反不正当竞争法、反垄断法或者公平交易法等。另外，竞争法的突出特点就是将增加消费者福利作为重要的竞争政策目标。尤其是美国，20 世纪 80 年代以后将增加消费者福利作为唯一的竞争政策的目标。❷ 从这一政策目标看，政府采取的妨碍竞争的行为同私人的限制竞争行为一样受到了反垄断法规制。

尽管专利权表现为一种垄断权，但是专利制度同竞争政策在许多方面是统一的。首先，促进创新与增加消费者福利是专利制度和竞争政策的共同目标。主管知识产权事务的美国商务部副部长兼美国专利商标局局长詹姆·罗根曾说过，专利法和竞争法高度一致，并

---

❶ ［美］罗伯特·考特、托马斯·尤伦著，张军等译：《法和经济学》，上海三联书店、上海人民出版社 1994 年版，第 58～59 页。帕累托效率是指当整个经济在面向消费者的商品的生产和分配两方面都有效率时，就无法作不损害其他人而有利于某些人的变动。这一条件称为"帕累托效率"。

❷ "To Promote Innovation：The Proper Balance of Competition and Patent Law and Policy"，in http：//www.ftc.gov/os/2003/10/innovationrpt.pdf，2009.8.

在许多方面存在相似之处。❶ 美国联邦贸易委员会主席缪里斯也曾指出，如果进行适当理解，反垄断法和知识产权法都旨在寻求促进创新和增加消费者福利。❷ 反垄断法认为专利垄断能带来的收益远远大于垄断带来的危害，因此允许专利垄断的存在。其次，专利制度有利于促进技术创新中的竞争。产权界定和财产权制度是竞争经济有效运行必不可少的因素。专利法通过对胜利者授予垄断权来促进创新竞争，因此自由竞争是专利制度激励创新努力之所依。❸ 总之，竞争激励专利产出，专利制度保护竞争中的投入。最后，专利政策充分认可竞争的价值。实际上，专利法中的很多制度都旨在合理限制专利权，避免对竞争的不必要限制。如现代专利制度都只对专利人授予一定期限内的垄断权，且设置了可专利条件。美国联邦最高法院指出，通过限制专利的保护期限，专利法自身即充分反映了激励创新和避免垄断之间的适度平衡。❹

竞争政策与专利制度的统一性，也得到代表美国官方意见的美国联邦公平交易局反垄断分部和联邦贸易委员会的认可。1995 年，两机构联合发布《知识产权许可反垄断指南》。该指南阐述了三个主要原则，对反垄断和知识产权的统一性进行了分析。（1）从反垄断的角度分析，知识产权和其他形式的财产权本质上是相同的。同时应当注意到，知识产权许可有独特特征，相对于其他形式的财产权而言更容易被滥用。在进行反垄断分析时应当考虑这一特征，但不需要运用根本不同的规则。（2）在反垄断的背景下，反托拉斯服务机构并不假定知识产权必然产生市场支配力。这一观点完全消除了联邦法院假定专利总是会给持有人制造垄断权而引发的专利权与反垄

---

❶ "To Promote Innovation: The Proper Balance of Competition and Patent Law and Policy", in http: //www. ftc. gov/os/2003/10/innovationrpt. pdf, 2009. 8.

❷ Charles A. James, "Opening Day Comments, Joint DOJ-FTC Hearings on Competition and Intellectual Property Law and Policy in the Knowledge-Based Economy" (Feb. 6, 2002), in http: //www. usdoj. gov/atr/public/speeches/10162. htm, 2009. 9.

❸ Bonito Boats, Inc. v. Thunder Craft Boats, Inc., 489 U. S. 141 (U. S. 1989) at 156.

❹ Ibid., at 146.

断之间的冲突。如上所述，专利可以导致持有人使用市场支配力，但是反托拉斯服务机构（Antitrust Agencies）认为并非总是如此。（3）指南认可，公司之间通过知识产权许可降低商品成本，引入新产品，从而带来消费者福利的增加。从知识产权中获利的潜在可能会增强创新动力，鼓励对研发的投入更多。❶

（二）专利制度与竞争政策的冲突

在 20 世纪大部分时间内，美国法院和联邦机构都认为专利制度授予垄断权，因此将反垄断政策看做专利制度的对立物。❷ 甚至有人指出，专利制度与竞争政策之间的内在冲突使得在具体个案中法院在专利和反垄断只能选择其一。专利权的垄断性质确实造成专利制度与竞争政策之间的许多内在冲突。

竞争政策对专利授权过程的拷问集中在如下方面：（1）专利是否有保障；（2）专利权是否授予了市场支配力。专利制度确立了可专利性的一系列标准，包括新颖性、创造性和实用性，在一些国家还包括专利申请达到特定披露标准的要求。但是竞争政策的倡导者质疑，现代专利制度产生出的专利是没有质量保障的专利。竞争政策关注的是第一个问题，即专利是否是激励创新的必要手段，以及在何种程度上是必需的。例如，没有专利制度，申请人主张的发明是否会在与发明大致相同的时间出现。波斯纳法官表达了相似的观点：如果法院认为即使没有专利法，专利寻求保护的发明也在大致相当的时间出现，则应当认为该发明是显而易见的，专利应当无效。❸ 也可以将同样的推理方法运用于专利制度的其他功能，分析如果没有专利法发明的披露和转化是否能够实现。这种"如果没有"

---

❶ IP Guidelines § 2.0.

❷ e. g. , Crown Die & Tool Co. v. Nye Tool & Mach. Works, 261 U. S. 24, 37 (1923), citing Continental Paper Bag Co. v. Eastern Paper Bag Co. , 210 U. S. 405 (1908) （patents as monopolies）；R. Hewitt Pate, Antitrust and Intellectual Property, Before the American Intellectual Property Association, 2003 Mid-Winter Institute （Jan. 24, 2003）, at http：//www. usdoj. gov/atr/public/speeches/200701. pdf.

❸ Roberts v. Sears, Roebuck & Co. , 723 F. 2d 1324, 1346 (7th Cir. 1983).

的判定方法不仅使竞争政策能够实现激励创新的功能，而且能够为消费者提供最优的价格、数量、质量的商品。

竞争政策关注的第二个问题是，专利权的授予是否赋予权利人市场支配力，增加不必要的交易费用。基于没有保障的专利对权利人授予市场支配力无异于剥夺消费者可以从竞争中获得的利益；即使不会产生市场支配力，一些小专利的扩散也对竞争有害。专利制度的运行并不包括对专利是否会造成市场支配力进行审查。正如詹姆·罗根（James Rogan）指出，专利审查不包含对专利权潜在商业影响力的分析。❶ 同时，即使不会产生市场支配力，颁发没有保障的专利也有害竞争，尤其是小专利。后续创新者需要花费一定资源来搜寻专利以避免侵权，并要通过谈判获取使用许可。对于重大专利，这些额外社会成本相对因技术进步带来的社会收益要小得多。对于小专利来讲，相关的搜寻和交易成本则可能远大于这些专利带来的社会收益。

另外，专利政策对倡导竞争的反垄断法中有关专利的反垄断实施也会作出评估。专利政策通常考虑两个问题。第一个问题是反垄断的实施是否会错误地限制本应当被允许的增加福利的行为。第二个问题是反垄断实施是否会限制专利权，从而减弱专利制度的激励作用。反垄断法限制了专利人对专利的实施。在这一限制过程中，反垄断政策的制定者面临的重要问题是如何区分有关专利的反竞争行为和促进竞争行为。对这一问题的回答部分依赖于对专利在创新和工业竞争中的作用的认识。可以预见，反垄断审查在专利产生市场支配力的情况下比不产生市场支配力的情况下更有可能发生。但是相对来讲，形成市场支配力的专利更能实现专利制度的目标：激励技术创新。由此也产生了专利制度与反垄断政策的矛盾。

在知识经济中，竞争政策与专利法律制度的矛盾更加突出，并对两者的和谐共存提出了更多挑战。这主要表现为当专利日益成为企业生存、国家发展的核心竞争力后，专利申请量以前所未有的态势快速增长，专利审查部门面临的任务日益繁重，颁发了许多可疑专

---

❶ Rogan（stmt）2.

利。同时，专利权越来越成为市场参与者阻击竞争对手的手段而非技术创新的动力，专利确权机制和专利侵权诉讼的代价昂贵。这些现象都使得现代社会中专利政策与竞争政策的冲突越显尖锐。

（三）专利制度与竞争政策的平衡点

上述分析都显示出专利法律制度和竞争政策的紧张确实存在。但是，辩证唯物主义哲学告诉我们，矛盾有主要矛盾和次要矛盾。专利制度和竞争政策之间，统一是主要方面：竞争政策和知识产权保护都可以促进创新，当这些政策的使用达到平衡时可以实现消费者福利的最大化。❶一方面，专利制度可以很好地实现促进创新的功能，并通过专利许可和其他专利实践带来商业效率；另一方面，绝对的知识产权保护并非社会福利所必须。从广义的政策角度，政策制定者可以在零知识产权保护之上，绝对保护之下，将消费者福利最大化。❷

实际上，专利法内部许多制度安排可以有效实现竞争政策与专利制度的平衡。可专利条件、保护期限、强制许可、权利限制等制度都旨在防止专利权不正当地妨害竞争，实现竞争政策和专利制度的平衡。从专利权保护范围来看，专利法首先将会产生绝对市场支配力的发现和一些特殊的发明创造排除在保护范围外，其次将现有技术排除在保护范围外。可以说，从专利权保护范围的角度看，体现竞争政策与专利制度之间平衡的点落于现有技术的边界上。

用来分析专利制度的简单经济模型假设技术创新是个一次性过程，实际情况却并非如此。技术创新是个持续的过程，一项发明通常为后一项提供基石。发明的持续性要求专利制度必须解决如何对最初发明者提供充分激励，同时为后续发明者提供竞争的充分激励这一问题。这一问题决定了专利权利要求保护范围的宽度：既要对最初发明提供充分保护，又要兼顾后续发明对公共领域的自由使用。现代专利法律制度通过等同原则及类似制度实现对发明创造"本质"

---

❶　Generally infra Ch. 2 (Ⅱ), (Ⅲ).

❷　generally James Langenfeld, Intellectual Property and Antitrust: Steps Toward Striking a Balance, 52 Case W. Res. L. Rev. 91, 96 ~ 98 (2001); William Landes & Richard Posner, An Economic Analysis of Copyright Law, 18 J. Legal Stud. 325 (1989).

"精髓"的保护。现有技术为权利人可以独占的技术领域划定的除外范围，有效防止了因过度保护而产生抑制创新现象。现有技术抗辩通过现有技术的适当运用，可以通过从提高专利质量入手，加强专利领域的技术创新；同时通过剔除专利保护范围中的现有技术，可以有效促进可持续的技术创新。总之，维护现有技术的不可专利性就是维护技术创新，现有技术是专利政策与竞争政策在专利制度上的体现。

第三节　现有技术抗辩与诉讼效益

从经济学角度看，专利制度通过授予发明人对其发明创造一定期限的垄断权以激励创新的法律制度，是市场经济中不同因素共同作用的结果。这些因素包括：（1）创新主体对其投入成本与产出利益保护的需求；（2）社会公众从创新技术中获益，增加社会公共福利的需求；（3）激励创新的制度供给不足。考虑专利制度的核心是产权制度，在此，本节引入产权经济学的分析方法。

一、技术产权界定的经济学分析

外部性是导致市场失灵的原因之一。在经济学中，外部性是指一个经济主体的活动对另一个经济主体的影响不能通过市场运作在交易中得以反映的那一部分，因而导致另一个经济主体获益或受损的结果。然而，这种损益结果难以通过市场机制的运行来克服，只能借助外在制度加以矫正。创新技术是一种无形产品，其模仿或者盗用成本，与该技术的研发成本相比较，非常低廉，致使创新主体无法在其创高新技术中获得回报，损害创新主体的利益，产生负的外部性。然而，由于创新技术本身为他人甚者社会公众带来了生产效率和福利水平的提高，社会福利总体状况是不断改善的，因此，应当通过其他手段矫正其自身存在的外部效应。

从理论和实践两个方面看，外部性内部化的路径可以归结为三种：（1）国家干预方式，表现为矫正税、矫正性补贴、公共管制。矫正税又称庇古税，是指负外部性的发出方必须对每单位的外部性行为支付税收。矫正性补贴指的是对正负两类外部性提供补助，允许政府对产生正外部性的主体进行补贴，使其产量达到市场效率量，对产生负外部性的主体减少产量的行为给予补助。而公共管制指由政府部分直接制定规则干预市场配置机制的一种方式。这三种方式在解决技术创新的外部性问题上都无法实现。（2）道德约束方式。实践证明，依靠道德力量和舆论监督来抑制外部性，其效果并不理想。（3）通过产权制度，利用市场机制，从产权界定的角度解决外部效应内部化的问题。科斯（Ronald H. Coase）认为，只要产权清晰，在交易成本为零的情况下，不论产权被谁拥有，资源配置都是有效率的，基于自愿的交易行为会使市场自我修正的运转。因此，通过产权制度解决外部效应内部化问题是最具激励效果的手段。如果没有产权界定，外部性将为创新主体和社会公众带来严重的效率损失。因此，专利制度就是通过对创新技术的产权界定，解决外部性损失，维护创新主体的利益，提高社会的整体福利水平的一种有效的制度安排。

从微观经济学角度看，专利就是新技术的代表，是技术创新成果。专利之所以成为一种商品，是因为它具有稀缺性。实践证明，采用一项新技术就有可能提高现有的生产效率，但技术创新的成本是高昂的，因此新技术的供给量总是不足，由此便构成了新技术的稀缺性。人类在争夺新技术这种稀缺资源的过程中，专利制度是最有效的保障机制，专利权则是最好的屏障。专利制度实质上是一种产权制度，依据专利制度产生的专利权具有排他性、高成本性等特点。专利权人依法享有排除其他竞争者使用其专利技术，在专利权保护期内能够获得合法的垄断利益。因此，对新技术进行产权界定是实施这一制度的核心和前提。

对技术进行产权界定可能支付的成本主要包括以下方面：（1）建立法律制度的成本，即国家需要建立一种有效的法律制度，为发明人的新技术进行产权界定，并为产权提供法律保护。（2）专利授权的成本，即发明人提出专利申请，以及审查人员为保障授权专利的可专利性，对申请进行审查的成本。（3）专利授权后，启动事后专利确权机制，对专利权的效力进行二次界定的成本。在我国事后专利确权机制主要是指专利权无效宣告制度，可能经历行政程序和司法程序，会产生大量的成本。（4）在专利权转让的过程中，当事人需要对专利权的边界反复讨论，也会付出大量成本。以上成本都是专利权在界定过程中产生的。

尽管存在上述成本，建立专利制度带来的收益也是显而易见的。从技术创新的角度看，专利制度为发明人提供了强大的创新激励。从增加整体社会福利的角度看，将技术界定为纯粹公共产品更有利，但是这种做法直接牺牲了创新主体的创新行为。专利制度对发明人的激励在于专利制度为发明人提供了一种保障机制，让其可以得到回收研发成本的预期。技术创新主体的创新活动是其对知识进行加工、生产的过程。阿罗（Arrow，1962）认为，尽管技术创新形成的过程本身需要大量费用，但一旦形成，其复制成本非常低，从而会变成免费或者低成本获利的公共产品。这种公共产品特性使得创新主体的劳动成果出现了外部性损失，因此必须对其予以补偿，使创新主体所获利润得以保障。从社会经济发展的角度看，技术进步与经济发展之间相互影响、相互促进。技术创新推动经济发展，反过来经济发展又为技术进步提供良好的社会经济环境。在这个相互促进的过程中，技术创新是源动力。技术创新行为应当是以技术进步和提高整个社会经济运行的效率为前提的，它的出现改善了消费者当前的福利状况，提高了整个社会福利水平。如果创新主体的自身权益无法得到保障，那么技术创新行为本身将无法得到激励，也即应当对其外部性损失得到相对称的补偿，由此作为一种激励机制的专利制度就是这样产生的。专利制度的社会收益就是创新技术的应用对整个社会的经济发展和技术进步所带来的好处。从技术扩散的角度看，专利制度促进新技术的公开，有利于技术扩散。在专利制度下，技术创新产品的垄断价格将由有需求的消费者承担，会因此产生额外经济损失，但技术存在扩散效应，专利制度促进技术公开，使得更多的市场竞争者能通过学习、模仿新技术提高生产效率，缩短研发周期，减少创新成本，向市场提供更多优质的产品，有利于形成良好的竞争氛围，产品质量不断提高，产品价格越来越低，消费者从中获益，社会福利水平不断提高。

产权的界定与专利产品的经济特性相关。专利是一种私人产品，私人产品具有垄断性。从发明人的角度看，将专利界定为私有是实现其利益最大化的最优方式。进而如果发明人的专利权能够得到无限期的保护，同时能享受因垄断带来的收益，用以支付其投入的研发成本和因申请专利支付的成本，这是发明人的最优选择，能够实现技术创新的最大化激励。但是从社会角度看，这种绝对的私有产权界定方式会显著增加专利技术使用者的成本，消费者需要为专利产品支付更多的成本。这些因素导致社会成本增加。专利保护能否在为发明人提供充分激励的同时，控制社会成本的增加，使专利制度带来的社会收益大于增加的社会成本，实现社会福利的整体增加，其关键在于能否将专利保护控制在合理水平，❶ 在专利人和专利使用者之间实现利益平衡。

二、专利权二次界定的经济分析

尽管产权界定对技术创新至关重要，对技术进行产权界定本身却非常困难，由此引发的各种专利侵权诉讼屡见不鲜。根据行政权与

---

❶　从国际范围来看，对于专利保护水平的研究主要是从定性研究和定量研究两个方面展开，调查法和打分法分别属于这两种研究的代表。1997 年基纳特和帕克的研究成果出现之后，一套具备可操作性并适合进行国家间比较的打分法得以确立。这套指标体系包括 5 个一级指标，满分各为 1 分。每个一级指标下面包括若干个二级指标，假设为 n，每满足 1 个二级指标可得 1/n 分。总分越高代表一国专利保护水平越高。该体系中的 5 个一级指标分别为：专利保护范围、参与国际条约的数目、丧失专利条款、执行机制、保护期限。参见杨中楷、柴玥："我国专利保护水平指标体系构建与评价"，载《中国科技论坛》2005 年第 2 期，第 76 ~ 79 页；钟佳桂："中美知识产权保护强度测度与比较"，载《法学杂志》2006 年第 3 期，第 134 ~ 135 页。从国内来看，对于专利保护水平（强度）的研究从立法水平和执法水平两方面展开。即使法律制度健全，但完备的法律不能得到有效的执行，其保护水平会大打折扣。因此，一个国家知识产权的保护强度应是知识产权立法强度与执法强度指标的综合。其中影响执法强度的因素包括社会的法制化程度、法律体系的完备程度、经济发展水平、国际社会的监督与制衡机制等。参见许春明、单晓光："中国知识产权保护强度指标体系的构建及验证"，载《科学学研究》2008 年第 4 期，第 715 ~ 723 页。

司法权相分离原则，专利侵权诉讼的受诉法院无权对涉案专利权的有效性进行实质审查。即使涉案专利权存在明显瑕疵，也只能通过无效宣告程序予以矫正。由于专利权无效宣告程序比较复杂，所需时间很长，因此，在专利侵权诉讼中，允许被告以"自己实施的技术属于现有技术"进行抗辩具有一定的合理性。现有技术抗辩在《专利法》第三修正案中的引入表明其已经在专利法中获得稳定的法律地位。关于该项制度所具有的经济学意义，需要从专利初次界定的模糊性、被诉主体合法权益保护和司法公正维护、二次产权界定等角度进行分析。

（一）专利权初次界定的模糊性

从专利权授予程序上看，专利法规定，对发明专利申请虽然必须进行实质性审查，但是，受专利审查人员的个人因素和主观因素的限制，用于与专利申请文件进行比对的文献资料的限制，以及专利申请人外部因素的干扰等，可能导致专利权初次界定的模糊性。就实用新型和外观设计而言，专利法规定只进行形式审查，不进行实质审查，因而导致实用新型专利权和外观设计专利权的初次界定更加模糊。总体而言，专利权初次界定不可避免地具有模糊性。

另外，专利法将专利审查人员假设为所属技术领域的普通技术人员，实际上就是一个虚拟人。该虚拟人应当具备如下素质：（1）知晓申请日或者优先权日之前所属技术领域所有的普通技术知识；（2）能够获知该领域中所有的现有技术；（3）具有应用该日期之前常规实验手段的能力；（4）不具有相应的创造能力。❶事实上，专利申请是由现实中真实的审查人员而不是这种虚拟人进行的，他们只能通过搜索、查询等手段获知部分本领域的现有技术。对专利申请进行实际审查的人员，在科学技术飞速发展的具体时间点，不仅不可能获得与申请专利的技术所有的现有技术，而且不可能对申请专利权的技术作出精准的判断。显然，专利审查人员的实际能力与立法者设计专利制度时的预期存在差距，这些差距导致在专利的初次界定中，审查人员出现偏差，无法对其新颖性、创造性和实用性进行全

---

❶ 《专利审查指南2006》第二部分第四章2.4。

面准确的考量，也无法对权利边界作出清晰、稳定的设定。人们缺乏有效的能够测量专利权利边界的工具，而法律和最终的制度本身仅是一种基于人类生产力现状次优选择。

（二）专利权二次界定的必要性分析

专利权二次界定是在其初期界定模糊性的隐患中产生的。同时，从成本收益分析的角度，初次界定的模糊性和二次界定是必然的。即使人类的文字表达能力、认识水平和信息整理的能力有限，但只要给予审核者足够的时间，产权的界定也是可以达到清晰的。只是由于这个"时间"引发的各种过高成本，创新主体本身、审核者以及社会公众的利益都会受到损失，可以说，专利权首次界定的模糊性和不稳定性是必然选择。当完成专利权的初次界定后，具有配置资源作用的市场加入专利运行的后续过程中。具有实用价值的专利技术得到市场认可，在工业领域中得到应用，由此可能产生专利许可使用费或侵权损害赔偿，进而产生对产权二次界定的需求；而不具有应用价值的专利技术将被搁置。从这一角度看，市场启动了专利二次界定，二次界定对于实现技术转化也是必需的。从具有实用价值并得到转化的专利技术需要二次界定这一点看，专利权的二次界定排除了一大批获得授权但没有进入工业领域的专利，这无疑节约大量的社会成本。专利权二次界定的必要性是现有技术抗辩产生的基础。

专利权具有排他性和界定的高成本性。排他性使其对专利的使用形成垄断，垄断权利对同类技术创新行为是一种威胁，产权的初次界定尽管赋予专利垄断地位，却存在牺牲公众利益的潜在隐患，二次界定的必要性正是存在于专利权的排他性对公众利益的影响。专利的界定成本前面已经有所阐述，对无形技术进行产权界定的成本要远远高于对有形财产进行产权界定的成本。然而，之所以依然要对专利权进行二次界定，其根本原因在于技术创新的外部效应。侵权案件一旦出现，就会引发创新主体的外部损失或社会公众利益的损失。对于真正的专利技术，在缺乏专利制度保护的情况下，他人会任意模仿、复制这种低成本甚至是免费的产品，直接打击创新主体从事创新活动的积极性，从长远看，这不利于刺激和带动经济发展，阻碍社会公众福利水平的提高。而对于那些伪专利技术，即由于现有专利制度的不完善而暂时处在专利垄断地位上的技术创新，二次界定的必要性就不言而喻了。被诉主体通过现有技术抗辩是对被诉主体和社会公众利益的维护，使得本属于公共产品的现有技术再次回归为社会公众的共同财富。

专利权二次界定是维护专利侵权诉讼中被控侵权人合法利益和维护司法公正的需求。在专利侵权诉讼中，如果被诉主体使用的技术确实属于专利技术，则构成侵权；而如果被诉主体其使用的技术属于现有技术，那么就不构成侵权。一项技术一旦被批准为专利，则专利权人就拥有了对专利技术的垄断权力，即排他权力，但现有技术被批准为专利的现象使得其他现有技术使用者成为被诉主体，其合法权益受到影响。换句话说，本属于公众的权利在国家赋予的被强制性规则下被专利权人剥夺了，如果他人对其使用或者消费成为专利权人的诉讼主体，那么就使得这种专利权被某个人独自占有。合理的专利制度应当保护的是非现有技术，是对人类创新行为的激励。为了保护非专利权人享受现有技术的合法利益，被诉主体可以通过实施"现有技术抗辩"保护自己。

当然，这一制度的产生与当前我国在专利侵权诉讼案件的审理中存在的问题也是息息相关的。目前我国审理专利案件的效率不高，在于我国法院无权对专利的新颖性和创新性进行审查，当出现侵权诉讼时，一旦侵权的被诉主体在规定期限内向专利复审委员会申请专利权无效，法院一般会中止侵权案件的审理，等待上级法院和专利复审委员会的最终结论，这个过程相当长。因此，宣告专利无效程序的漫长过程加大了专利侵权案件的诉讼成本。

法院是体现司法公正的场所，但现有问题的出现给如何维护司法公正提出了难题。对司法公正的追求是维护双方利益平衡，维护社会整体利益的需要。由于产权初次界定的模糊性已经为利益纠纷埋下了隐患，当这种隐患出现时，司法环节则必须运用各种方式，竭尽所能解决这一问题，提高公众信赖国家授予专利权的权威性，进一步激励各种技术创新。现有技术抗辩的出现提高司法效率，维护司法公正的有效手段，更有利于保障全体社会公众的利益。对社会公众利益的保护是专利制度合法地位得以维持的前提和重要理由，司法公正对于巩固专利制度的合法地位具有重要意义，正是基于这一前提，人类才创造了专利制度，给予创新主体对专利的排他性权利，其目的不仅是保护创新主体的个人利益，激励创新行为，从全社会整体利益和长远利益角度看，这是实现服务社会公众利益，促进经济发展的需要。我国加入的 TRIPS 协议，也体现专利权保护制度的目的在于公共利益。TRIPS 协议第 7 条规定：知识产权的保护和实施应当有助于促进技术革新及技术转让和传播，有助于技术知识的创造者和使用者的相互利益，并有助于社会和经济福利及权利与义务的平衡。所以，专利保护制度并不是仅仅为了权利人的利益，而是为了促进技术的发展和社会经济福利的增加，是为了维护国家和社会公共利益。

第四节　现有技术抗辩的理论基础归纳

应当从三个方面对现有技术抗辩的理论基础进行分析。

从公共领域的角度看，现有技术抗辩的理论基础是任何人不得从公共领域中获得垄断利益，因为公共领域的全部元素归公众所有。在专利制度中，公共领域代表公共利益，是专利制度的相对概念，也是专利权人不能支配的领域。公共领域与专利制度统一于现有技术，现有技术通过"公开"行为获得进入公共领域的资格。个人不得宣称对现有技术的独占权，国家也不能通过向个人"出让"现有技术获得对价。

从技术创新的角度看，现有技术抗辩的理论基础在于其通过维护公共领域的不可专利性来维护技术的可持续创新。回顾专利制度的历史，专利制度的成长史，就是技术进步、技术创新的历史。不可否认，专利权的垄断性确实造成专利制度与竞争政策的冲突。但专利制度和竞争政策在许多方面存在统一基础。从专利权保护范围的角度看，竞争政策与专利制度在现有技术之上应实现平衡。

从经济学的角度看，专利权二次界定的必要性是现有技术抗辩产生的基础。从成本效益分析的角度看，现有技术抗辩相对专利无效抗辩，更能实现诉讼效益。专利制度是对技术进行产权界定的产物。其中，需要付出一定成本，也会产生相应的社会收益。由于各种因素的存在，技术的初次产权界定存在模糊性，从成本收益的角度分析，对专利权进行二次界定也是必然的。

第五章　现有技术抗辩定性分析

第一节　现有技术抗辩定性理论

一、善意保护说

从现有技术抗辩的保护对象来看，在现行专利纠纷解决机制的背景下，现有技术抗辩在于保护善意第三人的可得利益。[1] 善意第三人的可得利益，即在被控侵权人为善意的情况下，其通过合法方式获得涉案专利申请日之前公开的自由公知技术的利益；其通过以获得涉案专利申请日前所公开专利的实施许可等方式，合法使用在先专利的可得利益。现有技术抗辩旨在保护善意第三人的抗辩，此为其制度价值之所在。

（一）民法上的善意解读

善意是对于民事法律行为的意思表示状态的一种界定。民事法律行为，属于法律事实的一种，是指公民或法人以设立、变更、终止民事权利和民事义务为目的的具有法律约束力的合法民事行为。意思表示为其基本要素。而有此表示，故发生法律上效果之法律事实。[2] 可见，民事法律行为是引起民事法律关系变化的法律事实之一，其核心在于意思表示。意思表示，是指将企图发生一定私法上效果的意思，表示于外部的行为。私人的表示是否在于企图发生一

---

[1] 张鹏：“现有技术抗辩制度本质论”，载 http://www.civillaw.com.cn/article/default.asp?id=46941，最后访问日期：2012 年 3 月 20 日。

[2] 胡长清：《中国民法总论》，中国政法大学出版社 1999 年版，第 207 页。

定私法上效果，应斟酌各项情事加以认定。❶ 民法上的善意即由意思表示而衍生，意指出于善意法律效果的法律意思。

（二）民法上的善意导源

善意是民法学中的一个基础性概念，源于拉丁文 bonafides，其制度起源于罗马法中的"善意占有之诉"（actio-publicaca）。民事法律行为意思表示的"善意"包括两种含义，即目的意思上的善意和效果意思上的善意。目的意思上的善意是指在不知某种情形存在的情况下为一定行为，即在该民事法律行为的意思表示中，目的意思不明确，缺乏为该民事法律行为的明确目的意思。效果意思上的善意是指出于善良的动机和愿望而为一定行为，即在该民事法律行为的意思表示中，民事主体出于善良的效果意思。

（三）知识产权法中善意第三人可得利益的保护

基于民法上善意的理解，善意第三人是指具备目的意思上善意的民事主体，或者具备效果意思上善意的民事主体。如果民事主体处于善意的角度，则可以通过善意行为获得一定的利益，那么这种利益可以称为"善意第三人的可得利益"。"保护善意第三人的可得利益"对于保障交易安全具有重要意义，而知识产权制度对于交易安全的追求在大民法的体系下显得尤为突出。知识产权制度，尤其是专利制度，作为一种产权制度安排，效率是其效益实现的生命线，而交易安全无疑是重中之重。在专利侵权诉讼中，如果被控侵权人是善意的民事主体，那么其具有合法获得涉案专利申请日之前公开的自由公知技术的可得利益，并且具有通过获得涉案专利申请日之前公开的专利的专利权人实施许可等方式，合法使用在先专利的可得利益。因此，现有技术抗辩正是出于对善意第三人利益保护的目的而设立，其制度价值即在于保障善意第三人的这种可得利益。

---

❶ 王泽鉴：《民法总则（增订版）》，中国政法大学出版社 2001 年版，第 335 ~ 336 页。

二、侵权例外说

（一）现有技术抗辩带来专利侵权比对关系变化

通常意义上的专利侵权判定，就是专利权利要求与被控侵权物的比对，如果没有落入专利保护范围之内，结论自然是不构成侵权；如果落入专利保护范围之内，就可以判定侵权成立。

引入"现有技术抗辩"之后，比对关系明显复杂起来。在专利权利要求和被控侵权物之外，还要考虑"现有技术"的影响。从原告的角度看，为了确认被告构成专利侵权，原告必须将被告所实施的技术与专利技术比对。这种比对有 3 种结果，即被告所实施的技术与自己的专利技术：（1）相同或者等同；（2）部分相同或者等同；（3）完全不相同也不等同。如果属于第一种情况，被告可能构成侵权；否则就不构成侵权。从被告的角度看，为了维护自己的合法权益，可以采用现有技术抗辩将自己所实施的技术与某项现有技术进行比对。这种比对也有 3 种结果，即自己所实施的技术与其所选择的现有技术：（1）相同或者等同；（2）部分相同或者等同；（3）完全不相同也不等同。如果属于第一种情况，那么被告现有技术抗辩成立；否则被告现有技术抗辩不成立。

（二）现有技术抗辩是一种侵权例外

专利侵权诉讼中，如果涉及"现有技术抗辩"，法院必须确定上述三组比对方式的先后顺序。司法实践中确定的现有技术抗辩比对优先适用。❶ 应该说，判断被控侵权物是否落入专利保护范围，可以

---

❶ 最高人民法院民事审判第三庭在《关于王川与合肥继初贸易有限责任公司等专利侵权纠纷案的函》中指出，"不论神电公司技术与王川专利是否相同，在神电公司提出公知公用技术抗辩事由的情况下，只有在将神电公司技术与公知公用技术对比得出否定性结论以后，才能将神电公司技术与王川专利进行异同比较"。由此可见，最高人民法院的观点是首先适用现有技术抗辩的比较（上述第三组的比较），只有在现有技术抗辩不成立以后，再按照常规的步骤进行被控侵权物与专利权利要求的比较（上述第一组的比较）。"最高法院民三庭的［2000］知监字第 32 号函"，载最高人民法院民事审判第三庭编：《知识产权审判指导与参考（第二卷）》，法律出版社 2001 年版，第 306～307 页。

从两个方面考虑：其一是正面分析，在专利保护范围明确的前提下，看被控侵权物是否落入其中；其二是从反向考虑，看被控侵权物是否在现有技术范围内，如果能证明"是"，则被控侵权物必定处于专利保护范围之外。

现有技术抗辩优先适用的好处是，先不用确定专利保护范围，而是选择相对容易的对被控侵权物与现有技术进行比较。如果比较的结果是被控侵权物在现有技术范围内，即现有技术抗辩成立，则说明不构成专利侵权，"现有技术抗辩"属于一种"不侵权"的抗辩。如果现有技术抗辩不成立，则需要将被控侵权物与专利权利要求进行比较，在此情形下，如果被控侵权物也没有落入专利保护范围，那么专利侵权亦不成立，其抗辩性质仍属"不侵权"抗辩。因此，必须"以专利权利要求为中心"，在被控侵权物与专利权利要求的对比之后，只有被控侵权物落入专利保护范围，才有"现有技术抗辩"适用的余地。而"现有技术抗辩"优先适用的观点，无视"现有技术抗辩"属于"侵权例外"抗辩，造成专利法基本概念的混乱。

第二节　现有技术抗辩性质界定的制度背景

一、我国专利确权机制的状况

在中国，审查专利申请并最终决定是否授予专利权的是中央专利行政管理机关——国家知识产权局专利局。从权力的属性看，授予专利权的权力属于行政权。基于行政权和司法权分立的基本规律，司法机关无权对是否授予专利及专利权是否有效作出判定。因此，申请人启动专利权无效宣告程序后，只能由专利行政机关作出专利是否有效的判定。

中国法院体系中没有专门的行政法院，但是法院内部分为民事审判庭、行政审判庭和刑事审判庭。行政诉讼与民事诉讼存在许多共同点，但在诉讼程序、举证责任的分配等方面也存在差异。专利权无效宣告申请经专利行政机关审查作出决定后，依据"司法最终解决原则"，任何一方当事人对行政机关的决定不服的，可以向法院提起行政诉讼。行政诉讼中，司法机关只能对具体行政行为是否合法、合理作出判断，从而作出维持具体行政行为的裁定，或者责令行政机关限期重新作出具体行政行为。在专利侵权诉讼中，如果被告对涉案专利的有效性提出质疑，申请宣告涉案专利无效，侵权诉讼的审理法院无权对此作出判定，而需要专利行政机关另案处理。由于专利的有效性是判决侵权案件的前提，根据民事诉讼法的基本原理，法院会中止侵权案件的审理，等待无效宣告程序完结。在特殊情况下，可以不中止审理。根据最高人民法院审理专利案件的司法解释，被告原则上只能在答辩期限内提出无效宣告请求；实用新型专利的原告在起诉时提供国家知识产权局出具的新颖性检索报告的，可以不中止；被告请求宣告该项专利权无效所提供的证据或者依据的理由明显不充分的，可以不中止；另外，被告证明其使用的技术已经公知的，可以不中止审理。从该解释可以看出，专利权无效宣告程序中止专利侵权诉讼的审理是一般情况，不中止是例外。

二、专利侵权诉讼中的当事人权衡

由于专利高创造成本及高需求特点，一些追求利益最大化的经济人可能存在这样一种选择：将现有技术稍加改进、修改或者将几项现有技术进行简单组合，以此申请专利，试图获取技术垄断利润。对这些专利的范围需要进行二次界定，无效抗辩和现有技术抗辩都属于专利二次界定的方式。但由于我国目前的实际情况，在这两种方式中，无效抗辩需要的时间过长，因此，在专利侵权诉讼中，允许被告以"自己实施的技术属于现有技术"进行抗辩具有一定的合理性。现有技术抗辩的功能就是使被诉侵权人免于承担侵权责任，减少专利侵权诉讼环节，节约诉讼成本，提高审判效率，其目的是防止权利人从现有技术中获得不当利益。从对作为现有技术抗辩理论基础的公共领域理论的分析中也可看出，现有技术处于公共领域中，不能为任何人独占，私人不能对现有技术宣称独占权，国家也不得将现有技术的产权分配给个人。专利法保护发明人利用其知识、技能和创造性能力作出的独特发明创造，而不是现有技术，也不是从现有技术中以显而易见的方式得到的技术。因此，专利权人不得对现有技术主张权利，这就是现有技术抗辩的核心功能。

在专利侵权诉讼中，被告可以采用多种抗辩手段，其中现有技术抗辩和无效抗辩的适用范围存在较多重叠，适用范围的重叠正是现有技术抗辩得以弥补无效抗辩制度不足的范围。因此，这一部分将重点针对现有技术抗辩和专利无效抗辩制度在诉讼中的成本收益进行比较分析。

当然，基于司法制度维护各群体合法权益，保持社会公平公正的目的，某一项诉讼制度的确立与否，并不能简单地以时间、物质成本的高低来判定制度的优劣。司法制度从来都不是将效率作为最高价值，也不是将追求效率作为制度本身追求的最高目标。在经济学中，效率和公平往往是不可兼得的。以社会公平公正为出发点的司法制度，是允许较高成本，较低效率下的公平。因此，也就是说，即使可以佐证现有技术抗辩在专利侵权审判中具有独有的时间、资金等成本优势，但是，在得出现有技术抗辩有必要引入专利侵权审判中的结论前，还需要对比现有技术抗辩与其他抗辩制度在保障诉讼双方当事人合法权益，维护社会公平公正中的效果和风险，即考察各制度维护社会司法公正效力的效果。

从现有技术抗辩产生的出发点和立论点来看，现有技术抗辩存在合理与否，不仅要看其是否是公共产品，还需要综合考虑以下两个方面：（1）采用现有技术抗辩后，其较之现有的抗辩制度而言在维护司法公正，保护当事人双方合法权益方面的作用有何变化；（2）采用现有技术抗辩后，其较之现有的抗辩制度而言，社会诉讼成本、个人诉讼成本有何变化。

第三节　现有技术抗辩的效益本质

在司法实践中，专利侵权诉讼中的被告采用现有技术抗辩所需满足的前提条件可以概括为：原告已经举证证明被告所实施的技术落入其专利权保护范围，被告已经找到可以用于抗辩的现有技术，并且在被告可选择的多种抗辩措施中，现有技术抗辩措施最能节约诉讼成本，最能提高诉讼效益。

　　根据我国现行专利法的规定，针对原告的专利侵权指控，被告可采用多种措施进行抗辩，包括现有技术抗辩。但是，现有技术抗辩措施引发了"专利权不可侵犯"与"现有技术不可垄断"两种价值观的冲突。对于前者，作为原告诉讼基础的专利是有效的，原告确认被告所实施的技术已经落入其专利保护范围，被告却以其实施技术属于现有技术为由对抗，并因此而免于承担法律责任，即国家专利行政管理部门依法授予的专利权被置于一旁而不顾。对于后者，从保护专利权的角度看，一方面，原告举证证明被告所实施的技术已经落入其专利权的保护范围，构成对其专利权的侵犯，应当承担相应的法律责任；另一方面，被告举证证明其实施的技术属于现有技术，而不论该技术是否已经落入专利权的保护范围，都不构成对原告专利权的侵犯，不必承担侵权责任。

　　单纯从诉讼程序上讲，现有技术抗辩涉及三项具体技术：（1）专利技术；（2）被告实施的技术；（3）现有技术。在诉讼过程中，原告通过技术比对——将被告实施的技术与其专利技术进行比对——确认被告所实施的技术已经落入其保护范围，构成对专利权的侵犯。原告得出该项结论的基本前提是：依法取得的专利权在被撤销或者宣告无效前是有效的。而技术比对就是被告将其实施的技术与某项现有技术进行比对，以证明自己实施的技术是现有技术，不构成对原告专利权的侵犯。由此可能产生以下3种结果：（1）原告的比对成立，被告的比对不成立，并且被告也没有其他可以免责的事由，因而，被告的实施行为构成对原告专利权的侵犯，应当承担相应的侵权责任；（2）原告的比对不成立，此时不论被告的比对是否成立，被告均不构成侵权；（3）原告的比对成立，而被告的比对也成立，于是发生冲突。如何解决上述冲突，往往取决于国家专利制度的价值取向。在以专利权为中心的专利制度中，只要原告的比对成立，不论被告的比对是否成立，如果被告没有法律规定的其他免责事由或者抗辩事由，那么被告的行为就构成对原告专利权的侵犯，应当承担相应的侵权责任，如美国的专利制度。❶ 在美国以专利权为中心的专利制度下，人们并不考虑被告所实施的技术与现有技术比对的结果，而只考虑专利权是否真实、有效以及被告所实施的技术是否落入专利权的保护范围。如果被告所实施的技术与现有技术相同或者等同，并且原告的专利技术与该现有技术相同或者等同，那么被告就只能采用无效抗辩，而不能采用现有技术抗辩。

专利制度的另一种价值取向是在充分尊重专利权的前提下兼顾诉讼成本与审判效率，从而允许采用现有技术抗辩，如我国、日本等国的专利制度。在这些国家，面对上述冲突法院只能支持被告的主张。只要被告所实施的技术与某项现有技术相同，而不论是否与原告的专利技术相同即可认定被告实施的是现有技术，不构成对原告专利权的侵犯。这样裁判，从形式上看是法院没有尊重原告的专利权，从实质上看却是法院充分尊重了原告的专利权，只是法院在尊重原告专利权的同时兼顾了诉讼成本与审判效率。

事实上，在原告的比对成立并且被告的比对也成立的情况下，第三种比对——将原告的专利技术与现有技术比对——也是成立的。如果不考虑诉讼成本与审判效率，让被告采用无效宣告抗辩措施请求宣告原告的专利权无效，那么其结果是导致原告的专利权被宣告无效。此时，由于原告的专利权被宣告无效，其赖以生存的诉讼基础消失，被告自然不构成侵权。但是，这种路径选择无疑会增加诉讼成本、延长诉讼时间，导致诉讼效益低下。

---

❶ 《美国专利法》第 282 条规定："有效性之推定、抗辩：专利权应被推定为有效，每一申请专利范围项目（无论系独立项、附属项或多项附属项型式）均应推定为独立有效，而不受其他申请专利范围项目之影响；纵使所依附之申请专利范围部分无效，附属项或多项附属项之申请专利范围仍应视为有效，主张专利权全部或其中任何部分申请专利范围无效之举证责任，应由主张者担负之。涉及专利权之效力或侵害之诉讼，得以下列诸款理由，据以提出抗辩。（1）无侵权行为、欠缺侵权责任或有不得主张专利权之情事者。（2）以未具第二章有关取得专利要件之规定为理由，于诉讼中主张专利权或任何申请专利范围项目为无效者。（3）因不符第112 条或第 251 条之要件，而使专利权或任何申请专利范围项目为无效者。（4）其他依本法足以构成答辩之事实或行为者。"

在现实生活中，原告提起专利侵权诉讼的目的是解决纠纷，使自己的专利权得到保护。一旦被告的技术比对成立，那么就预示着被告所实施的技术属于现有技术，与原告的专利技术毫不相干。此时，原告最理性的选择就是放弃对被告的追究，以取得双赢的结果。专利法应当支持原告的这种选择，具体的表现形式就是允许被告进行现有技术抗辩。如果专利法禁止或不支持被告采用现有技术抗辩，那么实际上就是迫使被告采用专利权无效抗辩，最终的结果还是专利权被宣告无效。而采用这种方法可能会得不偿失。

总之，允许采用现有技术抗辩所产生的结果与不允许采用现有技术抗辩所产生的结果有一点是相同的：被告的实施行为不构成对专利权的侵犯，不必承担相应的法律责任。两者的不同是：前者使专利侵权诉讼变得简捷快速，进而降低诉讼成本，提高诉讼效益，并且不影响原告的专利权；后者则完全相反。

面对两种不同的价值观念冲突，我国立法者基于"降低诉讼成本，提高审判效率，确保裁判公正"价值观念考量，在对《专利法》进行第三次修订时增加现有技术抗辩应该说是一种符合专利制度国际发展趋势的正确选择。现有技术抗辩的设置旨在通过解决专利侵权诉讼中可能出现的专利权有效性抗辩引起的诉讼程序与行政程序之交叉，实现诉讼效益的最大化追求。

第六章　现有技术抗辩中的现有技术

现有技术是专利制度中的核心问题之一。从现有技术在构建专利制度的各个部分之间的逻辑关系看，现有技术是专利制度不予保护的发明创造，也是专利新颖性和创造性的判断基准。现有技术也是现有技术抗辩中的重要元素，现有技术的内涵决定了现有技术抗辩的功能。解读现有技术是研究现有技术抗辩不可缺少的内容。

第一节　现有技术及其特征

专利法上的现有技术，在英文中表示为 the state of the arts，existing arts 或 prior arts。现有技术，实际上是一个技术集合体，是针对某一项特定技术而言的。只有在选定某一项特定技术的前提下，才能确定与之相对应的现有技术集合。就现有技术抗辩而言，涉案专利技术就是有关当事人选定的特定技术，确定与该涉案专利技术相对应的现有技术的时间点，就是该涉案专利的专利申请日或者优先权日（为简单起见，本书统一称为"专利申请日"），从而决定了与该涉案专利技术相对应的现有技术集合。

一般情况下，专利法所指的现有技术，包括两种样态：（1）针对专利申请而言的现有技术，与之相对应的是申请专利的技术，其时间点是被审查专利申请的申请日（决定将专利权授予最先提出专利申请的人，采用先申请原则的专利制度中的时间点），或者是被审查专利申请的发明完成日（决定将专利权授予最先完成发明的人，采用先发明原则的专利制度中的时间点）。（2）针对现有技术抗辩而言的现有技术，与之相对应的是涉案专利技术，其时间点是涉案专利的申请日或者发明完成日。概言之，根据我国专利法规定，针对现有技术抗辩的现有技术，是指在涉案专利的专利申请日之前已经在国内外公开并为公众所知的全部技术。但是，专利法上两种样态的现有技术，一旦汇聚到同一项特定技术上，这两个集合应当是重合的。尽管如此，在专利申请审查阶段的现有技术，在我国的专利法上，除了包括申请日以前已经为国内外公众所知的技术之外，还包括抵触申请中的技术。但是，现有技术抗辩阶段的现有技术是否包括抵触申请中的技术，存在不同的看法。

根据上述定义，现有技术包括申请日以前的公知公用技术、专利技术以及抵触申请中的技术三部分。公知公用技术，就是公有领域中的元素，任何人都可以自由使用，不受他人干扰。换言之，任何人都不得对公有领域的元素行使排他权，以便从中获得垄断利益。作为现有技术的专利技术，虽然在涉案专利的申请日以前已经为国内外公众所知，但不是公用技术，而是受法律保护的专利技术。抵触申请中的技术，虽然也是现有技术，它可能是专利技术，也可能是公知公用技术。根据我国专利法规定，国务院专利行政机关对实用新型专利申请不进行实质审查，因此，倘若涉案专利是实用新型专利，就可能出现某项专利的申请日早于涉案专利的申请日，本来是涉案专利在申请阶段的抵触申请，但是，因为涉案专利权的取得没有经过实质审查，故而形成抵触申请是现有技术中专利技术的情形。如果抵触申请的申请人当时放弃了其申请，或者其专利申请被驳回、撤回或者视为撤回，则属于现有技术中的公知公用技术。本书将抵触申请作为现有技术中第三部分，是因为它们不是在涉案专利申请日以前已经为国内外公众所知的技术，而且处于第一部分现有技术与第二部分现有技术的交集部分。

通过上述可知，公开性或者公知性是现有技术的基本特征，公用性只是现有技术中公知公用技术或者自由技术的特征，不是现有技术中专利技术的特征。现有技术的第二个特征是相对性，即相对于某项专利技术的现有技术集合，与相当于另一项专利技术的现有技术集合，既可能相同，也可能不同。具体言之，具有相同申请日的专利技术，就具有相同的现有技术集合；否则，其现有技术集合就是不同的。

第二节　确定现有技术的标准

如上所述，现有技术是一个相对范畴，以所论及的专利申请或者专利权的专利申请日或者优先权日或者先发明日为基准而形成的一个技术集合。从各国立法和国际公约的规定来看，现有技术就是在此基准日期之前为国内外公众所知的技术。

一、基准日期的确定

根据各国或地区专利法以及专利国际条约的规定，界定现有技术范围的基准日期的确定有两种做法：采用先申请原则的专利法以专利申请日作为基准日期；采用先发明原则的专利法以发明完成日作为基准日期。历史上，曾经有美国、菲律宾等少数国家采用过先发明原则，以发明完成日作为界定现有技术范围的基准日期。但是，菲律宾于1997年、美国于2011年已经废除先发明原则，改为世界上其他国家通行的先申请原则。❶ 此后，界定现有技术范围的基准日期统一采用专利申请日或者优先权日。

针对涉案专利而言，界定其现有技术范围的基准日期就是该涉案专利的申请日；享有优先权的，基准日期就是优先权日。以基准日期为分界点可以将技术分为三部分：基准日期之前已经为国内外公众所知的技术，基准日期当天为国内外公众所知的技术以及基准日期以后为国内外公众所知的技术。在此三部分技术中，根据专利法规定，基准日期之前已经为国内外公众所知的技术属于现有技术，但不丧失新颖性的情形除外；在基准日期当天为国内外公众所知的技术与在基准日起之后为国内外公众所知的技术，正常情况下不属于现有技术，但抵触申请除外。

二、不丧失新颖性的特例

出于鼓励发明人尽早公开先进技术，避免他人重复研发的目的，

---

❶　参见1997年的《菲律宾知识产权法典》和2011年9月16日美国总统奥巴马签署的《美国发明法案》。

我国专利法规定了三种例外情形：（1）在中国政府主办或承办的国际展览会上首次展出，发生在专利申请日以前6个月内，不影响该申请的新颖性；（2）在规定的学术会议或者技术会议上首次发表，发生在专利申请日以前6个月内，不影响该申请的新颖性；（3）他人未经申请人同意而泄露其内容，发生在专利申请日以前6个月内，不影响该申请的新颖性。

对于这三种例外情形的具体适用有几个问题需要注意：（1）我国现行专利法将上述三种情形作为专利申请不丧失新颖性的特例，实际上这三种情形下的公开对申请人的专利申请构成现有技术除外，即不视为影响专利申请新颖性和创造性的现有技术；❶（2）上述现有技术除外的效力仅对于申请人而言，如果在上述三种情形的公开之后，申请人提出申请之前，第三人就该发明创造提出了专利申请，则上述三种情形的公开构成该第三人专利申请的现有技术，导致第三人的申请丧失新颖性。

三、互联网信息

当信息处在公众可以获取的状态中就推定为公众所知，这是一个推定状态，这种推定可以通过其他证据被推翻。例如，一般存在于互联网上的信息处于可以为公众所知的状态中，但如果技术信息在互联网上存在的时间很短，即使可以为公众获取，瞬间性也导致其不构成公开。一般来讲，互联网上的信息属于为公众所知的情况包括：（1）能够为任何人通过搜索获得的信息；（2）非特定的人通过非歧视性的正常途径可以获得口令访问网页；（3）非特定的人通过付费都可以访问网页。❷这三种情形涉及被设置特定获取途径的信息，但都处于可以为"不特定的人"能够获取的状态中，因此都属于"为公众所知"。如果一项技术方案被上传至互联网后很短时间就

---

❶　田力普主编：《发明专利审查基础教程（审查分册）》，知识产权出版社2012年版，第135页。

❷　成川："鹤山建筑机械厂诉专利复审委员会专利权无效行政纠纷案"，载《电子知识产权》2001年第6期，第57页。

被删除，则是否应当推定该项技术"为公众所知"呢？尽管上述三种互联网信息可以为不特定的人获取，但是要从互联网上的海量信息中获得特定技术需要一定时间。当技术存在于互联网上的时间不足以让公众获取该信息，则不应当推定在互联网上的短暂公开构成"为公众所知"。

第三节　现有技术的功能

对于专利制度的社会价值，经济学家从社会福利的角度作过深入的分析。一般认为，专利制度的经济正当性在于其能够激励技术创新，并促进技术公开，推动专利技术的商业化。专利制度最主要的目的和功能正在于此。尽管自专利制度建立以来，反对者就没有停止提出替代制度的努力，但迄今为止没有任何研究表明旨在替代专利制度的奖励方案能更好地激励技术创新。因此，美国专利委员会1966年报告指出，专利制度能够继续刺激科学研发，其作用是独一无二的，没有其他切实可行的办法能够替代。[1] 许多经验性研究表明，专利制度诞生以后在推动技术创新上发挥了重要作用。

专利法中的现有技术是技术创新的基础和源泉，是创新需要的背景技术，维持现有技术的不可专利性就是维护技术创新。专利制度欲实现其激励功能必然排除对现有技术中公知公用技术的垄断，并排除在现有技术上添加简单劳动而产生的显而易见性成果于专利权保护范围内。事实上，在现有技术上添加简单劳动所获得的显而易见性成果，仍然属于公有领域，但并不一定是现有技术。专利制度赖以建立的基本理论将现有技术与显而易见性技术排除在专利权保护范围之外。

专利法精巧地设计了现有技术排除制度。从国家层面看，专利制

---

[1]　陈家宏：《专利制度企业内化理论与实证研究》，西南交通大学博士论文2009年，第1页。

度是一种社会政策的工具,❶ 对哪些技术提供专利保护以及提供何种程度的保护,各个国家必须在遵守专利国际游戏规则的前提下,根据本国在特定阶段的科学技术与经济发展状况作出政策选择。然而,将现有技术排除在专利权保护范围之外则是各个国家专利法律规范的共同选择。首先,专利法将新颖性作为授予专利申请以专利权的第一个实质条件,将现有技术排除在可专利对象之外。其次,专利法将创造性或者非显而易见性作为授予专利申请以专利权的第二个实质条件,将在现有技术上添加简单劳动所产生的成果排除在可专利对象之外。再次,在获得专利权之后,专利法又设计了专利权宣告无效制度,将以现有技术作为专利申请而获得的专利权予以矫正,排除现有技术于专利权保护范围之外。最后,为了防止专利权人从现有技术中获得垄断利益,专利法设计了现有技术抗辩制度,使实施现有技术的被控侵权人免受侵权责任。

综上所述,在专利制度中,现有技术具有三大基本功能:(1)标杆功能。专利法为了确保发明人获得专利权的技术不仅异于现有技术,而且其高度必须超过现有技术,将现有技术作为一个标杆竖立在专利申请审查机关,让专利申请审查人员将申请专利的技术与之进行比对,只有与之不同并且超过其高度的技术,才有可能获得专利权;否则,将被驳回。(2)矫正功能。尽管专利法已经将现有技术作为一根标杆竖立在专利行政机关,但因为该标杆的真实样态与高度呈现模糊性,具体审查人员难以准确拿捏,不可避免会出现失误。对于存在明显瑕疵的专利权,如果其专利技术属于现有技术,根据相应制度,仍然可以使之归于无效。(3)对抗功能。在前两个功能都失效的情况下,专利侵权诉讼中的被控侵权人还可以借助现有技术进行抗辩,使其免于承担专利侵权责任。

---

❶ 刘华:《知识产权制度的理性与绩效分析》,中国社会科学出版社 2004 年版,第 46 页,转引自吴汉东:"利弊之间:知识产权制度的政策科学分析",载《法商研究》2006 年第 5 期,第 6 页。

第四节　现有技术定性分析

由上分析可知，现有技术集合包含三种属性的元素：第一种属性的元素就是公知公用技术，第二种属性的元素就是专利技术，第三种属性的元素就是抵触申请中的技术。由第一种属性元素组成的子集称为公知公用技术集（简写为 $C_公$），由第二种属性元素专利技术组成的子集称为专利技术子集（简写为 $C_专$），第三种属性元素抵触申请技术组成的子集称为 C 灰中的元素集（简写为 $C_灰$）。这三个子集所具有的法律性质有所差异。

一、$C_公$ 的法律性质分析

由于 $C_公$ 集合中的元素是公知公用技术，从经济学的角度看，公知公用技术属于纯公共物品，任何人都可以自由利用。专利法所保护的是人们利用其智慧独立创作出来的、具有新颖性的发明创造，而不是现有技术，也不是从现有技术中以显而易见的方式得到的技术。任何人都不得以任何形式独占公知公用技术，从中获取垄断利益。

纯公共物品所具有的非竞争性只能由物品的自身性质决定。公知公用技术的无形性决定了对其消费的非竞争性，因为无形财产不会因使用发生有形损耗，❶ 因此，一般而言无形财产在消费上都具有非竞争性。例如，广播节目传送的无形电波可以供多数人同时收听。

公知公用技术的非排他性意味着任何主体都不得从中获得垄断利益。公共物品的非排他性并非来源于自身属性，而是公共政策选择的结果。如果从自身特性看，任何人无法排除他人对纯公共物品的消费。如果采用成本—效益分析法，从政策选择的角度看，排除他人对纯公共物品的使用成本很高，作出这种选择并不划算。技术的无形性决定不采用一定手段无法排除他人的消费。由于对符合可专利性条件的技术赋予排他性可以实现对技术创新的激励，促进技术公

---

❶　吴汉东：《无形财产权制度研究》，法律出版社 2005 年版。

开和技术转化，由此带来的社会效益大于成本，因此国家通过专利制度将私人产权配置给专利人，实现专利技术消费上的排他性。当然，迄今为止没有哪一个学者能够利用成本—效益分析法证明专利制度的正当性，通过政策工具赋予专利技术排他性是否是实现创新激励的最优手段这一问题上也一直不乏质疑的声音。尽管存在这些质疑和反对，现代专利制度近400年的发展已经使其成为现代各国普遍使用的政策工具，并在激励创新、促进技术公开和转化上发挥着不可替代的作用。

二、$C_{专}$的法律性质分析

相对于涉案专利而言，在其专利申请日之前已经存在专利技术或者已经公开的专利申请此后获得专利权的技术，虽然是一项专利技术，但仍然属于该涉案专利技术的现有技术。$C_{专}$子集中的元素，相对于涉案专利技术是现有技术，但并不是公有领域的元素，而是其专利权人的私人财产。从现有技术抗辩角度看，被控侵权人以这样的专利技术作为现有技术进行抗辩，在法律上是成立的。第一，假如被控侵权人所援引的专利技术之专利权人是本案原告之外的人，该被控侵权人即使构成对被援引专利技术的侵犯，也不侵犯本案原告的专利权；第二，假如被控侵权人所援引的专利技术之专利权人就是本案原告，该被控侵权人所侵犯的是另外一项专利权，不是本案所涉的专利权。总之，被控侵权人的现有技术抗辩成立。

由此可见，$C_{专}$的法律性质不属于公有领域的元素，而是受专利法保护的异于本案所涉专利技术的元素，仍然是现有技术抗辩可援引的对象。

三、$C_{灰}$的法律性质分析

$C_{灰}$中的元素与$C_{公}$和$C_{专}$中的元素的不同之处在于它们并不是在本案所涉专利申请日之前为国内外公众所知的技术，只是其专利申请日或者优先权日早于本案所涉专利的申请日，并且在本案所涉专利的申请日之后公之于众的技术。从专利制度的设计角度看，$C_{灰}$中元素具有对抗以相同主题的技术在其申请日之后申请公开以前提出的专利申请，其主要作用就是防止对相同主题的技术重复授权，以确保相同主题的技术只能授予一项专利权。如果在 $C_灰$ 中元素申请日之后申请公开以前由他人就相同主题的技术提出的专利申请，并且获得了专利权，任何人可以 $C_灰$ 中元素作为条件请求宣告该专利权无效。❶ 但是，$C_灰$ 中元素能否作为现有技术抗辩中的现有技术来对抗专利侵权诉讼，则是需要研究的问题。

我国 2008 年《专利法》第 22 条第 5 款规定的现有技术，是指申请日以前在国内外为公众所知的技术。第 62 条规定的现有技术抗辩所指的现有技术，专利法并没有作其他规定，因此，该条所指的现有技术应当与第 22 条第 5 款所规定的现有技术相一致，不应当包含 $C_灰$ 中的元素，即抵触申请中的技术。

从目前情况看，各国对待 $C_灰$ 中的元素的态度不同，而各国的不同做法拖延了国际专利协调的进展。1984 年，世界知识产权组织成立专门的专利法委员会，着手协调国际专利法，面临的挑战之一就是统一各国对待 $C_灰$ 中的元素的态度，这些分歧包括但不限于：（1）$C_灰$ 中的元素是否应当成为现有技术的部分；（2）$C_灰$ 中的元素应当从何日起成为现有技术；（3）$C_灰$ 中的元素应仅作为新颖性的对比基准还是同时作为创造性的基准；（4）同一申请人的未决申请是否应被排除在现有技术外。❷ 这些分歧涉及 "$C_灰$ 中的元素" 的许多基础性问题。

我国建立现有技术抗辩之后，也有学者关注了 $C_灰$ 中的元素在现有技术抗辩中的地位。有一种观点认为，$C_灰$ 中的元素也可以用于现有技术抗辩。如张晓都认为，现有技术抗辩的理论基础在于将现有技术中已经存在的技术申请获得的专利不符合新颖性与创造性的规定，因此，主张采用被控侵权人实施的技术相对于对比现有技术无

---

❶ 2001 年 6 月 15 日国务院颁布的《中华人民共和国专利法实施细则》第 64 条第 2 款。

❷ WIPO Committee of Experts on the Harmonization of Certain Provisions in Laws for the Protection of Inventions, HL/CE/IV/ 2, http：//www. wipo. int/mdocsarchives/HL_ CE_ IV_ 87/HL_ CE_ IV_ 2_ E. pdf, 2010 年 2 月 1 日。

新颖性或者明显无创造性为标准；并认为我国专利法所称的抵触申请可以破坏专利申请案的新颖性，因此，在适用现有技术抗辩的过程中，判定被控侵权人实施的技术相对现有技术是否具有新颖性时，抵触申请可以用作现有技术进行援引。[1] 黄敏认为，抵触申请应当与现有技术在现有技术抗辩中发挥同样的作用，在相同侵权中，抵触申请可以作为现有技术抗辩的依据。[2] 澄清"$C_灰$中的元素"的性质，厘清"$C_灰$中的元素"与"现有技术"的关系才能正确认识"$C_灰$中的元素"在专利法中的功能，对 $C_灰$ 中的元素的内涵、性质和功能进行考察是适用现有技术抗辩中不可缺少的环节。

从内涵来，$C_灰$ 中的元素是在基准日期[3]前已经存在的技术，但是在基准日期以前尚未公开，而是在涉案专利申请日以后公开的。

从外延来看，$C_灰$ 中的元素因国家不同而有所不同。在采取先发明制的国家，$C_灰$ 中的元素包括两部分：尚未公开的在先未决申请以及他人的在先发明。[4] 在采取先申请制的国家，$C_灰$ 中的元素仅包括在后公开的在先未决申请。目前已经没有实行先发明原则的国家，[5] 所以，$C_灰$ 中的元素实际上就只有相对于涉案专利的抵触申请。在 2007 年 5 月国际知识产权律师联合会召开的大会上，与会代表专门就 $C_灰$ 中的元素进行讨论，并指出秘密现有技术（secret prior art）是指在同一法域内提出的在后公开的在先申请。[6]

---

❶ 张晓都："再谈现有技术抗辩的认定标准与现有技术抗辩中的抵触申请"，载《中国专利与商标》2008 年第 1 期，第 44～45 页。

❷ 黄敏："浅议现有技术抗辩中的抵触申请"，载《中国专利与商标》2008 年第 3 期，第 73～74 页。

❸ 专利法中的关键日因采纳先申请制和先发明制而不同。在先申请原则下，关键日是专利申请日；在先发明原则下，关键日是发明日。

❹ C. Douglass Thomas, Notes Secret Prior Art—Get Your Priorities Straight, 9 *Harv. J. Law & Tec 147*, Winter, 1996. at 150.

❺ 1998 年 1 月 1 日，菲律宾改先发明原则为先申请原则，美国 2011 年的《利希－史密斯美国发明法案》采用了先申请原则，正式宣告先发明原则已经成为历史。

❻ EXCO/NL07/CET/1301, http://www. ficpi. org/library/AmsterdamCET/CET-1301. pdf.

在专利制度中，现有技术是非常重要的概念。现有技术是基准日期前公开的技术，不仅是新颖性和创造性的对比基准，而且是宣告专利权无效与现有技术抗辩的证明依据。尽管 $C_{灰}$ 中的元素在基准日期前已经存在，但不同于典型的现有技术，因为在基准日期之前它处在尚不为公众所知的状态中。同时，由于 $C_{灰}$ 中的元素是在基准日期之后公开的专利申请，因此 $C_{灰}$ 中的元素在专利法中的地位不完全等同于秘密技术。各国专利法对 $C_{灰}$ 中的元素仅用于新颖性判断。在日本，有关新颖性和创造性审查的标准规定在《日本特许法》第 29 条。2000 年 1 月 1 日实施新专利法之前，现有技术仅包含在日本公开的技术；2000 年 1 月 1 日之后，日本将现有技术的范围扩展到世界范围。如果由他人提出的在先申请中包含在后申请中的发明，则尽管在先申请在后公开，在后申请仍将被拒绝授权。但如果在先申请与在后申请是同一人发明，或者由同一人提出申请，则在后申请仍可以获得专利权。如果申请书中包含数个权利要求，则新颖性判断逐一进行。而 2000 年 1 月 1 日后，判断性的对比技术仅限于在日本及其他地方为公众所知的技术。[1] 质言之，$C_{灰}$ 中的元素在日本专利法中可以作为新颖性的判断基准，而不能作为创造性的判断基准。

《欧洲专利公约》对 $C_{灰}$ 中元素的唯一规定体现在第 54 条第 3 款。该公约规定的现有技术称为 "the state of the art"，包括：（1）在提出欧洲专利申请的日期以前已经为公众所知的技术；（2）其他欧洲专利申请，即在涉案欧洲专利申请提出之前已经提出，并且在涉案专利申请提出之日或之后公开。这里的第二种现有技术在欧洲法中称为"优先权"，具有双重其目的：防止对同样的发明重复授权并将专利授予给先申请者。[2]

有人认为，现有技术抗辩的核心是被诉侵权人以自己实施的技术为现有技术进行抗辩。具体实践中，被诉侵权人援引的现有技术可否为 $C_{灰}$ 中的元素？在美国，不仅理论上论证了 $C_{灰}$ 中的元素应当作为现有技术抗辩时援引的现有技术的合理性，而且美国法院在判例中

---

[1][2] Donald M. Cameron and Jordana Sanft, "Secret" Prior Art: Europe and Japan-A Different View, at http: //www. jurisdiction. com/secretpriorart. pdf, 2010－01－28.

承认 $C_{\text{灰}}$ 中的元素作为现有技术，并以此作为判断新颖性和创造性的基准。也有人认为，$C_{\text{灰}}$ 中的元素不能作为专利侵权诉讼中被控侵权人进行现有技术抗辩所援引的现有技术。我国有些学者已经认识到 $C_{\text{灰}}$ 中的元素相对于现有技术的性质差别，并对其能否适用于现有技术抗辩作出了分析。张荣彦指出，抵触申请不包含在现有技术的范围内，而现有技术抗辩的基础是该技术被在先公开，抵触申请不具有这种属性，不可以作为抗辩的依据。❶ 将抵触申请用于现有技术抗辩所援引的现有技术，混淆了禁止重复授权和现有技术抗辩的功能。现有技术抗辩的理论基础是任何人不得从公共领域的现有技术中获得垄断获益。禁止重复授权原则旨在确保同样的发明创造只能被授予一项专利权。抵触申请与新颖性一起规定于专利的实质条件中，但抵触申请与新颖性条件发挥着不同的功能。新颖性条件注意力集中在信息的披露和公众对技术的可获取性上，❷ 其基本基础是信息原理：申请专利的技术在申请日前已经为公众所知或处于公众可以知晓的状态中，就表明该项技术不可能给公众带来新的利益，因此，该技术不能被授予专利权。❸ 抵触申请在于解决因专利行政机关的迟延而导致专利滞后公布引发的对同样的发明可能授予两项专利的问题，是禁止重复授权原则的具体适用。总而言之，抵触申请、新颖性、现有技术抗辩在专利法中发挥着不同的功能，隶属不同的制度脉络，不宜将 $C_{\text{灰}}$ 中的元素用于现有技术抗辩。

从专利法规定来看，$C_{\text{灰}}$ 中的元素不仅可以用于否定在后专利申请的新颖性，使之不能被授予专利权，而且可以用作宣告在后申请而获得的专利权无效的依据。如果 $C_{\text{灰}}$ 中的元素不能用作对抗专利侵权诉讼的现有技术进行抗辩，那么，只能回到专利权无效宣告的程序。这种做法显然与专利法设立现有技术抗辩的初衷或者出发点不

---

❶ 张荣彦："也谈现有技术抗辩的认定"，载《中国专利与商标》2007 年第 4 期，第 65 页。

❷ H. San Frost, Why Europe needs a sale bar, ［1996］1 EIPR 21, 转引自张晓都：《专利实质条件》，法律出版社 2002 年版，第 65 页。

❸ 张晓都：《专利实质条件》，法律出版社 2002 年版，第 65 页。

符，没有充分发挥现有技术抗辩的优势。事实上，如果允许将 $C_{灰}$ 中的元素作为现有技术抗辩的现有技术用以对抗专利侵权指控，不仅不会影响专利权的权威性与稳定性，而且能充分体现现有技术抗辩的成本效益。

尽管如此，仍然需要准确界定含 $C_{灰}$ 的法律性质。因为含 $C_{灰}$ 中的元素是本案所涉专利的抵触申请，其法律样态有两种：一种是公知公用技术；另一种是专利技术。换言之，含 $C_{灰}$ 实际上是 $C_{公}$ 和 $C_{专}$ 的交集：一部分可能是公知公用技术，另一部分则可能是专利技术。

第七章　现有技术抗辩与其他抗辩

　　全面、准确理解现有技术抗辩，需要对现有技术抗辩与其他相关制度进行比较。现有技术抗辩属于专利侵权抗辩，与其他专利侵权抗辩措施相比，其个性特征就可以清晰呈现出来。专利权无效抗辩、先用权抗辩与现有技术抗辩具有类似的制度功效，即被告所实施的技术虽然与原告的专利技术相同或者等同，但并不侵犯其专利权。三者概念具有相近性，然而，三者的运用具有明显的区别，下面将就现有技术抗辩与专利无效抗辩、先用权抗辩等进行比较，以明确现有技术抗辩与相关制度所具有功效。

第一节　与专利无效抗辩比较

一、专利权无效宣告

　　专利权无效宣告，是指社会公众对国家专利行政管理机关依照专利法规定的授权程序授予的专利权认为不符合法律规定条件，向国家专利复审机关提出宣告该专利权无效的制度安排，其目的是对瑕疵专利进行矫正。根据有关资料，各个国家或地区已经制定的专利法基本上都规定了专利权无效宣告制度。❶ 专利权无效宣告与专利撤销制度、授权后的异议制度、重新审查制度颇为相似，都是在专利授权后依据特定事由对专利权是否符合授权条件进行再次审查的机制，其功能和目的大致相同。具而言之，包括专利权无效宣告在内的这些程序，其目的在于矫正瑕疵专利，维护专利权人和社会公众的合法利益。

---

　　❶　如我国《专利法》第45条；《日本特许法》第123条；《德国发明专利法》第21～22条。

二、专利权无效抗辩

专利权无效抗辩属于专利侵权抗辩制度之一，是指在专利侵权诉讼中，被控侵权人以涉案专利不符合法律规定的实质条件为由，请求法院判定涉案专利权无效主张其行为不构成侵权的抗辩。

关于专利权无效宣告与专利权无效抗辩，专利理论研究者有三种不同的见解。

第一种观点认为，专利权无效宣告与专利权无效抗辩是两种不同的制度安排。❶ 按照这种观点理解，专利权无效宣告制度是为了矫正瑕疵专利权而设计的，其主能是矫正功能，不是侵权抗辩措施。由于专利授权行为是行政行为，与司法行为相分离，因此，法院对专利权无效宣告不具有管辖权。专利权无效抗辩则是针对专利侵权诉讼而设计的制度，属于司法权范围，专利侵权诉讼的受诉法院对被控侵权人提出的专利权无效抗辩主张具有审判权。但是，法院对被控侵权人提出的专利权无效抗辩主张只是进行事实判断，不是对专利权瑕疵的矫正，因此，即使法院作出有利于被控侵权人的判决，只具有对人的效力，不具有对世效力。

第二种观点认为，专利权无效宣告与专利权无效抗辩是一个硬币的两个方面，看似不同，实际上是一样的。根据我国 2008 年《专利法》，在专利侵权诉讼中，被控侵权人提出无效抗辩后将进入专利权无效宣告程序，因此，一般将无效宣告和无效抗辩作为同等含义的制度加以使用。❷

第三种观点认为，专利权无效抗辩吸收了专利权无效宣告，但是异于专利权无效宣告，其依据的是美国专利制度。具而言之，法院受理专利侵权诉讼后，被告向受诉法院提出原告的涉案专利权无效

---

❶ "专利无效抗辩与专利无效宣告的区别"，载 http://yingkepatent.blog.163. com/blog/static/10968211620096824515723/。

❷ 在本书收集的有关资料中，大部分研究成果谈到无效抗辩时，都会以我国专利无效宣告程序为对象进行分析，将无效宣告作为无效抗辩时的内在程序加以对待。如黄子平："论专利侵权诉讼中被告的抗辩"，载《知识产权》1994 年第 4 期；曹新明："现有技术抗辩制度研究"，载《法商研究》2010 年第 2 期。

的主张进行对抗，以保护其合法利益。除此之外，任何人不得在专利侵权诉讼程序之外以任何理由单独请求法院或者国家专利行政机关宣告专利权无效。法院根据被告提供的证据充分与否，作出原告涉案专利权是否有效的事实认定，然后再根据该专利权有效与否的认定结论，对专利侵权诉讼进行判决。❶ 起初，美国在专利侵权诉讼中的专利无效决定只对涉案当事人双方具有约束力，对案外第三人不产生效力。具体来说，即使法院在侵权案件中作出涉案专利无效的决定后，专利权人以同一专利对第三人提起侵权诉讼，受理该案件的法院也不能直接援引前案的认定结果。❷ 经过 1971 年的布兰德案后，美国联邦最高法院以对相同事实进行重复认定过度消耗司法资源为由，作出相应的规定：在专利侵权案件中对涉案专利权作出的无效认定对以该专利权为基础的其他专利侵权案件具有同样的效力。换言之，法院针对具体案件就涉案专利权作出专利权无效决定，从对人效力扩展到了对世效力。

三、专利权无效抗辩与专利权无效宣告

尽管如此，专利权无效抗辩仍然不同于专利权无效宣告，两者的区别主要在于三点：（1）专利权无效抗辩的请求人只能是专利侵权诉讼中的被告，不能是其他人；专利权无效宣告请求人可以是任何人，包括专利权人自己，因为专利权无效宣告制度实质上是对瑕疵专利权的矫正制度，不仅专利权人之外的人可以请求对不符合专利法规定条件的专利权进行矫正，而且专利权人自己也可以请求矫正其专利权的瑕疵。❸（2）专利权无效抗辩时，即使法院认定涉案专利权无效的决定具有对世效力，也不能否定涉案专利权，即涉案专利权仍然是合法存在的专利权；专利权无效宣告后的专利权被视为自

---

❶ "专利侵权诉讼中引入专利权无效抗辩"，载 http://news.9ask.cn/rssh/bjtj/201010/899637.shtml。

❷ 蒋坡、钱以能："在专利侵权诉讼中引入专利无效抗辩"，载《中国发明与专利》2007 年第 12 期，第 48～50 页。

❸ 曹新明主编：《知识产权法》，中国人民大学出版社 2008 年版，第 288 页。

始不存在，原专利权人不能够再以该项专利权受到侵犯为由对他人提起专利侵权诉讼。（3）专利权无效抗辩在法院进行，专利权无效宣告只能在国家专利复审机关进行，前者属于司法权管辖范围，后者属于行政权管辖范围。

从形式上看，我国专利法只是规定了专利权无效宣告制度，并没有专门规定专利权无效抗辩。但是，在专利侵权诉讼审判实践中，被控侵权人可以在提交答辩状时以其已经向国家知识产权局专利复审委员会提出宣告涉案专利权无效的请求为由，请求受诉法院中止专利侵权诉讼程序的，受诉法院可以根据具体情况决定是否中止审判程序。在某些情况下，受诉法院应当中止诉讼程序，在其他情况下也可以不中止诉讼程序。❶ 但是，不论在什么情况下，受诉法院都不能直接就涉案专利权的有效性进行裁决。我国专利法所进行的这种制度设计，不是严格意义上的专利权无效抗辩，只能称为被控侵权人采用专利权无效宣告以达到否定原告侵权之诉的目的。具而言之，专利侵权诉讼中的被控侵权人在该诉讼程序中并没有以专利权无效来对抗原告的专利侵权指控，而是选择了一条弯曲路径否定原告的涉案专利权，最终达到保护自己合法利益的目的。

四、现有技术抗辩不同于专利权无效抗辩

如上所述，世界各国制定的专利法律规范与专利侵权审判实践，对待专利权无效抗辩主要有三种做法：第一种是美国模式，直接规定专利侵权诉讼中的被控侵权人可以将专利权无效请求作为对抗原告的专利侵权指控，由受诉法院对涉案专利权的有效性作事实裁判。但是，不允许专利侵权诉讼之外的任何人请求宣告专利权无效。第二种是日本模式，既允许专利侵权诉讼中的被告采用专利权无效抗辩措施，也允许普通社会公众请求专利特许厅复审委员会宣告专利

---

❶ 2001 年 6 月 19 日最高人民法院颁布的《关于审理专利纠纷案件适用法律问题的若干规定》第 8 ~ 11 条规定。

权无效。❶ 第三种模式就是中国模式，只允许普通社会公众（包括专利权人自己），包括专利侵权诉讼中的被告，向专利复审委员会请求宣告专利权无效，但是不允许专利侵权诉讼中的被控侵权人采用专利权无效抗辩措施来对抗原告的侵权指控。

由上分析可知，在专利侵权诉讼中，在美国模式和日本模式下，专利权无效抗辩与专利权无效宣告是两种不同性质的权利，被控侵权人可以直接向受诉法院提出专利权无效抗辩，不必另走专利权无效宣告的行政路径。按照这种模式，专利权无效抗辩与现有技术抗辩实际上具有异曲同工之妙，只不过是考量视角与程序价值选择上的差异。在专利权无效抗辩情形下，当原告将被控侵权技术（被控侵权物）与其涉案专利进行比对，确认被控侵权物已经落入其专利权保护范围，指控被告侵犯其专利权。被控侵权人不是寻找第三项技术（现有技术）来对抗，而是直接对原告的涉案专利的实质性条件进行研究以寻找出其固有的瑕疵，以此为由请求受诉法院认定该涉案专利权无效，否定原告提起的侵权之诉，保护自己的合法利益。在现有技术抗辩情形下，被控侵权人不是直接寻找原告涉案专利权的实质性条件缺陷，而是自己寻找现有技术，将自己实施的技术与之进行比对，以确认其实施的技术（被控侵权技术）与现有技术相

---

❶ 2005 年，日本知识产权高等法院在一个专利侵权案件而非专利无效宣告案中，直接在判决中宣告一个涉案专利由于缺乏创造性而无效，其实质是行使了法律所没有授予法院的无效抗辩权。2005 年 9 月，东京知识产权高等法庭大合议庭就 Justsystem 电脑软件公司上诉请求撤销判定其销售的某软件侵犯松下公司专利权的一审判决，作出二审判决。大合议庭以本案原告和被上诉人"松下公司的相关专利权不具有创造性，其专利权无效"为理由撤销一审判决。原一审法院判决由东京地方法院判定 Justsystem 电脑软件公司侵犯松下公司专利，责令 Justsystem 电脑软件公司停止两种软件产品的生产和销售。担任二审判决庭长的东京知识产权高等法院院长藤原胜美表示："松下公司的专利被其申请日前 2 个月某外国出版刊物所记载的发明和当时已经存在的现有技术所覆盖，因此，认定该专利缺乏创造性，应当被宣告无效，也由此该专利权不应被行使"。Justsystem 公司可以继续生产和销售被一审法院判定为侵权产品的软件。参见"专利无效抗辩与专利无效宣告的区别"，载 http://yingkepatent. blog. 163. com/blog/static/10968211620096824515723/。

同或等同，以证明自己实施的是现有技术，不侵犯原告的专利权。

很明显，在美国模式和日本模式下，现有技术抗辩与专利权无效抗辩都能达到节约诉讼成本，缩短诉讼时间，提高诉讼效率的效果。当然其中的差异就是：被控侵权人是从原告的涉案专利中寻找实质性缺陷与从现有技术集合中寻找出有利于自己抗辩的现有技术，哪一种更花费时间、精力和费用。针对具体案件而言，两者之间的差别应当是比较微小的，完全可以由被控侵权人实际掌握。

而在中国模式下，因为中国的专利法中没有真正意义上的专利权无效抗辩，只有专利权无效宣告制度，所以，在具体的专利侵权诉讼中，除非被控侵权人实在没有办法找到或者所花成本过巨才能找到用于现有技术抗辩的现有技术，被控侵权人采用现有技术抗辩至少在理论上要比采用宣告原告专利权无效花费成本低廉，节约诉讼时间，加快审判速度，提高审判效率。

五、现有技术抗辩不能取代专利无效抗辩

如上所述，世界各国或地区专利法所设计的专利权无效抗辩制度有三种模式。不论在哪一种模式下，专利权无效抗辩都是与现有技术抗辩并存的，既没有以专利权无效抗辩取代现有技术抗辩，也没有以现有技术抗辩替代专利权无效抗辩。这种现实存在，不仅在理论上成立，而且在具体审判实践中成立。

从理论角度看，专利权无效抗辩所涉及的是原告涉案专利的实质条件，不仅包括新颖性和创造性，而且包括实用性、专利权人主体资格、专利权保护范围的修改、专利申请文件的修改等诸多内容。现有技术抗辩所涉及面比较狭窄，其考察对象只能是被控侵权人所实施的技术是否为现有技术。从审判实践角度看，在具体的专利侵权诉讼中，专利权无效抗辩需要对涉案专利权进行实质判断，因为所涉范围比较宽泛，有利于被控侵权人进行抗辩。另外，也正是因为其所涉面过于宽泛，会花去被控侵权人更多的时间、精力与费用，不如现有技术抗辩简明。同样，正是由于现有技术抗辩所涉面过于狭窄，其适用的可能性比较小，专利权无效抗辩可能更有适用可能。有人认为，被控侵权人不能够采用现有技术抗辩的，可以采用专利

权无效抗辩替代。这种观点在相同侵权并且被控侵权物与现有技术相同的情况下是成立的。但是，在等同侵权并且被控侵权物与现有技术等同的情况下，这种观点并不一定能够成立。

在中国模式下，如果人们硬要将专利权无效宣告制度理解为专利权无效抗辩，那么，现有技术抗辩不能替代专利权无效抗辩是肯定的。至于专利权无效抗辩是否能够包含现有技术抗辩，单纯从二者功能上讲，是能够成立的。但是，从审判效率角度讲，不能成立，因为现有技术抗辩比专利权无效抗辩具有更高审判效率。

我国 2008 年《专利法》第 45 条规定，请求宣告专利权无效的条件是国务院专利行政管理部门授予的专利权不符合专利法的有关规定，包括专利缺乏新颖性、创造性、实用性等。如果被告所实施的技术属于现有技术并且落入原告专利权保护范围，那么被告既可以采用现有技术抗辩，也可以请求宣告专利权无效。被告采用前述措施从实践来看是可行的，❶ 从理论上看也是成立的，因为现有技术抗辩成立的条件是被告将其实施的技术与现有技术进行比对，而不考虑原告的专利技术，但专利权无效宣告则是被告对原告专利权的新颖性、创造性、实用性等实质条件，甚至包括禁止反悔、主体资格、修改超出原申请范围等诸多事项提出的质疑。因此，被告主张现有技术抗辩与专利权无效抗辩可谓相得益彰，可以充分维护自己的合法权益。

由此可见，现有技术抗辩不能取代专利权无效抗辩，两种抗辩措施不仅应当同时存在于专利制度中，而且可以在专利侵权诉讼中相继适用。最典型的做法是：面对原告的专利侵权诉讼，被告首先可以考虑能否采用现有技术抗辩。如果能采用现有技术抗辩并且获得成功，那么专利侵权诉讼就结束了，被告不构成对专利权的侵犯；

---

❶ 在"原告喻长明诉被告南京新特星电器有限公司专利侵权案"中，被告既向专利复审委员会提出宣告专利权无效的请求，又采用现有技术抗辩。虽然被告采用上述两种抗辩措施都未获成功，但说明在同一起诉讼中被告可以同时采用两种抗辩措施。司法实践中也存在同时采用两种抗辩措施获得成功的案例。参见广东省高级人民法院民事判决书［2002］粤高法民三终字第 62 号，载 http://WWW. chinaweblaw. com/html/cb/2006 - 11/56446. html, 2010 - 10 - 20。

如果采用现有技术抗辩未能获得成功，那么被告还可以在上诉程序中请求专利复审委员会宣告专利权无效，利用专利权无效抗辩措施维护其合法权益。❶

之所以讨论现有技术抗辩与专利无效抗辩的差异，是因为有一种观点认为相同侵权中不适用现有技术抗辩，而应当适用无效抗辩。"专利侵权诉讼是要解决是否有权利侵权的问题，这是以专利权人的权利有效为前提的。"我国有权审理专利案件的法院达40多个，如果允许专利侵权诉讼的审理法院适用法院对涉案专利的效力进行认定，就可能产生法律适用结果不统一的危险，损害司法的权威性。这种专利效力认定，不仅包括相同侵权中的现有技术抗辩，而且涉及专利客体的排除领域。相同侵权中的现有技术抗辩，"不是专利侵权诉讼应该解决的问题"。❷

现有技术抗辩与专利无效抗辩相互联系，同属专利侵权抗辩制度，发挥相同的功能；但两者又相互区别，不可相互替代。

从适用范围上看，当涉案专利存在无效理由时，现有技术抗辩和无效抗辩在适用上可能交叉，但相互不可替代。一方面，两者的适用范围存在重叠可能性，可以在同一专利侵权诉讼中同时提出。根据现行《专利法实施细则》第65条第2款，提出无效宣告请求的理由主要包括属于不可专利的客体、缺乏可专利性、违反禁止重复授权原则、未充分披露技术方案或设计方案、违法利用遗传资源等。其中，如果被控侵权物对专利构成相同侵权，又与现有技术完全相同，则可以判定涉案专利存在缺乏可专利性的情况，应当被宣告为无效。此时，提出现有技术抗辩和无效抗辩都可以达到维护合法权益的目的。实践中，被控侵权人同时提出现有技术抗辩和无效抗辩的案件也不在少数，如徐州双狮化纤砂轮有限公司与赵某某侵犯专

---

❶ 顾惠民："专利纠纷案件中的现有技术法律问题"，载 http：//qkzz. net/arti-cle/21c2ea15－9df5－450d-b02e－87d945e23101－3. htm，2009－09－12。

❷ ［日］黑濑雅志著，魏启学、陈杰译："专利存在无效理由时被告的抗辩"，载《电子知识产权》2006年第8期，第58页。我国持这种观点的学者主要有程永顺、张晓都。

利权纠纷上诉案，❶ 安徽强强新型建材有限责任公司与新疆岳麓巨星建材有限责任公司侵犯专利权纠纷上诉案❷中，原审被告都同时提出现有技术抗辩和无效抗辩。另一方面，现有技术抗辩和无效抗辩不可相互替代。法定的专利权无效宣告的理由除缺乏可专利性涉及对现有技术的审查外，还包括许多其他情形，同时现有技术抗辩成立并不一定意味着涉案专利为无效。因此，两者在重叠的范围外，还存在各自的适用空间，不可相互替代。

　　从适用方法看，现有技术抗辩和专利无效抗辩存在显著差异。无效抗辩的核心问题是涉案专利是否有效，因此其审理遵循专利授权的规则。从适用方法看，是将争诉专利技术与现有技术进行对比；从适用标准看，遵循专利授权中的"新颖性""创造性"标准。现有技术抗辩的核心问题是被控侵权人实施的技术方案是否属于现有技术。从适用方法看，是将被控侵权技术与现有技术进行对比；从适用标准看，遵循"相同"或"等同"标准。❸ 因此，现有技术抗辩的适用避开了对涉案专利的审查，与侵权诉讼中专利的有效性无关。从适用方法看，现有技术抗辩与无效抗辩截然不同。从适用结果看，现有技术抗辩和专利无效抗辩都使被控侵权人的行为不构成侵权，不承担侵权责任。除此以外，专利无效抗辩的适用导致已授权专利无效，而现有技术抗辩则不影响专利权的效力。有一种观点认为，由法院进行审理的专利无效抗辩产生否定专利权效力的作用，但这种否定不具有对世效力，只在特定个案中生效；无效宣告对专利效力的否定产生对世性。❹ 这种观点有待商榷。笔者认为，如果承认法院审理专利效力的权力，则赋予这种结果以对世效力是必然选择。

---

❶　[2008] 冀民三终字第00018号判决书。

❷　[2008] 新民三终字第6号判决书。

❸　根据最高人民法院最新的专利司法解释法释 [2009] 21号，现有技术抗辩的适用标准是"相同或者无实质性差异"。无实质性差异，从目前的司法实践看，法院在技术型案件中采用的标准众多，主要有"等同""创造性""更接近谁"。笔者赞同采纳"等同"标准。详见本书关于等同原则的相关内容。

❹　蒋坡、钱以能："在专利侵权诉讼中引入专利无效抗辩"，载《中国发明与专利》2007年第12期，第49页。

首先，主张将法院对专利效力的认定结果限定在个案中的主要理由是不能逾越司法权力与行政权力的界限。即使作出这种限定也会影响涉案专利存在的基础，造成专利权的虚化。其次，对同一专利权在不同案件中进行反复认定，会造成司法资源的浪费，不利于诉讼效益的实现。最后，不承认法院认定结果的对世效力，不利于诉讼正义的实现。在没有实现专利案件集中审理的前提下，将法院对专利效力的认定结果局限在个案中，可能导致众多法院都有权认定专利效力，造成对同一专利权效力审判结果的不统一。美国是由法院直接审理无效抗辩的国家，起初也只承认无效抗辩对个案的效力，但随着专利案件的增多，节约司法资源的考虑，承认了法院在侵权诉讼中对专利效力的认定具有对世效力。

六、专利无效抗辩对现有技术抗辩的影响

法律制度是一个有机整体，其各部分相互协作，共同实现社会功能。专利法中的各项制度间也是如此。现有技术抗辩与无效抗辩存在许多差异，是两个截然不同的制度。专利制度中，专利确权机制直接由国家对行政权和司法权的态度所决定。专利确权机制的状况影响无效抗辩的运行状况，同时对现有技术抗辩的定位及适用状况产生影响。这些部分环环相扣，使得现代专利法呈现出现在的这种形态。

国家权力的分配格局影响专利确权机制的状况。国家权力大致可以分为司法权、行政权和立法权。当行政权在国家权力体系中居于主导地位时，这样的国家被称为行政国家；当司法权在国家权力体系中居于主导地位时，这样的国家被称为司法国家。专利权的初次授予由行政机关作出，这一行为的性质属于行政确权还是行政授权存在争议。行政确权论的理论依据是自然权利论：每个人对自己智力劳动创造出来的成果享有权利不证自明，这种权利是天赋的、不可剥夺的。因此，行政机关的行为只是对这一自然权利的确认。行政授权论的理论依据是对价论：政府对具有新颖性、创造性、实用性的发明赋予一定时间的垄断权，借此换取发明的公开，促进发明的商业化。政府赋予发明人以垄断权完全出于公共政策的考虑，并

不存在天赋的权利。因此，行政机关的授权是专利权产生的必要因素。无论采用何种观点，专利行政机关的行为都是行使国家行政权力的表现。对初次审查后的结果，负责司法审查的机关有权进行司法监督，具体方式则由司法权力在国家权力体系中的地位决定。在实行行政权和司法权绝对分离的国家，司法机关的审查是间接的。尽管司法机关可以对专利行政机关作出的具体行政行为是否合法、合理作出认定，但无权擅自变更具体行政行为的内容，只能要求行政机关重新作出具体行政行为。而在司法国家，司法机关可以对具体行政行为进行直接审查，依法变更具体行政行为的内容。

　　国家行政权与司法权的分立状况决定了司法审查的力度和范围，并最终影响现有技术抗辩在该国的功能及适用范围。现有技术抗辩可以适用于等同侵权，这一点上并没有争议。通过现有技术抗辩，等同侵权中的被控侵权人可以有效防止专利权通过等同的不正当扩张，将现有技术中的部分纳入保护范围。存在争议的是相同侵权中能否适用现有技术抗辩。当出现相同侵权中可以适用现有技术抗辩的情形，基本可以断定涉案专利提取了现有技术，应当被判断为全部或部分无效。在司法机关可以对具体行政行为进行直接审查的国家，专利侵权案件的受理法院可以直接对涉案专利的有效性进行司法复审，没有适用现有技术抗辩解除被告侵权责任的空间。如在美国，虽然在专利技术不符合可专利性的情况下可以启动重新审查程序，但重新审查程序中不同于专利权无效宣告程序。❶ 原则上，美国的专利权无效宣告只能在侵权案件的审理过程中提出，由侵权诉讼的受理法院一并审理，达到一次解决纠纷的目的。这种做法的效益优势十分明显，但是由于专利侵权诉讼的一审管辖法院众多，容易造成无效标准不一和当事人选择法院的现象，不利于维护专利制度的稳定性和权威性。在司法机关只能对具体行政行为进行间接审查的国家，专利侵权诉讼的受理机关无法对涉案专利的有效性进行判定，只能等待专利行政机关作出确权裁决，此时适用现有技术抗辩

---

　　❶　雷艳珍："中美现有技术抗辩制度之比较"，载《河南政法管理干部学院学报》2010年第1期，第178页。

可以在不触动司法机关与行政机关权力分工的前提下解决诉讼循环问题，显著减少专利侵权诉讼环节，节约诉讼成本，提高审判效率。❶ 如在我国，当专利侵权诉讼中的被告对涉案专利的有效性提出质疑时，侵权诉讼的审理法院无权对此作出判定，而需要专利行政机关另案处理。由于专利的有效性是判决侵权案件的前提，根据民事诉讼法的基本原理，法院会中止侵权案件的审理，等待无效宣告程序完结。在特殊情况下，可以不中止审理。❷ 无效宣告程序性质上属于行政复审程序，当事人对专利复审委员会受理无效宣告申请后作出的复审决定不服的，可以向法院提出行政诉讼，法院审查复审决定是否合法，从而作出维持行政行为或要求行政机关重新作出复审决定的判决。此时，适用现有技术抗辩，可以绕开涉案专利技术和现有技术的对比环节，直接将被控侵权技术和现有技术进行对比，跳过无效宣告程序阻断侵权责任。

可以看出，现有技术抗辩整体上可以通过剔除专利保护范围中的现有技术，维护公共利益，但不同国家对待行政权和司法权的态度不同，现有技术抗辩具体发挥功能的途径因此受到影响。

第二节　与先用权抗辩比较

在许多国家，先用权是专利侵权例外情形之一。一般来讲，先用权是指某个特定主体在专利申请日之前已经制造与所涉专利相同的产品、使用与所涉专利相同的方法或者已经做好了制造与所涉专利相同的产品、使用与所涉专利相同的方法的必要准备，在所涉专利权被授予后，可以在原有范围内继续该产品的制造或方法的使用，

---

❶　曹新明："现有技术抗辩制度研究"，载《法商研究》2010 年第 2 期。

❷　根据最高人民法院审理专利案件的司法解释，被告原则上只能在答辩期限内提出无效宣告请求。不中止的特殊情形包括：实用新型专利的原告在起诉时提供国家知识产权局出具的新颖性检索报告的，可以不中止；被告请求宣告该项专利权无效所提供的证据或者依据的理由明显不充分的，可以不中止；另外，被告证明其使用的技术已经公知的，可以不中止审理。

不视为对该所涉专利权的侵犯。[1] 根据对先用权的解读可知，先用权人在所涉专利权产生后能够继续在原有范围内制造与所涉专利产品相同的产品或者使用与所涉专利方法相同的方法，不视为专利侵权，其主要原因是该实施者所进行的行为发生在所涉专利权的申请日之前，法律将其实施行为人专利侵权的例外，与现有技术抗辩共同构成对公平正义的维护。尽管如此，先用权抗辩与现有技术抗辩具有明显的差异。

一、适用技术范围比较

首先应当注意，根据我国专利法规定，先用权抗辩仅适用于发明专利与实用新型专利，不及于外观设计专利。[2] 现有技术或者现有设计抗辩，不仅适用于发明专利和实用新型专利，而且适用于外观设计专利。但是，本书主要讨论现有技术抗辩，因此，两者都涉及具体的技术问题。

就技术而言，如果以所涉专利的申请日作为基准日期，可以将全部技术划分为申请日之前的技术、申请日当天的技术与申请日之后的技术三个集合分别以 $C_{(前)}$、$C_{(日)}$ 和 $C_{(后)}$ 表示。这三个集合中的元素按照是否为国内外公众所知为标准，则可以划分为已知技术与未知技术，分别以 $C_{(前)}^{(已)}$、$C_{(日)}^{(已)}$、$C_{(后)}^{(已)}$ 和 $C_{(前)}^{(未)}$、$C_{(日)}^{(未)}$、$C_{(后)}^{(未)}$ 表示。

根据前面的论述可知，针对某一项具体的涉案专利而言，用于先用权抗辩的技术只能是 $C_{(前)}^{(未)}$ 子集中的元素，而不能是其他五个子集中的元素。具而言之，用于先用权抗辩的技术只能是在所涉专利申请日以前不为国内外公众所知的技术。根据先用权抗辩制度设计之目的来看，其价值取向是维护技术在先使用人的正当利益，防止专利权之效力溯及既往，僭越社会公众正当权利范围。[3]

---

[1][2] 我国 2008 年《专利法》第 69 条第（2）项规定。

[3] 《日本特许法》第 79 条规定：不知被申请专利的内容而自行独立发明或合法地从完成发明创造的他人处的发明，在专利申请日前已经在商业地实施或为实施作好必要准备的，该人有权获得该专利的非独占许可权，但是该许可应当限制在实施或准备实施该发明的事业目的范围内。

从先用权存在的基础来讲，先用权是一项寄生性权利，是以某项特定专利权为参照对象而存在的权利。如果没有与之相关联的专利，就没有先用权存在的必要。换一个角度看，先用权仅是以对抗所涉专利权人的专利侵权指控而设计的一项权利，并不具有独立的法律价值。就某项技术的具体实施主体而言，如果没有专利权人对其实施技术的行为进行侵权指控，该实施行为人就不可能也没有必要主张对该技术的先用权。从该角度看，先用权仅是一种专利侵权抗辩权，而不是实体权利。根据专利法关于申请专利的发明创造必须具有新颖性以及先用权的规定可知，一方面，如果申请专利的发明创造属于现有技术（属于 $C_{(前)}^{(已)}$ 子集中的元素），或者与他人的在先申请相冲突（属于 $C_{(前)}^{(未)}$ 子集与 $C_{(后)}^{(已)}$ 子集交集中的元素），该项专利申请就不具有新颖性，不能被授予专利权。另一方面，如果某个特定主体所使用的技术是所涉专利申请日前已经为公众所知的技术，而且该项技术被他人获得了专利权，那么，该实施者面对专利权人的专利侵权指控，则可以同时采用三种抗辩措施：（1）先用权抗辩，因为其实施行为符合专利法关于先用权抗辩规定的条件；（2）现有技术抗辩，因为该被控侵权人所实施的技术属于现有技术；（3）专利权无效抗辩，因为该专利权不符合专利法规定的新颖性条件。当然，如果某人所实施的技术属于 $C_{(日)}^{(已)}$、$C_{(日)}^{(未)}$、$C_{(后)}^{(未)}$ 子集中的元素，而且与在先专利技术相同或者等同，就可能构成侵权。

与先用权抗辩相比，现有技术抗辩所援引的技术只能是 $C_{(前)}^{(已)}$ 子集中的元素，或者是 $C_{(前)}^{(未)}$ 子集与 $C_{(后)}^{(已)}$ 子集交集中的元素，不包括其他子集中的元素。很显然，现有技术抗辩所援引的技术范围与先用权抗辩的不同。因此，两者适用的技术范围是不同的。

二、理论基础比较

如上所述，先用权抗辩成立的条件包括三个：（1）抗辩人制造专利产品或者适用专利方法的行为发生在所涉专利权申请日以前；（2）抗辩人已经制造涉案专利产品、使用专利方法或者做好的实施涉案专利的必要准备；（3）在涉案专利权被授予之后仅在原有范围内实施。这三个条件缺一不可。正是因为必须具备这三个条件先用权抗辩才能成立，因此决定了先用权抗辩赖以成立的理论基础为无形财产先用理论。

众所周知，技术方案异于有形财产的本质特征就是其客体的非物质性或者无形性。对非物质性或者无形性的通俗解读就是：技术方案是看不见、摸不着，不占有任何物理空间，但可以被人们的感觉所感知，并且具有价值和使用价值。❶ 具体表现为：（1）某项具体的技术方案一旦公之于众，其持有人不可能对该项技术进行实际的管领与支配。技术方案的该项特性决定了对相同的技术方案由任意多的主体在同一时间分别加以利用，而不受技术方案持有人的控制。（2）技术方案不因为使用而被损耗。无论何种材质的有形财产被实际使用过程中都会遭受不同程度的损耗，技术方案却不会因为被使用而损耗。（3）技术方案持有人进行技术交易或者处分，只需按照法律规定的程序与条件进行即可，不必直接发生有形载体的处分或者移转。❷ 基于技术方案的这种特征，技术方案持有人不能像有形财产那样遵循先占原则取得，只能依据先用原则产生。更重要的是，专利权须依据法律规定程序才能取得。技术方案持有人在依照法律规定的程序取得专利权之前，不能对其持有的技术方案享有排他性权利。在某项具体的技术方案被研发出来之后取得专利权之前，如果有第三人就相同的技术方案取得了专利权，那么，根据专利法规定，该技术方案的持有人在该项专利权有效保护的国家或者地区，不能再获得专利权。但是，如果法律允许专利权人所获得专利权之效力能够及于在其申请日之前已经开始制造相同产品、使用相同方法或者已经做好制造相同产品、使用相同方法必要准备的行为，禁止该行为人继续其制造相同产品或者使用相同方法，就会导致在先使用人利益的损害。专利法规定的先用权抗辩是对技术方案先用理论的肯定，也是对专利权人利益与在先使用人利益的平衡。

---

❶ 曹新明主编：《知识产权法学》，中国人民大学出版社2011年第2版，第4页。

❷ 吴汉东主编：《知识产权法》，法律出版社2011年第4版，第12页。

　　技术方案的先用理论与有形财产的先占理论❶具有同等的价值功能，其差异在于先占是有形财产所有权产生基础之一，而先用只是产生对抗专利侵权指控的一种措施。导致这种差别的主要原因是技术方案获得专利权是非自动的，而有形财产所有权的产生是自动的。

　　如上所述，现有技术抗辩的理论基础是任何人不得对公有领域中的元素获得垄断利益。用于的先用权抗辩技术方案，因为在涉案专利申请日之前尚未公之于众，没有被国内外公众所知，属于保密技术，不属于公有领域的元素。专利法给予被控侵权人以先用权对抗专利权人的侵权指控，在于保护在先使用人的利益。由此可见，现有技术抗辩的理论基础不同于先用权抗辩。

---

　　❶ 先占制度是最为古老的取得财产的"自然方式"之一，早在罗马法中已成为一项被罗马法学家深信不疑的原则。所谓先占，是指以所有的意思，先于他人占有无主的动产，而取得其所有权的法律事实。换言之，是蓄意占有在当时为无主的财产，在于取得财产作为己有。罗马法学家认为，如果人类果真能够生活在"自然"的制度下，"先占"必将成为他们的实践之一。"先占"是一个手续程序，通过这个手续程序，原始世界的"无人物件"在世界历史中即成为个人的私有财产。从法制史上看，"先占"最初给予一种针对世人来说是排外的但又只是暂时享有的权利，到后来，这种权利保持其排外性，又成为永久的。在罗马法学家的眼里，可成为先占的客体，即无主物的物件是极为广泛的，如野兽、第一次被发掘出来的宝石，以及新发现或以前从未经过耕种的土地、荒废的土地以及敌产。在以上物件中，完全的所有权为第一个占有它们、意图保留它们作为己有的占有人取得。正如英国法制史大儒梅因所说：罗马人的"先占"原则，以及法学家把这原则发展而成的规则，是所有现代"国际法"有关"战利品"和在新发现国家中取得主权等主题的起源。参见"先占"，载 http：//baike. so. com/doc/169244. html。

三、制度价值比较

从制度价值角度看，是否对先用人提供侵权豁免取决于对专利制度基本价值的选择。先用权是以牺牲专利制度的披露功能为代价，选择商业化功能的制度产物。而现有技术抗辩直接体现的是专利制度的创新激励价值。

技术方案先用人在涉案专利申请日之前所使用的技术方案可以是自己研发出来的，也可以是从涉案专利权人处以合法方式获得的，还可以是从第三处以合法方式获得的，其最主要的特征就是该行为人在涉案专利申请日之前将该项技术付诸实施。专利法根据先用原则给予在先使用人以抗辩权，其制度价值体现为利益分配的公平性。

经济学家普遍认为，专利制度在三个方面有助于增加社会福利：激励创新、促进技术公开、推动技术商业化。但是如果要在这三个经济功能间进行重要性排序，则可能出现异议。专利制度的首要价值在于激励技术创新，对此应当不存在太多异议。但在技术公开和技术商业化两个目标上何者优先恐怕存在一定争议。因此，各国对于先用权的存在是否正当也存在不同认识。认为专利制度的技术公开功能更重要的国家普遍排斥先用权的适用。

在披露功能和商业化功能之间，专利制度应当优先实现后者。首先，大多数技术可以通过反向获取，因此对于多数发明来讲，商业化必然导致技术公开。而对于不易通过反向技术获知的技术，发明人会选择商业秘密的保护方式，而不会选择专利保护。可以说，商业化导致的技术公开是专利制度存在的原因，而非专利制度在赋予垄断权时寻求的对价。❶ 其次，通过将专利制度和专利废除论者们提出的替代方案进行比较，笔者发现专利制度在促进技术商业化上的功能是专利制度优越性的体现之一。如果放弃这一目标，专利制度赖以存在的基础将发生动摇。撇开专利制度的技术披露功能，建立专利制度的目的除了激励技术创新以外就是促进技术的商业化，从而实现技术推广。任何一项专利制度的设计和专利政策的选择都要

---

❶ The disclosure function of the patent system，118 Harv. L. Rev. 2007.

围绕这两个目的展开，以牺牲专利的激励和商业化目的为代价实现信息披露的都将损害公共利益。❶

现有技术抗辩是从排除专利技术方案中的现有技术出发，以将公共元素归还给社会公众，旨在实现的价值是促进技术创新。现有技术抗辩与先用权制度着眼于不同的目标，共同实现专利制度的社会功能。

四、案例研究

本书考察了我国法院受理并审理的 9 起涉及现有技术抗辩与先用权抗辩案例，具体情况如表 7 - 1 所示。

表 7 - 1　现有技术、先用权抗辩案例情况分析

涉案专利名称	审理法院及案号	先用权抗辩是否成立	现有技术抗辩是否成立	备注
风压开关	广东高院 ［2006］粤高法民三终字第 276 号	否	否	
一种模具	潍坊中院 ［2007］潍民三初字第 27 号	否	否	
一种熨烫机的蒸汽喷头	上海高院 ［2003］沪高民三（知）终字第 94 号	否	否	
灭蚊灯 D7	佛山中院 ［2004］佛中法民三初字第 166 号	否	否	
新型闪光饰物品	广州中院 ［2004］穗中法民三知初字第 522 号	否	否	
卡丁车后挡泥板	宁波中院 ［2007］甬民四初字第 105 号	否	否	被告辩称在涉案专利的申请日之前已经在生产、销售诉争产品，故依法享有先用权

---

❶　The disclosure function of the patent system，118 Harv. L. Rev. 2007.

续表

涉案专利名称	审理法院及案号	先用权抗辩是否成立	现有技术抗辩是否成立	备注
一种煤球炉	长沙中院〔2005〕长中民三初字第377号	否	否	被告没有证明其在先使用的技术是合法取得的
医用腔道内支架	江苏高院〔2006〕苏民三终字第0036号	否	否	
机械手式自动送料装置	浙江高院〔2007〕浙民三终字第279号	是	未认定	

　　在上述 9 起案例中，"风压开关"实用新型专利纠纷案及"机械手式自动送料装置"实用新型专利纠纷案是典型案例。

　　在"风压开关"实用新型专利纠纷案❶中，原告持有专利号为 ZL99228900.9 的一项实用新型专利。该专利于 1999 年 7 月 16 日提出申请，并于 2000 年 6 月 21 日获得授权。被告自认其销售的风压开关具备涉案专利的全部技术特征，但提出先用权抗辩和现有技术抗辩。二审法院对现有技术抗辩和先用权的具体适用进行了阐述：在判定现有技术抗辩是否成立时，人民法院应将被控侵权产品与现有技术直接进行比对，如被控侵权产品与现有技术相同或等同，则现有技术抗辩成立；如被控侵权产品与现有技术不相同或不等同，则现有技术抗辩不成立。先用权抗辩成立的条件是在先使用人必须在专利申请日前有实施或者准备实施相同专利技术的行为、且实施应当限于原来的范围。从杰晟公司提交的书证以及证人证言看，这些证据并不能证明其制造的产品与涉案专利的技术特征相同或等同，也不能证明其实施的范围是否限于原来的范围，故先用权抗辩和现有技术抗辩均不能成立。

　　在"机械手式自动送料装置"实用新型专利纠纷案❷中，第一

---

❶　〔2006〕粤高法民三终字第 276 号判决书。

❷　〔2007〕浙民三终字第 279 号判决书。

被告在二审中自认其制造、销售给第二被告的短车中的"机械手式自动送料装置"与涉案专利独立权利要求中的所有技术特征一致。第一被告提出现有技术抗辩，认为其在原告的专利申请日前已经公开制造销售被控侵权产品，在一审代理意见中代理人提出被告享有先用权。一审法院认定被告提出的证据足以证明"早在涉案专利申请日前已经制造并销售了与本案被控侵权产品相同的'机械手式自动送料装置'产品这一事实"，因此被告对其在涉案专利申请日前已经制造的产品享有相应的先用权。而被告提供的证据尚不足以证明"其生产的被控侵权产品所使用的技术早在涉案专利申请日之前已经公知、公开"，故现有技术抗辩不成立。一审判决后原告提出上诉，称被告从未提出先用权抗辩。二审法院认定，被告虽以公知技术为由进行抗辩，但其在一审中多次陈述，在原告的专利申请日前已经公开制造销售被控侵权产品。被告提供的大量证据也均是用于证明其在专利申请日前已经公开生产、销售被控侵权产品，可以说，被告以公知技术进行抗辩的主要证据和理由就是其在专利申请日前已经公开生产、销售被控侵权产品，其实质已经包含先用权抗辩的内容。但二审法院对于是否成立现有技术抗辩则没有进行阐述，判决仅称原审认定基本事实清楚，依照《民事诉讼法》第170条，适用法律正确。如果被告能够举证充分证据证明其先用行为导致技术公开，则现有技术抗辩也可以成立甚至可以成立专利权无效抗辩。

严格来讲，先用权属于专利权的限制制度，是基于促进技术转化而对先申请原则施加的合理限制，现有技术抗辩则属于侵权抗辩制度。从理论上讲，尽管现有技术抗辩和先用权例外分属不同领域，但在特定情况下现有技术抗辩和先用权抗辩可能在同一专利诉讼中出现，并可能同时成立。实践中，被控侵权人主张现有技术抗辩和主张先用权例外所承担的举证责任不同，产生的法律效果也不相同。选择何种手段对被告而言都有利有弊，需要考虑具体案情作出选择。

第三节 与其他抗辩比较

在专利制度中，对抗专利侵权诉讼的措施，除了现有技术抗辩、专利权无效抗辩和先用权抗辩之外，还有许多种抗辩，例如，诉讼主体资格抗辩、不侵权抗辩、合同抗辩、专利权穷竭抗辩、诉讼时效抗辩等。面对原告的专利侵权指控，不论被控侵权人采用何种方式对抗侵权指控，其目的都是相同的，以保护其合法权益。但是，从适用范围、适用方法和适用效果等方面看，现有技术抗辩与其他抗辩措施相比较，具有明显的区别。

关于现有技术抗辩与专利权无效抗辩、先用权抗辩的区别，在前面已经作了研究。现在简要介绍现有技术抗辩与诉讼主体资格抗辩、不侵权抗辩、合同抗辩、专利权穷竭抗辩以及诉讼时效抗辩的异同。

一、与诉讼主体资格抗辩的比较

诉讼主体资格抗辩，是指专利侵权诉讼中的被控侵权人以原告不具有本案诉讼主体资格作为抗辩理由，对抗原告的专利侵权指控，以保护其合法权益。根据我国《民事诉讼法》第108条规定，提起专利侵权诉讼的原告是与本案有直接利害关系的公民、法人和其他组织。具而言之，专利侵权诉讼中的原告应当是本案所涉专利权的所有人或者独占被许可人。不论原告是专利权人还是独占被许可人，都必须在被指控侵权行为发生直到侵权行为结束之间，是涉案专利权的合法权利人。否则，该原告就不具有合法的诉讼主体资格。具体包括两个方面的内容：（1）涉案专利权真实、合法、有效；（2）原告是对涉案专利权的合法权利人或者合法的独占被许可人。被控侵权人采用诉讼主体资格抗辩，既可以针对原告提交的专利证书直接否定其真实性、合法性与有效性，也可以针对原告是否为该真实、合法、有效专利权的所有人。例如，在一起专利侵权诉讼中，原告提供的专利证书上记载的专利权人是某制造厂，但原告提供的企业登记证书上的名称是某公司。在这种情况下，即使"某制造厂"是该公司的前身，后者全面继受了前者的权利义务，包括涉案专利权，但是，由于原告事先没有办理专利权人名称变更手续，专利权人仍然是原来的"某制造厂"，而不是现在的"某公司"。因此，"某公司"就不是本案所涉专利的权利人，不具有原告资格。❶

　　显然，诉讼主体资格抗辩既不涉及涉案专利权的有效性，也不涉及被控侵权人所实施的具体行为，其诉讼成本非常低，时间非常短，

---

❶　专利权移转或者专利权人名称、姓名变更后应当办理著录事项变更手续。（1）填写"著录项目变更申报书"，同时提供著录项目变更证明材料。（2）交纳著录项目变更费。经国务院专利行政主管部门审查后登记在专利登记簿上。著录项目变更证明材料是指：（1）申请人或者专利权人因权利归属纠纷发生权利转移以及发明人因资格纠纷发生变更的，如果纠纷是通过协商解决的，应当提交全体当事人签名或盖章的权利转移协议书；如果纠纷是由人民法院判决确定的，应当提交发生法律效力的人民法院的判决书，专利局收到判决书后，应当通知其他当事人，查询是否提起上诉，在指定的期限（两个月）内未答复或明确未上诉的，判决书发生法律效力；提起上诉的，当事人应当出具上诉受理通知书，原人民法院判决书不发生法律效力。如果纠纷是由地方知识产权局（或相应职能部门）调处决定的，专利局收到调处决定后，应当通知其他当事人，查询是否向法院提起诉讼；在指定期限（两个月）内未答复或明确未起诉的，调处决定发生法律效力；提起诉讼的，当事人应出具法院受理通知书，原调处决定不发生法律效力。（2）专利申请人或专利权人因权利的转让或赠予发生权利转移，要求变更专利申请人或专利权人的，必须提交转让或赠予合同的原件或经公证的复印件；该合同是由法人订立的，必须由法定代表人或者授权的人在合同上签名或盖章，并加盖法人的公章或者合同专用章；必要时须提交公证文件。公民订立合同的，由本人签名或者盖章；必要时须提交公证文件。有多个专利申请人或专利权人的，应提交全体权利人同意转让或赠予的证明材料。涉及境外居民或法人的专利申请权或专利权的转让，应当符合下列规定：①转让方、受让方均属境外居民或法人的，必须向专利局提交双方签章的转让合同文本原件或经公证的复印件；②转让方属于中国大陆的法人或个人，受让方属于境外居民或法人的，必须出具国务院对外经济贸易主管部门会同国务院科学技术行政部门批准同意转让的批件，以及转让方和受让方双方签章订立的转让合同文本原件或经公证的转让合同文本复印件；③转让方属于境外居民或法人，受让方属于中国大陆法人或个人的，必须向专利局出具双方签章的经公证的转让合同文本原件；④上述专利申请权或专利权转让的著录项目变更手续，必须由转让方的申请人或专利权人或者其委托的专利代理机构办理。上述①～③中的境外居民或法人是指在中国大陆没有经常居所或营业所的外国人、外国企业，港、澳地区及台湾地区的居民或法人；在中国大陆有经常居所或营业所的，可按中国居民或法人专利申请权和专利权转让的规定办理。（3）申请人或者专利权人为法人的，因其合并、重组、分立、撤销、破产或改制而引起的著录项目变更必须出具具有法律效力的文件。（4）申请人或者专利权人因死亡而发生继承，应当提交公证机关签发的当事人是唯一合法继承人或者当事人已包括全部法定继承人的证明文件。除另有明文规定外，共同继承人应当共同继承专利申请权或者专利权。参见"专利权人变更需要办理哪些手续"，载http://wenwen.soso.com/z/q113198638.htm。

效果非常好。在具体的专利侵权诉讼中，如果被控侵权人抓住原告的主体资格缺陷进行抗辩，就不必采用现有技术抗辩。

二、与不侵权抗辩比较

不侵权抗辩，是指专利侵权诉讼中的被控侵权人以原告指控被告所侵犯的专利权不真实、不合法或者没有效力为由，对抗原告的专利侵权指控，以保护其合法权利。

从形式上看，不侵权抗辩与诉讼主体资格抗辩相近似，后者否定的不是专利权本身，而是原告不具有专利权人资格。不侵权抗辩所否定的不是原告的诉讼主体身份，而是专利权本身。从该角度看，不侵权抗辩又好像与专利权无效抗辩相近似。事实上，被控侵权人采用专利权无效抗辩时，原告的专利权，至少从形式上看是真实、合法、有效的，被控侵权人就是要通过法律规定的无效宣告持续使之被宣告无效。不侵权抗辩时，被控侵权人就是从已发公开信息中已经能够确定地知道原告的专利权是不真实的，或者是不合法的，或者是不具有效力的。例如，被控侵权人从国务院专利行政主管部门发布的专利公告上已经准确地知道涉案专利权在其开始实施被控侵权物时已经超过专利权保护期限，或者已经被宣告无效，或者已经被放弃或者被视为放弃，或者原告所称的专利权还只是专利申请正处在审查阶段，或者是冒充专利等，以至于被控侵权人没有权利可以侵犯，结果是不构成侵权。

面对原告的专利侵权指控，如果被控侵权人能够准确掌握原告指控侵犯的专利权根本就不真实、不合法或者不具有效力，那么，采用不侵权抗辩就是最有效率的选择，不必采用现有技术抗辩。被控侵权人采用现有技术抗辩，首先需要寻找与其所实施的技术相同或者等同的现有技术，并提交有关鉴定机构作出的比对鉴定结论，比较费时费力费钱。当然，如果不侵权抗辩不成立，就可以考虑采用现有技术抗辩，因为既然原告的专利权是真实、合法、有效的，并且被控侵权人所实施的技术已经落入专利权保护范围，就可以采用现有技术抗辩，以保护其合法权利。

三、与合同抗辩比较

合同抗辩，是指专利侵权诉讼中的被控侵权人以其实施行为是根据自己与原告所签订的专利实施许可合同而进行的为由，对抗原告的专利侵权指控，以保护自己的合法权利。广义的专利侵权合同抗辩，还包括被告以其实施的技术是通过技术转让合同从第三人处合法取得的为理由进行侵权抗辩。但是，这种合同抗辩理由不属于对抗侵犯专利权的理由，只是承担侵权责任的抗辩理由。在这种情况下，被控侵权人按照与第三人签订的技术转让合同或者技术许可合同的约定实施该技术，侵犯他人专利权的，合同转让方或者许可方与被控侵权人（受让方）构成共同侵权，应当共同承担侵权责任。❶

此处所指的合同抗辩，就是狭义的合同抗辩。具体实践中，用于专利侵权诉讼抗辩的合同形式有：在涉案专利权被授予之前，原告曾经与被控侵权人签订过技术使用许可协议，该协议的标的是与涉案专利技术相同或者基本相同的技术，此后，原告以该项技术申请专利，并获得专利权。在此种情况下，被控侵权人可以从两个方面进行分析：（1）如果技术许可使用协议签订于涉案专利申请日之前，而且其实施行为也发生在申请日前，并且仅在合同约定的范围内继续实施的，那么，该被控侵权人可以采用先用权抗辩；否则，就只能根据合同约定的条款，进行合同抗辩。例如，该技术实施许可协议约定，在该项技术获得专利权以后，被许可人（现在的被控侵权人）可以按照该协议继续实施，而且该协议现在仍然有效。那么，该合同抗辩能够成立。否则，合同抗辩不能成立。（2）如果被控侵权人与原告签订不是技术许可使用协议，而是专利使用许可协议，就必须检查其实施行为是否超过了合同约定的范围：在合同约定范围内的，不侵权；超过约定范围的，可能侵权；合同没有约定范围的，则要根据具体情况而定。

在专利侵权诉讼中，被控侵权人能够采用合同抗辩成立，就应当

---

❶ "专利侵权合同抗辩"，载 http://www.fabang.com/a/20110228/255413.html。

采用合同抗辩，不必采用现有技术抗辩。与现有技术抗辩相比较，合同抗辩更为便捷，能够节约成本，减少诉讼时间，提高诉讼效率。

现有技术抗辩与专利权穷竭、诉讼时效抗辩各有适用范围，被控侵权人可以根据纠纷具体情况而定，没有可比性。

第八章 现有技术抗辩的现实状况

在知识经济时代，专利制度在企业和国家发展中扮演的角色越来越重要。随着对专利重要性认识的增强，专利的保护范围呈现不断扩张的趋势。国内有学者指出，知识产权逐渐演变成"知识霸权"；在国外，有学者指出当前知识产权保护政策中存在一些系统性错误。❶有一些激进的实务界人士甚至提出要废除专利制度，以解决因专利扩张带来的社会问题。面对专利扩张带来的问题和强烈的反专利浪潮，强调现有技术抗辩显得愈发重要。现有技术抗辩是抑制专利不正当扩张、合理界定专利范围的重要手段。无须废除专利制度，合理适用现有技术抗辩和专利法中的其他制度，对专利制度进行内部调试，完全可以纠正专利制度运行的偏差，解决专利制度在现代社会中出现的问题。然而，要通过现有技术抗辩化解当前专利制度所面临的威胁，必须要立足司法实践，在通过对司法实践进行分析的基础上寻求解决问题的突破之道。

第一节 当今社会的专利扩张和反专利运动

众所周知，世界上第一部具有现代意义的专利法是 1624 年颁布的《英国垄断法规》。该法实为反垄断之法律，但作为例外，承认对先进技艺有利的技术可以获得一定时期的垄断权。自《英国垄断法规》以来，专利制度在各国得到普遍确立，并逐渐走向国际化发展阶段。在近 400 年的历程中，专利制度的发展并非一帆风顺，各种质

---

❶ ［英］詹姆士·波义耳："关于世界知识产权组织和知识产权保护未来的一个宣言"，载 http://www.law.duke.edu/cspd/chinese/manifesto，2010 年 2 月 5 日访问。

疑和反对专利制度的声音从未停息过。2009 年 6 月，瑞典盗版党❶在瑞典大选中的胜利将当今社会中的专利废除推向了高潮。盗版党以废除药品专利为其三项基本政治纲领之一，并提出一个旨在替代专利制度的新方案。❷

自 19 世纪现代专利制度在各国普遍建立以来，现代专利制度日趋完备，世界上几乎所有国家对发明专利采用了实质审查制；大多数国家实行了早期公开制；各国更加重视专利制度与社会公共利益的平衡；国际和区域专利协调取得重大进展。同时出现了以下几点显著现象。

首先，专利权的保护范围一再扩张，引起专利权与公共健康的冲突。

当今社会，技术的发展日新月异。新技术的出现为专利制度的变革带来了重大机遇：专利的客体不断扩张。生物技术的发展促成基因专利的出现；计算机技术的发展使得软件开发者在著作权之外寻求专利保护；同时，商业巨头开始对商业方法寻求专利保护。专利的客体正不断从应用科学领域向基础科学领域扩张，并呈现逐步扩大趋势。这一变化首先发生在技术先进国家，并通过专利保护的双边和多边国际合作逐渐从技术发达国家向其他国家延伸。

国际知识产权保护领域最为重要的条约——TRIPS 协议要求成员方对药品提供专利保护。专利药品一般缺少替代物，而消费者对药品的需求缺乏弹性，❸ 垄断往往造成专利药品价格过高。美国学者谢

---

❶　盗版党是瑞典人发起的一个激进的版权改革政党，前身是一个叫盗版港的搜索式网站。2005 年 5 月瑞典警方突袭了盗版港总部，逮捕了两名管理者。警方的行为激怒了网站成员，他们成立了旨在推动盗版合法化的政党——盗版党。盗版党提出改革版权制度、废除专利制度、保护公民隐私三项政治纲领，在 2009 年的瑞典大选中得到 7.1% 的选票，获得欧洲议会瑞典 18 个席位中的至少 1 个席位。

❷　Pirate Party Declaration of Principles 3.2, at http：//docs. piratpartiet. se/Principles% 203.2. pdf, 2009.7.

❸　需求弹性是指产品需求量与价格之间数量的关系，反映需求量变动对价格变动的反应程度。需求弹性的计算公式为：需求量变动的百分比 ÷ 价格变动的百分比。需求弹性小于 1，则为需求缺乏弹性；需求弹性大于 1，则为需求富有弹性。

勒（Scherer）和华塔尔（Watal）认为，专利制度的实施确实是导致药品价格过高的关键因素。❶瑞典盗版党也认为药品专利带来了严重危害：❷（1）药品专利妨碍了无数贫困国家的人民获取挽救他们生命的必须的药品；（2）由于用来治疗源于高生活标准的疾病的药物比治疗穷人的疟疾更有利可图，因此药品专利扭曲了药品研究的优先顺序；（3）药品专利导致瑞典和欧洲的药品价格不断上涨。TRIPS协议生效前，包括印度、巴西、南非等在内的发展中国家对药品均不提供专利保护，依靠廉价的仿制药，许多穷困病人得到医治。而在TRIPS生效后，技术先进国家通过药品专利不费吹灰之力地攫取不发达国家、地区大量财富，更多贫困国家、地区的人民因为无力购买昂贵的专利药品而在死亡边缘挣扎。

专利权的扩张导致许多发展中国家人民遭受疾病的威胁无法得到医治，专利权与公共健康的冲突愈演愈烈。这是专利制度在现代社会遭受反对的第一个主要原因。

其次，专利制度诱发过度创新，问题专利的出现造成对创新的阻碍。

专利制度自建立以来，在激励技术创新、促进技术方案的公开和商业化方面发挥过重要作用。但是具有垄断性的专利权如同一块诱人的蛋糕，引来众多竞争者的争抢，引来过度创新问题。过度创新不仅导致研究资源的大量浪费，而且诱导发明人出于阻击竞争对手的意图，而非技术创新的目的进行技术研发，最终专利竞赛和围绕发明导致专利申请大量涌现，不堪重负的专利行政部门不得不缩短

---

❶ F. M. Scherer & J. Watal, "Post-Trips Options for Access to Patented Medicines in Developing Countries". http://www.cmhealth.org/docs/wg4_paper1.pdf, 转引自林秀芹：《TRIPS体制下的专利强制许可制度研究》，法律出版社2006年版，第135页。

❷ Sweden Pirate Party, "An alternative to pharmaceutical patents", at http://www.piratpartiet.se/an_alternative_to_pharmaceutical_patents, 2009.8.

专利的审查时间，出现了一些质量堪忧的"问题专利"❶（questiona-ble patent）。"问题专利"是专利界限不明的典型体现，最早由美国联邦贸易委员会在其 2003 年发布的报告《促进创新：竞争与专利法律政策的适度平衡》中提出。根据该报告，"问题专利"是不当授予的专利，包括不符合现行专利法规定的授权条件，以及虽然可以授予专利权，但是权利要求范围过宽的专利。❷ 前者是不符合专利实质条件，应当被判定为无效的专利；后者则是专利权的权利要求范围过宽，这种专利是部分无效的专利。无论何种问题专利，其实质都是将现有技术的一部分纳入了由权利要求书界定的技术范围，因此可以说"问题专利"实质上就是提取了公共元素，不符合授权条件，但获得错误授权，应当被判定为无效或部分无效的专利。

问题专利提取了现有技术，导致专利权侵入公共领域，由此带来与专利保护范围的正当性和稳定性有关的一系列社会问题，最为突出的问题是"问题专利"会阻碍创新或者增加创新的成本；加剧专利丛林的形成，造成专利许可的新困难；增加专利前景的不确定性；利用"问题专利"收取使用费或者以诉讼相威胁会挫败现有的或潜在的制造商的竞争。❸ 越来越多的人开始质疑专利制度是否真的能促进创新。专利制度从来不是最优方案，而是激励技术创新众多选择中的可行途径之一。种种迹象表明，专利制度在现代社会的运行中出现了异化。当现代专利制度与技术创新的关系变得暧昧不清时，专利制度的存在是否还具有正当性？这一疑问是专利制度在现代社会遭受反对的第二个主要原因。

从专利制度的发展历史看，旨在废除专利制度的反专利制度的运

---

❶ 问题专利不同于垃圾专利。对"垃圾专利"的含义并没有准确界定，一般认为是指没有创新内容或创新程度低的专利，主要集中在实用新型和外观设计领域。参见知识产权局："问题专利，不等于'垃圾专利'"，载 http://news. xinhuanet. com/legal/2005 – 12/28/content_ 3978331. htm，2009 年 3 月。

❷ 赵启杉："美国专利政策新动向——美国联邦贸易委员会'促进创新'报告介评"，载《知识产权》2004 年第 6 期，第 51 页。

❸ 张伟君、单晓光："滥用专利权与滥用专利制度之辨析——从日本'专利滥用'的理论与实践谈起"，载《知识产权》2006 年第 6 期，第 67 页。

动经历了两个时期的发展。19 世纪中叶专利废除论曾在欧洲达到一次高潮。❶ 理论界展开了关于专利制度正当性的大讨论；实践中，该运动直接导致荷兰等国家废除了实行已久的专利法。在英国，引发反专利运动的是当时不完备的专利登记制度。在废除运动发生之前，英国对专利登记制度进行过多次修改。18 世纪初期，英国大法官法院（Court of Chancellor）开始接受专利的登记；半个世纪后，出于专利侵权认定的考虑法庭开始要求专利权人对专利提交充分的说明。❷ 1852 年英国的专利修改法令设立了专利中央授权机构——专利局。❸ 即使经过许多次完善，当时的登记制度仍然存在以下突出的问题：审查制度的低效、专利说明书的不确定性。❹ 这些问题导致专利制度的社会信任度降低。专利制度被描述为"极其不合理、令人压抑、带有欺骗性"的体制，❺一些文学作品对专利登记制度的弊端进行了讽刺性描述。理论界对专利制度的质疑则围绕批判论证专利制度正当性的自然权利论和功利主义论而展开。

当今社会，人类社会步入知识经济时代。知识就是力量，科学技术是第一生产力。专利制度几乎在所有国家普遍建立起来，并且在国际经贸领域的战略地位变得越来越重要。有人形容，这是一个专利爆炸的年代。在这个年代，专利制度对于企业生存、国家发展越来越重要。同时，专利制度也遭受着第二轮高涨的质疑。美国联邦贸易委员会在 2003 年的报告中指出，专利制度在现代社会的运行已经造成社会资源的浪费和创新进程的减缓。而在理论界，有学者指出，现代知识产权的扩张导致知识产权及其权限超出正当性界限，演变为"知识霸权"，成为技术发达国家掠夺不发达国家和地区的新

---

❶❺　Mark D. Janis, Patent Abolitionism, *17 Berkeley Tech. L. J. 899.*

❷　W. R. Cornish, *Intellectual Property: Patent, Copyright, Trade Marks and Allied Rights*, Sweet & Maxwell (London), 1981, p. 80.

❸　王桂玲："专利制度的起源及专利文献的产生初探"，载 http://www3.cnt-me.com/sipo2008/wxfw/zlwxzsyd/zlwxyj/wxzs/200804/P020080403695102059126.doc, 2009.4。

❹　[澳] 布拉德·谢尔曼、[英] 莱昂内尔·本特利著，金海军译：《现代知识产权法的演进》，北京大学出版社 2006 年版，第 156 页。

工具。❶ 一些学者利用经济学研究方法检讨了专利制度实施的实效，试图建立一套旨在替代专利制度的方案。相对于 19 世纪围绕专利正当性的论战，当今社会反专利思潮更加务 "实"，注重从利用交叉学科方法研究专利制度对社会的影响。

第二节　现有技术抗辩对反专利思潮的回应

专利制度运行中出现的这些 "系统性错误" 已经得到许多学者的关注，一些在专利扩张上走得过远的国家也认识到因 "亲专利" 带来的偏差。专利制度的内部调试成为专利研究界近期关注的热点问题。

科斯定理表明，当交易费用为正时，不同的产权分配会带来不同效益的资源配置，所以产权制度的设置是优化资源配置的基础。❷ 任何权利都应当具有明确、清晰而稳定的边界。专利制度欲实现其功能首先必须清晰界定专利的保护范围。除此之外，专利权还应当具有稳定的边界，在各个阶段都能遵循统一的标准来界定专利范围。

因专利扩张产生的 "问题专利" 可以通过现有技术的适当运用得到纠正。排除现有技术是在界定专利范围时应当遵循的一项基本准则。这一准则在授权前通过新颖性、创造性标准来实现，在授权后通过确权机制和现有技术抗辩来实现。

对 "问题专利" 进行规制的第一个手段是事后专利确权机制。专利确权机制是指专利授权机构就专利权的申请和无效作出决定的程序，以及法院就相关程序进行司法复审的程序。❸ 既包括专利授权前异议制度，也包括专利授权后的撤销、无效宣告、重新审查等制

---

❶　齐爱民："论知识霸权——以国家知识产权战略的制定和实施为视角"，载《苏州大学学报（哲学社会科学版）》2009 年第 2 期，第 29 ~ 31 页。

❷　引自 "科斯第二定律"，资料来源：http://baike.sogou.com.

❸　李明德："专利权与商标权确权机制的改革思路"，载《华中科技大学学报（社会科学版）》2007 年第 5 期，第 12 页。

度。影响现有技术抗辩适用的是授权后的复审、撤销、无效宣告制度，由于发生在专利授权之后，有别于授权前的审查和异议制度，在此成为事后专利确权机制。❶ 为了实现激励功能，专利制度只对满足新颖性、创造性，完全排除现有技术的技术方案授予独占权，提供垄断保护。提取了现有技术的问题专利不完全符合专利的新颖性和创造性要求，是全部无效或部分无效的专利，但问题专利也适用"专利权应当被推定有效"这一基本规律。被推定有效的专利非经法定程序宣告无效仍被认为是有效存在的权利，成为专利侵权诉讼的权利依据。基于专利推定有效这一规则，当被控侵权技术的技术特征完全落入专利权利要求书记载的技术特征中时，就认为侵权成立。即使涉案专利的有效性存在问题，或者技术范围过宽，法院也不对此进行主动审理，只能等待被告提出侵权抗辩。

现有技术抗辩作为专利侵权抗辩制度之一，是对"问题专利"的司法规制手段。现有技术抗辩是另一个规制"问题专利"的手段，就是可供被告援引的规制问题专利的侵权抗辩手段，通过排除专利保护范围中的现有技术，现有技术抗辩实现专利保护范围的合理界定，重新平衡专利人利益和社会公共利益。以在授权后通过二次界定，合理确定专利保护范围。实际上，现有技术抗辩在产生之初的表现形式就是通过现有技术限制权利要求的解释，以将现有技术排除在专利保护范围之外。及至现有技术抗辩发展到等同侵权中的现有技术除外和相同侵权中的现有技术抗辩，利用该制度排除专利人对现有技术的独占，防止专利人从现有技术中获取不正当利益这一功能仍没有改变，只是将界定专利保护范围的方法从解释权利要求发展为侵权抗辩。

在专利扩张的时代，现有技术抗辩是规制"问题专利"的司法手段。问题专利将部分现有技术纳入了专利范围，导致保护范围过宽。为了最大程度实现专利制度的激励功能，专利法不仅在授权中运用新颖性、创造性审查，确立事后无效宣告机制和复审制度，而

---

❶ 雷艳珍："'问题专利'的法律规制"，载《法治研究》2009 年第 11 期，第 23 页。

且在司法程序中确立现有技术抗辩，用以排除专利权中的现有技术，合理确定专利保护范围。现有技术抗辩运用现有技术，通过发挥专利侵权抗辩的功能，在专利授权后排除专利权保护中的现有技术，有效规制了专利权保护范围的不正当扩张。

第三节　我国现有技术抗辩之司法适用现状

在 2008 年《专利法》第三次修订将现有技术抗辩以立法形式予以确立之后，现有技术抗辩在专利法的角度上已经实现了制度化。但在新专利法修订后的专利侵权诉讼司法实践中，现有技术抗辩尚未形成规范化适用。我国适用现有技术抗辩的依据主要有：《专利法》第 62 条，法释〔2009〕21 号第 14 条，❶ 最高人民法院〔2007〕民三监字第 51 - 1 号决定书等。这些文件确立了适用现有技术抗辩的一些规则：（1）现有技术抗辩既可以适用于等同侵权，也可以适用于相同侵权；（2）适用现有技术抗辩应当将被控侵权技术与现有技术进行对比；（3）被控侵权人援引抗辩的现有技术应当是一项现有技术方案，而不能是数个现有技术的结合；（4）被控侵权技术"属于"现有技术应当是技术特征的相同，而非技术方案的整体相同；（5）现有技术抗辩的适用标准是被控侵权技术与现有技术"相同"或者"无实质性差异"。

这些规则的建立为我国司法机关适用现有技术抗辩提供了依据。但由于上述规则并不十分明确，如何为"无实质差异"没有明确规定；另外，〔2007〕民三监字第 51 - 1 号决定书并非正式的立法文件，其内容在下级法院并未得到完全贯彻。这些因素导致现有技术抗辩在我国各级、各地法院的适用存在许多分歧。

---

❶　法释〔2009〕21 号是最高人民法院 2009 年 12 月 21 日最高人民法院审判委员会第 1480 次会议通过的《关于审理侵犯专利权纠纷案件应用法律若干问题的解释》，其中第 14 条规定："被诉落入专利权保护范围的全部技术特征，与一项现有技术方案中的相应技术特征相同或者无实质性差异的，人民法院应当认定被诉侵权人实施的技术属于专利法第六十二条规定的现有技术。"

　　笔者以选取的 2004～2009 年 28 例适用现有技术抗辩的典型司法判决为例，对其基本情况摘录如表 8-1 所示。

表 8-1　现有技术抗辩适用情形

审理法院及案号	侵权性状	现有技术抗辩的适用		备注
		是否	理由	
重庆高院［2009］渝高法民终字第 48 号	相同侵权	否	现有技术方案没有完全披露被控侵权物技术特征相同的技术方案	
宁波中院［2007］宁民三初字第 095 号	未认定	是	原告在申请日前已经公开销售专利设计产品	先判定抗辩是否成立
宁波中院［2006］宁民三初字第 359 号	相同侵权	否	无证据	先判定侵权成立
江苏高院［2006］苏民三终字第 0036 号	相同侵权	否	未完全披露被控侵权的技术特征	先判定侵权成立
北京高院［2009］高民终字第 3784 号	相同侵权	否	不能认定胜利伟业公司在涉案专利申请日之前已经有与被控侵权产品相同的技术方案被公开使用	
上海高院［2006］沪高民三（知）终字第 81 号	不侵权，既不相同也不等同	是	与现有技术相同	
江苏高院［2005］苏民三终字第 0086 号	自认与专利技术相同	是	被控侵权产品的技术特征与现有技术 CA-1 型检测车的技术特征相同	
北京高院［2008］高民终字第 941 号	相同侵权	否	被告主张的两专利分别均没有公开涉案专利权利要求的技术方案，且无法认定上述两个技术方案的组合对于本领域普通技术人员是显而易见的简单组合	
浙江高院［2009］浙知终字第 4 号	等同侵权	否	被告提供的证据非公开出版物	
南京中院［2007］苏中民三初字第 0067 号	未认定	是	与在先国际专利相同	直接适用现有技术抗辩，未认定侵权是否成立
北京高院［2007］高民终字第 1259 号	相同侵权	否	不相同且不等同	

续表

审理法院及案号	侵权性状	现有技术抗辩的适用		备注
		是否	理由	
广东高院［2005］粤高法民三终字第82号	等同侵权	否	未完全披露被控侵权的技术特征	
江苏高院［2004］苏民三终字第103号	既不相同也不等同	是	被控侵权技术在被告在先专利的说明书中得到披露	提出不侵权抗辩，而未明确提出现有技术抗辩
重庆高院［2005］渝高法民终字第72号	相同侵权	否		将公知技术抗辩作为并列于现有技术抗辩的概念。案中"公知技术"是一项在先因未缴纳专利费而不受保护的专利；"现有技术"是一项在先仍在保护期内的专利
江苏高院［2005］苏民三终字第003号	相同侵权	否	未完全披露被控侵权的技术特征	
广州中院［2006］穗中法民三初字第202号	相同侵权	否		
上海高院［2008］沪高民三（知）终字第51号精确叠合压纹产品的制造工艺	相同侵权	是	被控侵权方法技术方案与对比材料1公开的技术方案相比，两者十分接近，或者说被控侵权方法技术方案相对于对比材料1公开的技术方案明显没有创造性	
北京高院［2009］高民终字第731号钻头研磨机	等同侵权	是	被控侵权产品与在先专利的差别属于以基本相同的技术手段、实现基本相同的功能、达到基本相同的技术效果，且本领域技术人员无须经过创造性劳动就能够联想到的等同技术特征	
北京高院［2009］高民终字第2309号玻璃门牢固拉手	等同侵权	是	专利所涉及的技术在本专利申请日之前已为公众所熟知、在相关领域已被广泛使用属众所周知的事实	

续表

审理法院及案号	侵权性状	现有技术抗辩的适用		备注
		是否	理由	
上海高院［2008］沪高民三（知）终字第6号切割球形食品面皮的装置	相同侵权	否		被控侵权人只有证明被控侵权技术方案与对比现有技术的技术方案相比，不具有新颖性或者明显没有创造性，现有技术抗辩才能成立
上海一中院［2005］沪一中民五（知）初第273号	相同侵权	是	根据现有技术，被控侵权产品实施技术对于该领域内的普通技术人员来讲，不需要经过创造性的劳动，其显而易见就能联想到的，且没有产生新的技术效果。因此，被控侵权产品所体现的技术和与之对比的现有技术进行比较，两者所要解决的技术问题、针对各自技术问题所采取的各自的技术方案实质上相同	
山东高院［2007］鲁民三终字第16号	自认相同侵权	是	被控侵权产品的技术特征与作为公知技术的在先专利的必要技术特征相同	
浙江高院［2005］浙民三终字第219号	相同侵权	否	被控侵权产品的技术特征更接近于专利技术的	先适用现有技术抗辩，再认定
江苏高院［2004］苏民三终字第017号	不侵权	是	被控侵权物 CXW－169－J2M 型号油烟机的技术特征与该在先专利披露的相关技术特征基本一致	
上海高院［2009］沪高民三（知）终字第10号	相同侵权	否	相同侵权不适用现有技术抗辩	

续表

审理法院及案号	侵权性状	现有技术抗辩的适用		备注
		是否	理由	
北京高院［2009］高民终字第1569号	未认定	是	本领域的技术人员根据该在先公知技术记载的技术内容，不需要付出创造性劳动就能够生产出被控侵权产品	（1）既可在先判定是否构成侵权，也可先行判定现有技术抗辩是否成立；（2）被控侵权技术属于公知技术，是指被控侵权技术与公知技术相同或等同
北京高院［2008］高民终字第1165号 一种带硬质加强层的轻质发泡材料填充件	未认定	是	本领域的普通技术人员无须付出创造性劳动即可由对比文件公开的技术方案得出被控侵权物所使用的技术方案	
南京中院［2003］宁民三初字第101号 医用腔道内支架	相同侵权	否	文件1在申请日之后公开；被控侵权物披露的技术特征更接近专利技术而与文件2的技术相距较大	

在笔者选取的上述28例案件中，运用现有技术抗辩成功的有13例，约占46%。在中国，尽管司法实践很早就确认了现有技术抗辩，但法院对该制度的适用非常谨慎，并且从表8-1的情况看，法院对现有技术抗辩的认识在很多方面存在含混不清。而《专利法》第三次修正案实施后，尽管仍存在一些混乱，但司法机关对现有技术抗辩的适用规则更加熟悉，同一法院内部对现有技术抗辩的适用规则基本能达到统一。

一、现有技术抗辩适用上的混乱

（一）现有技术抗辩的适用范围

北京市高院在施特里克斯公司诉宁波圣利达电气制造公司及华普超市公司专利侵权案中确认现有技术抗辩在我国不仅可以适用于等同侵权，而且可以适用于相同侵权。随后最高人民法院以"驳回再审申请通知书"的形式确认了这一规则，认为"公知技术抗辩的适用仅以被控侵权产品中被指控落入专利权保护范围的全部技术特征与已经公开的其他现有技术方案的相应技术特征是否相同或者等同为必要，不能因为被控侵权产品与专利权人的专利相同而排除公知技术抗辩原则的适用"。❶但下级法院在审判中仍存在一些相反认识。如上海市高院在建德市朝美日化公司与3M创新公司侵犯发明专利权纠纷上诉案中指出，"被控侵权产品的技术特征经比对已完全落入涉案专利的保护范围，属于相同专利侵权，而非等同专利侵权，因此不适用公知技术抗辩"。❷

（二）现有技术抗辩和侵权构成的关系

在新疆农业科学院农业工程公司与石河子市华农种子机械制造公司侵犯专利权纠纷案❸和连展科技股份公司与东莞厚街新塘华宝电子厂等侵犯专利权案❹中，二审法院新疆高院和广东高院都指出被控侵权物没有落入专利技术的保护范围，被告不构成侵权，也不需再对被控侵权物与现有技术进行比对。而在广州金鹏实业公司诉上海国东建筑装饰工程公司等专利侵权纠纷案❺中，上海市第一中院认定被控侵权技术与原告专利既不相同也不等同，未落入原告发明专利权的保护范围；继而又指出被控侵权产品的技术特征与现有技术相同，被告关于现有技术的抗辩理由成立。可见，多数案例中法院对被控侵权物是否落入专利权保护范围和是否成立现有技术抗辩进行同时认定。但也有一些法院在判决中指出，在侵犯实用新型专利权诉讼中适用现有技术抗辩时，"既可在先判定被控侵权技术与专利技术相同或等同的基础上进一步判定被控侵权技术是否属于公知技术，也可先行判定被控侵权技术是否属于公知技术"。❻

（三）现有技术抗辩的对比对象及对比标准

在西安高科陕西金方药业公司诉上海交大穗轮药业公司等侵犯专

---

❶ ［2007］民三监字第51－1号决定书。

❷ ［2009］沪高民三（知）终字第10号判决书。

❸ ［2007］新民三终字第10号判决书。

❹ ［2006］粤高法民三终字第309号判决书。

❺ ［2006］沪一中民五（知）初第376号判决书。

❻ ［2009］高民终字第1569号判决书，［2008］高民终字第1165号判决书。

利权纠纷案❶中，被告提出现有技术抗辩并举出 3 份现有技术的证据。一审法院西安市中院将现有技术与专利技术进行对比，以国家知识产权局专利复审委员会在复审决定中认定该 3 个证据不能破坏原告专利权利要求 1 和 2 的创造性为由判决现有技术抗辩不成立。在佛山市顺德区杰晟热能科技公司与张黎光侵犯专利权纠纷案❷中，被告自认被控产品落入涉案专利保护范围。二审法院广东省高院指出，在判定现有技术抗辩是否成立时，应将被控侵权产品与现有技术直接进行比对，如被控侵权产品与现有技术相同或等同，则现有技术抗辩成立；如被控侵权产品与现有技术不相同或不等同，则现有技术抗辩不成立。在如何认定被控侵权技术属于现有技术的标准上，北京市高院在近年来的判决中都以"被控侵权技术与专利技术相同或等同"❸为标准，但也有一些法院在判决中并没有对此进行明确表述。

二、专利法修改后现有技术抗辩适用之问题所在

《专利法》第 62 条以明确的条文确立了现有技术抗辩后，现有技术抗辩的司法适用整体上朝着提高司法审判效率、节约诉讼资源的方向迈进。然而，现有技术抗辩在彰显其制度优势的同时，也体现出其制度适用中存在的一系列问题，如行政程序与司法程序之专利比对路径的混淆、现有技术范围的不当扩张、现有技术抗辩与其他抗辩界分不清等。

（一）行政程序与司法程序之专利比对路径的混淆

在专利无效行政程序中，涉及新颖性与创造性判断时，技术比对的主要内容是现有技术与专利技术之间的比对；而在涉及现有技术抗辩的司法程序中，技术比对的主要内容则是现有技术与专利侵权技术之间的比对，两者存在比对路径上的明显差异。但在司法实践

---

❶　[2005] 西民四初字第 136 号。

❷　[2006] 粤高法民三终字第 276 号。

❸　[2009] 高民终字第 1569 号，[2009] 高民终字第 1574 号。

中，部分司法机关将二者混淆，❶ 以行政程序中的专利比对代替司法程序中的专利比对。以钱江集团与本田技研工业株式会社和五羊本田摩托公司上诉案（［2010］沪高民三（知）终字第 67 号）为例。在本案中，人民法院认定，被告所提交的 2 份美国专利是专利复审委员会在无效宣告请求审查决定中所引用的主要比对文件，在专利复审委员会的审查决定中该两份比对文件不足以否定涉案发明专利的创造性，故被告依该两份对比文件所主张的现有技术抗辩亦无法成立。这一判断明显将两种比对路径混同。

（二）现有技术范围的不当扩张

现有技术抗辩所涉及的核心关键词为"现有技术"，因此对现有技术的判断于现有技术抗辩主张的成败至关重要。根据知识产权学者的观点，现有技术范围的选择上存在单独比对原则与组合比对原则❷两种。这两种原则比较起来实质上都是基于"单独的技术方案"这一共同基础，只是在单独技术方案是否包含"现有技术显而易见的简单组合"及"现有技术附加公知常识"问题上存在分歧。司法实践中，在现有技术范围的限定上，难免存在法官自由裁量的空间，但司法审判中对现有技术判断基准的混乱无疑将损害现有技术抗辩的说服力。我国专利法第三次修订以后，在涉及现有技术抗辩的司法审判中，不同地区与层级的人民法院在现有技术范围的判断上都有自己的标准，存在不当扩张之势。❸ 司法机关在具体的现有技术范围把握上，将现有技术扩展到了一项独立技术方案与"隐含内容""可明确推知内容"与"常识"的组合。

（三）现有技术抗辩与其他抗辩界分不清

现有技术抗辩的成立需要有正确的诉请主张基础。尽管现有技术抗辩已被明确规定于我国专利法，而且其与公有领域抗辩及专利无效抗辩存在明显的差异性，但在制度适用中，仍然存在现有技术抗

---

❶ ［2010］沪高民三（知）终字第 67 号，［2010］粤高民三终字第 171 号等。

❷ 程永顺：《专利侵权判定实务》，法律出版社 2002 年版，第 19～20 页。

❸ 例如：［2010］沪高民三（知）终字第 53 号，［2009］沪高民三（知）终字第 53 号，［2010］川民终字第 416 号。

辩与其他抗辩界分不清的情形。首先，当事人未能有效区分现有技术抗辩与公有领域抗辩。例如，在浙江东阳冠科建筑智能工程有限公司诉深圳市捷顺科技实业股份有限公司❶一案中，被告提出其涉案产品所使用的外观系"众所周知且广泛使用的停车标志"进而主张其专利为"现有设计"，将现有技术抗辩与公有领域抗辩混淆，最终未获支持。其次，当事人未能有效区分现有技术抗辩与专利无效抗辩。例如，在纪某与王某某上诉❷一案中，被告提出，原告所主张的专利产品"申请日以前已在市场上广泛生产和使用"，缺乏新颖性，故"此项外观设计专利属于现有设计"。这种将专利无效抗辩与现有技术抗辩混淆的主张在司法实践中也颇为常见。

三、专利法修改后现有技术抗辩适用之改进趋势

尽管从立法上看，现有技术抗辩是专利法第三次修改所新增的内容，但司法实践中的现有技术抗辩早已有之。要考察新专利法中现有技术抗辩立法规定对司法实践所产生的影响，需要将修订前后涉及现有技术抗辩的相关案例进行对比分析。为此，笔者选取专利法修订前后与现有技术抗辩相关的案例，通过当事人诉求、举证、司法认定、裁判依据等全方位的比较，展现了专利法颁行之后现有技术抗辩的适用现状：现有技术抗辩司法适用规则逐步一致；现有技术抗辩与行政程序的相对独立；现有技术比对方式的逐步统一。

（一）现有技术抗辩司法适用规则渐趋一致

现有技术抗辩司法适用规则逐步一致，首先，体现为"现有技术抗辩"称谓逐步趋向一致。专利法第三次修订之前的司法实践中，人民法院主要使用"公知技术抗辩"与"现有技术抗辩"两种称谓。不同的人民法院在不同的案件中采用不同的称谓，甚至同一人民法院在同一案件中亦采用不同的称谓。❸ 根据笔者对专利法修订前后相

---

❶ ［2010］苏民知终字第 0125 号。

❷ ［2010］新民三终字第 54 号。

❸ ［2005］渝高法民终字第 72 号判决书："上诉人提出的现有技术抗辩和公知技术抗辩均不能成立"。

关案例的统计分析，在专利法修订前，有逾半数的判决书中采用了"公知技术抗辩"称谓，如北京市高级人民法院［1995］高知终字第5号、［1998］沪高民三终字第78号、［2003］沪二民五（知）初字第141号等；专利法修订后，裁判文书中则主要使用"现有技术抗辩"的称谓，在笔者统计的专利法第三次修订后判决的案件中仅有4起使用了"公知技术（设计）抗辩"的称谓。❶ 而且，在适用新专利法的二审裁判文书中，即使新专利法颁行前的一审认定中使用了"公知技术抗辩"，二审中仍会改称"现有技术抗辩"。❷ 我国专利立法上规定的"现有技术抗辩"已经逐步体现在裁判文书的法律规范用语之中。

其次，现有技术抗辩司法裁判中援引作为依据的法律条文逐步趋向一致。在专利法第三次修改之前，司法机关所作的裁判文书往往直接对当事人所提出的抗辩进行认定，并在确定现有（公知）技术抗辩成立与否的基础上得出专利侵权构成与否的判断。专利法第三次修订以后，裁判文书中则直接援引《专利法》第62条、《最高人民法院关于审理侵犯专利权纠纷案件应用法律若干问题的解释》第14条等作为裁判依据，实现了裁判依据的逐步一致。

（二）现有技术抗辩对行政程序的依赖降低

现有技术抗辩因其涉及专利效力稳定性的判断，与专利行政程序有着难以割舍的联系。同样也正是因其与行政程序之间纷繁复杂的关系可能带来诉讼效率的降低，现有技术抗辩本身即在于将司法判定独立于行政审查，进而提高诉讼效率。在专利法第三次修订之前，当事人更多地倾向于通过行政程序解决专利新颖性判断问题，对现有技术抗辩的选择则较少。这种考虑主要源于现有技术抗辩未能行之于法律条文的明确规定，当事人在采用现有技术抗辩时所面临的诉讼风险更大。在此背景之下，专利侵权诉讼的当事人在提出现有

---

❶ ［2010］苏民知终字第0107号，［2010］粤高民三终字第171号，［2010］粤高民三终字第282号，［2010］桂民三终字第79号。

❷ 如［2010］苏民知终字第0107号判决书。

技术抗辩时，为降低诉讼风险，往往会同时提起专利无效主张。❶ 现有技术抗辩明确规定于新专利法后，被控侵权人为避免繁琐的程序，则较多地直接采用现有技术抗辩，司法审判中的现有技术抗辩与行政程序中的专利无效呈现出独立并行的趋势。现有技术抗辩与行政程序的独立，从当事人的角度来讲是不再将现有技术抗辩与专利无效主张"二体一用"；从司法机关的角度来讲则是在现有技术抗辩的适用中无需再依赖于行政程序的认定。在部分案件的审判中，甚至将民事诉讼程序与行政诉讼程序亦相互独立起来，例如，秦某某等诉景津压滤机集团有限公司一案❷中，人民法院认为"本案不是必须以行政诉讼的审理结果为依据"，直接对现有技术抗辩进行裁判。

（三）　现有技术比对方式的逐步统一

现有技术抗辩的比对方式主要存在现有技术比对次序、现有技术比对范围、现有技术比对标准等三个方面的问题。首先，在现有技术抗辩中存在用于抗辩的现有技术、被告所实施的专利、原告诉请保护的专利三项，比对次序也存在不同方式。专利法修改之后，司法机关开始普遍采用现有技术与被控侵权技术优先比对的统一模式。其次，专利法第三次修改后，司法实践中现有技术比对范围逐步统一依照《最高人民法院关于审理侵犯专利权纠纷案件应用法律若干问题的解释》第14条的相关规定，将被控侵权技术（设计）与一项现有技术（设计）进行比对。最后，在比对标准上，司法审判中❸确立了以"与一套完整的技术（设计）方案"特征相同或者无实质性差异的比对标准。

---

❶　被控侵权人同时提出现有技术抗辩和专利无效主张的案件，如［2008］冀民三终字第00018号，徐州双狮化纤砂轮有限公司与赵连升侵犯专利权纠纷上诉案；［2008］新民三终字第6号，安徽强强新型建材有限责任公司与新疆岳麓巨星建材有限责任公司侵犯专利权纠纷上诉案。

❷　［2010］冀民三终字第23号。

❸　［2010］苏民知终字第0107号，［2010］粤高民三终字第78号，［2010］粤高民三终字第139号。

第九章　现有技术抗辩适用之实体规则

在前面各章已经比较详尽地研究了专利侵权诉讼中现有技术抗辩赖以存在的理论基础，现有技术抗辩所具有的诉讼价值以及现有技术抗辩与其他抗辩适用的边界、环境与条件，利用集合理论与博弈理论系统分析了现有技术抗辩的适用并不一定是最优选择，而只能根据案件具体情况进行选择。本章重点研究在具体的专利侵权诉讼中适用现有技术抗辩的实体规则。

第一节　适用范围

理论界与实务界围绕现有技术抗辩适用范围争论的焦点主要是可否适用于相同侵权的问题。第一种观点认为，现有技术抗辩仅适用于等同侵权，而不适用于相同侵权。其理由主要有两点：（1）如果专利侵权诉讼涉及的专利权无效，被告应当启动无效宣告程序。是否授权专利权是专利局行使职权的结果，授权专利是否应当被宣告无效应当由专利复审委员会决定。❶（2）当被控侵权技术与现有技术相同时，适用现有技术抗辩可以救济诉讼中的被告，但现有技术抗辩的适用不影响涉案专利的效力，不利于保护专利技术的其他使用者的利益。从维护使用者利益和社会公共利益的角度出发，专利侵权诉讼中的被告有义务从社会公益出发，为社会公众提起无效宣告

---

❶ 例如，北京市高级人民法院知识产权法官提出，如果被控侵权的客体包含了该专利权利要求字面含义中的全部技术特征，属于相同侵权，此时若该被指控侵权相对于该专利申请日前的现有技术不具备新颖性或创造性，则该专利权利要求同样也就不具备新颖性或创造性，那么就必须向专利复审委员会提出宣告该专利权无效的请求，待专利复审委员会作出宣告该专利权无效的决定之后，法院再作出是否侵权的裁决。程永顺：《专利侵权判定实务》，法律出版社2002年版，第63页。

诉讼。如德国专利法不承认相同侵权中可以适用现有技术抗辩。❶ 在我国过去十多年，某些法院审理专利侵权纠纷案件适用现有技术抗辩（具体实践中可能是"公知技术抗辩"或者"公知公用技术抗辩"）时就是这样做的。例如，在建德市朝美日化公司诉3M创新公司侵犯发明专利权纠纷上诉案中，上海市高级人民法院指出，"被控侵权产品的技术特征经比对已完全落入涉案专利的保护范围，属于相同专利侵权，而非等同专利侵权，因此不适用公知技术抗辩"。❷第二种观点认为，现有技术抗辩不仅可以适用于等同侵权，而且可以适用于相同侵权。在专利侵权纠纷案件审理时，通过将被控侵权技术与原告的专利技术比对，完全落入涉案专利权保护范围的情况

---

❶　杨志敏："关于'公知技术抗辩'若干问题的研究"，见《专利法研究（2002）》，知识产权出版社2002年版，第79~80页。

❷　（1）关于上诉人主张的公知技术抗辩能否成立。在涉案发明专利申请日以前在国内外公开出版物上公开发表过或者在国内公开使用过的技术方案均可被引证用于公知技术抗辩，公知技术抗辩通常应当比较被控侵权产品的技术特征与公知技术的技术特征，如果被控侵权产品的技术特征与公知技术的技术特征相同或者相近似，则公知技术抗辩成立。反之，则公知技术的抗辩不成立。经比对，英国专利文献与被控侵权产品在技术特征上存在如下区别：①英国专利文献所涉口鼻腔罩由四个基本平整的三角形面板构成；被控侵权产品则是一个主体，因两条分界线分成第一部分、第二部分、第三部分。②英国专利文献所涉口鼻腔罩除了具有一条对开折痕外，还具有另外两条折痕，且三条折痕相交于一点；被控侵权产品仅有一条对开折痕。③英国专利文献所涉口鼻腔罩没有分界线，前述"另外两条折痕"也不同于分界线，且其相交于一点；被控侵权产品则具有互不交叉的第一分界线、第二分界线。因此，英国专利文献所披露的技术特征与被控侵权产品的技术特征并不相同，也不相近似。故上诉人提出的关于公知技术抗辩的主张不能成立，本院不予支持。（2）关于对涉案专利权利要求中记载的"不打褶的主体"的解释。本案专利侵权认定的关键在于，被控侵权产品的技术特征是否与涉案专利的相应技术特征相同，进而取决于如何理解涉案专利权利要求中"不打褶的主体"的含义。专利权利要求书中的技术术语，应当首先以专利说明书及附图为依据进行解释。由于涉案专利说明书中明确记载了"褶"意味着一个折叠，其中，装置的材料本身被对折，且至少有一次象手风琴那样的折叠。因此，通过上述说明书中对"褶"的定义及相关说明，"不打褶的主体"应理解为主体上不具有象手风琴那样的折叠，事实上被控侵权产品也不具有这样的折叠。因此，权利要求书中"褶"的含义不同于上诉人对其产品中央"打褶"的描述。由于涉案专利存在打开和折叠两种状态，对开折叠就是口罩主体上的中央折叠线，而被控侵权产品主体中央打了褶，采用了可折叠的主体结构，被控侵权产品的技术特征覆盖了涉案专利权利要求记载的全部技术特征，落入了涉案专利的保护范围。参见《建德市朝美日化公司诉3M创新公司侵犯发明专利权纠纷上诉案》，上海市高级人民法院民事判决书［2009］沪高民三（知）终字第10号。

下，如果被控侵权人能够举证证明其实施的被控侵权技术与现有技术相同或者等同，受诉法院也应当支持被控侵权人的现有技术抗辩，并有权判定专利侵权指控不成立。❶

现有技术抗辩与专利权无效宣告程序和无效抗辩在适用方法、适用标准、适用结果上都不相同。从适用方法和适用标准看，现有技术抗辩不同于专利无效抗辩之处就在于其适用是通过将被控侵权技术与现有技术进行对比，判断两者是否相同或"近似"，从而得出是否抗辩成功，是否构成专利侵权。我国的专利无效抗辩最终将走向无效宣告程序，其适用方法是将涉案专利技术同现有技术进行对比，判断其是否具有新颖性或者创造性。从适用结果看，现有技术抗辩不同于无效抗辩，其适用并不否定涉案专利的效力。现有技术抗辩属于专利侵权抗辩中的专利侵权例外情形，在民事抗辩中属于权利抗辩；而无效抗辩属于权利不存在的抗辩，属于事实抗辩。两者分属不同制度，发挥着不同的功能，实现不同的目的。

现有技术抗辩的适用范围与专利权无效宣告机制的运行状况有关。我国采取单一的行政确权机制，现有技术抗辩在我国专利法中可以并且应该发挥更大的作用。但我国的专利权无效宣告机制决定了现有技术抗辩适用的局限性。在美国，专利权无效抗辩是一种法定抗辩措施，被控侵权人如果有证据证明原告赖以支撑其诉权的专利权不符合专利法规定，就不必绕行到专利行政机关寻求宣告专利权无效，而是直接以原告的专利权无效来对抗其对自己的专利侵权指控，因此，没有在相同侵权中适用现有技术抗辩的空间。在我国，只有专利行政机关有权受理专利权无效宣告请求，并作出被请求专利权是否有效的决定。这一机制导致我国专利侵权诉讼和确权诉讼的交叉和冲突，以及司法权和行政权的紧张。❷ 将现有技术抗辩的适用从等同侵权扩及相同侵权意义重大：在专利相同侵权案件的审理

---

❶ 尹新天：《专利权的保护》，知识产权出版社 2005 年第 2 版，第 502 页。

❷ 论及行政确权程序与民事侵权诉讼程序交叉问题的论文包括：张红："专利无效行政诉讼中行政、民事关系的交叉与处理"，载《法商研究》2008 年第 6 期；渠滢："论专利无效诉讼中的'循环诉讼'问题"，载《行政法学研究》2009 年第 1 期。

中，现有技术抗辩的适用可以在不触及涉案专利的前提下，将被告从诉讼中解脱出来，维护了诉讼正义。

从司法实践看，相同侵权中的现有技术抗辩在我国已经得到确认。我国最早确立现有技术抗辩的规范性法律文件是北京市高级人民法院于 2001 年发布的《关于专利侵权判定若干问题的意见（试行）》（以下简称《意见》）。《意见》将现有技术抗辩的适用限定在等同侵权中，且对现有技术抗辩的规定与美国专利法如出一辙，是对美国判例的总结和借鉴。但是，在施特里克斯公司诉宁波圣利达电气制造公司及华普超市公司专利侵权案中，北京市高级人民法院确认公知公用技术抗辩不仅适用于等同侵权，而且适用于相同侵权。对北京市高级人民法院的该项判决，最高人民法院给予了支持，认为"公知技术抗辩的适用仅以被控侵权产品中被指控落入专利权保护范围的全部技术特征与已经公开的其他现有技术方案的相应技术特征是否相同或者等同为必要，不能因为被控侵权产品与专利权人的专利相同而排除公知技术抗辩原则的适用"。❶

从各地法院判决的案件情况看，既有以上海市高级人民法院为代表的坚持在相同侵权中排除现有技术抗辩适用的审判实践，也有以北京市高级法院为代表的支持现有技术抗辩不仅适用于等同侵权也适用于相同侵权的判例。本课题组所搜集的 12 例现有技术抗辩成功的案例中，明确判决为相同侵权的有 4 例，占 33.3%。可见，在相同侵权中适用现有技术抗辩是我国大部分法院的做法。虽然 2008 年《专利法》没有对现有技术抗辩的适用进行更为详细的规定，但司法实践的发展已经证明，现有技术抗辩独立于等同原则是我国专利法

---

❶ 现有技术抗辩的适用仅以被诉侵权产品中被指控落入专利权保护范围的全部技术特征与已经公开的其他现有技术方案的相应技术特征是否相同或者等同为必要，不能因为被诉侵权产品与专利权人的专利相同而排除现有技术抗辩原则的适用。在专利侵权诉讼中，如果被诉侵权技术中被指控落入专利权保护范围的技术特征，与现有技术中的相应技术特征相同或等同的，应当认定现有技术抗辩成立。参见 [2007] 民三监字第 51 - 1 号。一审：北京市第二中级人民法院 [2005] 二中民初字第 13 号；二审：北京市高级人民法院 [2006] 高民终字第 571 号；再审审查：最高人民法院 [2007] 民三监字第 51 - 1 号。

制发展的必然选择。

第二节 可援引的技术

在专利侵权诉讼中，被告若采用现有技术抗辩方式来对抗原告的专利侵权指控，所援引的技术只能是现有技术。但是，被告所援引的现有技术是否包括他人的在先专利技术，则是控辩双方时常发生争议的问题。换言之，即他人的在先专利能否作为现有技术被援引进行现有技术抗辩。

在 2008 年《专利法》之前，规定现有技术抗辩作为被控侵权人可采用的抗辩措施之前，我国法院在专利侵权诉讼审判实践中就允许被控侵权人以公知技术或者公知公用技术（自由公知技术）进行抗辩。在此，显然已经产生两种观点：第一种观点认为，被控侵权人可以援引公知技术而不限于公知公用技术进行抗辩，那么，被援引的技术既可以是公知公用技术，也可以是公知的专利技术。在山东雪圣科技股份有限公司诉被告山东雅泰电器有限公司、顺德市北滘镇科惠实业有限公司等专利侵权纠纷案中，青岛市中级人民法院将公知技术按其权利归属的不同分为三类：（1）自由公知技术，是指已进入公有领域的技术，任何单位和个人都有使用权，任何单位和个人都不能独占；（2）他人的专利，只要是在原告的申请日前公开了申请的，也是公知技术；（3）他人处于临时保护期的发明专利申请。青岛市中级人民法院还认为，利用公知技术抗辩，应满足两个条件：（1）存在公知技术，（2）被控侵权产品的生产利用了公知技术。涉案专利是名称为"除臭过滤纸"的实用新型专利，专利号为 ZL98 2 50815.8。被控产品是一种光触媒及活性炭过滤网，由平板纸和瓦楞纸粘合而成，呈长方形，四周为平板纸粘合的边框。被告科惠援引一项在先公开的美国专利技术进行公知技术抗辩。青岛市中级人民法院认为：被告科惠以其生产的被控侵权产品是利用了公知技术来抗辩原告的侵权之诉。本案被告科惠向法院提供的有关公知技术的证据，并提出被控侵权产品的技术特征是公知技术的抗辩，其根据是专利号为 ZL5817427 的美国专利，专利公告日是 1998 年 10

月6日，早于原告专利的申请日。被告科惠称，被控侵权产品生产所采用的技术，与美国专利所公开的技术一致，而美国技术已经通过美国专利的发布在全球公开，成为一项公开技术。最后因为法院认为被控侵权物与被援引的专利技术所利用的材料具有本质的区别，并美国专利权利要求书所描述的结构与被告的产品结构无法一一对应，不能当然地认为二者的结构是相同的。因此，被告科惠认为其产品与美国专利的技术特征是相同的观点不成立。[1]

也许有人会说，在"雪圣诉惠科"案例中，被控侵权人所援引的现有技术是美国的有效专利技术，并不是中国的专利技术。对我国的被控侵权人而言仍然属于公知公用技术，并不是中国法律上的专利技术。在我国的专利侵权诉讼审判实践中，以他人的在先专利作为现有技术进行抗辩的案例是王某诉台州北平机床有限公司等侵犯专利权纠纷案。该案中，被控侵权人采用现有技术抗辩对抗原告的专利侵权指控。经鉴定，本案中的被控侵权产品 PP－13B 型钻头研磨机的技术特征与申请日为 2001 年 12 月 26 日、名称为"携带式钻头研磨机"的在先实用新型专利相比，虽然被控侵权产品旋动座端面起固定夹持钻头作用的卡缘这一技术特征与在先专利技术相应的技术特征有所不同，但二者属于同领域技术人员无需经过创造性劳动就能够联想到的技术特征，即采用基本相同的技术手段、实现基本相同的功能、并达到了基本相同的技术效果，应构成等同。因此，北京市第二中级人民法院认定被告北平机床公司提出的已有技术抗辩成立。认为王某请求确认北平机床公司制造并销售、通利机械公司销售的涉案 PP－13B 型钻头研磨机侵犯其专利权的诉讼主张，证据不足，不能成立，其相应诉讼请求，本院不予支持。依照《中华人民共和国专利法》第 11 条第 1 款、第 56 条第 1 款之规定，判决

---

[1] 参见《山东雪圣科技股份有限公司诉被告山东雅泰电器有限公司、顺德市北滘镇科惠实业有限公司等专利侵权纠纷案》，山东省青岛市中级人民法院民事判决书［2001］青知初字第 103 号。

如下：驳回原告王某的诉讼请求。❶

第二种观点认为，被控侵权人援引作为抗辩的现有技术只能是在涉案专利申请日以前的公知公用技术或者自由公知技术，而不能是在先专利技术。❷在李某与首钢总公司重型机械公司专利侵权纠纷案中，北京市高级人民法院认为：上诉人李某的旗杆专利技术方案涉及一种由中空旗杆、滑轮、旗绳组成，利用风源将风沿3条输气管道分别送到杆体内部的3个气室，并通过在杆体旗帜升起的一侧开设若干排气孔的吹飘旗帜装置。被上诉人首钢制作的旗杆，也是由中空旗杆、滑轮、旗绳组成。二者的根本区别在于李某的专利技术方案在旗杆内有3个气室，而首钢技术中的旗杆内仅有一个气室，而单气室吹风式旗杆技术已于1987年1月14日公开于业已届满的85201537号实用新型专利，成为公有技术。因此，李某的旗杆专利保护范围，不应包括单气室旗帜吹飘装置。据此，二审法院支持一审法院认定首钢的旗帜吹飘装置所采用的技术方案与上诉人的专利技术二者实质不相等同的观点，公知技术抗辩被用于限制李某所主张的等同物的范围，使之不能将其专利保护范围扩大到申请日时的已有的技术。❸

我国2008年《专利法》第62条规定的是"现有技术抗辩"，而不是公知公用技术抗辩或者自由公知技术抗辩，不能将被控侵权人所援引的技术范围限缩到公知公用技术或者自由公知技术，而应当包括在涉案专利技术申请日之前的所有公知技术，当然包括专利申请日早于涉案专利申请日的专利技术。但是，被控侵权人所能援引的现有技术能否包括涉案专利的抵触申请所包含的技术呢？关于这个问题的理论论证早在前面的"现有技术"部分完成，现在所需要的是现实判例支撑。2008年，在邱某诉上海灵拓建材有限公司专利侵权案中，上海市第一中级人民法院认为：根据《中华人民共和国

---

❶ 参见《王某诉台州北平机床有限公司等侵犯专利权纠纷案》，北京市第二中级人民法院民事判决书［2008］二中民初字第414号。

❷ 温旭："自由公知技术抗辩在专利诉讼中的应用"，载《知识产权》1997年第1期，第45页。

❸ 参见《李某与首钢总公司重型机械公司专利侵权纠纷案》，北京市高级人民法院民事判决书［1995］高知终字第5号。

专利法》（2000 年修正）之规定，发明专利权被授予后，任何单位或者个人未经专利权人许可而实施其专利，属于侵犯专利权的行为，依法应当承担相应的民事责任。但是，如果被控侵权人有证据证明其实施的技术属于现有技术的，则不构成侵权。本案中，被告上海灵拓建材有限公司、被告舜基新型建材有限公司主张其所实施的技术源自案外人王某 0013046.9 号专利技术，故而不应构成侵权。经本院审查，该 0013046.9 号专利虽然申请日在原告专利申请日之前，但公开日却在原告专利申请日之后，相对于原告专利，在性质上不属于现有技术。但是，专利侵权诉讼中现有技术抗辩制度的法理基础在于授予专利的发明必须具备新颖性和创造性。而根据《专利法》（2000 年修正）的规定，新颖性是指在申请日以前没有同样的发明或者实用新型在国内外出版物上公开发表过、在国内公开使用过或者以其他方式为公众所知，也没有同样的发明或者实用新型由他人向国务院专利行政部门提出过申请并且记载在申请日以后公布的专利申请文件中。可见，抵触申请也能够损害在后申请专利的新颖性，并导致在后申请不能获得专利授权，在这点上，其与现有技术性质相同。因此，如果被告援引抵触申请作为抗辩的话，人民法院可以类推适用现有技术抗辩的法理进行处理。鉴于本案查明的事实已经表明，原告在本案中主张权利的权利要求 2、57、58、67、68 已经宣告无效，因此本院仅需针对权利要求 26 作出是否成立抵触申请抗辩的认定，如果案外人王某 0013046.9 号专利公开了原告专利权利要求 26 所有的技术特征，则被告抵触申请抗辩可以成立。❶

综上所述，在我国，专利侵权诉讼中的被控侵权人可以援引用于现有技术抗辩的技术包括三种类型：涉案专利申请日以前已经存在的公知公用技术或者自由公知技术，早于涉案专利申请日以前已经存在的专利技术，以及涉案专利的抵触申请技术（专利申请日早于涉案专利的申请日，但其公开日晚于涉案专利的申请日）。

---

❶　参见《邱某诉上海灵拓建材有限公司专利侵权案》，上海市第一中级人民法院民事判决书［2008］沪一中民五（知）初字第 174 号。

第三节　适用条件

一般而言，专利侵权诉讼就是原告指控被告所实施的技术落入专利权保护范围，从而请求法院确认并给予相应救济的法律程序。为了维护自己的合法权益，被告可以针对原告的指控采取多种抗辩措施，其中包括现有技术抗辩。根据《专利法》第 62 条规定，被告采用现有技术抗辩的，必须举证证明其所实施的技术属于现有技术，而不考虑是否与原告的专利技术相同或者等同。

从原告的角度看，为了确认被告构成专利侵权，原告必须将被告所实施的技术与专利技术比对。这种比对有 3 种结果，即被告所实施的技术与自己的专利技术：（1）相同或者等同；（2）部分相同或者等同；（3）完全不相同也不等同。如果属于第一种情况，被告实施其技术的行为可能构成侵权；否则就不构成侵权。从被告的角度看，为了维护自己的合法权益，可以采用现有技术抗辩将自己所实施的技术与某项现有技术进行比对。这种比对也有 3 种结果，即自己所实施的技术与其所选择的现有技术：（1）相同或者等同；（2）部分相同或者等同；（3）完全不相同也不等同。如果属于第一种情况，那么被告现有技术抗辩成立；否则被告现有技术抗辩不成立。

在司法实践中，专利侵权诉讼中的被告采用现有技术抗辩所需满足的前提条件可以概括为：原告已经举证证明被告所实施的技术落入其专利权保护范围，被告已经找到可以用于抗辩的现有技术，并且在被告可选择的多种抗辩措施中，只有现有技术抗辩措施最能节约诉讼成本，最能提高诉讼效益。

在专利侵权诉讼中，被告并不总是能够或者需要采用现有技术抗辩，而是需要根据具体案情而定。通常情况下，只有在原告所提供的证据足以证明被告所实施的技术已经落入其专利权的保护范围，被告已经找到可以用于抗辩的现有技术，并且与其他可以选择的抗辩措施相比，现有技术抗辩符合"最能节约诉讼成本，最能提高诉讼效益"原则的前提下，才可以选择适用现有技术抗辩。然而，有学者认为，在专利侵权诉讼中，不论原告是否有充分证据证明被控侵权技术与原告的专利技术等同或相同，即可采用现有技术抗辩，而不必让原告首先举证证明，被控侵权技术已经落入其专利权保护范围，与专利技术相同或者等同，即可采用现有技术抗辩。❶ 这种观点值得商榷。第一，如果原告不能举证证明被控侵权技术没有落入原告专利权保护范围，这个诉就不能成立，被告不必花大力气去寻找现有技术，更不必将被控侵权技术与现有技术进行比对，而只需以原告之诉不成立即可对抗原告的侵权指控。在这种情况下采用现有技术抗辩是严重的错误选择。第二，即使原告已经举证证明了被控侵权技术落入到了原告专利权保护范围，被告也不必马上采用现有技术抗辩，而是可以考虑选择更为经济、实用、有效的抗辩方式。只有在其他抗辩方式难以成立或者其他抗辩方式成本更高的情况下，才可以选择现有技术抗辩。例如，如果有证据证明原告不具有合法的诉讼主体资格，那么被告所实施的技术即使是现有技术也不必采用现有技术抗辩，而只需举证否定原告的诉讼主体资格即可。如果被告决定采用现有技术抗辩，那么根据民事诉讼法上的"谁主张，谁举证"原则，被告就必须找到一项现有技术并且要证明其所实施的技术与该项现有技术相同。❷ 显然，完成这一任务比直接否定原告的诉讼主体资格所花费的时间要多，并且所付出的成本要高。又如，如果有证据证明原告赖以起诉的专利权不存在或者已经超过法律规定的期限而终止或者放弃等，那么被告只需举证证明原告没有专利权即可，而不必启动现有技术抗辩程序。由此可见，在上述两种情况下，被告采用现有技术抗辩并不符合"最能节约诉讼成本，最能提高诉讼效益"的原则。

在具体的专利侵权诉讼中，当原告所提供的证据足以证明被告所实施的技术已经落入专利权保护范围时，被告可以采用多种抗辩形式来对抗原告的侵权指控，以免于承担侵权责任。例如，被告可以

---

❶ 张沧："司法实践中现有技术抗辩研究"，载《专利法研究》2011年。

❷ 有学者认为，被告采用现有技术抗辩时，其所使用的技术只能与现有技术相同而不能等同。参见吴汉东主编：《知识产权法学》，北京大学出版社2009年第4版，第190~200页。

采用专利权无效抗辩、先用权抗辩、专利权滥用抗辩、不侵权抗辩、不视为侵权抗辩、合法来源抗辩和现有技术抗辩。❶ 当被告面临着多种抗辩措施可以选择的情况下，被告有必要进行诉讼效益评估。详言之：（1）与无效抗辩、现有技术抗辩相比，先用权抗辩最为简便，也最容易证明。采用先用权抗辩的问题是被告必须证明自己在原告的专利申请日以前已经制造或者做好制造的必要准备，并且其实施的技术是合法取得的，包括自己独立研发的、依法从他人处得到的或者是通过反向工程获得的；否则，就不能采用先用权抗辩。（2）与现有技术抗辩、先用权抗辩相比，无效抗辩的适用范围广泛并且能够使原告的专利权无效。但是，无效抗辩的程序过于烦琐，如果不是别无其他抗辩措施可供选择，或者不是对被告特别有利，那么其就是最不经济的抗辩措施。（3）与无效抗辩相比，现有技术抗辩的适用范围比较窄但很经济；与先用权抗辩相比，现有技术抗辩不必证明自己所实施的技术是以何种方式获得的，少了一些麻烦。

事实上，被告采用现有技术抗辩所需成本低于无效宣告抗辩成本，但是高于其他抗辩成本。我国法律允许被告采用现有技术抗辩，这实际上是在不宣告专利权无效的前提下，只要被告能够找到一项现有技术并将自己所实施的技术与之对比，得出其技术特征与之相同或者等同的结论，就可以免于承担侵权责任。需要明确的是，被告所选择的技术必须是现有技术，而不能是保密技术。现有技术抗辩一旦成立，被告的实施行为就不构成侵犯专利权的行为，从而也就不必承担侵权的法律责任。

第四节　被控侵权技术是否属于现有技术的判定

在专利侵权诉讼中，如果被控侵权人采用现有技术抗辩，受诉法院就必须判定被控侵权物是否属于现有技术。由于这种判定结果直接关系到专利侵权诉讼双方当事人的利益，因此应当谨慎为之。然而，在具体的司法审判实践中却表现得比较混乱。在本研究报告的

---

❶　参见 2013 年 9 月 4 日北京市高级人民法院发布的《专利侵权判定指南》。

前面部分已经充分论证了被控侵权物与现有技术，不论是相同或者等同，被控侵权人采用的现有技术抗辩主张都能成立。具体实践中面临的主要困难就是认定被控侵权物是否属于现有技术的标准。

一、与现有技术完全相同

被控侵权物与现有技术相同的认定标准可以类推适用专利审查中对新颖性的审查方式。具体而言，在判定被控侵权物与现有技术是否相同时应遵循以下规则。

（一）对比文件的确定

单独对比。司法审判实践中，将被控侵权物与现有技术对比时，只能将被控侵权物所有的必要技术特征与所选定的一项具体的现有技术相对应的技术特征单独进行比较，而不得将其与几项现有技术的组合，或者与一份对比文献中的多项技术方案的组合进行对比。

对比文件具有客观性。用以对比的现有技术文献应当是客观存在的技术资料，以对比文献中公开的技术内容为准。该技术内容不仅应包括明确记载在对比文件中的内容，而且包括对于所属技术领域的技术人员来说，隐含的且可直接的，毫无疑义的确定的技术内容。同时，要注意不得将对比文献的内容扩大和缩小。文献中包含附图的，可以引用附图。能够从文献附图中直接的，毫无疑义的确定的技术特征属于现有技术的内容，而仅仅是推测，或者没有文字说明，仅仅从附图中测量得出的尺寸及关系不能作为现有技术的内容。❶ 如果援引的现有技术文件是专利文件，则既可以引用权利要求书的内容进行对比，又可以使用摘要、说明书及附图的内容进行对比。

（二）完全相同的判定

一般而言，被控侵权物的技术方案在其技术领域、所解决的技术问题、技术方案和预期效果上与对比文件披露的技术方案实质相同，则认为被控侵权物的技术与现有技术相同。对此，应当从技术领域、所解决的技术问题、技术方案和预期效果这四个方面来进行判断。

根据《审查指南》的解释，发明或者实用新型的技术领域应当

---

❶ 国家知识产权局令第 38 号：《专利审查指南 2006》。

是要求保护的技术方案所属或者直接应用的具体技术领域。具体的技术领域往往与发明或者实用新型在国际专利分类表中可能分入的最低位置有关，而不是上位的技术领域，也不能归纳为专利技术方案本身。

对一项专利权而言，最核心的部分是权利要求书记载的，由技术特征构成技术方案。判断专利申请是否具有新颖性时，应当将每一项权利要求记载的技术方案与现有技术所包含的全部技术特征进行对比。在判定被控侵权物的技术是否与现有技术相同时，也应当就两者包含的技术特征进行对比。为此，应首先归纳被控技术以及对比文件中一个完整技术方案的全部技术特征，然后将两者进行对比，判断是否存在区别技术特征。若存在区别技术特征，则基本可以断定两者不构成相同。

除判定被控侵权物的技术方案与对比文件记载的技术方案是否存在区别技术特征外，还要确定两者解决的技术问题和预期效果是否相同。所解决的技术问题和预期效果应当与技术方案之间存在对应关系，来源于技术方案。

（三）惯用手段的直接替换

如果被控侵权物的技术方案和对比文件披露的技术方案之间存在区别技术特征，但这一区别仅仅是所属技术领域惯用手段的直接置换，现有技术抗辩能否成立？《审查指南》3.2.3 将"惯用手段的直接置换"作为不具备新颖性的情形之一。《发明专利审查基础教程（审查分册）》将这一条的适用限定于对比文件是抵触申请的情形中；如果对比文件是非抵触申请，"惯用手段的直接置换"应当在创造性基准中进行审查。❶ 笔者认为，如果被控侵权物的技术方案是在对比文件所披露的技术方案的基础上，对某个或几个属于惯用技术的技术特征，简单的采用同样属于惯用技术的另一技术特征予以置换，则现有技术抗辩仍可以成立。"惯用手段的直接置换"虽然不构成被控侵权技术与现有技术字面上的完全相同，但是对于本领域的普通

---

❶ 田力普主编：《发明专利审查基础教程（审查分册）》，知识产权出版社 2008 年第 2 版，第 129 页。

技术人员而言，进行这种改变是极其显而易见的，理应作为被控侵权技术与现有技术相同的情形之一。

二、与现有技术相近似

在具体的司法审判实践中，判断被控侵权技术与现有技术是否相近似，应严格遵循三个"基本"标准，即被控侵权技术之主要技术特征以与现有技术基本相同的技术手段，实现与现有技术基本相同的功能，达到与现有技术基本相同的技术效果，并且所属技术领域的普通技术人员无须经过创造性劳动就能够想到的技术特征。具而言之，我国司法实践中判断何为属于现有技术中的"近似"时有以下几种方法。

（一）类推等同的判断标准

被控侵权物的技术方案与现有技术存在区别技术特征，但区别技术特征是"以基本相同的手段，实现基本相同的功能，达到基本相同的效果，并且相关领域的技术人员无须经过创造性劳动就能联想到该特征。采用"等同"标准的以北京市高院判决的一系列现有技术抗辩案件为代表。如前述"携带式钻头研磨机"❶的实用新型专利纠纷案中，北京高院认定"被控侵权产品与在先专利的上述差别属于以基本相同的技术手段、实现基本相同的功能、达到基本相同的技术效果，且本领域技术人员无须经过创造性劳动就能够联想到的等同技术特征"，判决被告现有技术抗辩成立。此外，北京高院在前述"一种带硬质加强层的轻质发泡材料填充件"实用新型专利案❷和"一种医用腰带"专利纠纷案❸中均明确阐述了现有技术抗辩中被控侵权技术属于现有技术的内涵："所谓被控侵权技术属于公知技术，是指被控侵权技术使用的技术与公知技术相同或等同"。

（二）类推创造性的判断标准

如果被控侵权物相对现有技术不具有创造性，则认为被控侵权物

---

❶　［2009］高民终字第 731 号判决书。

❷　［2008］高民终字第 1165 号判决书。

❸　［2009］高民终字第 1569 号判决书。

实施的是现有技术，抗辩成立。采用"创造性"标准的以上海市高院判决的一系列现有技术抗辩案件为代表。在前述"精确叠合压纹产品的制造工艺"专利纠纷案中，二审法院上海高院认定对于所属技术领域的普通技术人员而言，将塑胶膜替换为树脂浸透薄层，明显无须经过创造性的劳动就能想到，故被控侵权方法技术方案与对比材料1公开的技术方案相比，两者十分接近，或者说被控侵权方法技术方案相对于对比材料1公开的技术方案明显没有创造性，上诉人的现有技术抗辩主张可以成立。上海市高院在"切割球形食品面皮的装置"发明专利纠纷案中也做了相似的表述：被控侵权人只有证明被控侵权技术方案与对比现有技术的技术方案相比，不具有新颖性或者明显没有创造性，现有技术抗辩才能成立。

（三）以"更接近谁"为判断标准

该方法首先确定被控侵权技术和现有技术之间的差异，然后判定在现有技术和专利技术之间，这一差异更接近何方。若差异更接近现有技术，则现有技术抗辩成立；若差异更接近专利技术，则现有技术抗辩不成立。这一方法在我国司法实践中也有所体现。在前述"医用腔道内支架"实用新型专利纠纷案中，一审法院对被告提供的第二份现有技术文献的分析即基于该标准：被控侵权物使用的覆膜材料"聚氨酯膜"的技术特征与原告专利所限定的"透明、透气的高分子生物材料制成的膜"更为接近，而与该文献披露的专利中使用的"聚四氟乙烯膜"相距较大。因此，以第二份现有技术文献为证据提出的现有技术抗辩不能成立。在煤球炉实用新型专利纠纷案❶中，法院也以"被控侵权产品与请求保护的实用新型专利之间的相似性明显高于被控侵权产品与被告提交的公知技术比对资料之间的相似程度"来判定现有技术侵权抗辩之理由不能成立。

从国外的情况看，各国的做法也各有差异。德国专利法采用了"创造性"标准，被控侵权物属于现有技术的标准既包括被控侵权物使用的技术与现有技术相同，也包括被控侵权物相对现有技术不具有可专利性。日本法则区分了相同侵权和等同侵权中的现有技术抗

---

❶ ［2005］长中民三初字第377号判决书。

辩，确定了两个标准。相同侵权中，被控侵权物相对于现有技术构成"明显相同或极为近似"时，现有技术抗辩成立；等同侵权中，被控侵权物相对于现有技术构成专利实质条件中的"进步性"时，现有技术抗辩成立。在美国判例法中占据主流地位的是假想权利要求准则。假想权利要求法首先以专利权利要求为基础提出一个从字面上覆盖被控侵权物或方法的假想权利要求，然后将该假想权利要求同现有技术进行对比，判断其是否具有可专利性。如果假想权利要求不具有专利性，则现有技术抗辩成立。

在被控侵权技术与现有技术"完全相同"之外，有必要承认现有技术抗辩在两者近似时也可成立。其次，从专利制度的政策倾向和司法资源现状两个因素考虑，笔者赞同类推"等同"的判定标准。

第一，建立现有技术抗辩中的被控侵权技术与现有技术的"近似"标准是有必要的。在笔者调查的13例现有技术抗辩成功的案件中，被控侵权技术与现有技术完全相同的有6例，其余5例案件中，被控侵权技术与现有技术属于"近似"，约占调查总数的50%。如果排除"近似"标准在现有技术抗辩中的适用，这些案件中被告利益都不能得到维护。事实表明，在现有技术抗辩中建立"近似"标准是有必要的。

第二，应当类推"等同"的方法来确定"近似"的判断标准。在确定"近似"标准时，应当采取较为宽松的近似标准，授予法院较大的自由裁量权，还是采取严格的近似标准，限制法院自由裁量的范围？对此问题应当做到"宽严相济"，考虑具体操作可行性和制度的政策导向。

从专利制度的政策考量看，现有技术抗辩的适用标准应有别于专利权无效宣告的审查标准。现有技术抗辩的功能是使被控侵权人免于承担侵权责任，不同于专利权无效宣告制度，现有技术抗辩成立的结论仅仅适用于具体个案，并不影响涉案专利的有效性。从维护公共利益的角度出发，当涉案专利提取了现有技术而存在无效事由时，应当鼓励被控侵权人和其他社会公众通过无效宣告程序来纠正专利授权。德国司法实践反对在相同侵权中适用现有技术抗辩的原因之一就是被控侵权人有义务为公众利益启动无效程序。如果赋予被控侵权人以抗辩手段，虽然可以救济当事人，但不应获得授权的专利仍会存在。❶ 因此现有技术抗辩的适用应有别于专利有效性的审查。

从司法资源的现状看，现有技术抗辩的适用标准应有利于维护司法结果准确性。专利案件的审理具有极强的技术性和专门性，我国现阶段在探索专利案件司法体制改革的路径，但尚未有有效的改革措施。司法人员有别于专利审查人员，其具有专业法律素养但不具备技术知识，无法对复杂的技术对比关系进行甄别。采用过于复杂的技术对比规则增加了法院审理技术问题的负担，不利于法院正确适用。因此，在确定该标准时应充分考虑现有的司法资源现状。

"等同原则"在新《专利法》中没有明确规定，但我国司法实践自 20 世纪 90 年代就开始适用这一规则。❷ 2001 年最高人民法院司法解释明确将等同原则作为专利侵权判定的一项基本原则。该规定明确了适用等同原则时的基本规则：（1）"等同"是技术特征的等同，而非技术方案的整体等同。（2）技术特征的"等同"标准是被控侵权物中的技术特征与权利要求记载的技术特征以基本相同的手段，实现基本相同的功能，达到基本相同的效果；且两者之间的区别技术特征❸属于本领域的普通技术人员无须经过创造性劳动就能联想到的。一般认为，"无须经过创造性劳动就能联想到"的含义与专利审查中"显而易见"的含义相同。❹ 自此以后，等同原则在我国司法实践中得到广泛应用，等同侵权成为专利侵权的主要类型之一，等同原则在侵权诉讼实务中得到广泛应用，

---

❶ 杨志敏："关于'公知技术抗辩'若干问题的研究"，见《专利法研究 2002》，知识产权出版社 2002 年版，第 79～80 页。

❷ 在 1992 年"充氧动态发酵机"一案中，一审法院运用等同原则认定侵权成立，而二审法院同样运用不同的等同原则认定方法撤销了一审判决。

❸ "区别技术特征"是专利审查中用以判断专利申请是否具有新颖性的一个概念，本文借此概念指代专利技术方案与被控侵权物的技术方案之间存在的差异。

❹ 闫文军：《专利权的保护范围——权利要求解释和等同原则适用》，法律出版社 2007 年版，第 345 页。

人民法院从大量的案例积累了判定何为"等同"的经验，基本熟练掌握了何为"等同"的判定方法。采用"等同"标准判定现有技术和被控侵权技术的近似充分考虑了我国现阶段的司法资源状况，有利于法律适用的统一性。

第十章　现有技术抗辩适用之程序规则

根据有关资料统计，我国专利侵权诉讼中的被告，采用现有技术抗辩来维护其合法权益的案例比较多，尤其在化学医药领域的专利侵权诉讼中的适用比例最大，占26%。❶ 从专利侵权诉讼角度讲，其特殊之处体现在当事人主体资格的确定、管辖法院的选择、诉讼时效期间、当事双方证据的提交、庭审质证的顺序、举证责任的分配等方面。现有技术抗辩程序诸多特性影响着当事人的诉讼策略的选择与抗辩进程及其最终效果。因此，专利侵权诉讼当事人以及专利侵权诉讼受诉法院都应当严格按照法律规定的程序规则，正确适用现有技术抗辩以审理专利侵权纠纷。

第一节　现有技术抗辩主张的程序机制

要探究现有技术抗辩适用的程序规则，首先面临的便是现有技术抗辩应当在专利侵权诉讼的什么程序阶段提出，专利现有技术抗辩的提出对专利侵权诉讼的程序进程会产生何种影响，人民法院应当如何在组织质证、法庭辩论及事实查明中将现有技术抗辩的主张纳入其中。这些也是将现有技术抗辩的主张程序纳入规范化轨道所要解决的首要问题。

一、现有技术抗辩的主张阶段

我国是实行两审终审制的国家，现有技术抗辩作为一种抗辩手段，在专利侵权诉讼程序中可以有三种主张的阶段模式：一是在一审程序中主张，二审上诉审中不再主张；二是在一审程序中未主张，

---

❶ 张沧："司法实践中现有技术抗辩研究"，见《专利法研究（2011）》，知识产权出版社2013年版。

而在二审上诉程序中以上诉理由主张；三是在一审中以抗辩提出，其后在上诉审中以上诉事由再次主张。在现有技术抗辩的司法实践中，相较于这三种模式，第二种主张模式的运用最为混乱，引起的争议也最大，因为其中涉及当事人的程序权保障以及新证据的认定问题。

根据《最高人民法院关于民事诉讼证据的若干规定》❶（以下简称"民事诉讼证据规定"）第34条第2款的规定："当事人增加、变更诉讼请求或者提起反诉的，应当在举证期限届满前提出"。虽然在民事诉讼证据规定中，仅就当事人增加变更诉讼请求或者提起反诉作出了限制性规定，未就当事人提出抗辩的诉讼阶段进行限制。但是，诉讼程序机制的建构实质蕴含着通过构筑正当程序以保证私权争议获得公正裁判的诉讼理念。如果任由义务人在任何审理阶段均可行使现有技术抗辩权，则将出现法院无法在一审审理阶段固定诉争焦点，无法有效发挥一审事实审的功能，使审级制度的功能性设计流于形式，产生损害司法程序的安定性、司法裁决的权威性、社会秩序的稳定性等问题。❷ 我国现行《民事诉讼法》规定，第二审人民法院应当对上诉请求的有关事实和适用法律进行审查。二审法院对上诉案件的审理范围体现了第二审法院的职能。

我国民事诉讼采用二审续审制，即第二审承接第一审继续进行审理。二审既是法律审，又是事实审，在二审期间，当事人可以提出新的证据，进一步陈述案件事实，法院可以对一审未尽事实和适用法律问题进行审理。续审制更多地体现了对实体公正功能的追求，也有助于实现诉讼效率。按照我国"续审制"的二审模式，现有技术抗辩作为抗辩事由在二审程序中以上诉事由提出，应当作为二审诉讼审理的范围。但如前所述，不对现有技术抗辩在诉讼程序中的

---

❶ 《最高人民法院关于民事诉讼证据的若干规定》（法释〔2001〕33号），于2001年12月6日由最高人民法院审判委员会第1201次会议通过，并自2002年4月1日起施行。

❷ 参见最高人民法院民二庭负责人就《关于审理民事案件适用诉讼时效制度若干问题的规定》答记者问，载《人民法院报》2008年9月4日。

主张阶段进行限制，将无法构筑起专利侵权诉讼中正当程序的堡垒，并进一步影响到裁判的程序正义。当前的司法实践已经体现出此种"无限制"所带来的不利后果，具体表现在不同地区人民法院的司法审判，存在着"审与不审"的不一致。上海市高级人民法院审理的兆东机电（启东）有限公司与应某某、李某某知识产权纠纷一案，❶兆东机电公司在一审中未提出现有技术抗辩，而是在二审中提出。被上诉人应永武答辩认为："兆东公司在一审中并未提出现有技术抗辩，而是在二审中新提出的，因此二审中不应对兆东公司提出的现有技术抗辩进行审理"。但上海市高级人民法院并未予以认可，而是以国家知识产权局专利复审委员会作出的第 18951 号无效宣告请求审查决定，宣告涉案专利权全部无效，进而判定被宣告无效的涉案专利权因视为自始即不存在，应永武对涉案专利自始不享有专利权，不能认定应某某与本案有直接的利害关系，应某某作为本案的原告不适格，进而撤销上海市第一中级人民法院［2011］沪一中民五（知）初字第 128 号民事判决。然而，江苏省高级人民法院在王某某、溧阳建筑公司专利纠纷一案❷中，则作出了完全相反的判断。溧阳建筑公司也是在二审中提出了新的抗辩，王某某认为溧阳建筑公司不应该在二审中提出新的抗辩理由，请求人民法院对此不予理涉。但江苏省高级人民法院认为，"虽然在诉讼理论上当事人的诉讼主张均应在一审中予以明确和固定，但鉴于我国现行法律并未禁止当事人在二审中提出新的抗辩事由，如果不予理涉，显然缺乏法律依据，故对王某某的请求不能支持。"

从司法实践中针对不同案例的不同判断可以发现，对现有技术抗辩的主张阶段是否予以限制目前并无定论。要解决此问题，最高人民法院颁布实施的《关于审理民事案件适用诉讼时效制度若干问题

---

❶ 上海市高级人民法院［2012］沪高民三（知）终字第 36 号民事裁定书。

❷ 江苏省高级人民法院民事判决书［2005］苏民三终字第 0089 号。

的规定》❶（以下简称《诉讼时效规定》）提供了可资借鉴的范本。针对我国诉讼时效抗辩主张阶段的混乱问题，最高人民法院通过司法解释的形式进行了规范。按照有关《诉讼时效规定》司法解释的相关规定，结合我国民事诉讼法的相关规定，对现有技术抗辩的行使阶段也应当进行限制。

原则上，被控侵权人关于现有技术的抗辩应当在一审中提出，二审提出的，不予支持。但同时也要规定相应的除外情形，即被控侵权人在二审期间有新的证据能够证明权利人主张的专利权属于现有技术范畴的，人民法院应予支持。在司法实践中，当事人二审基于新的证据证明的事实提出现有技术抗辩的，人民法院不应仅以一审法院对现有技术事实未予查明而将案件发回重审。尽管一审法院对现有技术事实未予查证，但这是因为被控侵权人未提出现有技术抗辩，一审法院不应主动援用现有技术的规定进行裁判。根据我国民事诉讼法的规定，对于原判决认定事实错误，或者原判决认定事实不清，证据不足的，第二审法院可以查清事实后改判。对于现有技术事实，当事人举出新证据的，由二审法院在查清事实的基础上改判，符合我国民事诉讼法的规定，也可节约诉讼成本、避免诉累。权利人因被控侵权人二审提出现有技术抗辩而增加的相关费用，属于因被控侵权人不当诉讼行为导致的不利益，故根据公平原则，应由被控侵权人承担，这也符合最高人民法院《证据规定》第46条的规定精神。❷ 如果被控侵权人在诉讼程序中未按规定提出现有技术抗

---

❶ 《最高人民法院关于审理民事案件适用诉讼时效制度若干问题的规定》（法释〔2008〕11号）于2008年8月11日由最高人民法院审判委员会第1450次会议通过，自2008年9月1日起施行。《诉讼时效规定》第3条规定，当事人未提出诉讼时效抗辩，人民法院不应对诉讼时敌问题进行释明及主动适用诉讼时效的规定进行裁判；第4条规定，当事人在一审期间未提出诉讼时效抗辩，在二审期间提出的，人民法院不予支持，但其基于新的证据能够证明对方当事人的请求权已过诉讼时效期间的情形除外。当事人未按照前款规定提出诉讼时效抗辩，以诉讼时效期间届满为由申请再审或者提出再审抗辩的，人民法院不予支持。

❷ 最高人民法院民二庭负责人就《关于审理民事案件适用诉讼时效制度若干问题的规定》答记者问，载《人民法院报》2008年9月4日。

辩，而以现有技术为由申请再审的，人民法院不应予以支持。因为现有技术抗辩权的行使期间应当进行限制性规定。终审判决作出后，当事人之间的权利义务关系已经确定，尤其是在生效判决已被部分或全部执行完毕的情形下，社会交易秩序已经因生效判决的作出趋于确定。如果仍然对被控侵权人基于现有技术抗辩权申请再审予以支持，则不利于维护司法程序的安定。因此，人民法院不应任由被控侵权人突破审级限制。当然，当事人基于其他再审事由获得支持进入再审后，在再审审理过程中提出现有技术抗辩的，人民法院也不应予以支持。

二、现有技术抗辩的庭审质证

在现有技术抗辩主张的程序规则上，庭审质证的顺序决定着现有技术抗辩能否成立的最终结果，也影响着当事人程序的选择权。在我国现阶段现有技术抗辩的司法实践中，专利技术与被控侵权产品所采用的技术、现有技术与被控侵权产品所采用的技术之比对存在着顺序不一致的普遍情况。例如，在新疆农业科学院农业工程公司与石河子市华农种子机械制造有限公司侵犯专利权纠纷一案❶中，一审法院认为，判断公知技术抗辩是否成立，应当先将被控侵权产品的技术特征与现有技术进行比对。经过一审法院的比对，被告为主张公知技术抗辩所提供的 1986 年国内进口的同类设备，在技术方案的设计上与本案侵权产品的技术在供热装置、废绒输送装置等方面

❶ 新疆维吾尔自治区高级人民法院民事判决书 ［2007］ 新民三终字第 10 号。本案二审庭审结束后，农业工程公司又向法院补充提供如下证据：（1）农业工程公司向本院提交了 123 团与美国菲弗尔公司签订的棉种稀酸脱绒设备合同书英文本。证明 123 团在 1986 年购买了美国菲弗尔公司的设备。（2）1991 年第 6 期新疆农垦科技中发表的《介绍美国棉子加工技术》一文，证明涉案专利技术在专利申请日之前已有相同技术的介绍文章发表。（3）《新疆生产建设兵团农作物种子志》，证明 1986～1987 年农七师 123 团进口一套美国菲弗尔公司过量式稀硫酸脱绒设备。（4）中华人民共和国农业部《棉种过量式稀硫酸脱绒技术规范》和棉种脱绒工艺技术（过量式稀硫酸脱绒工艺）标准编制说明，证明农业部规定的技术标准与农业工程公司所使用技术一致。补充提供的证据在二审中进行了庭审质证。

存在明显差异，不能证明本案专利技术在申请日前已公开使用。基于此，一审法院认定，农业工程公司有关涉案专利技术属公知技术的抗辩理由不能成立。在对现有技术抗辩所涉及的现有技术与被控侵权产品所采用的技术进行比对后，一审法院接下来对专利技术与被控侵权产品所采用的技术进行比对，经比对后发现，农业工程公司生产、销售的涉案专利产品的技术特征完全覆盖了华农公司的专利技术特征，落入了华农公司专利权的保护范围，一审法院据此判决原告主张的专利侵权成立。在二审程序中，新疆维吾尔自治区高级人民法院则采取了完全相反的比对路径。二审法院先对专利技术与被控侵权产品所采用的技术进行了比对，经比对后认为，农业工程公司生产、销售的被控侵权物没有完全覆盖涉案专利的必要技术特征，有一项技术特征既不相同也不等同，被控侵权物没有落入专利权利保护范围，农业工程公司不构成侵权。二审法院因此认为，"根据专利全面覆盖原则，已可以判断本案被控侵权物没有落入专利技术的保护范围，农业工程公司不构成侵权，法院不需再对被控侵权物与已知技术进行比对"。

在上海市第二中级人民法院审理的庞某某、李某、台州市黄岩爱婴缔婴儿用品有限公司侵害实用新型专利权纠纷一案❶中，针对专利技术与被控侵权产品所采用的技术先进行了比对。经技术比对后，上海市第二中级人民法院经认为，涉案产品的技术特征没有落入涉案专利权的保护范围。然而，人民法院并未基于此比对，即认定被控侵权人的涉案产品不构成侵权，而是继续对现有技术抗辩所涉及的现有技术与被控侵权产品所采用的技术进行了比对。经审查认为，被告爱婴缔公司作为现有技术抗辩的2008专利及《台州市丽宝健婴幼儿用品有限公司2008～2009年度产品画册》等证据显示的浴盆及支架，均没有显示涉案产品中在前端支架壁中心位置旁设置有立柱，该立柱大小与上述盆前端边沿内侧凸起段中心孔的大小相配合的技术特征。故上海市第二中级人民法院"对于被告爱婴缔公司关于涉

案产品的技术特征属于现有技术的辩称意见不予采信"。这种在不构成侵权前提下的现有技术比对存在使程序复杂化之嫌。

根据对现有技术抗辩独立抗辩权地位的性质分析以及我国司法实践的做法，笔者认为，应当先进行专利技术与被控侵权产品所采用的技术之比对，然后再进行现有技术与被控侵权产品所采用的技术之比对。这一方面基于现有技术抗辩作为一种抗辩手段，虽然是一种独立的抗辩，但仍然有别于独立的诉讼请求，其作为对专利权人专利侵权诉求的否定，附随于专利侵权诉讼中的侵权诉讼主张；另一方面我国司法实践中采取的是原被告轮流依次举证的模式，原告的侵权诉讼主张一般先行质证，其后才对被告所提出的抗辩证据进行质证。先进行专利技术与被控侵权产品所采用的技术之比对质证，然后再进行现有技术与被控侵权产品所采用的技术之比对质证，符合我国司法实践的做法，较易为司法实践部门所接受。如果在对专利技术与被控侵权产品所采用的技术进行比对后发现，被控侵权物所采用的技术没有落入原告所主张的专利技术范围，则无须再进行现有技术与被控侵权产品所采用的技术之比对，以简化庭审质证程序。

三、现有技术抗辩的主动审查

由于在现有技术抗辩的主张中，基于当事人及代理人的认识水平等原因，当事人在提出现有技术抗辩时，很多情况下是以先用权抗辩等其他形式出现。在民事诉讼不告不理的基本原则指导下，针对此类情况，人民法院应当如何进行认定，在何种情况下认定当事人所主张的是现有技术抗辩，可否采取更为积极的态度对现有技术抗辩进行主动审查，都需要人民法院在专利侵权诉讼中作出切实有效的回应。

浙江省高级人民法院在上诉人慈溪市百汇机械制造有限公司与被上诉人慈溪市三酉实业有限公司专利侵权纠纷一案❶中的判决理由，对当事人出现先用权抗辩与现有技术抗辩主张不明的问题作出了回

---

❶ 浙江省高级人民法院民事判决书［2007］浙民三终字第279号。

应。在本案的一审程序中，被告三酉公司提出了现有技术抗辩，但其所提交的证据中，包含大量关于先用权抗辩事实的证据，一审人民法院据此审查后进行了先用权抗辩的审查判定。原告对此不服，上诉时认为，一审人民法院不应超越权限在现有技术抗辩之外，对先用权抗辩进行审理，此种判定属程序不当。浙江省高级人民法院经二审审理后认为，"三酉公司所提供的大量证据均是用于证明其在专利申请日前已经公开生产、销售了被控侵权产品，可以说，三酉公司以公知技术进行抗辩的主要证据和理由就是其在专利申请日前已经公开生产、销售了被控侵权产品，其实质已经包含了先用权抗辩的内容。对此，百汇公司均是知晓的，也发表了相应的诉讼意见"。因此，原审法院对三酉公司是否享有先用权作出判断并未超出当事人的诉争范围。百汇公司上诉称，原审法院超出三酉公司的抗辩理由作出裁判属程序不当的理由不能成立。因此，对于当事人在诉讼程序中的主张，笔者认为，应当根据当事人举证的证据及要求查明的事实进行质证辩论，进而作出认定，而不能囿于先用权抗辩、现有技术抗辩等抗辩的法定类型进行机械化的判断，这种认定不仅不属于超越正当程序范畴的裁判行为，而且有利于当事人诉权的保障。

在现有技术抗辩适用的程序机制中，还存在另外一个应当注意的问题，人民法院在委托专业鉴定机构进行司法鉴定的过程中，如果当事人并未提出现有技术抗辩，人民法院是否可以依职权在委托司法鉴定时要求司法鉴定机构就涉案专利技术是否属于现有技术的问题提供司法鉴定意见？在上海市第二中级人民法院审理的原告江某某与被告嘉华金属（上海）有限公司（以下简称嘉华公司）、被告上海联家超市有限公司（以下简称联家公司）侵害实用新型专利权纠纷一案[1]中，被告嘉华公司提出了先用权抗辩，其认为：在涉案专利申请日前，被告嘉华公司已经做好了生产涉案产品的准备，故被告嘉华公司对于涉案产品的生产具有先用权。在随后的法庭审理阶段，

---

[1] 上海市第二中级人民法院民事判决书［2010］沪二中民五（知）初字第172号。

上海市第二中级人民法院基于查明案件事实的需要，于 2011 年 4 月 7 日，委托国科鉴定中心就涉案产品的技术特征与涉案专利权利要求书中记载的要求保护的技术特征是否相同或者等同，以及涉案产品是否使用了现有技术进行了鉴定。这种主动以职权进行的鉴定也引起了较大的争议。基于此种主动依职权委托鉴定的做法，从人民法院被动居中裁判的立场来看，似乎超越了人民法院审判权限，但从专利诉讼的特点来看，由于专利侵权诉讼涉及较为复杂的专业技术问题，在诉讼程序中人民法院不得不较多地引入司法鉴定及专家审理机制作出更为专业的判断。人民法院委托司法鉴定机构就有关的专利技术问题进行司法鉴定，主要意图在于解决专利诉讼中的技术难题，并非完全基于当事人的主张而被动地实施。因此，在专利侵权诉讼中，即使当事人未就现有技术抗辩的问题进行主张，人民法院在委托司法鉴定机构进行鉴定时，仍然可以就涉案专利技术是否属于现有技术要求司法鉴定机构提供司法鉴定意见，但在人民法院的判决理由及判决主文中，则不应当就当事人未主张的现有技术抗辩问题进行审查或是提出意见。

第二节　现有技术抗辩的证据规则

一、证据的形式

在现有技术抗辩中，被控侵权人要举证证明原告所主张的专利权属于现有技术的范畴，需要围绕现有技术向法庭提交证据。所谓现有技术，根据我国专利法及《专利法实施细则》的相关规定，是在专利申请日以前在国内外出版物上公开发表、在国内公开使用或者以其他方式为公众所知的技术。专利法意义上的公知技术，是指在专利申请日以前公众能够得知的技术内容。简言之，现有技术应当在专利申请日以前处于能够为公众获得的状态，并包含有能够使公众从中得知实质性的技术知识的内容。这为当事人提交的证据形式提出了更高的要求。

在民事诉讼证据规则中，对证据的形式要求是其必须具有三性，即合法性、真实性、关联性。专利侵权诉讼隶属于民事诉讼，其诉讼过程中对证据的形式要求当然也需要满足证据的合法性、真实性与关联性，这也是最低标准的要求。从《民事诉讼法》第63条规定了证据的种类，证据种类包括：（1）当事人的陈述；（2）书证；（3）物证；（4）视听资料；（5）电子数据；（6）证人证言；（7）鉴定意见；（8）勘验笔录。当事人提交的有关现有技术抗辩的证据种类主要为书证，另外还有物证、电子证据、证人证言等证据形式。

对于当事人所提交用于佐证现有技术抗辩的书证或是电子证据，被控侵权人为证明原告所主张的专利为现有技术需要借助于国外的专利，因较多涉及域外专利，如此便会存在专利文件的翻译件问题。在上海市高级人民法院于2010年12月审结的上诉人（原审被告）钱江集团有限公司与被上诉人（原审原告）本田技研工业株式会社、被上诉人（原审原告）五羊—本田摩托（广州）有限公司"小型车辆座下方收纳盒的支承结构"发明专利侵权纠纷一案❶中，一审诉讼时，被告钱江公司提供了以下证据：（1）原告涉案发明专利申请公开说明书，以证明涉案专利授权公告文本中的权利要求1增加了技术特征，而被控侵权产品缺乏该增加的技术特征；（2）美国5044646号、5094315号专利，以证明被控侵权产品收纳盒的固定结构与现有技术相同，未采用涉案专利仅用框架支承前部、用底板和凸出支承部夹持固定延长部的结构。两原告经质证认为：发明专利申请公开说明书公开了相应技术特征，不同意被告的证明内容；美国专利系外文件，未提供翻译件，不具备证据的形式要件，故无法确认。原审法院对上述证据的认证意见是：专利权的保护范围以国家知识产权局公告的权利要求的内容为准，发明专利申请公开说明书并非最终授权文本；而且2009年5月20日，专利复审委就案外人重庆宗申集团进出口有限公司等对原告涉案专利权提出的无效宣告请求作出第13479号审查决定，维持95104356.0号发明专利权有效，一审法院认为，两份美国专利在专利复审委第13479号无效宣告请求审查

---

❶ ［2010］沪高民三（知）终字第67号判决书。

决定中已进行了审查，该审查决定已维持涉案专利权有效。鉴于上述证据不能支持被告钱江公司所要证明的事项，故原审法院均不予采纳。而在昆山刚毅精密电子科技有限公司（以下简称刚毅公司）因与欣日兴精密电子（苏州）有限公司（以下简称欣日兴公司）侵犯实用新型专利权纠纷一案❶中，刚毅公司提交上述证据用以证明被控侵权产品是现有技术。欣日兴公司质证认为，上述证据不属于新的证据，且形成于域外，未经过公证认证，翻译也不符合要求，故对上述证据的真实性不予认可，不能达到刚毅公司的证明目的。人民法院认为，刚毅公司二审所提交证据系美国专利局网站下载的，并非形成于域外，故无须进行公证、认证的程序，对该证据的真实性应予确认。另外，虽然译文由上诉人刚毅公司自行翻译，但欣日兴公司并未指出译文中所存在的具体错误，故可以对该译文内容予以认定。针对翻译域外专利文献的证据形式问题，首先应当把握的是其是否具备合法性、真实性与关联性，因专利文献往往属于公开的技术文献，只需要举证方通过公共检索平台即可获得，但这也并不意味着当事人提交的专利文献翻译件不需要具备任何法定的形式，应当具备电子证据固定的有效形式或是经过公证部门的公证提取，然后经过专业机构的翻译，如此方属于符合法定要求的证据。

对于被控侵权人为支持其现有技术抗辩而提交的证人证言，其证据的证明效力则较弱。在广东省高级人民法院佛山市顺德区杰晟热能科技有限公司与张某某侵犯专利权纠纷一案❷中，一审时，杰晟公司辩称涉案专利的技术内容为现有技术，并提供了相关证据。其所提供的书证或者因不具备证据的形式要件或者因不能直接反映被控产品的技术特征而不能作为定案根据。杰晟公司为现有技术抗辩还提供了两份证人证言。但人民法院认为，因该两位证人与杰晟公司的法定代表人盛某某曾为同事，存在利害关系，且上述两份证人证言在证据分类上均属一类，除此之外别无其他类型的证据佐证，故上述两份证人证言不能充分证明待证事实。

---

❶　江苏省苏州市中级人民法院［2009］苏中知民初字第0025号民事判决。

❷　广东省高级人民法院民事判决书［2006］粤高法民三终字第276号。

原审法院由此认为杰晟公司关于现有技术抗辩的理由不能成立。在二审审理过程中，二审人民法院依据最高人民法院《关于民事诉讼证据的若干规定》第 69 条第（5）项的规定，无正当理由未出庭作证的证人证言不能单独作为认定案件事实的依据，而不予采纳。对于杰晟公司提供的两份证人证言，经原审法院当庭核实，该两位证人与杰晟公司的法定代表人盛某某曾为同事，这种特殊关系可以视为当事人之间存在利害关系，而且，本案为侵犯实用新型专利权纠纷案件，证人证言在没有其他证据佐证的情况下也难以反映某项技术是否在先公开了涉案专利的全部技术特征。故原审判决依据前述事实认定杰晟公司现有技术抗辩不成立的理由是正确的，广东省高级人民法院予以维持。

二、证明标准

在现有技术抗辩的举证质证过程中，因同时存在着原告专利技术与被控侵权物所采用的技术之比对，以及被控侵权物所采用的技术与现有技术之比对，在证明标准上，应当采用优势证据的高度盖然性证明标准。

在原告范某某诉被告常州智力微创医疗器械有限公司及常州智业医疗仪器研究所一案❶中，人民法院通过技术对比认为，被控侵权物的技术特征与原告专利完全相同；相比较而言，被控侵权物的技术特征与原告专利更接近。由于在专利侵权诉讼中，等同的认定实际上是扩大了原告专利的保护范围，在原、被告分别拥有和有权实施各自专利的特殊情况下，不应当对两个专利的保护范围做任何扩大，否则必将出现被控侵权物既落入原告专利保护范围，又落入被告专利保护范围，既构成侵权，又不构成侵权的荒谬状况，也与我国专利法一项发明创造只能被授予一项专利权的基本原则相违背。因此，被告所主张的现有技术抗辩不能成立。在原告肖某某诉被告彭某某专利侵权纠纷一案❷中，湖南省长沙市中级人民法院认为，公知技术

---

❶　南京市中级人民法院民事判决书［2003］宁民三初字第 101 号。

❷　湖南省长沙市中级人民法院民事判决书［2005］长中民三初字第 377 号。

是指申请日前在国内外出版物上公开发表、在国内公开使用或者以其他方式为公众所知的技术。在进行具体分析判断时，应当将被控侵权产品与请求保护的专利技术、公知技术进行比对，如果被控侵权产品与公知技术更为近似，则公知技术抗辩成立；如果被控侵权产品与请求保护的实用新型专利更为接近，则公知技术抗辩不成立。通过逐一比对，可以发现本案被控侵权产品与请求保护的实用新型专利基本相同，而与被告提交的公知技术在技术特征上存在一定的差异。基于被控侵权产品与请求保护的实用新型专利之间的相似性明显高于被控侵权产品与被告提交的公知技术比对资料之间的相似程度，由此认定被告提出的公知技术不侵权抗辩之理由不能成立，对其提出的抗辩理由不予采信。基于同样的认定，在连展科技股份有限公司与东莞厚街新塘华宝电子厂、东莞建玮电子制品有限公司侵犯专利权、恶意诉讼损害赔偿纠纷一案❶中，华宝电子厂、建玮公司向法院提交了杨李某某的 96218867.0 号"汇流串列阜连接器"实用新型专利说明书，以证明华宝电子厂、建玮公司被控侵权产品使用的是现有技术。人民法院按照等同原则进行审查后认为，被控侵权产品无法实现与专利技术基本相同的功能，达到基本相同的效果，故本案不符合等同特征的构成要件，专利技术与被控侵权技术不构成等同。而被告的被控侵权产品与现有技术则更为接近，故驳回了上诉人的上诉请求。同样，在上诉人（原审被告）耀马车业（中国）有限公司与被上诉人（原审原告）张某某专利权纠纷一案❷中，人民法院认为，现有技术抗辩要成立，必须同时满足两个条件：一是作为现有技术抗辩的技术必须是在本案所涉专利申请日前已被公开；二是作为现有技术抗辩的技术与被控侵权产品的技术特征完全相同。人民法院经比对后认定，被控侵权物的技术特征与对比文件的技术特征不相同，且此种不同并非本领域普通技术人员不需要付出创造性劳动就可以联想到的，因此被控侵权人提出的现有技术抗辩不能成立。以上判例均从一定程度上支持了优势证据作为现有技术抗辩

❶ 广东省高级人民法院民事判决书［2006］粤高法民三终字第 309 号。

❷ 江苏省高级人民法院民事判决书［2010］苏知民终字第 0130 号。

成立与否的证明标准。

三、有关新证据的认定

新证据的举证期限分别为：（1）一审程序中新证据的举证期限为：一审举证期限届满之次日起至一审开庭前，指第一次法庭开庭日之前日，或者一审开庭审理，开庭审理的最迟期限至法庭辩论结束前止。因申请延长举证期限而无法取得的证据的举证期限自延长的举证期限届满之次日起至一审开庭前或者一审开庭审理止。（2）二审程序中新证据的举证期限为：一审程序结束，即法庭辩论结束之次日起至二审开庭前或者开庭审理之日止，或者二审不需要开庭审理的，至人民法院指定期限的最后一日止。当事人在一审申请人民法院调查收集证据未获准许，二审法院经审查应当准许并依当事人申请调取的证据的期限自一审程序结束之次日起至二审举证期限届满前7日止。（3）再审程序新证据的举证期限为：指生效判决生效之次日起至再审申请书提出之日止。根据民事诉讼法的规定，当事人申请再审，应当在判决、裁定发生法律效力后2年提出。即该举证期限的最长不得超过自判决、裁定生效之日起2年。上述三种程序中，举证期限届满后提出的证据就不是新证据，会产生证据失权的法律后果。当然，需要特别注意的是证据规定第43条第2款之规定："当事人经人民法院准许延期举证，但因客观原因未能在准许的期限内提供，且不审理该证据可能导致裁判明显不公的，其提供的证据可以视为新的证据"。该规定是关于当事人在一审程序和二审程序中提交的证据不属新证据的后果的除外情形的规定。也是证据规定第41条的除外规定。

现阶段的司法实践中，人民法院对于新证据的判断还存在一系列不一致之处。在建德市朝美日化有限公司与3M创新有限公司侵犯发明专利权纠纷一案❶中，审理该案的一审人民法院认为，被控侵权产品落入了原告专利权的保护范围。被告不服，提出上诉，其主要上诉理由为：上诉人二审提供的英国专利文献已经公开了涉案专利的大部分技术特征，而仅有的区别是本领域普通技术人员无须创造性

---

❶ 上海市高级人民法院民事判决书［2009］沪高民三（知）终字第10号。

劳动就能够联想到的特征，故被控侵权产品使用的是公知技术，不构成对被上诉人的涉案专利的侵犯。二审中，上诉人向本院提供了申请号为9027244.4，公开日为1991年9月18日，名称为"一种口鼻腔面罩"英国专利文献以及中文译文，用以证明英国专利文献已经公开了涉案专利的大部分技术特征。二审中上海市高级人民法院认为，从形式要件来看，由于申请号为9027244.4，名称为"一种口鼻腔面罩"的英国专利文献及其中文翻译资料在一审庭审结束前已经存在，上诉人迟至二审阶段提供，不符合《最高人民法院关于民事诉讼证据的若干规定》中二审的"新证据"的范围。然而，在上诉人（原审被告）昆山刚毅精密电子科技有限公司与被上诉人（原审原告）欣日兴精密电子（苏州）有限公司专利权纠纷一案❶中，江苏省人民法院则作出了相反的认定。上诉人在上诉中提出被控侵权产品属于现有技术，其二审中提交了相应的证据予以证明。但被上诉人欣日兴公司质证认为，上述证据不属于新的证据，且形成于域外，未经过公证认证，翻译也不符合要求，故对上述证据的真实性不予认可，不能达到刚毅公司的证明目的。但二审江苏省高级人民法院将被控侵权产品与刚毅公司提交的专利文件进行比对，虽然刚毅公司二审中提交的两份证据不能证明被控侵权产品是现有技术，但实际认可了上诉人二审中提交证据的效力。

针对司法实践中的不同做法，在现有技术抗辩的新证据把握上，应当严格执行法律及司法解释的规定，对于二审中提交的不属于法定新证据范畴的证据，人民法院应当不予质证认定。

第三节　抗辩的规范化

随着现有技术抗辩在专利法中以法律条文形式被确立下来，其在司法实践中的应用越来越广泛。尽管立法的完备为司法适用提供了指引与参照依据，但在现有技术抗辩广泛适用带来诉讼效率提高的同时，也存在着现有技术抗辩效应发挥的偏差。因此，从对新专利

---

❶ 江苏省高级人民法院民事判决书［2009］苏民三终字第0253号。

法颁行后现有技术抗辩案例的细致梳理与统计分析出发，应当在司法实践中确定现有技术抗辩适用的规范化标准，以充分发挥专利法现有技术抗辩的制度价值。

一、现有技术比对范围的规范化

我国现行专利立法中仅以《专利法》第22条及第62条两个简单的条文对现有技术作出了简略规定，在技术性较强的专利诉讼实践中，要依此两个简单条文确定现有技术所指向的明确内涵殊为不易，法官对现有技术范围的具体判断在此就显得尤为重要。相对于发达国家对现有技术比对范围的灵活把握，❶ 笔者认为，我国应当确立现有技术比对范围的严格规范化标准。这主要基于两方面的考虑，一方面，现有技术抗辩根植于我国专利行政与司法二元化的体系，对现有技术抗辩的宽松把握势必降低行政程序的有效性；另一方面，现有技术抗辩在我国司法实践中全面运用的时间尚短，人民法院相关实践经验❷也不足，对现有技术抗辩的宽松把握会造成同样的抗辩在不同的法院产生不同的结果，进而影响到司法审判的权威性。鉴于此，笔者认为，现有技术范围应当确立严格的单独比对原则，不包含现有技术的组合与扩展。

二、现有技术抗辩中司法鉴定适用的规范化

专业化程度较高是专利诉讼的特色之一，专家鉴定与咨询也为专利审判广泛运用以解决专业性问题。最高人民法院对此给出过有关于司法鉴定适用的建议，❸ 但受限于我国知识产权司法鉴定体系的不

---

❶　例如，美国判例法上对现有技术的认定存在着不同的标准，依赖于法官的自行判断。Ryco Inc. v. Ag-Bag Corporation，857F. 2d 1418，8U. S. P. Q. 2d 1323；Carman Industries，Inc. v. Wahl，724 F. 2d at 937.

❷　特别是欠发达地区，不仅专利诉讼案件较少，而且案件的形式较为单一，难以为本地区的司法机关提供有效的参照与审判经验积累。

❸　《最高人民法院民事审判第三庭关于王川与合肥继初贸易有限责任公司等专利侵权纠纷案的函》指出："这种技术对比一般应当委托鉴定部门鉴定或者至少进行专家咨询为宜。"

完备，该项制度未能完全发挥其功效。随着近年来知识产权司法鉴定的兴起，司法鉴定在知识产权诉讼中被广泛采用，但司法鉴定在知识产权审判中的认定显得较为随意。❶ 因此，如何运用司法鉴定，司法鉴定形式内容的规范性审查如何进行、司法鉴定意见是否足以采信等一系列问题都亟待明晰的适用规则。笔者认为，针对知识产权诉讼的特殊性，应制定单行的知识产权司法鉴定法律规范，同时制作司法鉴定机构专门目录，以规范知识产权司法鉴定的运用，提高其证据效力。

三、现有技术抗辩请求与证据审查的规范化

在专利侵权诉讼中，当事人提出的现有技术抗辩要获得人民法院的支持，不仅需要有具体明确的请求，而且要能提供有足够证明力的证据。依前文所述，现有技术抗辩请求存在着与其他抗辩混杂不清等问题。鉴于我国司法实践现状，笔者认为，应当通过司法解释及最高人民法院判例指导，明确现有技术抗辩请求的规范化内容及与其他抗辩类型之间的界分，引导当事人合理有效地提出现有技术抗辩。同时，为防止"诉讼突袭"，将现有技术抗辩主张与证据提交纳入庭前证据交换并严格审查其作为二审或再审新证据的条件。❷ 另外，人民法院在现有技术抗辩的证据审查中，应注重区分"技术特征组合"与"完整技术方案"，❸ 按照证据关联性标准认定证据证明力。

---

❶ 南京汉德森科技股份有限公司与上海三思科技发展有限公司及上海三思电子工程有限公司上诉纠纷案中，上诉人在二审中提出司法鉴定申请，人民法院委托司法鉴定中心进行鉴定，司法鉴定中心仅出具了现有技术相应特征的比对意见，无整体技术方案的比对结论，人民法院依此意见即作出判决。参见［2010］沪高民三（知）终字第 10 号。

❷ ［2010］粤高民三终字第 139 号。

❸ ［2010］渝高民三终字第 183 号，［2010］桂民三终字第 79 号，［2010］新民三终字第 54 号。

参考文献

1　陈郁.企业制度与市场组织.北京：生活·读书·新知三联书店，1996

2　程永顺.专利侵权判定实务.北京：法律出版社，2002

3　冯晓青.知识产权法哲学.北京：中国人民公安大学出版社，2003

4　冯晓青.知识产权法利益平衡论.北京：中国政法大学出版社，2006

5　黄瑞新，王树义.公共经济理论.北京：军事科学出版社，2006

6　胡开忠.知识产权法比较研究.北京：中国人民公安大学出版社，2004

7　李明德.美国知识产权法.北京：法律出版社，2003

8　李扬.知识产权基础理论和前沿问题.北京：法律出版社，2004

9　梁慧星.民法总论.北京：法律出版社，2001

10　林秀芹.TRIPS 体制下的专利强制许可制度研究.北京：法律出版社，2006

11　刘华.知识产权制度的理性与绩效分析.北京：中国社会科学出版社，2004

12　卢现祥.新制度经济学.武汉：武汉大学出版社，2004

13　汤宗舜.专利法教程.北京：法律出版社，1996

14　佟柔.中华法学大词典：民法学卷.北京：中国检察出版社，1995

15　王泽鉴.民法实例研习民法总则.台北：三民书局，1999

16　王泽鉴.民法总则.北京：中国政法大学出版社，2001

17　王泽鉴.法律思维与民法实例.北京：中国政法大学出版社，2001

18　吴汉东等.知识产权基本问题研究.北京：中国人民大学出版社，2005

19　尹新天.专利权的保护.第 2 版.北京：知识产权出版社，2005

20　张乃根.美国专利法判例选析.北京：中国政法大学出版社，1995

21　张新宝.中国侵权行为法.北京：中国社会科学出版社，1998

22　［美］诺斯著.制度、制度变迁与经济绩效.刘守英译.上海：上海三联书店，1994

23　［澳］彼得·德霍斯著.知识财产法哲学.周林译.北京：商务印书馆，2008

24　国家知识产权局条法司.《专利法》及《专利法实施细则》第三次修改专题研究报告.北京：知识产权出版社，2006

25　寇宗来.专利制度的功能和绩效.上海：上海人民出版社，2005

26　郭明瑞.民法责任论.北京：中国社会科学出版社，1991

27　苏力.法治及其本土资源.北京：中国政法大学出版社，2004

28　王利明，杨立新.侵权行为法.北京：法律出版社，1996

29　汤宗舜.专利法教程.第 3 版.北京：法律出版社，2003

30　［美］博登海默著.法理学——法律哲学和法律方法.邓正来译.北京：中国政法大学出版社，1999

31　［澳］布拉德.谢尔曼，［英］莱昂内尔.本特利著.现代知识产权法的演进.金海军译.北京：北京大学出版社，2006

32　［日］鸿常夫等著.日本专利判例精选.张遵逵等译.北京：专利文献出版社，1991

33　［英］洛克著.政府论（下篇）.叶启芳，瞿菊农译.北京：商务印书馆，1964

34　饶明辉.现代西方知识产权理论的哲学反思.北京：科学出版社，2008

35　夏先良.知识论.北京：对外经济贸易大学出版社，2000

36　曾海帆编著.专利制度发展简史.湖南省专利管理局、湖南省科技情报所，1985

37　吴欣望.专利经济学.北京：社会科学文献出版社，2005

38　［美］罗伯特·考特，托马斯·尤伦著.法和经济学.张军等译.上海：上海三联书店、上海人民出版社，1994

39 曲三强.知识产权法原理.北京：中国检察出版社，2004

40 张晓都.专利实质条件.北京：法律出版社，2002

41 田力普.发明专利审查基础教程（审查分册）.第 2 版.北京：知识产权出版社，2008

42 吴汉东等.无形财产权制度研究（修订版）.北京：法律出版社，2005

43 闫文军.专利权的保护范围——权利要求解释和等同原则适用.北京：法律出版社，2007

44 ［德］茨威格特，克茨著.比较法总论.潘汉典等译.北京：法律出版社，2004

45 程强.专利权的实质是什么？——兼议"自己专利抗辩".中国专利与商标，2007（1）

46 温旭.自由公知技术抗辩在专利诉讼中的应用.知识产权，1997（1）

47 唐春.论《专利法》第三次修改对专利实质条件体系的完善.电子知识产权，2009（3）

48 何怀文.现有技术抗辩中技术对比规则——兼议专利法修订中现有技术抗辩构建.中国专利与商标，2008（3）

49 吴玉和.公知技术抗辩在中国司法实践中的运用和发展.中国专利与商标，2007（3）

50 吴志鹏等.专利制度对技术创新激励机制微观安排的三个维度.科学学与科学技术管理，2003（1）

51 赵启杉.美国专利政策新动向——美国联邦贸易委员会"促进创新"报告介评.知识产权，2004（6）

52 张伟君，单晓光.滥用专利权与滥用专利制度之辨析——从日本"专利滥用"的理论与实践谈起.知识产权，2006（6）

53 齐爱民.论知识霸权——以国家知识产权战略的制定和实施为视角.苏州大学学报（哲学社会科学版），2009（2）

54 李明德.专利权与商标权确权机制的改革思路.华中科技大学学报（社会科学版），2007（5）

55 雷艳珍."问题专利"的法律规制.法治研究，2009（11）

56 雷艳珍.中美现有技术抗辩之比较.河南省政法管理干部学院学报，2010（1）

57 陈刚.抗辩与否认在证明责任法学领域中的意义.政法论坛，2001（3）

58 白光清.专利侵权抗辩研究.见：专利法研究（2001）.北京：知识产权出版社，2001

59 黄子平.论专利侵权诉讼中被告的抗辩.知识产权，1994（4）

60 蒋坡，钱以能.在专利侵权诉讼中引入专利无效抗辩.中国发明与专利，2007（12）

61 张晓都.再谈现有技术抗辩的认定标准与现有技术抗辩中的抵触申请.中国专利与商标，2008（1）

62 黄敏.浅议现有技术抗辩中的抵触申请.中国专利与商标，2008（3）

63 张荣彦.也谈现有技术抗辩的认定.中国专利与商标，2007（4）

64 ［日］黑濑雅志著.专利存在无效理由时被告的抗辩.魏启学，陈杰译.电子知识产权，2006（8）

65 胡开忠.知识产权法中公有领域的保护.法学，2008（8）

66 王太平.知识产权法中的公共领域.法学研究，2008（1）

67 李集合.宪法上公共利益概念分析.政法学刊，2008（4）

68 冉克平.论"公共利益"的概念及其民法上的价值.武汉大学学报（哲学社会科学版），2009（3）

69 冯晓青.知识产权法的公共领域理论.知识产权，2007（3）

70 冯晓青.专利法利益平衡机制之探讨.郑州大学学报（哲学社会科学版），2005（3）

71 张红.专利无效行政诉讼中行政、民事关系的交叉与处理.法商研究，2008（6）

72 渠滢.论专利无效诉讼中的"循环诉讼"问题.行政法学研究，2009（1）

73 胡佐超.试论专利制度的国际化发展.外国法译评，1993（4）

74 杨中楷，柴玥.我国专利保护水平指标体系构建与评价.中国科技论坛，2005（2）

75 钟佳桂.中美知识产权保护强度测度与比较.法学杂志,2006（3）

76 许春明,单晓光.中国知识产权保护强度指标体系的构建及验证.科学学研究,2008（4）

77 吴汉东.利弊之间:知识产权制度的政策科学分析.法商研究,2006（5）:6

78 马恩涛.公共产品识别——基于本原属性还是现实属性.财经科学,2009（12）

79 黄敏姿.关于公共产品的文献综述.中外企业家,2009（8）

80 杨卫国,程有良.美国专利改革法案中的授权后异议程序及对我国的启迪.电子知识产权,2005（11）

81 殷慎敏,谢顺星.美国《专利法》最新修改法案评介.电子知识产权,2009（9）

82 陈武.问题专利与专利权的重构.环球法律评论,2009（4）

83 黄之英.联邦德国的专利法院.科技与法律,1996（2）

84 郭寿康,李剑.我国知识产权审判组织专门化问题研究——以德国联邦专利法院为视角.法学家,2008（6）

85 张韬略,黄洋.《德国专利法之简化与现代化法》评述.电子知识产权,2009（10）

86 高洁,陆建华.专利丛林引发的反公地悲剧及对专利政策的思考.科技进步与对策,2007（6）

87 江冠贤,陈佳麟.德国联邦专利法院介绍.http://www.itl.nctu.edu.tw/act12.htm.

88 王桂玲.专利制度的起源及专利文献的产生初探.http://www3.cntme.com/sipo2008/wxfw/zlwxzsyd/zlwxyj/wxzs/200804/P02008-0403695102059126.doc.

89 专利无效抗辩与专利权无效宣告的区别.http://blog.ce.cn/html/23/330723-314951.html.

90 知识产权局."问题专利"不等于"垃圾专利".http://news.xinhuanet.com/legal/2005-12/28/content_3978331.htm.

91 段德臣.专利权无效宣告制度研究.山东大学2004年民商法学硕

士学位论文

92　丁利佳. 专利侵权抗辩事由研究. 对外经贸大学 2006 年硕士学位论文

93　国家知识产权局. 审查指南 2006

94　Charles A. James, Opening Day Comments, Joint DOJ-FTC Hearings on Competition and Intellectual Property Law and Policy in the Knowledge-Based Economy 1 (Feb. 6, 2002), http://www. usdoj. gov/atr/public/speeches/10162. htm, 2009. 9.

95　"To Promote Innovation: The Proper Balance of Competition and Patent Law and Policy", at http://www. ftc. gov/os/2003/10/innovationrpt. pdf.

96　Donald G. McFetridge & Douglas A. Smith, Patens, Prospects, and Economic Sruplus: A Comment, 23 J. L. & Econ. 197, 198 (1980).

97　Mark D. Janis, Patent Abolitionism, 17 Berkeley Tech. L. J. 899.

98　W. R. Cornish, *Intellectual property: Patent, Copyright, Trade Marks and Allied Rights*, Sweet & Maxwell (London), 1981.

99　Bruce M. Wexler, Bridling the doctrine of equivalents—preclusion by prior art, 1991 Ann. Surv. Am. L. 571.

100　Steven J. Horowitz, Designing the Public Domain, *Harvard Law Review*, Vol. 122, No. 5, 2009.

101　Yochai Benkler, Free as the Air to Common Use: First Amendment Constraints on Enclosure of the Public Domain, 74 *N. Y. U. L. REV.* 354 (1999).

102　The disclosure function of the patent system, 118 *Harv. L. Rev.* 2007.

103　Lucie Guibault, *The future of the public domain*, Kluwer Law International, 2006.

104　WIPO Committee of Experts on the Harmonization of Certain Provisions in Laws for the Protection of Inventions, HL/CE/IV/ 2, http://www. wipo. int/mdocsarchives/HL _ CE _ IV _ 87/HL _

CE_ IV_ 2_ E. pdf.

105 Pirate Party Declaration of Principles 3. 2, at http：//docs. pirat-partiet. se/Principles% 203. 2. pdf.

106 Sweden Pirate Party, "An alternative to pharmaceutical patents", http://www. piratpartiet. se/an_ alternative_ to_ pharmaceutical_ pa-tents.

107 Douglass Thomas, Notes Secret Prior Art—Get Your Priorities Straight, 9 *Harv. J. Law & Tec* 147, Winter, 1996.

108 EXCO/NL07/CET/1301, http：//www. ficpi. org/library/Amster-damCET/CET – 1301. pdf.

109 Donald M. Cameron and Jordana Sanft, "Secret" Prior Art：Eu-rope and Japan-A Different View, http：//www. jurisdiction. com/secretpriorart. pdf.

110 Susan Walmsley Graf, Improving Patent Quality through Identificaiton of Relevant Prior Art：Approaches to Increase Information Flow to the Patent Office, *Lewis & Clark Law Review*, Summer 2007.

111 James B. Gambrell, The Impact of Private Prior Art on Inventor-ship, Obviousness, and Inequitable Conduct, 12 Fed. Circuit B. J. 425.

112 Kathleen Kean, Proposed Alternative to Secret Prior Art Invalidating American Patents.

113 Michael Abramowicz, Perfecting Patent Prizes, Law and Economics Working Paper Series, http：//papers. ssrn. com/abstract = 292079.

114 Peter K. Yu, Intellectual Property and Information Wealth Issues and Practice in the Digital Age Vol. 2 Patents and Trade Secrets, First Published by Praeger Publishers; London, 2007.

115 Chris Ryan, Practicing the prior art is not a defense, http：//news. cnet. com/8301 – 13796_ 3 – 9894563 – 79. html.

116 Baxter Healthcare Corp. v. Spectramed, Inc. , 49 F. 3d 1575, 1583, 34 U. S. P. Q. 2D (BNA) 1120, 1126 (Fed. Cir. 1995).

117　In re Deckler, 977 F. 2d 1449, 1451 – 1452（Fed. Cir. 1992）

118　Wilson Sporting Goods v. David Geoffrey & Assoc. , 904 F. 2d 677, 683, 14 U. S. P. Q. 2D（BNA）1942, 1948（Fed. Cir. 1990）.

119　Tate Access Floors v. Interface Architectural Res. , 79 F. 3d1357.

120　Baxter, 49 F. 3d at 1583, 34 U. S. P. Q. 2D（BNA）.

121　Graver Tank & Mfg. Co. , 339U. S Ryco Inc. v. Ag-Bag Corpora-tion, 857 F. 2d 1418, 8U. S. P. Q. 2d 1323.

122　904 F. 2d 677, 685, 14 U. S. P. Q. 2D（BNA）1942, 1948 – 49（Fed. Cir. 1990）.

123　Depuy Spine, Inc. v. Medtronic Sofamor Danek, Inc. 67 F. 3d 1314.

124　梁熙艳. 权利之限：侵权审理法院能否直接裁决专利权的有效性. 知识产权, 2005（4）：59

125　侵害訴訟における無効の判断と無効審判の関係等に関する現状と課題. www. kantei. go. jp/jp/singi/sihou/kentoukai/titeki/pc/ronten1. pdf, 2009. 4.

126　Nobuhiro Nakayama, *Industrial Property Law*. Volume 1, Patent Law, 2nd Revised and Enlarged ed. （Law Lectures Series）, Koubundou Publishers, 2000. 4.

127　［日］小桥馨. 特许法 104 条第 3 款与现有技术抗辩. 法科大学论集第 4 号

128　Katsumi Shinohara, "Outline of the Intellectual Property High Court of Japan"; Ichiro Otakai, "Recent Developments regarding the In-tellectual Property High Court of Japan", at http：//www. ip. courts. go. jp/chi/index. html.

129　法释［2009］21 号是最高人民法院 2009 年 12 月 21 日最高人民法院审判委员会第 1480 次会议通过的《关于审理侵犯专利权纠纷案件应用法律若干问题的解释》

130　［1995］高知终字第 5 号判决书

131　［2003］宁民三初字第 101 号判决书

132　［2003］皖民三终字第 15 号判决书

133　［2005］西民四初字第 136 号判决书

134　［2005］长中民三初字第 377 号判决书

135　［2006］高民终字第 571 号民事判决书

136　［2006］粤高法民三终字第 309 号判决书

137　［2006］苏民三终字第 0036 号判决书

138　［2006］沪一中民五（知）初第 376 号判决书

139　［2006］粤高法民三终字第 276 号判决书

140　［2007］浙民三终字第 279 号判决书

141　［2007］民三监字第 51 - 1 号决定书

142　［2007］高民终字第 398 号判决书

143　［2007］新民三终字第 10 号判决书

144　［2008］高民终字第 1165 号判决书

145　［2008］沪高民三（知）终字第 6 号判决书

146　［2008］沪高民三（知）终字第 51 号判决书

147　［2008］冀民三终字第 00018 号判决书

148　［2008］新民三终字第 6 号判决书

149　［2009］沪高民三（知）终字第 10 号判决书

150　［2009］高民终字第 1569 号判决书

151　［2009］高民终字第 1574 号判决书

152　［2009］沪高民三（知）终字第 10 号判决书

153　［2009］高民终字第 731 号判决书

154　［2009］高民终字第 2309 号判决书

附录：典型司法判例

案例一

南京市中级人民法院民事判决书［2003］宁民三初字第 101 号

原告：范志宁。

被告：常州智力微创医疗器械有限公司（以下简称智力公司）。

被告：常州智业医疗仪器研究所（以下简称智业研究所）。

本院于 2003 年 6 月 6 日、9 月 22 日两次公开开庭审理本案。因二被告就涉案专利权向国家知识产权局专利复审委员会提出无效宣告请求，故本院裁定中止诉讼。无效程序终结后，本案恢复诉讼，于 2005 年 9 月 23 日第三次公开开庭审理。

原告范志宁诉称，1997 年 4 月 2 日，原告向国家专利局申请"医用腔道内支架"实用新型专利，1999 年 2 月 10 日授权公告，专利号为 ZL 97235638.X。二被告以营利为目的，擅自生产、销售与原告专利技术特征完全相同的产品，侵犯了原告的专利权，给原告造成重大经济损失。

被告智力公司、智业研究所辩称，被控侵权物"镍钛记忆合金人体腔内支架"的内膜管系聚氨酯材料，缺少原告专利独立权利要求中"网管内壁有一透明、透气生物膜的内膜管"这一技术特征，未落入原告专利的保护范围。

本院认为，证据 5、6 虽系二被告在举证期限届满后提供，但该证据对二被告关于现有技术抗辩能否成立，进而对本案侵权判定均将产生重大影响，故本院组织当事人质证。证据 5，系一份外文专利文件，虽然二被告仅提供了该专利文件的部分中文译本，但在原告未对有异议部分提交中文译本的情况下，本院确认该专利文件有中文译本部分的真实性；对证据 6 的真实性本院予以确认。

1. 沈沛专利的申请日虽然在原告专利的申请日之前，但公告日却晚于原告专利的申请日，不属于在原告专利申请日前已为公众所知悉的技术，因此，沈沛专利并不能构成原告专利的现有技术，被告不能以此提出现有技术抗辩。

通过技术比对可以看出，被控侵权物的技术特征与原告专利完全相同，与沈沛专利相比，则用"聚氨酯膜"取代了"硅橡胶薄膜或聚乙烯薄膜"，并不相同。相比而言，被控侵权物的技术特征与原告专利更接近。

在专利侵权诉讼中，等同的认定实际上是扩大了原告专利的保护范围，基于前述理由，在本案原、被告分别拥有和有权实施各自专利的特殊情况下，不应当对两个专利的保护范围做任何扩大，否则必将出现被控侵权物既落入原告专利保护范围，又落入沈沛专利保护范围，既构成侵权，又不构成侵权的荒谬状况，也与我国专利法一项发明创造只能被授予一项专利权的基本原则相违背。因此，二被告关于其按沈沛专利生产、销售被控侵权物的抗辩理由不能成立。

2. W095/05132 腔内支架专利的国际申请日为 1994 年 5 月 4 日，国际公布日为 1995 年 2 月 23 日，均早于原告专利的申请日，因此可以作为现有技术抗辩的证据。

相比而言，被控侵权物使用的覆膜材料"聚氨酯膜"的技术特征与原告专利所限定的"透明、透气的高分子生物材料制成的膜"更为接近，而与 W095/05132 腔内支架专利中使用的"聚四氟乙烯膜"相距较大。因此，不能认为被控侵权物的全部技术特征已经被 W095/05132 腔内支架专利公开，二被告以 W095/05132 腔内支架专利为证据提出的现有技术抗辩不能成立。

判决如下：

1. 被告智力公司、智业研究所立即停止侵犯原告范志宁的 ZL 97235638. X 号"医用腔道内支架"实用新型专利权的行为，未经原告范志宁许可，不得为生产经营目的制造、使用、销售、许诺销售、进口该实用新型专利产品；

2. 被告智力公司、智业研究所在本判决生效后 15 日内赔偿原告范志宁经济损失 30 万元人民币；

3. 驳回原告范志宁的其他诉讼请求。

案例二

安徽省高级人民法院民事判决书［2003］皖民三终字第 15 号

上诉人（原审被告）：张德芝。

被上诉人（原审原告）：潘笃华。

被上诉人（原审原告）：浙江小家伙食品有限公司。

原审法院认定：潘笃华于 1998 年 3 月 3 日向中华人民共和国国家知识产权局提出名为"旋转式吸管瓶盖"的实用新型专利申请，并于 1999 年 3 月 25 日获准授权，专利号为 ZL 98201649. 2。

1999 年 5 月 27 日至 6 月 18 日，浙江金义集团有限公司（以下简称金义公司）等八单位针对潘笃华的上述专利向国家专利局提出撤销专利权的请求，国家专利局于 2001 年 8 月 31 日作出维持专利权有效的审查决定。该决定作出后，撤销请求人之一的广东乐百氏集团有限公司又于 2001 年 11 月 1 日向专利复审委提出复审请求，专利复审委于 2002 年 5 月 23 日作出终局决定，维持上述撤销请求审查决定。

原审法院将潘笃华"旋转式吸管瓶盖"实用新型专利的独立权利要求与张德芝销售的金义公司生产的"金义"牌AD钙奶瓶盖的技术特征对比后认为,张德芝销售的产品的特征完全覆盖了潘笃华"旋转式吸管瓶盖"专利权的独立权利要求的保护范围,因而构成侵权。

张德芝不服原审判决,向本院上诉称:其销售的金义公司产品采用了公知技术。德国的DE4323666A1号专利明确记载。

小家伙公司和潘笃华辩称:张德芝关于使用公知技术的抗辩理由不成立。首先,北京市高级人民法院制定的《专利侵权判定若干问题的意见(试行)》第102条规定:已有技术抗辩仅适用于等同专利侵权,不适用相同专利侵权的情况。而张德芝的被控侵权产品是采用了本案ZL 98201649.2权项1完全相同的技术方案,完全覆盖了该专利权项1的所有技术特征,是相同专利侵权的情况,因此,不适用于现有技术抗辩。其次,德国DE4323666要解决的问题是"一旦膜片被除去或者被刺破,有的人可能会滥用,重新将瓶子罐装",该文献是解决防伪问题,与ZL 98201649.2专利的发明目的相差甚远。从具体技术方案而言,德国专利并没有公开具体技术方案,至少从其方案中没有也不能推定设有"瓶盖接头"这一技术特征,而该技术特征既是连接瓶与盖的关键部件,同时又是起实现旋转护盖带动吸管向下移动以戳破封口膜功能效果的关键部件,而被控侵权物和ZL 98201649.2号专利均具有该关键部件,且结构相同,因此,德国专利与被控侵权物及ZL 98201649.2号专利不相同也不等同,公知技术抗辩不成立,也不影响ZL 98201649.2号专利的新颖性和创造性。

经本院二审庭审查明,原审认定的事实属实,本院予以确认。二审期间,各方当事人未提交新证据。

另查明,张德芝所销售的被控侵权产品拥有实用新型专利权,专利号为ZL 00254341.9,专利权人为金义公司。

本院认为,根据全面覆盖原则,被控侵权物将专利权利要求中记载方案的必要技术特征全部再现,被控侵权物与专利独立要求中记载的全部必要技术特征一一对应并相同,则落入专利权的保护范围。

其关于所销售的金义果奶瓶盖所采用的公知技术的抗辩理由亦不能成立。因为,专利法意义上的现有技术应当是在申请日以前公众能够得知的实质性技术知识的内容。只有清楚、完整地公开了实用新型专利申请的技术方案的对比文件,才能足以影响被申请宣告无效的实用新型专利的新颖性。引用对比文件所记载的内容判断被申请宣告无效的实用新型专利的新颖性时,应以对比文件公开的技术内容为准。对于所属技术领域的技术人员来说,从公开内容中推定出的隐含的技术内容必须是无歧义的,而且不得随意将对比文件的内容扩大或缩小。本案中,德国DE 4323666专利文献所公开的内容主要为一般概念,而非明确的技术特征,其内容的公开并不必然影响采取具体概念限定的ZL 98201649.2实用新型专利的新颖性。而且从 DE 4323666 专利文献也无法无歧义地推定出与 ZL 98201649.2 实用新型专利相同的技术特征，也不能必然推出二者所要解决的技术问题和技术方案实质上相同、预期效果相同。

案例三

陕西省西安市中级人民法院民事判决书 [2005] 西民四初字第136号

原告西安高科陕西金方药业公司诉被告上海交大穗轮药业有限公司、杭州友邦医药有限公司、陕西国大药房连锁有限公司西安长缨路连锁店侵犯专利权纠纷一案

原告西安高科陕西金方药业公司起诉称：原告系"双唑泰泡腾片剂及其制备方法"的发明专利权人，同时，原告一直使用该专利生产专利产品金方"双唑泰泡腾片"。2005 年年初，原告发现被告上海交大穗轮药业有限公司（以下简称穗轮公司）就其生产的韵洁"双唑泰阴道泡腾片"开始进行招商销售，该药品的成分配方等技术特征与原告拥有的"双唑泰泡腾片剂及其制备方法"发明专利一致。

被告穗轮公司和友邦公司答辩称：（1）原告在起诉时未能提供被告长缨路连锁店的身份证明，依据法律规定，被告长缨路连锁店不具有独立的诉讼主体资格。（2）被告产品未包含原告专利的全部必要技术特征，即被告产品缺少原告专利的某些必要技术特征。因此，被告产品并没有落入原告专利的保护范围。（3）被告的产品选用与公知技术相同的辅料用量，其辅料选择的依据是公知技术，而原告专利的保护范围不可能将公知技术囊括在内。（4）原告请求赔偿 50 万元没有事实和法律依据。

该专利说明书中对该项技术方案有如下描述：本发明涉及一种抗菌消炎的新药"双唑泰"泡腾片剂及其制备方法。目的是克服现有技术中的不足之处，提供一种广谱、高效、速效抗菌消炎新药。

本院认为：原告经赵存梅合法转让，依法享有"双唑泰泡腾片剂及其制备方法"发明专利权，是该发明专利的专利权人，该发明专利为组合物发明。本案主要涉及两个问题。

一、关于本案专利权的保护范围问题。

本案因国家知识产权局专利复审委员会在 7602 号《无效宣告请求审查决定》中维持原告专利有效，且该决定中并没有限制原告权利要求保护范围的记载，故争议的原告发明专利的保护范围，仍应以该专利《权利要求书》记载的内容为准。

二、关于被控侵权产品是否与专利技术等同，构成等同侵权问题。

穗轮公司和友邦公司还以公知技术抗辩，认为被控侵权产品所用的技术来源于公知技术，其产品的成分与公知技术完全一样，为将其制成泡腾剂型所添加辅料的量也与公知技术相同。其提供证据《双唑泰栓剂的国家药品标准》《中国医院药学

杂志》和《药剂学》加以证明。本院认为，国家知识产权局专利复审委员会在第 7602 号《无效宣告请求审查决定》中认为上述三个证据不能破坏权利要求 1 和 2 的创造性，权利要求 1 的技术方案是非显而易见的并产生有益的效果，具有突出的实质性特点和显著的进步，权利要求 1 和 2 具有创造性。故穗轮公司和友邦公司以其被控侵权产品使用的是公知技术的抗辩理由，本院不予采纳。

判决如下：

一、上海交大穗轮药业有限公司、杭州友邦医药有限公司及陕西国大药房连锁有限公司西安长缨路连锁店在本判决生效后立即停止生产、销售其侵犯西安高科陕西金方药业公司"双唑泰泡腾片剂及其制备方法"发明专利权的行为。

二、上海交大穗轮药业有限公司和杭州友邦医药有限公司在本判决生效后十日内赔偿西安高科陕西金方药业公司损失 50 万元，逾期则加倍支付迟延履行期间的债务利息。

案件受理费 11 010 元、保全费 100 元，合计 11 110 元（西安高科陕西金方药业公司已预交），由上海交大穗轮药业有限公司和杭州友邦医药有限公司各负担 5 405 元，由陕西国大药房连锁有限公司西安长缨路连锁店负担 300 元。

案例四

湖南省长沙市中级人民法院民事判决书 [2005] 长中民三初字第 377 号

原告：肖晏生。

被告：彭吉伟。

原告肖晏生诉称：原告曾与被告彭吉伟合伙办厂生产煤炉，但生产的煤炉不适应市场的要求而造成办厂亏损，最终散伙。2003 年以来，原告继续办厂，经反复研究和制作模型，开发了新产品。原告为保护自己的知识产权，于 2003 年 8 月 2 日申请了一种煤球炉实用新型的专利，专利号为 ZL 03248438.0。

在原告拥有该专利后，被告彭吉伟未经专利权人原告的许可，制造、销售与原告专利相同的产品，其产品名称为仙火牌热水灶，该产品完全是仿造原告的专利产品，其行为明显侵害了原告的专利权。

原告为支持其诉讼理由，向本院提交了以下证据：

1. 2005 年 7 月 11 日由国家知识产权局出具的实用新型专利检索报告。证明原告 ZL 03248438.0 "一种煤球炉"实用新型专利全部权利要求具有新颖性和创造性。

被告彭吉伟答辩称：答辩人没有使用原告的专利技术，不存在侵犯原告专利权的行为，不应承担侵权责任。

原告的专利号为 ZL 03248438.0 "一种煤球炉"的专利技术是一种早已于十多年前研究开发出来的公知技术，原告的实用新型专利丧失了新颖性、创造性。答辩人采用的是公知技术，不存在侵犯原告的专利权。答辩人在原告申请日以前已经作好制造仙火牌双层热水灶的必要准备，并且仅在原有范围继续生产，不存在侵犯原告的专利权。

8. 1991年1月23日公告的ZL 90214788.9实用新型专利公开资料，来源于湖南省双峰县知识产权局。

9. 2002年3月6日授权公告的ZL 01236165.8实用新型专利资料，来源于湖南省知识产权局。

证据8~9证明被告生产、销售的产品是公知技术。

根据双方当事人的诉讼主张和举证、质证情况，本院在征询双方当事人意见的基础上，综合庭审调查情况，将本案争执的焦点归纳如下：

焦点一，被告生产销售的仙火牌热水灶产品是否与原告的实用新型专利相同或相似。

被控侵权产品"仙火牌热水灶"的技术特征与ZL 03248438.0实用新型专利记载的必要技术特征构成相同，被控侵权产品"仙火牌热水灶"已落入ZL 03248438.0实用新型专利的保护范围。

焦点二，被告提出的先用权抗辩是否成立。

被告不能证明被控侵权产品之设计、技术来源的合法性，即被告既不能证明其生产的"仙火牌热水灶"产品系自身研究设计所得，也不能证明该实施的技术方案属合法受让取得。综合以上两点，被告提出的先用权不视为侵权的抗辩理由不能成立，本院不予采信。

焦点三，被告生产的"仙火牌热水灶"产品所采用的技术是否属公知技术。

原告认为，原告专利内容与公知技术不同，原告的专利经国家知识产权局检索，目前仍具有新颖性和创造性。被告则认为，被告生产的"仙火牌热水灶"产品所采用的技术是公知技术。从1991年1月23日公告的ZL 90214788.9实用新型专利技术的相关资料来看，该实用新型权利要求为：一种蜂窝煤炉节能热水器，由盛水器具、水管、水龙头组成，其特征在于盛水器具为一双层炉具（4），炉箱的外层是盛水层，内层是炉心（5）在炉箱下方接有水管（9）和开水龙头（3），上部接有热水管（10）。被告采用的就是该技术，故被告不侵犯原告的专利权。

本院认为，公知技术是指申请日前在国内外出版物上公开发表、在国内公开使用或者以其他方式为公众所知的技术。在进行具体分析判断时，应当将被控侵权产品与请求保护的专利技术、公知技术进行比对，如果被控侵权产品与公知技术更为近似，则公知技术抗辩成立；如果被控侵权产品与请求保护的实用新型专利更为接近，则公知技术抗辩不成立。通过逐一比对，可以发现本案被控侵权产品与请求保护的实用新型专利基本相同，而与被告提交的公知技术在技术特征上存在一定的差异。基于被控侵权产品与请求保护的实用新型专利之间的相似性明显高于被控侵权产品与被告提交的公知技术比对资料之间的相似程度，由此认定被告提出的公知技术不侵权抗辩之理由不能成立，对其提出的抗辩理由不予采信。

判决如下：

1. 被告彭吉伟停止生产、销售侵犯原告肖晏生 ZL 03248438.0 "一种煤球炉"实用新型专利权的产品的行为。

2. 被告彭吉伟在本判决发生法律效力之日起十日内赔偿原告肖晏生经济损失人民币 8 000 元。

案例五

宁波圣利达电气制造有限公司与（英国）施特里克斯有限公司侵犯专利权纠纷案二审

北京市高级人民法院民事判决书［2006］高民终字第 571 号

上诉人（原审被告）：宁波圣利达电气制造有限公司。

被上诉人（原审原告）：（英国）施特里克斯有限公司（Strix Limited）。

原审被告：华普超市有限公司。

上诉人宁波圣利达电气制造有限公司（以下简称圣利达公司）因侵犯专利权纠纷一案，不服北京市第二中级人民法院［2005］二中民初字第 13 号民事判决，向本院提出上诉。

北京市第二中级人民法院判决认定，"SLT-102" 热敏控制器全面覆盖了涉案专利权利要求中记载的技术方案的全部必要技术特征。

"SLT-102" 热敏控制器设置的两个双金属致动器体现的创造性既表现在结构上又体现在功能上。"SLT-102" 热敏控制器的两个双金属致动器与发热的底部有相等的良好热接触，同时在基本相同的温度下发生致动时，在顺序上没有强制性的限制，在设置功能上也不是体现为保险的功能。而在 ZL 89208920.2 号实用新型专利文献技术方案中，先是 1 只温控器烧坏后成通路，另外 1 只温控器替代起到保险作用，也就意味着无论哪一只温控器在烧坏后，另外 1 只才能起保险作用，二者是存在先后顺序的。据此，两个特征在使用的技术手段和实现的技术功能上不等同，圣利达公司提出的已有技术抗辩主张不成立。

圣利达公司不服原审判决，向本院提出上诉，请求撤销原审判决，驳回施特里克斯公司的诉讼请求。理由为：（1）原审判决将权利要求中的双金属致动器的位置关系"相互隔开"解释为"二者之间有隔断距离，使二者不发生接触"有误，根据现有技术的披露、禁止反悔原则、涉案专利说明书中记载的发明目的、涉案专利关于该特征的解释，其中至少应当有"相当"的距离。（2）原审判决对于被控侵权产品与现有技术，即 ZL 89208920.2 号实用新型专利技术方案不相等同的认定是错误的。被控侵权产品 SLT-102 热敏控制器与 ZL 89208920.2 号实用新型专利技术方案中双金属致动器工作时均不具有"在顺序上的强制性限定"；SLT-102 热敏控制器与 ZL 89208920.2 号实用新型专利技术方案中的双金属致动器工作时都具有互为保险作用的功能，因此，被控侵权产品与 ZL 89208920.2 号实用新型专利技术方案相等同。施特里克斯公司和华普超市服从原审判决。

诉讼中，圣利达公司主张其被控侵权产品是按照公知技术制造的，并向法庭提交了一份申请号为 ZL 89208920.2、名称为"全自动控温电热水壶"的中国实用新型专利申请说明书，该实用新型专利申请人为宁波市镇海区庄市镇红光电控开关厂、申请日为 1989 年 6 月 17 日、公告日为 1990 年 2 月 21 日。该实用新型专利已经于 1995 年 2 月 1 日因保护期届满而终止。

圣利达公司认为"SLT-102"热敏控制器是按照该技术方案实施的，二者属于等同的技术方案。

本案中，上诉人圣利达公司主张被控侵权产品"SLT-102"热敏控制器是按照 ZL 89208920.2 号实用新型专利实施的。所谓已有技术抗辩，是指被控侵权物与专利权利要求所记载的专利技术方案等同的情况下，如果被告答辩并提供相应证据，证明被控侵权物与一项已有技术等同，则被告的行为不构成侵犯原告的专利权。本案二审审理中，当事人争议的焦点在于"SLT-102"热敏控制器的技术特征 d 与 ZL 89208920.2 号实用新型专利的技术特征 4 是否相同或等同。应当明确，在审查圣利达公司所主张已有技术抗辩是否成立时，应当比较"SLT-102"热敏控制器与 ZL 89208920.2 号实用新型专利的技术方案，而非技术效果。涉案专利权利要求 1 中的技术特征 D 为两个致动器在一定温度下致动，即设定的致动温度是相同的。"SLT-102"热敏控制器也具有该技术特征。在 ZL 89208920.2 实用新型专利装有两只控温器的技术方案中，技术特征 4 为双金属致动温度 98℃ ±3℃，回复后控制温度为 95℃～100℃，该技术特征在设定的具体致动温度这一点上确与"SLT-102"热敏控制器不同，但是，在设定的致动温度相同这一点上是一样的，即两个致动器有着相同的致动温度。原审判决对此未予认定，显属错误。

原审法院认定"SLT-102"热敏控制器与 ZL 89208920.2 号实用新型专利技术方案不构成等同错误，本院予以纠正。

综上所述，圣利达公司"SLT-102"热敏控制器虽然落入涉案专利保护范围，但其技术方案与 ZL 89208920.2 号实用新型专利等同，圣利达公司关于其被控侵权产品按照已有技术实施不构成侵权的抗辩成立。原审判决认定事实和适用法律错误，应予改判。上诉人圣利达公司上诉有理，应予支持。依照《中华人民共和国民事诉讼法》第 153 条第 1 款第（2）、（3）项之规定，本院判决如下：

1. 撤销北京市第二中级法院［2005］二中民初字第 13 号民事判决；
2. 驳回（英国）施特里克斯有限公司的诉讼请求。

案例六

连展科技股份有限公司与东莞厚街新塘华宝电子厂、东莞建玮电子制品有限公司侵犯专利权、恶意诉讼损害赔偿纠纷一案

广东省高级人民法院民事判决书［2006］粤高法民三终字第309号

上诉人（原审原告、反诉被告）：连展科技股份有限公司。

被上诉人（原审被告、反诉原告）：东莞厚街新塘华宝电子厂。

被上诉人（原审被告、反诉原告）：东莞建玮电子制品有限公司。

原审法院经审理查明：1997年11月14日，连展科技股份有限公司向国家知识产权局申请"连接器的包覆成型挡胶结构"实用新型专利，1999年4月22日获得授权，同年6月30日授权公告，专利号为ZL 97249248.8。

在本案审理过程中，华宝电子厂、建玮公司曾提交杨李淑兰在2003年10月28日向国家专利复审委员会请求宣告连展科技公司上述专利无效的无效宣告请求受理通知书、请求书及相关证据材料，后华宝电子厂、建玮公司明确表示不作为本案证据使用。

华宝电子厂、建玮公司认为其产品与连展科技公司专利说明书中描述的现有技术是一致的。

华宝电子厂、建玮公司还提交了杨李淑兰的ZL 96218867.0号"汇流串列阜连接器"实用新型专利说明书，以证明华宝电子厂、建玮公司被控侵权产品使用的是现有技术，该专利是1996年8月8日申请，1997年10月4日颁证，同年12月3日授权公告。

华宝电子厂、建玮公司认为连展科技公司明知华宝电子厂、建玮公司使用的是现有技术而进行诉讼和申请证据保全，是属于恶意诉讼，扰乱了华宝电子厂、建玮公司的正常经营，订单大量被取消，故反诉请求赔偿。连展科技公司认为其起诉涉嫌侵权者是法定的权利，华宝电子厂、建玮公司是否使用了现有技术是个待定的事实，华宝电子厂、建玮公司的客户亦不知证据保全的事实，华宝电子厂、建玮公司的反诉理由不能成立。

因此被控侵权产品缺乏连展科技公司专利中"挡板向下弯折后覆盖端子匣前端正面通口"这一必要技术特征，被控侵权产品没有完全覆盖连展科技公司专利的必要技术特征，不落入连展科技公司专利的保护范围，不构成侵权。连展科技公司主张华宝电子厂、建玮公司侵犯其专利权的理由不能成立，不予支持，对连展科技公司的诉讼请求应予驳回。另外，亦无需再审查华宝电子厂、建玮公司所提其产品使用的是现有技术的问题，况且华宝电子厂、建玮公司所提交的作为现有技术的杨李淑兰的专利其申请日，虽在连展科技公司专利申请日之前，但授权公告日在连展科技公司专利申请日之后，不足以作为针对连展科技公司专利侵权诉讼的已有技术抗辩。至于华宝电子厂、建玮公司所提反诉，连展科技公司专利既已获得国家知识产权局授权，连展科技公司即有权对涉嫌侵权者提出侵权之诉，并依法律规定申请证据保全，其主张是否采信亦由法院作出判断。从本案证据看来，连展科技公司亦无明显恶意诉讼之意，华宝电子厂、建玮公司产品与连展科技公司专利的技术特征还是相关联的，华宝电子厂、建玮公司所主张的因诉讼所造成的损失与本案的关联性亦证据不足，对华宝电子厂、建玮公司的反诉主张亦不予支持，依法予以驳回。

连展科技公司不服原审判决，向本院提起上诉称：原审判决认定被控侵权产品没有完全覆盖连展科技公司专利的必要技术特征，不落入本专利的保护范围，这一认定是错误的。

驳回上诉，维持原判。

被控侵权产品无法实现与专利技术基本相同的功能，达到基本相同的效果，故本案不符合等同特征的构成要件，专利技术与被控侵权技术不构成等同。上诉人连展科技公司的该上诉请求，因缺乏事实和法律依据，本院不予支持。

案例七

常州智力微创医疗器械有限公司、常州智业医疗器械研究所与范志宁专利侵权纠纷一案

江苏省高级人民法院民事判决书〔2006〕苏民三终字第 0036 号

上诉人（原审被告）：常州智力微创医疗器械有限公司。

上诉人（原审被告）：常州智业医疗器械研究所。

被上诉人（原审原告）：范志宁。

上诉人常州智力微创医疗器械有限公司（以下简称智力公司）、常州智业医疗器械研究所（以下简称智业研究所）因与被上诉人范志宁专利侵权纠纷一案，不服江苏省南京市中级人民法院〔2003〕宁民三初字第 101 号民事判决，向本院提起上诉。

范志宁一审诉称：范志宁系"医用腔道内支架"实用新型专利的专利权人，智力公司和智业研究所擅自生产、销售与范志宁专利技术特征完全相同的产品，侵犯了其专利权，给其造成重大经济损失。请求法院判令智力公司和智业研究所立即停止侵权行为，销毁侵权产品，在《中华消化内镜杂志》上公开赔礼道歉，赔偿经济损失 50 万元，承担本案诉讼费用。

智力公司、智业研究所一审辩称：被控侵权产品"镍钛记忆合金人体腔内支架"的内膜管系聚氨酯材料，缺少范志宁专利独立权利要求中"网管内壁有一透明、透气生物膜的内膜管"这一技术特征，未落入范志宁专利的保护范围；被控侵权产品系按沈沛"腔管内复膜涂药支撑网管"实用新型专利生产；被控侵权产品也系按现有技术生产，故智力公司、智业研究所生产、销售"镍钛记忆合金人体腔内支架"的行为并未侵权范志宁专利权。

一审法院认为：

被控侵权产品与 WO95/05132 腔内支架专利比对，两者所使用的高分子生物材料不同，两材料特性差异很大，不能认为被控侵权产品落入 WO95/05132 腔内支架专利的保护范围。被控侵权产品与《三种自行设计和改进的食管支架的临床应用》一文披露技术方案比对，被控侵权产品与该技术方案所使用的高分子生物材料不同，且被控侵权产品无法和该文献比对网管覆膜位置。因此，智力公司、智业研究所关于其使用现有技术的抗辩理由亦不能成立。

智力公司和智业研究所上诉称：

一审判决认定事实有误。

1. 范志宁专利本质上不具有新颖性和创造性。

2. 一审判决对范志宁专利中"生物膜"的理解与认定错误。

3. 一审判决对涉案的两个专利产品的原材料的特性认定是片面的，与客观事实不符。

4. 一审判决基于对涉案两专利的关系及保护范围的错误认识，导致对上诉人存在侵权行为的错误认定。

范志宁答辩称：（1）北京一中院及北京高院的判决书中已明确范志宁专利具有新颖性和创造性，以及所谓的"生物膜"就是由高分子生物材料制成的膜；（2）范志宁专利已是第二次被提起无效宣告，若再允许中止审理是不合适的；（3）专利复审委员会的决定书并没有完全推翻范志宁专利的全部权利要求，只是宣告该专利部分无效，根据该决定书重新确定的保护范围，被控侵权产品仍然落入专利保护范围；（4）上诉人的现有技术抗辩不能成立，因其据以提出现有技术抗辩的相关证据在专利复审委员会无效审查程序中也提出过，但范志宁专利并未被宣告无效，故其现有技术抗辩不成立。

本案二审争议焦点为：（1）涉案范志宁专利权利要求发生变化，是否必然导致本案应发回重审或驳回范志宁的诉讼请求。（2）上诉人是否侵犯了范志宁专利权。具体包括：被控侵权产品是否落入涉案专利保护范围，以及上诉人主张的公知技术抗辩和先用权抗辩是否成立。（3）若侵权成立，一审确定的赔偿额是否适当。

本院认为：

一、涉案专利权利要求发生变化，并不必然导致本案应发回重审或驳回范志宁的诉讼请求。

二、现有证据足以认定上诉人侵犯了范志宁专利权。

（一）被控侵权产品落入范志宁专利保护范围。

（二）上诉人主张的公知技术抗辩不能成立。

上诉人据以主张公知技术抗辩的证据是：WO95/05132 专利文献和《中华放射学杂志》1997 年第 3 期上刊登的《三种自行设计和改进的食管支架的临床应用》一文。将被控侵权产品分别与上述两份文献公开的技术内容进行比对可以看出，WO95/05132 专利文献和《三种自行设计和改进的食管支架的临床应用》一文中均未披露被控侵权产品对应于专利权利要求中"薄膜管紧贴网管内壁，二者之间为过盈结构"这一技术特征，故两上诉人据此主张公知技术抗辩不能成立。

（三）上诉人主张的先用权抗辩亦不能成立。

综上，因被控侵权产品落入范志宁涉案专利保护范围，而被控侵权产品包装上明确载明由智业研究所制造、智力公司经销，上诉人一审庭审中亦明确认可被控侵权产品系其生产、销售的。故两上诉人未经专利权人许可，擅自生产、销售被控侵权产品，侵犯了范志宁的专利权，依法应当承担相应的民事责任。上诉人认为一审认定其存在侵权行为证据不足的上诉理由，不能成立。

驳回上诉，维持原判。

案例八

佛山市顺德区杰晟热能科技有限公司与张黎光侵犯专利权纠纷一案

广东省高级人民法院民事判决书［2006］粤高法民三终字第 276 号

上诉人（原审被告）：佛山市顺德区杰晟热能科技有限公司。

被上诉人（原审原告）：张黎光。

原审法院审理查明：张黎光于 1999 年 7 月 16 日向国家知识产权局提出了名称为"风压开关"的实用新型专利申请并于 2000 年 6 月 21 日获得授权，专利号为 ZL 99228900。

在庭审中，杰晟公司承认被控产品具备涉案专利的全部必要技术特征。

原审法院认为：由于杰晟公司已经自认被控产品落入涉案专利保护范围，故本案争议的焦点在于杰晟公司的公知技术抗辩和先用权抗辩是否成立，以及若该两项抗辩不能成立时，杰晟公司应承担何种民事责任。

关于焦点一，即公知技术抗辩问题。专利法意义上的公知技术，是指在专利申请日以前公众能够得知的技术内容。换言之，公知技术应当在专利申请日以前处于能够为公众获得的状态，并包含有能够使公众从中得知实质性的技术知识的内容。杰晟公司辩称涉案专利的技术内容为公知技术，并提供了相关证据。但在其所提供的证据中，广东万家乐燃气具有限公司的风压开关图、证明和强制排烟热水器补充说明及工作原理单独或结合均不能证明涉案专利技术内容已经公开；日本 YAMATAKE 公司的开关图及参数表因无原件而不具备证据的形式要件，不能作为定案根据；至于 HONEYWELL 公司的产品手册，因该证据没有确定的出版时间也未表明发表者或者出版者，不能构成专利法意义上的出版物公开；其余证据或者因不具备证据的形式要件或者因不能直接反映被控产品的技术特征而不能作为定案根据。杰晟公司为公知技术抗辩还提供了两份证人证言，因该两位证人与杰晟公司的法定代表人盛水祥曾为同事，存在利害关系，且上述两份证人证言在证据分类上均属一类，除此之外别无其他类型的证据佐证，故上述两份证人证言不能充分证明待证事实。综上，原审法院认为杰晟公司关于公知技术抗辩的理由不能成立。

关于焦点二，即先用权抗辩问题。专利法规定，在专利申请日前已经制造相同产品、使用相同方法或者已经作好制造、使用的必要准备，并且仅在原有范围内继续制造、使用的，不视为侵犯专利权。杰晟公司主张其在涉案专利申请日前已经制造相同产品，并提供了相关证据。但在其证据中，先科模具厂的膜片图和胶盖图，因其真实性无法确认，且与本案无关联性，不具有证明力；其余证据因不能反映所制造产品的结构而与本案无关。杰晟公司还提供了一位证人证言，因该证人既不能提供其所办模具厂的工商登记资料也未能提供加工时所需的图纸，故此证据也不能证明待证事实。综上，杰晟公司的先用权抗辩也不能成立。

杰晟公司不服原审判决，向本院提起上诉，请求驳回张黎光的诉讼请求。上诉理由：一审判决认定事实错误。

本院另查明：在二审审理过程中，杰晟公司向本院补充提交了以下证据，用以证明张黎光涉案专利权为现有技术。

1. 专利号为 CN87203493U、名称为差压开关的实用新型专利申请说明书，证明在先专利已公开了涉案专利的全部技术特征。

2. 专利号为 ZL 91222198.4、名称为差压开关的实用新型专利申请说明书，证明在先专利已公开了涉案专利的全部技术特征。

本案争议焦点为：（1）杰晟公司的现有技术抗辩是否成立。（2）杰晟公司的先用权抗辩是否成立。

关于杰晟公司的现有技术抗辩是否成立问题。所谓现有技术，根据我国《专利法》第22条第2款、《专利法实施细则》第30条的规定，是指在专利申请日以前在国内外出版物上公开发表、在国内公开使用或者以其他方式为公众所知的技术。杰晟公司在一审提交的现有技术抗辩的证据有广东万家乐燃气具有限公司的风压开关图、证明和强制排烟热水器补充说明及工作原理，日本 YAMATAKE 公司的开关图及参数表及 HONEYWELL 公司的产品手册以及证人证言。在这些证据中，广东万家乐燃气具有限公司的风压开关图、强制排烟热水器补充说明及工作原理并没有公开涉案专利权利要求中的全部技术特征；广东万家乐燃气具有限公司的证明从证据的性质上看，属于证人证言，根据最高人民法院《关于民事诉讼证据的若干规定》

第 69 条第（5）项规定，无正当理由未出庭作证的证人证言不能单独作为认定案件事实的依据，故不予采纳；日本 YAMATAKE 公司的开关图及参数表、HONEYWELL 公司的产品手册因不具备证据的形式要件不能作为定案依据；至于杰晟公司提供的两份证人证言，经原审法院当庭核实，该两位证人与杰晟公司的法定代表人盛水祥曾为同事，这种特殊关系可以视为当事人之间存在利害关系，而且，本案为侵犯实用新型专利权纠纷案件，证人证言在没有其他证据佐证的情况下也难以反映某项技术是否在先公开了涉案专利的全部技术特征。故原审判决依据前述事实认定杰晟公司现有技术抗辩不成立的理由是正确的，本院予以维持。

在二审程序中，杰晟公司又提交了三份证据，即水膜阀、水量调节器的结构及工作原理的公开出版物，专利号为 CN87203493U、名称为差压开关的实用新型专利申请说明书，专利号为 ZL 91222198.4、名称为差压开关的实用新型专利申请说明书，证明现在技术已公开了涉案专利的全部技术特征。本院认为，在判定现有技术抗辩是否成立时，人民法院应将被控侵权产品与现有技术直接进行比对，如被控侵权产品与现有技术相同或等同，则现有技术抗辩成立；如被控侵权产品与现有技术不相同或不等同，则现有技术抗辩不成立。

因此，杰晟公司提供现有技术并没有公开涉案专利的全部技术特征，杰晟公司的现有技术抗辩不能成立，本院予以驳回。

驳回上诉，维持原判。

案例九

浙江省高级人民法院民事判决书［2007］浙民三终字第279号

上诉人（原审原告）：慈溪市百汇机械制造有限公司。

被上诉人（原审被告）：慈溪市三酉实业有限公司。

原判认定：虞柏伟是一项"机械手式自动送料装置"实用新型专利权人，该专利于 2004 年 5 月 30 日向国家知识产权局申请，于 2005 年 7 月 27 日获得授权公告，专利号 ZL 200420023321.5。国家知识产权局于 2005 年 9 月 13 日出具的实用新型检索报告认为，从检索结果来看，初步认为 ZL 200420023321.5 实用新型专利全部权利符合《专利法》第 22 条有关新颖性和创造性的规定。

原审法院认为，虞柏伟拥有的专利号为 ZL 200420023321.5 "机械手式自动送料装置"实用新型专利在有效期限内，法律状态稳定，并已履行了缴纳专利年费的义务，故该专利为有效专利，应受国家法律保护。

三酉公司生产、销售的被控产品已落入了涉案专利的保护范围。

三酉公司制造被控侵权产品的行为不视为侵权涉案专利权。三酉公司提出的"其享有相应的先用权"的抗辩成立，法院予以采信。百汇公司指控三酉公司、筑利公司专利侵权的请求缺乏相应的法律依据，法院不予支持。至于三酉公司提出的公知技术抗辩，法院认为，三酉公司提供的证据尚不足以证明其生产的被控侵权产品所使用的技术早在涉案专利申请日之前已经公知、公开，故其上述抗辩法院不予采信。

宣判后，百汇公司不服，向本院提起上诉称：（1）三酉公司从未以"先用权抗辩"作为否认侵权的理由，也未提供支持其享有先用权的证据。（2）原审法院审理程序失当、认定事实和证据有误。原审法院偏袒一方调查取证、错误分配举证责任、将未经质证的证据作为定案依据，且未正确鉴别证据真伪，认定证据错误。三酉公司提供的证据不能证明其享有先用权，也不能支持其提出的公知技术抗辩。

被上诉人三酉公司在庭审中辩称：（1）三酉公司在一审的庭审以及代理词中都已提及先用权抗辩，由于先用权的证据与公知技术的证据是一致的，故不需重复提及。（2）原审法院根据我公司的申请依职权进行调查取证，符合法律规定。关于举证责任的分配也是符合法律规定的。三酉公司所提供的证据是真实、确凿的，相互佐证了三酉公司在专利申请日前已经制造了相同的产品，依法享有先用权。也足以证明三酉公司制造销售的产品属于公知技术范畴。请求二审法院维持原判或依照公知技术判决三酉公司不构成侵权。

本院认为，虞柏伟拥有的专利号为ZL 200420023321.5"机械手式自动送料装置"实用新型专利为有效专利，应受国家法律保护。百汇公司作为专利被许可人，经专利权人虞柏伟授权后对侵权行为享有诉权。原审中，三酉公司虽以公知技术为由进行抗辩，但其在三次庭审以及申请中止审理时均多次陈述，在百汇公司的专利申请日前已经公开制造销售了被控侵权产品。在原审代理意见中也提到过三酉公司享有先用权。三酉公司所提供的大量证据也均是用于证明其在专利申请日前已经公开生产、销售了被控侵权产品，可以说，三酉公司以公知技术进行抗辩的主要证据和理由就是其在专利申请日前已经公开生产、销售了被控侵权产品，其实质已经包含了先用权抗辩的内容。对此，百汇公司均是知晓的，也发表了相应的诉讼意见。故原审法院对三酉公司是否享有先用权作出判断并未超出当事人的诉争范围。百汇公司上诉称原审法院超出三酉公司的抗辩理由作出裁判属程序不当的理由不能成立。

驳回上诉，维持原判。

案例十

上诉人先歌国际影音（深圳）有限公司与被上诉人天工灯光有限公司、原审被告IAG澳门离岸商业服务有限公司、原审被告IAG澳门离岸商业服务有限公司IAG公司深圳代表处侵犯发明专利权纠纷一案

广东省高级人民法院民事判决书〔2009〕粤高法民三终字第309号

上诉人（原审被告）：先歌国际影音（深圳）有限公司。

被上诉人（原审原告）：天工灯光有限公司。

原审被告：IAG澳门离岸商业服务有限公司。

原审被告：IAG澳门离岸商业服务有限公司IAG公司深圳代表处。

上诉人先歌国际影音（深圳）有限公司（以下简称先歌公司）因与被上诉人天工灯光有限公司（以下简称天工公司）、原审被告IAG澳门离岸商业服务有限公司（以下简称IAG公司）、原审被告IAG澳门离岸商业服务有限公司IAG公司深圳代表处（以下简称IAG公司深圳代表处）侵犯发明专利权（专利号为ZL 98805400.0）纠纷一案，不服中华人民共和国广东省深圳市中级人民法院于2009年6月2日作出的〔2008〕深中法民三初字第251号民事判决，向本院提起上诉。

原审法院经审理查明：天工公司于1998年11月24日向中国国家知识产权局提交了"带直线式反射器的投射灯装置"的发明专利申请，专利号是ZL 98805400.0，专利权人是天工公司，申请日是1998年11月24日，授权公告日是2003年1月22日，该专利现处于有效状态。

先歌公司提供两个专利作为公知技术抗辩的依据：专利号为GB1245962的英国专利，申请日为1968年1月1日，公开日为1971年9月15日；日本专利H1—309204，公开日为1989年12月13日。

原审法院经审理认为，本案为侵犯发明专利权纠纷。争议的焦点为：（1）被控侵权产品的技术方案是否落入天工公司专利的保护范围，侵犯天工公司专利权。（2）先歌公司提出的公知技术抗辩是否成立。

1. 被控侵权产品的技术方案是否落入天工公司专利的保护范围，侵犯天工公司专利权。

原审法院认为被控侵权产品的技术特征与天工公司专利的必要技术特征完全相同，落入天工公司专利保护范围，侵犯了天工公司专利权。

2. 关于先歌公司提出的公知技术抗辩是否成立。

先歌公司提供了两个专利作为公知技术抗辩的对比文件，分别是日本专利H1—309204和英国专利GB1245962。

对于日本专利，其专利的必要技术特征未提到"反射器表面产生大致矩形截面的光束"。英国专利公布的技术特征陈述为"外壳（反射镜）具有一个部分椭圆的后端部分"；而英国专利也没有公布"反射器包括颜色过滤器，位于光束截面宽度最小的位置"这一技术特征。被控侵权产品具有"反射器表面产生大致矩形截面的光束"和"颜色过滤器，位于光束截面宽度最小的位置"这一技术特征。因此，被控侵权产品与上述两个专利都不同，先歌公司公知技术抗辩不成立。

先歌公司不服上述判决，向本院提起上诉。

本院查明：2009 年 6 月 24 日国家知识产权局专利复审委员会作出第 13578 号无效宣告请求审查决定书，宣告专利权人为天工公司、专利号为 ZL 98805400.0 的带直线式反射器的投射灯装置发明专利权全部无效。

本案所涉 ZL 98805400.0 号、名称为"带直线式反射器的投射灯装置"发明专利，是天工公司于 1998 年 11 月 24 日向国家知识产权局提出申请，2003 年 1 月 22 日获得授权公告的发明专利权。由于国家知识产权局专利复审委员会在 2009 年 6 月 24 日作出的第 13578 号无效宣告请求审查决定书宣告天工公司的 ZL 98805400.0 发明专利权全部无效。因此，天工公司的该项发明专利权视为自始即不存在。由于天工公司的发明专利权被宣告全部无效，不能受到法律保护，其诉讼请求便丧失了权利基础，依法应予驳回。

案例十一

新疆农业科学院农业工程公司与石河子市华农种子机械制造有限公司侵犯专利权纠纷一案

新疆维吾尔自治区高级人民法院民事判决书［2007］新民三终字第 10 号

上诉人（原审被告）：新疆农业科学院农业工程公司。

被上诉人（原审原告）：石河子市华农种子机械制造有限公司。

原审法院认为：（1）专利权受法律保护。（2）关于涉案技术方案是否属现有公知技术的问题。本案专利为发明专利，经过了国家知识产权局的实质性审查，至今无人提出专利权无效宣告的请求。农业工程公司称本案专利技术为公知技术，其提供的主要证据是兵团 123 团在华农公司专利申请日之前已进口、使用美国菲弗尔公司同类设备，构成现有公知技术。判断公知技术抗辩是否成立，应当将被控侵权产品的技术特征与现有技术进行比对。经比对，1986 年国内进口的同类设备在技术方案的设计上与本案侵权产品的技术在供热装置、废绒输送装置等方面存在明显差异，不能证明本案专利技术在申请日前已公开使用。故农业工程公司有关涉案专利技术属公知技术的抗辩理由不能成立。（3）农业工程公司生产、销售的涉案专利产品的技术特征完全覆盖了华农公司的专利技术特征，落入了华农公司专利权的保护范围。

宣判后，原审被告农业工程公司不服该判决，向本院提起上诉。其上诉理由为：（1）上诉人举证的新疆锦棉种业有限责任公司（以下简称锦棉公司）的证明及图纸，一审法院不予采信，于法无据。（2）上诉人生产、销售的机械设备是对公知技术的应用。

二审庭审结束后，农业工程公司又向本庭补充提供如下证据：（1）农业工程公司向本院提交了123团与美国菲弗尔公司签订的棉种稀酸脱绒设备合同书英文本。证明123团在1986年购买了美国菲弗尔公司的设备。（2）1991年第6期《新疆农垦科技》中发表的《介绍美国棉子加工技术》一文，证明涉案专利技术在专利申请日之前已有相同技术的介绍文章发表。（3）《新疆生产建设兵团农作物种子志》，证明1986~1987年农七师123团进口一套美国菲弗尔公司过量式稀硫酸脱绒设备。（4）中华人民共和国农业部《棉种过量式稀硫酸脱绒技术规范》和棉种酸脱绒工艺技术（过量式稀硫酸脱绒工艺）标准编制说明。证明农业部规定的技术标准与农业工程公司所使用技术一致。

判决如下：

一、撤销新疆维吾尔自治区乌鲁木齐市中级人民法院［2006］乌中民三初字67号民事判决；

二、驳回石河子市华农种子机械制造有限公司的诉讼请求。

根据专利全面覆盖原则，已可以判断本案被控侵权物没有落入专利技术的保护范围，农业工程公司不构成侵权。本院即不需再对被控侵权物与已知技术进行比对。

案例十二

徐州双狮化纤砂轮有限公司与赵连升侵犯专利权纠纷一案

河北省高级人民法院民事判决书［2008］冀民三终字第00018号

上诉人（原审被告）：徐州双狮化纤砂轮有限公司。

被上诉人（原审原告）：赵连升。

原审查明，赵连升于2003年11月28日向国家知识产权局提出了名称为"一种化纤上油轮、辊及其制作方法"的发明专利申请，并于2005年6月1日公开，公开号CN1621583A，2006年10月11日被授予专利权，专利号ZL 200310116626.0。

原审认为，发明或者实用新型专利权的保护范围以权利要求的内容为准，说明书及附图可以用于解释权利要求。徐州双狮公司未经专利权人许可，以生产经营为目的，生产销售与赵连升"化纤上油轮、辊产品（ZL 200310116626.0）专利结构相同的产品，其技术特征已经落入产品专利的保护范围，根据《专利法》第11条第1款之规定，已构成了对赵连升产品专利的侵犯。徐州双狮公司是否侵犯了本案方法专利权利要求，徐州双狮公司负有举证责任，即适用举证责任倒置。

本专利方法制造的上油轮、辊产品已经被国家知识产权局授予发明专利权，说明该产品已经通过了新颖性审查，即，在该专利申请日之前没有与该产品相同样的发明或者实用新型在国内外出版物上公开发表过，也没有在国内市场上出现过。在该专利申请日之前，虽有徐州砂轮厂的"化纤纺丝上油轮"，专利号 ZL 95240129.0 等公开的同类产品出现，但二者的形状、构造是不相同的，是不同的技术方案。

其提交的证据 1~8 不具备真实性、客观性、关联性，故徐州双狮公司关于公知技术抗辩的证据不充分，原审法院不予支持。

衡水威远公司以生产经营为目的使用被控侵权产品的行为同样构成对赵连升产品专利的侵犯。

判决：一、被告衡水威远塑料纤维有限公司自本判决生效之日起，立即停止使用与原告"一种化纤上油轮、辊及其制作方法"（ZL 200310116626.0）产品专利结构相同、相似的化纤上油轮、辊，销毁侵权产品。被告徐州双狮化纤砂轮有限公司自本判决生效之日起，立即停止生产、销售、许诺销售与原告"一种化纤上油轮、辊及其制作方法"（ZL 200310116626.0）产品专利结构相同、相似的化纤上油轮、辊，销毁侵权产品，并停止使用与原告该相同的生产方法；

二、被告徐州双狮化纤砂轮有限公司赔偿原告赵连升经济损失 6 万元（于本判决生效之日起十日内支付）；

三、被告徐州双狮化纤砂轮有限公司向原告赵连升支付 2005 年 6 月 1 日至 2006 年 10 月 10 日期间实施该专利发明的费用 4 万元；

四、驳回原告赵连升其他诉讼请求。

徐州双狮公司不服原审判决，提出上诉，其上诉的主要理由为：（1）原审判决认定我方提交的 1~8 证据缺乏真实性、关联性是错误的，事实上证据 1~8 均有原件。（2）我方提交的证据 1~8 充分证明了我方使用的是在先公知技术，不侵犯赵连升的专利权。（3）我方证据 8 是 2003 年 5 月我方与北京中丽制机化纤工程技术有限公司签订外加工的合同、发票（底联）及图纸（FBW105），证据 8 佐证了我方在赵连升专利的申请日（2003 年 11 月 28 日）之前，已经制造了相同的产品（化纤上油轮）并已销售，依据《专利法》第 63 条第 3 款的规定，我方享有先用权，不侵犯赵连升专利权。

本院对以下问题进行了调查：（1）徐州双狮公司生产的被控侵权产品是否使用的公知技术？对于被控侵权产品徐州双狮公司是否在涉案专利申请日前已在先制造？（2）原审时赵连升是否主张过涉案专利方法是关于新产品的制造方法？如主张过，该产品是否是新产品？

2008 年 6 月 12 日专利复审委员会作出第 11588 号无效宣告请求审查决定书，决定：宣告本专利权利要求 1~4 无效，在权利要求 5、6 的基础上维持 ZL 200310116626.0 号发明专利权有效。

本院认为，发明或者实用新型专利权的保护范围以其权利要求的内容为准，说明书及附图可以用于解释权利要求。在本案中，根据专利复审委员会作出的第 11588 号无效宣告请求审查决定书的结论，赵连升涉案专利的保护范围应是其权利要求 5、6 的内容。

判决如下：

一、撤销石家庄市中级人民法院 [2007] 石民五初字第 00087 号民事判决；

二、驳回赵连升的诉讼请求。

关于"化纤上油轮、辊"是否为新产品问题，因本案所涉专利的权利要求 1~4 专利复审委员会决定无效，应当理解根据权利要求 1~4 的描述，该结构的产品不是新产品。因此就"徐州双狮公司生产的被控侵权产品是否使用了赵连升专利方法"问题的举证责任在赵连升一方，而赵连升对于此问题没有证据提交，应承担举证不能的后果。

案例十三

安徽强强新型建材有限责任公司与新疆岳麓巨星建材有限责任公司、安徽强强新型建材有限责任公司乌鲁木齐市分公司侵犯专利权纠纷一案

新疆维吾尔自治区高级人民法院民事判决书 [2008] 新民三终字第 6 号

上诉人（原审被告）：安徽强强新型建材有限责任公司。

被上诉人（原审原告）：新疆岳麓巨星建材有限责任公司。

原审被告：安徽强强新型建材有限责任公司乌鲁木齐市分公司。

安徽强强新型建材有限责任公司（以下简称强强公司）因与新疆岳麓巨星建材有限责任公司（以下简称岳麓公司）、安徽强强新型建材有限责任公司乌鲁木齐市分公司（以下简称强强分公司）侵犯专利权纠纷一案，不服乌鲁木齐市中级人民法院 [2006] 乌中民三初字第 41 号民事判决，向本院提起上诉。

原审法院经审理查明，2002 年 5 月 29 日，邱则有向国家知识产权局申请了名称为"钢筋砼用空心管及其制作方法，专用模具"发明专利，专利号为 ZL 02122558.3，授权公告日为 2004 年 10 月 6 日。2004 年 10 月 9 日，邱则有授权岳麓公司在新疆维吾尔自治区独占实施该专利。

2005 年 5 月，强强分公司使用强强公司提供的空心管成型模具在阿克苏市、乌鲁木齐市等生产场地，利用该模具进行生产、制造空心薄壁管，销往各建筑工地。

在本案审理过程中，强强分公司对涉案专利提出无效宣告请求。2007 年 6 月 27 日，国家知识产权局专利复审委员会因强强分公司未按时参加专利复审委员会的口审，作出了审查决定，维持了该专利的有效性。

原审法院认为，我国专利法规定，发明专利的保护范围以其权利要求的内容为准，说明书及附图可以用于解释权利要求。本案岳麓公司请求保护的专利权处于有效状态，依法应受法律保护。经比对，被控侵权物及其制作方法、专用模具，全面覆盖了涉案专利的必要技术特征，完全落入了涉案专利的保护范围。

关于强强公司提出的公知技术抗辩问题。公知技术应当是一项在专利申请日前已有的、单独的技术方案。强强公司对其提出的公知技术抗辩未提交任何书面证据，故该院对其辩解不予采纳。

判决：强强公司、强强分公司立即停止侵犯岳麓公司享有的涉案专利权（专利号为 ZL 02122558.3）的行为。

宣判后，强强公司不服提起上诉，请求：撤销原判，驳回岳麓公司的诉讼请求，并承担一、二审诉讼费用。上诉理由：上诉人在一审中提交的 ZL 01270918.2 号名称为"内制式 BDF 薄壁管"专利文件，该证据可以证明现浇空心楼板用芯管已经是本案涉案专利申请日以前的现有技术，其制备方法也已经为业界所知晓。上诉人提交的 ZL 00136046.9 号名称为"现浇空心楼板用芯管的制作方法"的专利文件，该专利技术是涉案 ZL 02122558.3 号专利申请日以前的技术，其技术内容完全公开了现浇空心楼板用芯管的制作方法。

庭审中强强公司提出 2008 年 2 月 14 日专利复审委员会对 ZL 02122558.3 号专利作出部分无效的宣告，被宣告的专利权无效部分恰好是对方主张的权利，本案应当予以中止审理。

二审期间上诉人为支持其上诉主张出示了一审中出示过的证据，此外又出示以下证据：（1）从安徽省科学技术情报研究所文献馆调取的国家知识产权局专利复审委 2007 年 12 月 20 日作出的 10837 号审查决定书。用以证明 ZL 02122558.3 号专利已被宣告部分无效。（2）大连市公证处［2008］大证民字第 17550 号公证书，用以证明王瑾作为 ZL 00136046.9 号专利的专利权人于 2005 年 1 月 10 日授权强强公司在新疆乌鲁木齐市实施该专利。

本院经审理查明，深圳市和昌建筑材料技术开发有限公司向国家专利复审委提出宣告 ZL 02122558.3 专利无效的申请，国家专利复审 2007 年 12 月 20 日作出了 10837 号无效宣告审查决定书，宣告 ZL 02122558.3 号发明专利权的权利要求 26～30、32、33、39～42、54、56、73、83、86 无效，在权利要求 1～25、31、34～38、43～53、55、57～72、74～82、84、85 的基础上维持专利权继续有效。

本院认为，涉案 ZL 02122558.3 号发明专利被宣告部分无效，对维持有效的权利要求，专利权继续合法有效，应给予法律保护。岳麓公司在本案一审提出要求按照独立权利要求 1、2、3 以及 26、54、56 项予以保护。该发明专利独立权利要求 26、54、56 项已被国家专利复审委员会宣告无效，因此本院给与保护的审查范围限定于独立权利要求 1、2、3 项。

关于强强公司以 ZL 01270918.2 号名称是"内制式 BDF 薄壁管"的专利进行公知技术抗辩的问题。该专利权利要求反映的技术特征与涉案专利的技术特征完全不同，没有公开涉案专利有关接口边、张合性弹性筒、撑形件、合紧件等技术特征。因此强强公司以 ZL 01270918.2 号专利作为公知技术抗辩的证据，本院不予采信，该抗辩理由不予支持。

关于强强公司主张王瑾 ZL 00136046.9 号专利公开了现浇空心楼板用芯管的制作方法，该技术是涉案 ZL 02122558.3 号发明专利申请日以前的技术，涉案 ZL 02122558.3 号发明专利技术是公知技术的问题。

涉案 ZL 02122558.3 号专利权利要求与王瑾专利实施例 2 公开的技术方案实质上并不相同。本院对强强公司关于王瑾 ZL 00136046.9 号专利公开了涉案 ZL 02122558.3.5 号专利技术的主张不予支持。

案例十四

建德市朝美日化有限公司与 3M 创新有限公司侵犯发明专利权纠纷一案

上海市高级人民法院民事判决书 [2009] 沪高民三（知）终字第 10 号

上诉人（原审被告）：建德市朝美日化有限公司。

被上诉人（原审原告）：3M 创新有限公司。

上诉人建德市朝美日化有限公司因侵犯发明专利权纠纷一案，不服上海市第一中级人民法院 [2008] 沪一中民五（知）初字第 177 号民事判决，向本院提起上诉。

原审法院经审理查明：原告 3M 公司于 1999 年 5 月 26 日向国家知识产权局申请了"平面折叠的个人呼吸保护装置"发明专利，并于 2004 年 8 月 11 日被授予专利权，专利号为 ZL 99801601.2。

2008 年 4 月 25 日，广东智洋律师事务所的委托代理人王焱在公证员的监督下，从被告欣安公司处购得 6002A 型口罩 10 只，售价合计 18 元。该产品包装袋上标明了被告朝美公司的企业名称、地址、电话、网址等信息以及"CM"商标。上海市黄浦区公证处为此出具了《公证书》。

另查明，被告朝美公司与欣安公司于 2005 年 8 月 1 日签订《协议书》，约定由欣安公司作为朝美公司 CM 系列劳动防护用品在上海的总代理。此原审法院认为，原告的"平面折叠的个人呼吸保护装置"经专利行政主管部门授予发明专利权，该专利权依法应受保护。

该产品落入了原告专利权的保护范围。

朝美公司不服一审判决，向本院提起上诉，请求撤销一审判决，驳回被上诉人 3M 公司的全部诉讼请求，其主要上诉理由为：

上诉人二审提供的英国专利文献已经公开了涉案专利的大部分技术特征，而仅有的区别是本领域普通技术人员无须创造性劳动就能够联想到的特征，故被控侵权产品使用的是公知技术，不构成对被上诉人的涉案专利的侵犯。

二审中，上诉人向本院提供了申请号为9027244.4，公开日为1991年9月18日，名称为"一种口鼻腔面罩"英国专利文献以及中文译文，用以证明英国专利文献已经公开了涉案专利的大部分技术特征，而仅有的区别即英国专利文献"采用了一条分界线，将主体分为二个部分"，而涉案专利"采用了二条分界线，将主体分为三个部分"是本领域所属普通技术人员无须创造性劳动就能够由一项技术特征联想到的另一项技术特征，故上诉人使用的是公知技术。经质证，被上诉人3M公司认为，上述证据材料形成时间早在一审庭审结束前，已过举证期限，故不属于二审中的"新证据"。无法确认该专利文献的真实来源，对其真实性、合法性有异议。本案中，被控侵权产品的技术特征经比对已完全落入涉案专利的保护范围，属于相同专利侵权，而非等同专利侵权，因此不适用公知技术抗辩。况且，英国专利文献披露的技术方案与被控侵权产品的技术方案不相同，也不等同，上诉人以此来主张公知技术抗辩不能成立。

针对上诉人提供的上述新的证据材料，本院认为，从形式要件来看，由于申请号为9027244.4，名称为"一种口鼻腔面罩"的英国专利文献及其中文翻译资料在一审庭审结束前已经存在，上诉人迟至二审阶段提供，不符合《最高人民法院关于民事诉讼证据的若干规定》中二审的"新证据"的范围。至于上述证据材料与本案的关联性问题，即上诉人是否能以此证据材料主张公知技术抗辩，本院将在论述部分一并进行阐述。

本院结合上诉人提出的上诉理由，现分述如下。

（一）关于上诉人主张的公知技术抗辩能否成立。在涉案发明专利申请日以前在国内外公开出版物上公开发表过或者在国内公开使用过的技术方案均可被引证用于公知技术抗辩，公知技术抗辩通常应当比较被控侵权产品的技术特征与公知技术的技术特征，如果被控侵权产品的技术特征与公知技术的技术特征相同或者相近似，则公知技术抗辩成立。反之，则公知技术的抗辩不成立。经比对，英国专利文献与被控侵权产品在技术特征上存在如下区别：（1）英国专利文献所涉口鼻腔罩由四个基本平整的三角形面板构成；被控侵权产品则是一个主体，因两条分界线分成第一部分、第二部分、第三部分。（2）英国专利文献所涉口鼻腔罩除了具有一条对开折痕外，还具有另外两条折痕，且三条折痕相交于一点；被控侵权产品仅有一条对开折痕。（3）英国专利文献所涉口鼻腔罩没有分界线，前述"另外两条折痕"也不同于分界线，且其相交于一点；被控侵权产品则具有互不交叉的第一分界线、第二分界线。因此，英国专利文献所披露的技术特征与被控侵权产品的技术特征并不相同，也不相近似。故上诉人提出的关于公知技术抗辩的主张不能成立，本院不予支持。

（二）关于对涉案专利权利要求中记载的"不打褶的主体"的解释。被控侵权产品的技术特征覆盖了涉案专利权利要求记载的全部技术特征，落入了涉案专利的保护范围。

判决如下：

驳回上诉，维持原判。

案例十五

"医用腔道内支架"实用新型专利专利案

2005 年南京中级人民法院审结的范志宁诉常州智力微创医疗器械有限公司等专利侵权纠纷案❶对现有技术抗辩适用中的问题进行了较为集中的阐述。

原告范志宁于 1997 年 4 月 2 日向国家专利局申请"医用腔道内支架"实用新型专利，1999 年 2 月 10 日授权公告，专利号为 ZL 97235638.X。其独立权利要求为："一种医用腔道内支架，是网状管形的网管，由记忆合金编制，其特征是，网管内壁有一由透明、透气生物膜的内膜管"。其专利说明书中对生物薄膜内膜管的表述为"薄膜内管是一种生物膜内管，有超弹性且耐腐，可随记忆合金网管同步伸长"。

被告法定代表人沈沛许可被告实施的实用新型专利是"腔管内复膜涂药支撑网管"，于 1996 年 12 月 16 日向国家专利局提出的申请，1998 年 5 月 6 日授权公告，专利号为 ZL 96243394.2。其独立权利要求为："一种由钛镍记忆合金细丝制成的腔管内复膜涂药支撑网管，其特征是依次按左螺旋线轨迹，右螺旋线轨迹相交叉编织而成的螺旋棱形网格在 25℃～40℃条件下定型成上下两端为结编平整的收口圆柱状支撑网管，螺旋棱形网格上复硅橡胶薄膜或聚乙烯薄膜。"

被控侵权物由被告智力公司经销，产品名称为"镍钛记忆合金人体腔内支架"。该被控侵权物由镍钛记忆合金编制成网状管形的网管，网管内壁有一层用聚氨酯薄膜做成的内膜管，该聚氨酯内膜管透明、透气。将被控侵权物的技术特征和原告专利独立权利要求比对，其技术特征完全相同。与沈沛专利相比，除被控侵权物网管内壁复"聚胺酯膜"与沈沛专利"螺旋棱形网格上复硅橡胶薄膜或聚乙烯薄膜"的特征不同外，其他技术特征相同。

诉讼中，被告主张现有技术抗辩，并提交了三份用以对比的现有技术的文件。

其一为被告法定代表人沈沛的在先获得授权的专利。该专利申请相对被告专利申请为在先申请，但其公开日在原告专利申请日之后。

其二为 W095/05132 腔内支架专利，其国际申请号 PCT/US94/04904，国际申请日为 1994 年 5 月 4 日，国际公布日为 1995 年 2 月 23 日，其摘要为"腔内支架是一种直径可调节的管状支架，支架外表面或者内表面或两面均为多孔的聚四氟乙烯层，该层厚度不到 0.1mm。这个聚四氟乙烯层通过粘结剂粘结到支架表面，优选的

---

❶ [2003] 宁民三初字第 101 号判决书。

粘结剂为聚全氟乙烯丙烯"；其实施例表明"当支架由金属构成时，套管表面预先形成外形、尺寸和数量合适的穿孔"；本发明的技术领域"涉及腔内支架，用于血管或其他人体管腔内内层的薄壁腔内支架。"

其三为1997年3月10日出版的《中华放射学杂志》第31卷第3期刊登的《三种自行设计和改进的食管支架的临床应用》一文披露的"镍钛合金网格状编织型支架（Ⅱ型）"和"带膜不锈钢食管支架（Ⅲ型）"两个食管支架的技术方案。其中Ⅱ型由"一根镍钛丝纺织成直管状或上口为直径10～20mm"，"Ⅱ型支架靠体温恢复记忆形状"，缺点是"网格结构不能阻止癌肿生长"。"Ⅲ型以不锈钢丝'Z'型支架为骨架，覆0.2mm的硅橡胶膜"，"Ⅲ型支架由于有薄膜覆盖，能将病变组织与食管通道隔开"。两种食管支架有附图，但从附图不能看出Ⅲ型支架覆膜的位置。将被控侵权物与该文披露的两种型号支架的技术特征比对，均不相同。

法院在一审判决中就三份现有技术文献分别同被控侵权物使用的技术进行了对比，最终判决抗辩不成立，被告的行为构成侵权。一审法院并就现有技术抗辩的适用阐明了以下重要观点：（1）被告提供的第一份现有技术文献，即被告实施的专利相对于原告专利虽然申请在先，但其公告日却晚于原告专利的申请日。因此该专利不属于原告专利申请的现有技术。（2）对于被告提供的第二份现有技术文献，被控侵权物使用的覆膜材料"聚氨酯膜"的技术特征与原告专利所限定的"透明、透气的高分子生物材料制成的膜"更为接近，而与该文献披露的专利中使用的"聚四氟乙烯膜"相距较大。因此，不能认为被控侵权物的全部技术特征已经被W095/05132腔内支架专利公开，以第二份现有技术文献为证据提出的现有技术抗辩不能成立。（3）对第三份现有技术文献，被告认为将Ⅱ型、Ⅲ型支架技术特征简单结合、替换，即披露了原告专利的技术特征，但将现有技术文件与原告专利权进行比较，系对原告专利的专利性进行审查，该审查是专利行政机关的职权，不属于法院审理的范畴。

案例十六

"切割球形食品面皮的装置"发明专利纠纷案

上海市高级人民法院于2008年3月审结的上海伟隆食品机械制造有限公司等与雷恩自动机株式会社专利侵权纠纷上诉案❶对现有技术抗辩的适用规则进行了阐述。

原告于1995年3月31日获得专利局颁发的《发明专利证书》，发明名称为"切割球形食品面皮的装置"，专利申请日为1991年8月21日，专利优先权日为1990年9月12日，专利号为ZL 91105819.2。该专利的权利要求1记载："一种切

---

❶ [2008] 沪高民三（知）终字第6号判决书。

割面皮的装置，包括一个组件，它有至少三个环形布置的切割元件，所述切割元件至少有两个滑动面，所述切割元件是以彼此滑动接触的方式组装，使得相邻切割元件的滑动面可沿彼此滑动，从而形成或关闭由切割元件环绕的中央开口，开口被开启和关闭以用来切割所通过的面皮，其特征在于，切割元件的一个滑动面形成凸形面，另一个滑动面形成凹形面，凸形面和凹形面互补，切割元件的凸形面设置成可以使它在相邻切割元件的凹形面上滑动，并当开口开启时，凸形面对着开口。"

被告在网上对 WL-YBAM-180 型月饼自动包馅机进行了宣传。被告确认，WL-YBAM-180 型月饼自动包馅机可以装配与 WL-YBAM-50 型月饼自动包馅机切割部件同样结构（尺寸不同）的切割部件，而 WL-YBAM-50 型月饼自动包馅机切割部件的技术特征覆盖了原告专利的全部必要技术特征。

诉讼中，被告伟隆厂曾宣告系争专利权无效。国家知识产权局专利复审委员会审查决定该专利权有效。该审查决定经北京市第一中级人民法院和北京市高级人民法院判决维持。

被告主张现有技术抗辩，并提供了证明现有技术的证据材料，其中包括在无效宣告程序中提供的证据以及三份未在无效程序中提供的证据材料：（1）既往的专利文件；（2）工具书；（3）91102413 发明专利申请审定说明书。被告主张，二类材料的简单组合可以构成公知技术，而第三类单独也足以支持公知技术抗辩。一审法院未对现有技术抗辩的适用进行阐述，判决被告的销售、许诺销售行为构成侵权。被告不服，提出上诉，认为涉案产品系依据公知技术制造，将其公知技术抗辩证据 1～4 揭示的面皮切断技术方案与证据 5、6、7、9 反映的公知常识简单结合，或者根据证据 11，即可得到涉案产品的切割装置技术方案，故不构成对被上诉人涉案专利的侵权。

二审法院经审理后对现有技术抗辩的适用规则进行了如下阐述：（1）在专利侵权案件中，法院对现有技术抗辩的审查，系将对比文件中的技术方案与被控侵权产品的技术方案进行比对，来判断公知技术抗辩的主张是否成立。被控侵权人只有证明被控侵权技术方案与对比现有技术的技术方案相比，不具有新颖性或者明显没有创造性，现有技术抗辩才能成立。（2）现有技术抗辩只能将被控侵权技术方案与可以结合所属技术领域技术人员的技术常识的一项公知技术方案进行比较，不能将被控侵权技术方案与多项公知技术方案组合后进行比较。

案例十七

"精确叠合压纹产品的制造工艺" 发明专利纠纷案

上海市高级人民法院于 2008 年 7 月审结的杭州百居易地板制造有限公司与福斯

财纳福诺木业（上海）有限公司专利侵权纠纷上诉案❶也是相同侵权中成功适用现有技术抗辩的案例。原告是专利"精确叠合压纹产品的制造工艺"发明专利的独占实施许可权人。涉案专利申请日为 2002 年 7 月 12 日，授权公告日为 2006 年 1 月 18 日，专利号为 ZL 02815741.9。

该专利共有 23 项权利要求，其中权利要求 1 为"一种制造叠层产品的方法，包括：将一个具有装饰图案并且浸透了树脂的薄层置于一块板材上；将浸透了树脂的薄层以及所述板材置于一台床之内，该压床具有一个带有三维表面的压板；以及使得所述树脂发生固化，同时利用所述压板对浸透了树脂的薄层以及所述板材进行压制，以便制得一个叠层产品；其中所制得的叠层产品的表面纹理被压印成与所述装饰图案精确叠合"。

被告杭州百居易公司认为原告的专利不具备新颖性和创造性，被告使用的是公知技术和自己的专利技术。为此，被告杭州百居易公司提供了以下证据材料。

（1）公开日为 1999 年 7 月 28 日、申请号为 98110036.8、名称为"具有立体感的软性印花墙地砖的生产工艺及对版热压机"的发明专利申请公开说明书，该专利申请权利要求书第 1 项为：一种具有立体感的软性印花墙地砖的生产工艺，由基材经过混合密炼得到软性印花墙地砖片材，再与塑胶膜复合成软性印花墙地砖，其特征在于用与塑胶膜纹路一致的压纹模板在软性印花墙地砖上对版热压，制成具有立体感的软性印花墙地砖。权利要求 2～5 记载了对版热压时的温度、压力、时间、基材的成分、热压机的结构等技术特征。

（2）申请日为 2002 年 2 月 8 日、公开日为 2003 年 7 月 2 日、申请号为 02113362.X、名称为"仿真木纹面复合地板及其生产方法和所用的生产装置"的发明专利申请公开说明书。

（3）中国建材工业出版社 2001 年 11 月出版的《中国强化木地板实用指南》，书中提到了"凹凸纹"，具体描述为"在仿天然珍贵木纹花纹时，有粗扩起伏的凹凸纹，给人的视觉更逼真，似乎居于自然环境中，而且防滑"。

（4）专利权人为杭州森佳木业制造厂、申请日为 2005 年 8 月 17 日、授权公告日为 2006 年 11 月 8 日、专利号为 ZL 200520014170.1、名称为"仿真木纹地板的压贴设备"实用新型专利说明书。

被告在答辩期间请求宣告涉案专利无效，一审法院没有中止诉讼，指出涉案专利是发明专利，已经过实质审查，原告在审理中还提供了国家知识产权局专利检索咨询中心出具的检索报告，结论为涉案专利具有新颖性和创造性。据此决定对该案不中止审理。经过与专利技术的对比，一审法院判决涉案产品所使用的方法包含涉案专利权利要求 1 中所有的技术特征，被告的行为构成相同侵权。被告不服判决，

---

❶ ［2008］沪高民三（知）终字第 51 号判决书。

提出上诉，以涉案产品的制造方法使用的是如对比材料1所公开的现有技术，不构成对被上诉人专利侵权进行抗辩。二审法院经过将涉案产品的制造方法使用的技术与对比材料1公开的技术对比判定现有技术抗辩成立。在作出这一判决的过程中，二审法院阐述了下述两个观点：（1）即使被控侵权方法的技术方案落入涉案专利权利要求的保护范围，也因现有技术抗辩能够成立，而不构成对专利权的侵害。（2）上诉人提出的对比材料1的公开日早于涉案专利的优先权日，可以成为涉案专利的现有技术。由于被控侵权方法的技术方案与对比材料1公开的技术方案相比，两者的区别特征仅在于被控侵权方法中使用的浸透了树脂的薄层，在对比材料1中相应地为塑胶膜。对于所述技术领域的普通技术人员而言，将塑胶膜替换为树脂浸透薄层，明显无须经过创造性的劳动就能想到，故被控侵权方法技术方案与对比材料1公开的技术方案相比，两者十分接近，或者说被控侵权方法技术方案相对于对比材料1公开的技术方案明显没有创造性，上诉人的现有技术抗辩主张可以成立。

案例十八

"钻头研磨机"实用新型专利纠纷案

北京市高级人民法院于2009年3月审结的王月雀与台州北平机床有限公司等侵犯实用新型专利权纠纷上诉案❶是等同侵权中适用现有技术抗辩成功的案例。

名称为"钻头研磨机"的实用新型专利（以下简称本专利）的申请日为2005年7月13日，授权日为2006年8月30日，专利号为ZL 200520111362.4，专利权人为王月雀。本专利的独立权利要求记载："一种钻头研磨机，其特征在于，包括：一机体，该机体设有一基座，该基座顶面结合一立板，该立板结合一马达，该马达驱动一设于立板端面外的磨轮，其中，于该基座对应磨轮的位置设有一钻头研磨座，该钻头研磨座中间设有一圆孔，并于前端面的该圆孔周缘伸设一凸柱，设有一旋动座，该旋动座具有一位于钻头研磨座外的盘部及一容置于圆孔内的筒部，该旋动座前端面是斜面，并于中间凹设形成一道沟部，而于该沟部两侧各形成一卡缘，该盘部并对应凸柱形成一弧形槽，该旋动座于该沟部中央偏心穿设有一圆形的穿孔，该旋动座的筒部与圆孔之间于筒部外套设有一轴承；以及一钻头夹具，其前端是配合该穿孔的大小，并于端面对应两卡缘分别设有一道切槽。"

2007年4月13日，在中国国际展览中心举办的中国国际机床展览会现场，北平机床公司和在通利机械公司其展位上展出PP-13B型钻头研磨机。北平机床公司的网站上对"钻头研磨机"进行了宣传及介绍，网页上有该产品的图片。

一审中，法院对PP-13B型钻头研磨机进行拆封，并将其与本专利进行对比，判

---

❶ ［2009］高民终字第731号判决书。

定被控侵权产品与本专利存在的唯一不同之处在于：被控侵权产品的钻头研磨座中间的圆孔周缘伸设有二凸柱，并在旋动座盘部对应二凸柱的底部形成一道切槽，用来限制旋动座的旋转角度；而本专利是在钻头研磨座中间的圆孔周缘伸设有一凸柱，旋动座盘部对应凸柱形成一弧形槽，同样用来限制旋动座的旋转角度。

被告主张公知技术抗辩，并提交了申请日为 2001 年 12 月 26 日、专利号 ZL 01279340.X、名称为"携带式钻头研磨机"的实用新型专利的专利文件作为公知技术文献。

一审法院将该在先专利与被控侵权产品进行比较，判定二者在使用两个凸柱来限制旋动座的旋转角度的技术方案上完全一致，其唯一不同之处在于：被控侵权产品是在旋动座的端面上设有两道卡缘，以固定夹持钻头；而在先专利是在旋动座前端面上设两个凸柱，以固定夹持钻头。一审法院认为，将在先专利与被控侵权产品进行比较，虽然被控侵权产品旋动座端面起固定夹持钻头作用的卡缘这一技术特征与在先专利技术相应的技术特征有所不同，但二者构成等同技术特征，北平机床公司提出的公知技术抗辩成立。

原告不服判决，提出上诉。二审法院维持了一审法院的判决，并对现有技术抗辩的适用作出了如下阐述：

被控侵权产品与在先专利相比，其主要差别在于固定夹持钻头的设置不同，被控侵权产品是通过在旋动座的端面上设有两道卡缘以固定夹持钻头，而在先专利是通过在旋动座前端面上设两个凸柱以固定夹持钻头。上述差别均能实现固定夹持钻头的功能，其技术效果也基本相同，且本领域技术人员不需要付出创造性劳动就容易由在先专利在旋动座前端面上设置两个凸柱的技术手段联想到被控侵权产品在旋动座的端面上设置两道卡缘的技术手段。因此，被控侵权产品与在先专利的上述差别属于以基本相同的技术手段、实现基本相同的功能、达到基本相同的技术效果，且本领域技术人员无须经过创造性劳动就能够联想到的等同技术特征。

该案适用现有技术抗辩中有两点值得关注：（1）该案中被告援引进行现有技术抗辩的技术他人的在先专利。在我国，现有技术是关键日之前在国内外为公众所知的技术，可能包括在先专利技术。（2）二审法院在判定现有技术抗辩是否成立时类推了最高人民法院关于审理专利纠纷案件适用法律问题的若干规定（法释［2001］21 号）对等同特征的判定标准，即被控侵权产品与现有技术相比属于"以基本相同的技术手段，实现基本相同的功能，达到基本相同的技术效果，且本领域技术人员无需经过创造性劳动就能联想到的等同技术特征"。

在等同侵权中主张现有技术抗辩成功的案件还有北京市高级人民法院于 2009 年审结的尹金垂与中国农业大学等侵犯专利权纠纷上诉案❶。

---

❶ ［2009］高民终字第 2309 号判决书。

案例十九

"小型车辆座下方收纳盒的支承结构"发明专利纠纷案

上海市高级人民法院于 2010 年 12 月审结的上诉人（原审被告）钱江集团有限公司与被上诉人（原审原告）本田技研工业株式会社、被上诉人（原审原告）五羊—本田摩托（广州）有限公司"小型车辆座下方收纳盒的支承结构"发明专利侵权纠纷一案❶将专利复审委员会判定专利有效性所援引比对的美国专利作为现有技术抗辩的对比文件，在比对专利路径的选择上有待商榷。

原告日本本田公司系专利号为 ZL 95104356.0、名称为"小型车辆座下方收纳盒的支承结构"发明专利的专利权人，该专利申请日为 1995 年 3 月 30 日，授权日、颁证日为 1999 年 10 月 23 日，授权公告日为 2000 年 1 月 26 日。该专利的独立权利要求为：一种小型车辆的车座下方收纳盒支承结构，在车座下方配置收纳盒的小型车辆中，其特征在于：该小型车辆的后部车体的左右框架从车体中央延伸到车体后部，并从车体下部向上方倾斜，在该左右框架的后部，一体地安装围绕车座后部并向上凸起的把手，上述车座下方的收纳盒的前部支承在上述框架上，同时，从该收纳盒的收纳部向后的延长部支承于上述把手的左右内侧凸出支承部上，由上述把手的左右侧凸出支承部和车座后部底板夹持收纳盒向后的延长部。

一审诉讼中，被告钱江公司提供以下证据：（1）原告涉案发明专利申请公开说明书，以证明涉案专利授权公告文本中的权利要求 1 增加了技术特征，而被控侵权产品缺乏该增加的技术特征；（2）美国 5044646 号、5094315 号专利，以证明被控侵权产品收纳盒的固定结构与现有技术相同，未采用涉案专利仅用框架支承前部、用底板和凸出支承部夹持固定延长部的结构。两原告经质证认为：发明专利申请公开说明书公开了相应技术特征，不同意被告的证明内容；美国专利系外文件，未提供翻译件，不具备证据的形式要件，故无法确认。原审法院对上述证据的认证意见是：专利权的保护范围以国家知识产权局公告的权利要求的内容为准，发明专利申请公开说明书并非最终授权文本。

一审审理过程中，因案外人重庆宗申集团进出口有限公司等向国家知识产权局专利复审委员会（以下简称专利复审委）提出宣告原告专利权无效的请求，专利复审委于 2005 年 10 月 12 日作出审查决定，宣告原告 ZL 95104356.0 号专利权全部无效。原告日本本田公司不服该决定，向北京市第一中级人民法院提起行政诉讼。北京市第一中级人民法院于 2006 年 10 月 20 日作出一审判决，维持专利复审委的审查决定。原告日本本田公司不服，向北京市高级人民法院提出上诉，北京市高级人民法院于 2007 年 9 月 7 日作

---

❶ ［2010］沪高民三（知）终字第 67 号判决书。

出终审判决，撤销北京市第一中级人民法院的上述判决和专利复审委的上述无效决定、专利复审委就 ZL 95104356.0 号发明专利的有效性重新进行审查。2009 年 5 月 20 日，专利复审委就案外人重庆宗申集团进出口有限公司等对原告涉案专利权提出的无效宣告请求作出第 13479 号审查决定，维持 ZL 95104356.0 号发明专利权有效

一审法院认为，两份美国专利在专利复审委第 13479 号无效宣告请求审查决定中已进行了审查，该审查决定已维持涉案专利权有效。鉴于上述证据不能支持被告钱江公司所要证明的事项，故原审法院均不予采纳。

上诉人提出了三项主张，其中第三项上诉理由就是，原审法院未能支持其现有技术抗辩的主张，结论错误。

二审法院上海市高级人民法院审理后认为：美国 US5044646 号、US5094315 号专利是专利复审委第 13479 号无效宣告请求审查决定中引用的主要对比文件，该两份对比文件（包括组合两份对比文件公开的技术方案）尚不足以否定涉案发明专利的创造性，依据该两份对比文件所主张的现有技术抗辩（只能就一份对比文件公开的一项技术方案主张现有技术抗辩，而不能将一份对比文件公开的两项技术方案组合在一起或者将两份对比文件公开的两项技术方案组合在一起主张现有技术抗辩）就更不可能成立。上诉人钱江公司关于原审判决未支持其现有技术抗辩主张错误的第三条上诉理由不能成立。

本案中，专利复审委员会专利无效申请中一就原告涉案专利与现有技术进行比对并得出结论，在民事侵权诉讼中不应当援引该种比对模式进行现有技术抗辩。理由在于：专利复审委员会在对涉案专利的有效性进行审查时，进行比对的路径是，将现有技术与授权的专利技术而非被控侵权技术进行比对；而审理侵权诉讼的人民法院在专利侵权诉讼中对现有技术抗辩进行审查时，进行比对的路径是，将现有技术与被控侵权产品所采用的技术方案进行比对。这两种比对方式存在比对对象上的根本性差异，因此，人民法院在审理专利侵权诉讼的过程中进行专利现有技术抗辩审理时，不应当直接援引专利复审委员会将专利技术与现有技术进行比对所得出的结论。

与该案具有相似性的还有四川省高级人民法院 2010 年 12 月审结的上诉人鞍山北润智能润滑设备制造有限公司与被上诉人王东升、原审被告攀枝花钢企米易白马球团有限公司专利侵权纠纷一案❶。

案例二十

"滤板分组拉开合拢机构" 的发明专利纠纷案

河北省高级人民法院于 2010 年 12 月审结的上诉人秦强华、皇甫京华、北京中

---

❶ ［2010］川民终字第 416 号判决书。

水长固液分离技术有限公司（以下简称中水长公司）与被上诉人景津压滤机集团有限公司（以下简称景津公司）、冀中能源邯郸矿业集团有限公司（以下简称邯郸矿业集团）侵犯"一种滤板分组拉开合拢机构"的发明专利一案，❶ 采取了现有技术与被控侵权技术优先比对的标准。

2003 年 7 月 3 日，秦强华与蒋军共同向国家知识产权局提出名称为"一种滤板分组拉开合拢机构"的发明专利申请。该专利于 2007 年 4 月 25 日授权公告，专利权人为秦强华、蒋军，专利号 ZL 03148543. X。该专利授权公告的权利要求书内容为：（1）一种滤板分组拉开合拢机构，所述的滤板分组拉开合拢机构由滤板、驱动滤板、动力装置组成，其特征在于：由滤板组成滤板组，在滤板组之间至少有一个驱动滤板，驱动滤板由动力装置驱动，驱动滤板往复运动带动滤板组实现滤板的拉开、合拢。（2）根据权利要求 1 所述的一种滤板分组拉开合拢机构，其特征在于：动力装置安装在驱动滤板上或机架上。（3）根据权利要求 1 所述的一种滤板分组拉开合拢机构，其特征在于：动力装置的动力为液压马达或电动机，动力装置通过链条链轮、齿条齿轮、钢丝绳或带索传递动力，驱动滤板运动。

2007 年 7 月 20 日，原专利权人蒋军与原告皇甫京华签订《专利权转让协议》，约定蒋军征得另一专利权共有人秦强华同意，将上述专利项下的一切权利（包括依法追究已经发生或者将来发生的专利侵权行为的法律责任等）全部转让给原告皇甫京华。2007 年 9 月 14 日，双方在国家知识产权局进行了著录项目变更登记。2007 年 9 月 5 日，原告中水长公司与秦强华、皇甫京华签订《技术转让（专利实施许可）合同》，约定秦强华、皇甫京华以独占方式，许可中水长公司实施该专利，许可使用期限为长期。该合同于 2007 年 9 月 19 日在国家知识产权局备案。

本案争点（其二为现有技术抗辩是否成立）：皇甫京华、中水长公司的原告主体是否适格问题；原告的专利保护范围以及被告景津公司生产销售的隔膜快开压滤机产品是否为公知技术，是否侵犯原告秦强华、皇甫京华、中水长公司专利权问题；赔偿责任问题。

原审查明，所谓公知技术，是指涉案专利技术申请日前已经在国内外公开出版物上公开发表过以及在国内公开使用过或者以其他方式为相关公众所知道的技术，专利申请日前已经授权的专利和已经公开的专利申请都属于公知技术范畴。

在原告专利之外，还存在已为公知技术的日本特开平 8 - 117512 号专利、水口山专利。从对比看，原告专利、日本特开平 8 - 117512 号专利都具备 A、B、C、D、E；被告景津公司的产品、水口山专利都具备 A、B、C、D、F。原告专利与景津公司产品及水口山专利对比，景津公司及水口山专利缺少技术特征 E，多了 F，即多设置了活动压板单元。景津公司的产品及水口山的专利，滤板的拉开、合拢是驱动

---

❶ [2010] 冀民三终字第 23 号判决书。

滤板与活动压板配合，往复运动带动滤板组实现的。水口山专利在原告专利申请日之前已经公开，系公知技术，景津公司的产品与公知技术的技术方案相同，不侵犯原告的专利权。

本院二审中，被上诉人景津公司提交了国家知识产权局专利复审委员会第14229号无效宣告请求审查决定书，对秦强华、皇甫京华享有的 ZL 03148543.X 号专利"一种滤板分组拉开合拢机构"宣告专利权全部无效。对该无效决定书，秦强华、皇甫京华向北京市第一中级人民法院提起行政诉讼，并申请河北省高级人民法院对该案中止审理。被控侵权产品的技术特征与水口山专利现有技术方案中的相应技术特征并无实质性差异，故应当认定景津公司生产、销售的被控侵权产品所实施的技术是现有技术。原判认定景津公司生产、销售的隔膜式快开压滤机与现有技术的技术方案相等同，景津公司不构成侵权，并无不当。

在本案中，人民法院在审理专利侵权纠纷时，将被控侵权的专利技术与原告所主张的现有技术首先进行比对，经比对发现被控侵权产品所采用的技术与公知技术方案相同，故直接判定被控侵权产品不侵权，二审维持了该判决。

案例二十一

河北省高级人民法院民事判决书 [2010] 冀民三终字第 23 号

上诉人（原审原告）：秦强华。

上诉人（原审原告）：皇甫京华。

上诉人（原审原告）：北京中水长固液分离技术有限公司；住所地：北京市海淀区学清路 11 号 5 号楼。

被上诉人（原审被告）：景津压滤机集团有限公司；住所地：山东省德州市经济开发区晶华路北首。

原审被告：冀中能源邯郸矿业集团有限公司；住所地：河北省邯郸市中华北大街 56 号。

本案争点（其二为现有技术抗辩是否成立）：皇甫京华、中水长公司的原告主体是否适格问题；原告的专利保护范围以及被告景津公司生产销售的隔膜快开压滤机产品是否为公知技术，是否侵犯原告秦强华、皇甫京华、中水长公司专利权问题；赔偿责任问题。

原审查明，所谓公知技术，是指涉案专利技术申请日前已经在国内外公开出版物上公开发表过以及在国内公开使用过或者以其他方式为相关公众所知道的技术，专利申请日前已经授权的专利和已经公开的专利申请都属于公知技术范畴。

在原告专利之外，还存在已为公知技术的日本特开平 8 − 117512 号专利、水口山专利。从对比看，原告专利、日本特开平 8 − 117512 号专利都具备 A、B、C、D、

E；被告景津公司的产品、水口山专利都具备 A、B、C、D、F。原告专利与景津公司产品及水口山专利对比，景津公司及水口山专利缺少技术特征 E，多了 F，即多设置了活动压板单元。景津公司的产品及水口山的专利，滤板的拉开、合拢是驱动滤板与活动压板配合，往复运动带动滤板组实现的。水口山专利在原告专利申请日之前已经公开，系公知技术，景津公司的产品与公知技术的技术方案相同，不侵犯原告的专利权。

本院二审中，被上诉人景津公司提交了国家知识产权局专利复审委员会第 14229 号无效宣告请求审查决定书，对秦强华、皇甫京华享有的 ZL 03148543.X 专利，"一种滤板分组拉开合拢机构"宣告专利权全部无效。对该无效决定书，秦强华、皇甫京华向北京市第一中级人民法院提起行政诉讼，并申请我院对该案中止审理。

被控侵权产品的技术特征与水口山专利现有技术方案中的相应技术特征并无实质性差异，故应当认定景津公司生产、销售的被控侵权产品所实施的技术是现有技术。原判认定景津公司生产、销售的隔膜式快开压滤机与现有技术的技术方案相等同，景津公司不构成侵权，并无不当。

关于本案是否应中止审理问题。本案原审判决中并不涉及上诉人专利是否有效问题，原审判决是以被控侵权产品的技术方案属于现有技术为由，认定景津公司生产、销售被控侵权产品不构成侵权的。从本案二审情况看，本案也不是必须以行政诉讼的审理结果为依据，故上诉人关于本案应中止审理的理据不足，本院不予支持。

案例二十二

上海市高级人民法院民事判决书〔2010〕沪高民三（知）终字第 10 号

上诉人（原审被告）：南京汉德森科技股份有限公司；住所地：江苏省南京市江宁区江宁科学园科宁路 777 号。

被上诉人（原审原告）：上海三思科技发展有限公司；住所地：上海市宛平南路 968 弄 6 号。

被上诉人（原审原告）：上海三思电子工程有限公司；住所地：上海市闵行区疏影路 1280 号。

本案上诉争点五：原审法院对上诉人提出的现有技术抗辩未予审查错误。一审中，上诉人提供的初步证据表明，被上诉人在涉案专利申请日前已经公开销售使用专利技术的 LED 显示屏（东方商厦的 LED 显示屏），并提出了现场勘验申请，原审法院对上诉人的现场勘验申请不予准许，事实上对上诉人的现有技术抗辩未予审查，显失公平，且违反法律规定。

原审法院意见：本案中，被告拒不披露被控侵权的 LED 显示屏的技术特征，这不仅导致本案两原告专利与被告产品的技术特征比对只能依靠现场勘验，也导致无法将被告产品的技术特征与公知技术的技术特征进行比对，原审法院认为，被告没有证据支持。综上，两原告的专利权合法有效，被告未经许可在其制造的 LED 显示屏上实施两原告专利的行为侵犯了两原告的实用新型专利权，应当承担停止侵权、赔偿损失的民事责任。

本院意见：上诉人汉德森公司主张被控侵权产品使用的是现有技术，并据此向本院提出了鉴定申请。为此，公信扬鉴定所接受本院委托对相关事项进行了技术鉴定，并作出二审司法鉴定意见书，鉴定结论为新世界休闲港湾的 LED 显示屏的三个技术特征 A1、A2、A3 与东方商厦的 LED 显示屏的三个技术特征 B1、B2、B3 相比，A1 与 B1、A2 与 B2 一一对应相同，而 A3 与 B3 既不相同也不等同。上诉人以及两被上诉人对该鉴定结论均无异议，本院对该鉴定结论予以采信。由于新世界休闲港湾的 LED 显示屏的技术特征 A3 与东方商厦的 LED 显示屏的技术特征 B3 既不相同也不等同，根据《最高人民法院关于审理侵犯专利权纠纷案件应用法律若干问题的解释》第 14 条的规定，上诉人汉德森公司提出的现有技术抗辩依法不能成立。由于被控侵权产品落入了涉案专利权利要求的保护范围，因此上诉人汉德森公司未经许可擅自生产、销售被控侵权产品的行为构成对两被上诉人享有的实用新型专利权的侵犯，依法应当承担停止侵权、赔偿损失等民事责任。

案例二十三

上海市高级人民法院民事判决书［2009］沪高民三（知）终字第 53 号

上诉人（原审原告）：奥斯兰姆有限公司（OSRAM GmbH）；住所地：德意志联邦共和国慕尼黑 D—81543，Hellabrunner Strasse 1。

被上诉人（原审被告）：上海宏源照明电器有限公司；住所地：中华人民共和国上海市嘉定区南翔镇真南路 5028 号。

本案争议焦点之一：被控侵权产品的技术方案分别与涉案专利权利要求的比对结果不确定，是否可以公知技术抗辩。

原审意见：原审法院委托上海公信扬知识产权司法鉴定所（以下简称公信扬鉴定所）进行技术鉴定，鉴定结论第四项为：被控侵权产品的 8 个技术特征与 US3500118 号美国专利文献技术特征相同或等同，被控侵权产品使用了公知技术。奥斯兰姆公司对于鉴定结论有异议，宏源公司对于鉴定结论没有异议。

宏源公司辩称其生产销售的被控侵权产品使用了公知技术，不构成侵权。原审法院认为，US3500118 号美国专利文献的公开日为 1970 年 3 月 10 日，早于涉案专利权优先权日，该专利文献公开的一种采用铁氧体磁芯的无极气体电子放电装置属于本案公知技术抗辩可以引证的公知技术。由于 US3500118 号美国专利文献公开的技术特征与被控侵权产品主要技术特征基本相同，两者之间的区别特征在于：（1）灯壳内汞蒸汽和起缓冲气体作用的惰性气体的压强不同；（2）灯壳内产生放电电流的大小不同；（3）变压器铁芯的体积与放电功率之比不同。所属该领域的技术人员根据 US3500118 号美国专利文献的技术特征，并结合电光源基本原理等公知技术常识，就很容易想到被控侵权产品的技术方案。被控侵权产品的主要技术特征与 US3500118 号美国专利文献的技术特征相比较，两者十分接近，无明显的创造性，故原审法院对于公知技术的鉴定结论予以采信，对于宏源公司关于公知技术抗辩的主张予以支持。

综上所述，奥斯兰姆公司提供的证据不足以证明宏源公司生产销售的被控侵权产品的技术特征落入涉案专利权的保护范围，宏源公司提供的证据足以证明其使用的是公知技术。宏源公司生产、销售的被控侵权产品不侵犯奥斯兰姆公司的涉案专利权。

本院意见：即使被控侵权产品的技术方案分别与涉案专利权利要求 5、12、18 的技术方案相同，但由于被上诉人宏源公司使用的技术方案，是一项和现有技术相比不具备创造性、并经专利无效程序宣告无效的技术方案（为不具备新颖性和创造性的公知技术）与公知常识的简单组合，故被上诉人宏源公司制造、销售该被控侵权产品并不构成侵权。上诉人奥斯兰姆公司的上诉请求无事实和法律依据，应予驳回。

案例二十四

上海市高级人民法院民事判决书［2010］沪高民三（知）终字第 67 号

上诉人（原审被告）：钱江集团有限公司；住所地：中华人民共和国浙江省温岭市城东街道三星大道 1028 号。

被上诉人（原审原告）：本田技研工业株式会社；住所地：日本国东京都港区南青山二丁目 1 番 1 号。

被上诉人（原审原告）：五羊"一"本田摩托（广州）有限公司；住所地：中华人民共和国广东省广州市增城市新塘镇永和新新六路 1 号。

原审被告：上海申通实业公司；住所地：中华人民共和国上海市浦东新区东方路 1223 号。

本案争点：专利复审委员会专利无效申请审查中已就原告涉案专利与现有技术进行比对并得出结论，侵权诉讼中是否仍可援引现有技术抗辩。

一审诉讼中，被告钱江公司提供以下证据：（1）原告涉案发明专利申请公开说明书，以证明涉案专利授权公告文本中的权利要求 1 增加了技术特征，而被控侵权产品缺乏该增加的技术特征；（2）美国 US5044646 号、US5094315 号专利，以证明被控侵权产品收纳盒的固定结构与现有技术相同，未采用涉案专利仅用框架支承前部、用底板和凸出支承部夹持固定延长部的结构。

一审审理过程中，2009 年 5 月 20 日，专利复审委就案外人重庆宗申集团进出口有限公司等对原告涉案专利权提出的无效宣告请求作出第 13479 号审查决定，维持 ZL 95104356.0 号发明专利权有效。

一审法院意见：两份美国专利在专利复审委第 13479 号无效宣告请求审查决定中已进行了审查，该审查决定已维持涉案专利权有效。鉴于上述证据不能支持被告钱江公司所要证明的事项，故原审法院均不予采纳。

上诉主张之三，原审判决未支持现有技术抗辩的主张，结论错误。

本院认为：美国 US5044646 号、US5094315 号专利是专利复审委第 13479 号无效宣告请求审查决定中引用的主要对比文件，该两份对比文件（包括组合两份对比文件公开的技术方案）尚不足以否定涉案发明专利的创造性，依据该两份对比文件所主张的现有技术抗辩（只能就一份对比文件公开的一项技术方案主张现有技术抗辩，而不能将一份对比文件公开的两项技术方案组合在一起或者将两份对比文件公开的两项技术方案组合在一起主张现有技术抗辩）就更不可能成立。上诉人钱江公司关于原审判决未支持其现有技术抗辩主张错误的第三条上诉理由不能成立。

案例二十五

上海市高级人民法院民事判决书［2010］沪高民三（知）终字第 53 号

上诉人（原审原告）：中誉电子（上海）有限公司；住所地：上海市松江区九亭镇久富经济开发区盛龙路 960 号。

被上诉人（原审被告）：上海九鹰电子科技有限公司；住所地：上海市嘉定区马陆镇彭封路 98 号。

本案的争议焦点是九鹰公司的现有技术抗辩是否成立。

原审法院认为，应从以下两方面来判断九鹰公司的现有技术抗辩是否成立：首先，确定九鹰公司提供的现有技术是否属于相对于涉案专利的现有技术，即涉案专利申请日以前在国内外出版物上公开发表、在国内公开使用过或者以其他方式为公众所知的技术。九鹰公司提供的德国 WES-Technik 生产的 LS 系列比例控制舵机在 2005 年第 4 期《航空模型》已公开发表，早于涉案专利申请日期 2007 年 4 月 17 日，故九鹰公司可以据此进行现有技术抗辩。其次，对被控侵权产品的技术特征与现有技术进行比较，比较时应限于一项现有技术方案，可以结合所属领域技术人员公知的技术常识。根据知产事务中心《司法鉴定意见书》，被控侵权产品的技术特征 a、d、e 分别与现有技术方案的技术特征 A′、D′、E′相同，被控侵权产品的技术特征 b、c、f 分别与现有技术方案的技术特征 B′、C′、F′无实质性差异，被控侵权产品的技术特征 g 与公知常识无实质性差别。原审法院认为，中誉公司关于知产事务中心鉴定程序违法、鉴定方法错误和鉴定结论含混的主张，没有事实和法律依据，原审法院予以不予认可。对该知产事务中心的司法鉴定意见，原审法院依法予以确认。被控侵权产品的技术是一项现有技术方案即德国 WES-Technik 生产的 LS 系列比例控制舵机与公知常识的简单组合，九鹰公司的现有技术抗辩成立，依法不构成对中誉公司实用新型专利权的侵权。

本院查明：《司法鉴定意见书》将涉案实用新型权利要求 3 与被控侵权产品的技术特征分解比对；将被控侵权产品与德国 WES-Technik 生产的 LS 系列比例控制舵机的技术特征分解比对。被控侵权产品技术特征 g 与公知常识无实质性差别，所属领域技术人员无须经过创造性劳动，就能够在现有技术方案隐含包含的直线型电位器中采用与公知常识无实质性差别的特定具体结构。

本院认为：现有技术抗辩是比较被控侵权产品技术方案与现有技术方案，是否能够确定《航空模型》杂志 2005 年第 4 期所刊载的"LS 系列舵机"与涉案专利结构的一致性，并不是现有技术抗辩所要关注的问题，九鹰公司在一审提供的"LS 系列舵机"样机也并非是本案一审认定现有技术抗辩成立所依据的现有技术，故上诉人中誉公司的第一条上诉理由不能成立。

一份现有技术文件所披露的技术内容应当以所属技术领域的技术人员从相应技术文件能够获知的技术内容为准，能够获知的技术内容不仅包括技术文件明确记载的技术内容，而且还包括所属领域技术人员根据该技术文件可以直接地、毫无疑问地确定的技术内容，这也就是《司法鉴定意见书》所说的现有技术文件"隐含"公开的技术内容。尽管从 2005 年第 4 期《航空模型》公开舵机的照片及相应文字描述中不能直接看到舵机滑块底面设置有一电刷，然而知产事务中心的鉴定专家依据所属领域技术人员的知识与经验（包括所属领域技术人员的公知常识），认为所属领域技术人员依据《航空模型》公开舵机的照片及相应文字描述，可以获知《航空模型》公开了舵机中舵机滑块底面设置有一电刷，也即《航空模型》公开的技术方案隐含有"在所述滑块底面设置有一电刷"技术特征，从而进一步认定被控侵权产品中技术特征 f 与现有技术方案中技术特征 F′无实质性差异，并无不当。

在知产事务中心的《司法鉴定意见书》中，鉴定专家从所属领域技术人员的角度，依据 2005 年第 4 期《航空模型》公开舵机的照片及相应文字描述所披露的技术方案（包括不能直接看到，但所属领域技术人员根据其包括公知常识在内的知识与经验可以从照片及相应文字描述中直接地、毫无疑问地确定的技术内容），认定本案现有技术抗辩成立。但原审法院认为《司法鉴定意见书》依据 2005 年第 4 期《航空模型》公开舵机的照片及相应文字描述所披露的技术方案与所属领域公知常识的简单组合，认定现有技术抗辩成立，这与《司法鉴定意见书》的实际认定理由不一致，应予以纠正。

案例二十六

江苏省高级人民法院民事判决书［2010］苏知民终字第 0107 号

王炳南、德申厂一审辩称：（1）虽然其生产使用的模具落入涉案专利的保护范围，但其所使用的是现有技术并要求进行技术鉴定；（2）其在涉案专利申请日前，已掌握该技术，因此应享有在先使用权（抗辩事由包括现有技术与先用权）。

一审法院认为：德申厂、王炳南的现有技术抗辩不能成立。理由如下：

根据专利法的相关规定，授予专利权的发明和实用新型，与现有技术相比应当具备新颖性、创造性和实用性，而现有技术则是指申请日以前在国内外为公众所知的技术。根据法律规定，被诉落入专利权保护范围的全部技术特征，与一项现有技术方案中的相应技术特征相同或者无实质性差异的，人民法院应当认定被诉侵权人实施的技术属于《专利法》第 62 条规定的现有技术，即被控侵权技术应当是来源于现有技术的一套完整的技术方案，而不应是某一个或数个孤立的技术特征。本案中，德申厂、王炳南在庭审中确认被控侵权技术落入涉案专利保护范围，但其属于现有技术，据此德申厂、王炳南提交了《有机无机玻璃钢技术问答》《玻璃钢制品手工成型工艺》第二版中的部分内容复印件，上述文献虽均在涉案专利申请日前公开发行，但其内容只是公开了制模材料可以为玻璃，使用平板玻璃通过脱模可以制作手糊装饰板，以及玻璃模生产的玻璃钢制品，表面粗糙度很好，但因脆性不易弯曲，适于制造平整制品，但并未公开模具由平板玻璃、侧框和金属夹具组成以及侧框安装在玻璃上并用金属夹具将两者固定在一起的技术，因此德申厂、王炳南所举证提交的公知技术点并未形成为一套完整的技术方案，故其未能证明被控侵权技术所体现的完整的技术方案为现有技术。鉴于上述比对情况，对于庭审中德申厂、王炳南对被控侵权技术是否是现有技术进行鉴定的申请，因德申厂、王炳南所提交的现有技术公开文献资料内容上均无法体现出一套完整的技术方案，无法作为鉴定比对依据，亦无须启动鉴定程序，因此对于上述申请不予准许。

王炳南、德申厂上诉称：利用平板玻璃特性做底板或工作台面是业内迄今的通常做法，侧框和金属夹具也是手糊制作玻璃钢平板的最简单和常用的工具，只要有侧框和金属夹具在任何平板玻璃上均可手糊制作玻璃钢平板。因此在平板玻璃上制作玻璃钢平板属行业常识。其使用的是现有技术。

储辰答辩称：上诉人以现有技术、行业常识的一部分与涉案专利技术进行比对，从而得出涉案专利技术为现有技术的观点是不能成立的。上述观点在专利无效程序中也未得到支持。

本院认为，所谓现有技术抗辩是指在专利侵权诉讼中，如果被控侵权人能够证明其所使用的技术方案与所涉专利申请日前已公开的技术方案相同或实质性相同，则即使该技术方案落入了诉求保护专利的保护范围，也不认为其构成专利侵权。

《玻璃钢制品手工成型工艺》一书并未对"模具""固定"的记载内容进行描述，而"模具"仅是统称、"固定"仅是连接方式，并不能直接对应"侧框"及"金属夹具"。"玻璃铺底""模具""固定"等工艺流程描述也不能反映"由平板玻璃、侧框和金属夹具组成，侧框安装在平板玻璃上，并通过金属夹具将平板玻璃和侧框固定在一起"的完整技术方案，故王炳南、德申厂关于现有技术的抗辩意见，本院不予采纳。

案例二十七

湖北省武汉市中级人民法院民事判决书〔2010〕武知初字第390号

原告：东风汽车有限公司；住所地：湖北省武汉市武汉经济技术开发区东风大道10号。

被告：宝应明宇汽车配件厂；住所地：江苏省扬州市宝应县望直港镇汽配工业集中区（中恒汽配厂西侧）。

被告：武汉吉远汽车有限责任公司；住所地：湖北省武汉市汉阳区龙阳大道特8号。

被告明宇汽配厂庭审口头答辩称：依据专利法规定，对外观设计和实用新型专利权应提供检索报告，东风公司没有提供外观设计专利检索评价报告，无法证实其是否基于现有设计；即使被控侵权产品与外观设计专利权比较近似也不构成侵权，东风公司主张的损失并不存在，也没有证据证实，请求驳回东风公司的诉讼请求。

明宇汽配厂虽然认同被控侵权产品的外观与专利权外观相近似，但辩称东风公司未提供评估检索的报告，无权起诉。本院认为，《专利法》第61条第2款规定，专利侵权纠纷涉及外观设计专利的，人民法院可以要求专利权人或利害关系人出具由国务院专利行政部门对相关外观设计进行检索、分析和评价后作出的专利权评价报告，作为审理、处理专利侵权纠纷的证据。该规定的立法本意是基于外观设计专利权在授权时仅仅进行初步审查而未实质审查的情况，为使外观设计专利权人在行使权利时更为慎重，并有效维护公众利益，促进外观设计侵权纠纷的解决。但该条文使用的是"可以"而非"应当"的限定词，同时明确评价报告只是作为人民法院审理专利侵权纠纷的证据。对法院而言，专利权评价报告的主要作用在于供受案法院判断相关专利权的稳定性，以决定是否由于被控侵权人提起专利权无效宣告请求而中止相关审理。专利权评价报告不是法院审理外观设计专利侵权纠纷的前提，被告的抗辩主张本院不予支持。

案例二十八

广东省高级人民法院民事判决书〔2010〕粤高法民三终字第171号

上诉人（原审被告）：中山市先锋电器有限公司；住所地：广东省中山市东凤镇同乐工业园。

被上诉人（原审原告）：何排枝。

本案争议焦点：被控侵权专利技术是否为公知技术；本案因否中止审理。

原审法院意见：等同特征是指与所记载的技术特征以基本相同的手段，实现基本相同的功能，达到基本相同的效果，并且本领域的普通技术人员无须经过创造性劳动就能联想到的特征。若被控侵权产品的技术特征与请求保护的专利独立权利要求的必要技术特征构成等同，亦构成侵权。

本案应否中止审理：先锋公司以向国家知识产权局提出对何排枝涉案专利权无效宣告请求为由，请求中止审理本案的申请因何排枝提供了检索报告显示本专利具有专利性，而国家知识产权局系在先锋公司答辩期届满后才受理，不符合应当中止审理的法律规定，原审法院亦不予采纳中止审理请求。

先锋公司向本院提起上诉请求之一：被控侵权产品所使用涉案专利申请日前的公知技术，上诉人不构成专利侵权，也不适用等同原则。

何排枝答辩理由之一：被控侵权产品并非使用涉案专利申请日之前的现有技术。将被控侵权产品与对比文件1（ZL 02229158.X）相比较，可知，两者存在5个方面区别。

本院认为：二审审理阶段，先锋公司称，鉴于国家专利复审委员会的认定，先锋公司对原上诉状中公知技术抗辩不再坚持。因此，原审法院认定用了公知技术抗辩的在先专利与被控侵权产品的技术特征不相同并无不当。

案例二十九

广东省高级人民法院民事判决书〔2010〕粤高法民三终字第392号

上诉人（原审被告）：陈华滨。

被上诉人（原审原告）：何颖琦。

原审被告：郭志强。

本案二审双方当事人争议的焦点在于：被控侵权产品是否落入了何颖琦本案专利权利要求1的保护范围，陈华滨关于被控侵权产品使用的是现有技术的抗辩理由是否成立，何颖琦应否在起诉时提交《专利检索报告》，本案应否中止诉讼。

一审期间：陈华滨答辩理由之一是，本案专利早在 2005 年 3 月就已经在德国公开，不具有可专利性。

陈华滨在证据交换和开庭时一再请求原审法院给予其三个月时间提交针对本案专利的专利检索报告，但其至今仍未提交该检索报告。陈华滨只在 2009 年 12 月 22 日向原审法院提交了德国专利的复印件及其翻译件。由于陈华滨向原审法院申请延期提交的是专利检索报告，并非其他证据材料，且其在举证期限届满后提交的德国专利系复印件，并未注明其来源，原审法院未接纳其作为本案证据。

二审期间，原审被告陈华斌提交证据：国家知识产权局专利检索咨询中心对本案专利作出的《检索报告》，检索结论为：权利要求 1 ~ 4 具有新颖性，符合《专利法》第 22 条第 2 款的规定；权利要求 1 ~ 4 不具有创造性，不符合《专利法》第 22 条第 3 款的规定。

本院认为：关于陈华滨主张被控侵权产品使用的是现有技术的抗辩理由是否成立的问题。陈华滨认为被控侵权产品使用的是现有技术，即使用的是 1996 年 8 月 7 日公开的、申请号为 94193017.3、名称为"浴室门组件"的专利技术，其中该专利附图 6、12 已经公开了相关的技术方案。对此本院认为，根据上述专利的说明书记载，该浴室门组件是顶部导轨承重的结构，下部导轨仅起到限位的作用，而被控侵权产品并无上部导轨，下部导轨承受滑动门的重量，两者的结构和功能具有本质性差异，陈华滨有关现有技术抗辩的上诉主张不能成立。

《最高人民法院关于审理专利纠纷案件适用法律问题的若干规定》第 8 条第 1 款规定："提起侵犯实用新型专利权诉讼的原告，应当在起诉时出具由国务院专利行政部门作出的检索报告。"结合专利法的上述规定，该司法解释所称"应当"，是从维护原、被告的诉讼权利、减少诉讼环节、减轻讼累出发，对当事人参加诉讼所作的鼓励和引导，并不意味着出具检索报告是原告起诉的条件，该司法解释意在强调从严执行这项制度，以防过于宽松而使之失去意义。

案例三十

广东省高级人民法院民事判决书 ［2010］粤高法民三终字第 78 号

上诉人（原审被告）：矽谷学人电子（深圳）有限公司。

上诉人（原审被告）：深圳市飞翔科技有限公司。

上诉人（原审被告）：东莞市东慧电脑科技有限公司。

被上诉人（原审原告）：昆盈企业股份有限公司。

一审认为：飞翔公司主张案涉专利属于公知技术，应属无效专利，该情况属于专利行政部门处理范围，不属于法院审查范围，在案涉专利未被宣告无效的情况下，原审法院认定案涉专利合法有效，应受法律保护。

飞翔公司上诉称：（1）涉案专利与现有设计及在先申请构成近似，不符合《专利法》第 23 条的相关规定，上诉人已向专利复审委员会提出无效宣告请求，依法应中止本案的审理。（2）被控侵权产品使用的是涉案专利申请日前的现有设计，上诉人的现有设计抗辩成立，依法不构成侵权。

飞翔公司提交《微型计算机》（2004 年下半年合订本第 369 页）相关图片作为现有设计抗辩的新证据。对该新证据，昆盈公司质证认为，该证据的提交超过举证期限，而且被控产品与该现有设计在鼠标按键弧度有较大差异，被控产品外观更接近本案专利而与该现有设计不同。

二审本案的争议焦点为：（1）本案是否应中止诉讼；（2）现有设计抗辩是否成立；（3）矽谷公司是否制造了被控侵权产品；（4）东慧公司是否应承担赔偿责任。

本院认为：

首先，将被控侵权产品与《微型计算机》（2004 年下半年合订本第 369 页）相关图片相比对，两者的相同之处在于：两者的立体图均呈甲壳虫状，前部分为类似半椭圆剖面，内有一椭圆区域，椭圆内有部分圆轮突起，两端各有一直线向外延伸。不同之处有四点。由于上述差别对产品的整体视觉效果具有显著影响，经整体观察、综合判断，被控侵权产品与现有设计在整体视觉效果上存在实质性差异，两者不构成相近似。

其次，将被控侵权产品与 ZL 200430003050.2 号外观设计专利相比对，两者的相同之处在于：两者的立体图均呈甲壳虫状，前部分为半椭圆剖面，内有一椭圆区域，椭圆内有部分圆轮突起，左右视图即鼠标侧面呈半瓜形。不同之处有三点。由于上述差别对产品的整体视觉效果具有显著影响，经整体观察、综合判断，被控侵权产品与现有设计在整体视觉效果上存在实质性差异，两者不构成相近似。

综上，飞翔公司关于被控产品使用的是现有设计、不构成侵权的上诉主张均不能成立。

案例三十一

广东省高级人民法院民事判决书〔2010〕粤高法民三终字第 139 号

上诉人（原审被告）：广州市诺米五金塑料有限公司。

被上诉人（原审原告）：陈洪波。

原审被告：郑龙规。

二审中，诺米公司不服原审判决，向本院提起上诉，上诉理由之一：被控侵权产品采用了现有技术。将被控侵权产品与比对文件 1（专利号为 81202912、名称为"可滑动衣架杆装置"的台湾专利）比较，两者除衣架杆固定座与滑动机构的连接部位相反外，其他技术特征均相同，而衣架杆固定座与滑动机构的连接部位相反，未带来功能的改变，构成等同。将被控侵权产品与比对文件2（专利号为ZL 96213353.1. 名称为"橱柜用多节可伸缩的导轨装置"的实用新型专利）比较，被控侵权产品的技术特征与比对文件2相应的技术特征相同。

被上诉人陈洪波二审答辩称：关于现有技术抗辩，首先，两份比对文件二审才提交，均不属于新证据，不能作为认定案件事实的依据。其次，专利号为81202912的台湾专利，其技术领域为A47G25/02，与专利的分类不是同一小类，不是相同或相邻的技术领域，不能作为比对对象。最后，经比对，专利号为81202912的台湾专利的C匣固定在壁板上，而被控侵权产品是衬板固定在壁板上，台湾专利的固定座25接在衣架杆上，不能等同于壁板。

本院认为：诺米公司主张被控侵权产品采用了现有技术，并提交两份专利作为现有技术比对文件。陈洪波认为上述证据不属于二审新的证据，且ZL 96213353.1号专利不能作为比对文件，被控侵权产品的技术特征与比对文件的相应技术特征不相同。本院认为，诺米公司提交的两份专利文件与本案事实认定关系密切，且没有证据证明诺米公司在原审中故意隐瞒该证据，故认定其为二审新的证据依法予以审查。现有技术抗辩是指，被诉落入专利权保护范围的全部技术特征，与一项现有技术方案中的相应技术特征相同或者无实质性差异的，则被控侵权产品实施的技术属于现有技术，不构成侵权。本案中，陈洪波认为ZL 96213353.1号专利与被控侵权产品不属同一小类，不属于相同或相邻技术领域，不能作为比对对象。本院认为，ZL 96213353.1号专利与被控侵权产品都是一种导轨推拉装置，且ZL 96213353.1号专利的说明书中披露，该专利除适用于厨柜外，也适用"安装在需要移动较重负载的场合，例如木制或铁制的工作台，办公桌、柜等"，即给出了ZL 96213353.1号专利可用于衣柜的启示，因此两者属于相近的技术领域，ZL 96213353.1号专利可以作为比对文件。

将ZL 96213353.1号专利与被控侵权产品比较，ZL 96213353.1号专利的固定滑条（2）相当于被控侵权产品的衬板，ZL 96213353.1号专利的移动滑条（3）相当于被控侵权产品的滑轨，ZL 96213353.1号专利的带球形滚动体（4、7）和滚动体支承架（5、8）相当于被控侵权产品的滚珠和滚珠支承板，ZL 96213353.1号专利的另一条移动滑条（9）相当于被控侵权产品的导轨，ZL 96213353.1号专利的平板相当于被控侵权产品的衣架钩支承板。综上，ZL 96213353.1号专利的权利要求书、说明书和附图公布的技术方案，包含被控侵权产品的技术特征。被控侵权产品因采用了现有技术，不构成侵权，依法应驳回陈洪波的诉讼请求。

案例三十二

广东省高级人民法院民事判决书［2010］粤高法民三终字第35号

上诉人：深圳市飞翔科技有限公司；住所地：广东省深圳市宝安区西乡镇80区

泰华明珠一栋 1 - 25A。

被上诉人：嘉晶电子（深圳）有限公司；住所地：广东省深圳市宝安区沙井街道办沙三村上下围第四工业区 C 栋。

本案争议的焦点在于：（1）被控侵权产品是否由飞翔公司制造、销售；（2）被控侵权产品使用的外观设计是否系在先设计。

原审法院认为：被控侵权产品与飞翔公司提出抗辩的 ZL 200430042202. X 号在先专利存在明显区别，前者（指被控侵权产品）左右按键与上盖的分形为圆弧形，而后者产品左右按键与上盖的分形线为直线；前者产品透明中盖从前后左右厚薄一致，而后者产品的中盖后部较宽到左右逐步变窄；前者产品由左右按键、上盖连为一体的光滑弧面和下部透明中盖向外凸出的弧面两个不同弧面组成，而后者由左右按键、上盖、中盖为连为一体的单一光滑曲面构成；前者产品透明中盖前后对称都为相同圆弧形，而后者的中盖前后不对称；前者产品左右键、上盖在产品整体中所占比例较大，而后者左右键、上盖在产品整体中所占比例较小；前者产品左右键、上盖与中盖结合部从前到后走势比较平缓，而后者左右键、上盖与中盖结合部从前到后走势起浮较大；前者产品左右按键与透明中盖之间不是平滑过渡，交结处转折明显，而后者左右按键与白色中盖之间是平滑过渡；前者产品顶部为圆形，而后者顶部为扁平。因此，被控侵权产品所使用的并非现有设计。

飞翔公司不服上述一审判决，向本院提起上诉称：被控侵权产品系在先设计，不构成侵权，原审法院认为构成侵权，显然属于错误认定。

本院认为：关于被控侵权产品是否使用在先设计问题。飞翔公司上诉主张被控侵权产品使用的是在先设计，因此不构成侵权。

将被控侵权产品外观设计与飞翔公司提出的 ZL 200430042202. X 外观设计相对比，本院认为，二者在整体外观和局部构成上均存在明显区别，二者既不相同，也不相近似。飞翔公司该项上诉主张也不能成立，本院不予支持。

案例三十三

重庆市高级人民法院民事判决书〔2010〕渝高法民终字第 183 号

上诉人（原审被告）：重庆铭泰机械制造有限公司；住所地：重庆市九龙坡区白市驿镇海龙村 4 社，组织机构代码：74530059 - 3。

被上诉人（原审原告）：重庆群山机械制造有限公司；住所地：重庆市沙坪坝区歌乐山镇天池村韭菜湾经济合作社，组织机构代码：62201854 - 7。

铭泰公司答辩称，被告生产的"摩托车怠速抽水泵"的技术方案不包含原告专利权利要求的全部必要技术特征，被告生产的产品在结构和连接特征方面与原告专利技术特征有显著区别，不构成侵权。被告生产的"摩托车怠速抽水泵"同样也获得了国家知识产权局颁发的实用新型专利证书。此外，原告专利中的"泵体外壳""泵盖""叶轮"及"连接轴"等必要技术特征属于现有技术特征，任何人均有权使用。

一审法院认定：关于被告铭泰公司提出"摩托车怠速抽水泵"已申请实用新型专利并获得专利授权的事实主张并不影响对其侵权行为的认定，而被告铭泰公司提出的现有技术抗辩也缺乏依据，对被告铭泰公司关于不侵权的抗辩理由，本院不予支持。

上诉事由中无现有技术抗辩内容。

案例三十四

四川省高级人民法院民事判决书［2010］川民终字第416号

上诉人（原审被告）：鞍山北润智能润滑设备制造有限公司；住所地：辽宁省鞍山市铁西区西解放路91号。

被上诉人（原审原告）：王东升。

原审被告：攀枝花钢企米易白马球团有限公司；住所地：四川省米易县白马攀钢湾丘基地。

一审法院认定：根据《专利法》第62条以及《最高人民法院关于审理侵犯专利权纠纷案件应用法律若干问题的解释》第14条第1款之规定，在专利侵权纠纷中，被控侵权人有证据证明其实施的技术或者设计属于现有技术或者现有设计的，不构成侵犯专利权；被诉落入专利权保护范围的全部技术特征，与一项现有技术方案中的相应技术特征相同或者无实质性差异的，人民法院应当认定被诉侵权人实施的技术属于《专利法》第62条规定的现有技术。本案中，鞍山公司主张其制造、销售的BR-ZD系列智能润滑设备的技术特征与申请日为1999年6月4日、编号为US6145626的美国专利"气/油润滑系统及用于监视和控制气/油润滑系统的方法"中所公开的手动润滑装置的技术特征相同，王东升拥有的ZL 01240260.5号专利属公知技术，故其制造和销售BR-ZD系列智能润滑设备的行为并未侵犯王东升专利权。该院认为，鞍山公司陈述在针对王东升专利权的无效宣告程序中，已提供了相同的美国专利技术文件给国家知识产权局专利复审委员会，以证明王东升专利的上述技术特征已因美国专利的公开而丧失了新颖性，应被宣告无效。国家知识产权局专利复审委员会在审查了上述美国专利文件，并就其中记载的技术特征与王东升专利权的相应技术特征进行比对后认为，编号为US6145626的美国专利并未公开王东升专利的上述技术特征，王东升根据上述技术特征而提出的权利要求应被维持有效，故鞍山公司认为王东升拥有的ZL 01240260.5"智能多点式集中润滑装置"实用新型专利属于公知技术的主张不能成立。

鞍山公司不服，向本院提起上诉，请求撤销原审判决，依法改判上诉人鞍山公司生产的 BR-ZD 系列智能润滑设备属于《专利法》第 62 条规定的现有技术，不构成专利侵权，不承担专利侵权赔偿责任。其理由为：首先，鞍山公司在一审审理过程中已经将 US6145626 号美国专利与本案专利、被控侵权产品进行了详细对比，美国专利图 8 的软件流程清楚地标识了手动润滑流程 96，图 2 中标识了多个手动按键继电器 50，并附有相应文字说明，表明其与本案专利没有实质性差别，被控侵权产品为现有技术，原审判决却仅依据国家知识产权局专利复审委员会的决定认定鞍山公司的行为构成侵权，系没有注重客观事实的调查和分析。其次，大型设备中自动控制体系必须配备手动控制早已成为各领域的公知常识，人们并不怀疑自动控制优于手动控制，但为了应急和保险，标准化设计要求机械设备电气控制装置同时具备自动和手动控制，故在机械设备自动润滑控制时，按照国家标准要求对每一个润滑点设置开关按钮是保险需要，也是本领域技术人员设计时的必然选择。原审判决将本案专利简单设置的手动开关按钮认定为一个成熟的技术方案，而对畅销几十年的机械设计手册和国家标准却不承认是技术方案，也不进行对比，有悖客观公正。最后，被控侵权产品中设置手动开关是为了应急调试之用，而本案专利说明书中对其手动按钮的描述是用于手动控制给油控制器的动作，可自动或手动无忧转换，润滑准确无误，二者用途迥然不同，但原审判决中回避了该问题。因此，原审判决认定"鞍山公司认为自己不侵权的主张不能成立"错误。

二审主要争议焦点：上诉人鞍山公司生产的 BR-ZD 系列智能润滑设备是否采用了公知技术。

二审法院认为：上诉人鞍山公司认为自己不构成侵权的主要理由是被控侵权产品是采用美国专利 US6145626 中的现有技术。由于被控侵权产品方案与本案专利权利要求相同，为了方便描述，本院在此直接将本案专利的权利要求与上述美国专利的内容进行对比，由比对可见，该美国专利与本案专利技术领域相同，美国专利中的气泵 12 相当于本案专利的油站，控制模块 42 相当于本案专利的主控制柜，可编程控制器都设置在主控制柜内，并且油站都通过管道并联至各个润滑点。然而，上述美国专利与本案专利权利要求相比仍具有如下两个区别点。由于存在以上两点区别，造成被控侵权产品与上诉人鞍山公司提供的现有技术实质上不同，对上诉人鞍山公司主张现有技术抗辩的理由，本院不予支持。因此，鞍山公司制造、销售被控侵权产品的行为侵犯了王东升的专利权，应当承担相应的赔偿责任。

案例三十五

新疆维吾尔自治区高级人民法院民事判决书［2010］新民三终字第 54 号

上诉人（原审被告）：纪强。

被上诉人（原审原告）：王全香。

原审法院认为：外观设计专利权的保护范围以表示在图片或者照片中的该产品的外观设计为准，简要说明可以用于解释图片或者照片所表示的该产品的外观设计。本案双方生产销售的产品均为纱窗框，外观设计特征相同，即被控侵权产品的外观设计落入了本案外观设计专利权的保护范围。纪强抗辩称其加工维修的纱窗框属于现有设计，但未提供任何证据予以证明，故其抗辩意见不予采纳。

纪强向本院提起上诉：王全香的此项外观设计专利是现有设计，在王全香申请专利之前该产品已在全国各地广泛生产和使用。纪强不知道该产品是专利产品，没有过错，纪强不应当承担侵权赔偿责任。

本院［2010］新民三终字第55号判决已查明在2007年年底，已有制作纱窗的经营户从他人处购进与本案涉案专利相同的纱窗框，制作纱窗，并安装到用户的窗户上。纪强生产、销售的纱窗框可以观察到的三面所形成的视觉整体效果与涉案专利申请日前市场上已生产、销售的隐形纱窗框的外观相比，无显著区别，与当时的现有设计相同。在王全香申请涉案专利前，与该外观设计相同的产品，已经在市场生产、销售，该外观设计已经通过使用而处于公开状态。《专利法》第62条规定，在专利侵权纠纷中，被控侵权人有证据证明其实施的技术或者设计属于现有技术或者现有设计的，不构成侵犯专利权。本案中纪强上诉称王全香的此项外观设计专利是现有设计，在王全香申请专利之前该产品已在全国各地广泛生产和使用。虽然纪强并没有提供证据来印证自己的上诉主张，但在本院审理的另一案中查明的事实证明纪强所述属实。因此，依照上述法律规定，纪强生产、销售与本案外观设计相同的产品，不构成侵犯王全香外观设计专利权。

案例三十六

新疆维吾尔自治区高级人民法院民事判决书［2010］新民三终字第55号

上诉人（原审被告）：王书凯。

被上诉人（原审原告）：王全香。

一审法院认为：王书凯抗辩称其生产、销售的纱窗框属于现有设计，但缺乏充分、确凿的证据予以证明，其抗辩意见不予采纳。

上诉中：王书凯针对王全香外观设计专利权是现有公知技术分别提交了河北廊坊天王实业实用隐形纱窗有限公司、廊坊三鑫塑业公司、廊坊家乐铝塑隐形纱窗厂、大城县浩通隐形纱窗有限公司的隐形纱窗产品的宣传册，上述四家的生产企业生产的隐形纱窗框产品基本上和王全香外观设计专利一致。原审法院认定该四家企业的产品与王全香专利产品外观不一致有误。在宣传册中都有该厂家的生产时间如大城县浩通隐形纱窗有限公司2005年9月13日生产，该时间是在王全香申请专利之前，说明王全香专利属于现有设计。王书凯享有先用权，河北廊坊文大模具厂出具的证明和河北省文安县宏大塑料机械厂的收据可以证明王书凯在王全香申请专利前就已经生产了相关产品，购买了设备和模具。王书凯提交的证据能够证实王全香外观设计专利属于现有公知技术，王书凯享有先用权，其生产该产品并不构成侵权，原审法院认定事实和使用法律错误，请求二审法院依法改判。

上诉审中，王书凯提交的证据之一：从国家知识产权局网站上下载的两份隐形纱窗盒外观设计专利，证明该两个专利是在王全香申请专利之前的专利，主视图和侧面图都与涉案专利的图形一致，证明王全香专利是现有公知技术。王全香对真实性、关联性均不认可，认为无法核实图形真实性，图形、图案与本案涉案专利均不相同。

二审法院认为：可以观察到的三面所形成的视觉整体效果与涉案专利申请日前市场上多款隐形纱窗款的外观相比，无显著区别。与当时的现有设计相比构成近似。本院已查明在2007年年底，已有制作纱窗的经营户从王书凯处购进与本案涉案专利相同的纱窗框，制作纱窗，并安装到用户的窗户上。王全香也陈述2007年在新疆销售相同产品，这些事实表明，在王全香申请涉案专利前，与该外观设计相同的产品，已经在市场销售，该外观设计已经通过使用而处于公开状态，王书凯现在生产的产品与2007年已有的现有设计相同。《专利法》第62条规定，在专利侵权纠纷中，被控侵权人有证据证明其实施的技术或者设计属于现有技术或者现有设计的，不构成侵犯专利权。依照上述法律规定，王书凯生产与涉案外观设计相同的产品，不构成侵犯王全香外观设计专利权。

案例三十七

上海市第二中级人民法院民事判决书［2010］沪二中民五（知）初字第172号

原告：江某某。

被告：嘉华金属（上海）有限公司、上海联家超市有限公司。

原告江某某与被告嘉华金属（上海）有限公司（以下简称嘉华公司）、被告上海联家超市有限公司（以下简称联家公司）侵害实用新型专利权纠纷一案，本院受理后，依法组成合议庭，于2011年1月13日公开开庭审理了本案。审理中，因当事人申请，本院于2011年4月1日委托北京国科知识产权司法鉴定中心（以下简称国科鉴定中心）就涉案技术问题进行鉴定。审理中，因被告嘉华公司在答辩期内就本案系争"脱水桶结构"实用新型专利（专利号：ZL 200920XXXX14.3，以下简称涉案专利）向国家知识产权局专利复审委员会（以下简称专利复审委）提起无效宣告请求，本院于2011年8月25日裁定中止本案审理。2011年9月23日，专利复审委就涉案专利作出《无效宣告请求审查决定书》。2012年1月16日，国科鉴定中心就涉案技术问题出具《司法鉴定意见书》。2012 年 3 月 22 日，本院再次公开开庭审理了本案。原告委托代理人张某、林 A，被告嘉华公司委托代理人李强、包某某，被告联家公司委托代理人张恩分别到庭参加诉讼。本案现已审理终结。

原告江某某诉称：2009 年 9 月 16 日，原告向中华人民共和国国家知识产权局专利局（以下简称国家专利局）申请名称为"脱水桶结构"实用新型专利（涉案专利）。2010 年 5 月 19 日，涉案专利获得授权，专利号为 ZL 200920XXXX14.3。嗣后，原告发现由被告嘉华公司生产，被告联家公司销售的"美家真好拖（珍藏版）"（以下简称涉案产品）的技术特征落入了原告涉案专利权利要求 2、4、7 的保护范围。原告认为，两被告的行为侵犯了原告的涉案专利权，遂诉至法院请求判令两被告：（1）立即停止对原告涉案专利权的侵害；（2）共同赔偿原告经济损失人民币 30 万元（以下币种均为人民币）。

被告嘉华公司辩称：（1）涉案产品确系被告嘉华公司生产并销售给被告联家公司，每件产品利润约 40~50 元；（2）涉案产品的技术特征没有落入原告涉案专利权利要求 2、4、7 的保护范围；（3）在涉案专利申请日前，被告嘉华公司已经做好了生产涉案产品的准备，故被告嘉华公司对于涉案产品的生产具有先用权。综上，被告嘉华公司认为其生产涉案产品的行为不构成对原告涉案专利的侵权，被告嘉华公司请求本院驳回原告的诉讼请求。

被告联家公司辩称：其仅是涉案产品的销售商，一共销售涉案产品 1 497 件，并不清楚涉案产品是否构成对原告涉案专利的侵权。涉案产品均自被告嘉华公司处合法取得，故被告联家公司不应承担赔偿责任。

本院经审理查明：2009 年 9 月 16 日，原告江某某向国家专利局申请名称为"脱水桶结构"的实用新型专利，优先权日为 2008 年 9 月 30 日。2010 年 5 月 19 日，涉案专利被授予专利权，专利号为 ZL 200920XXXX14.3。

2010 年 12 月 29 日，专利复审委受理了案外人就涉案专利提出的无效宣告请求。2011 年 9 月 23 日，专利复审委就涉案专利作出《无效宣告请求审查决定书》，该决定书宣告涉案专利权利要求 1、3、12 无效，在权利要求 2、4~11 的基础上继续维持涉案专利有效。

2011 年 4 月 7 日，本院委托国科鉴定中心就涉案产品的技术特征与涉案专利权利要求书中记载的要求保护的技术特征是否相同或者等同，以及涉案产品是否使用了现有技术进行鉴定。2012 年 1 月 16 日，国科鉴定中心向本院出具《司法鉴定意见书》称：（1）涉案产品的技术主题名称与涉案专利主题名称相同；（2）涉案产品的技术特征为：A. 包括一壳体，所述壳体形成一容置室及一外容置空间，所述容置室和外容置空间分别设于壳体内外侧，容置室具有一底面和开口的顶面，在容置室内设有一承置件；B. 一驱动单元，所述驱动单元设于外容置空间内，所述驱动单元包括一活动件和第一斜齿轮，所述活动件的一端活动固接在一平行底面的第一轴上，活动件带动第一斜齿轮在垂直于底面的立面上做圆周运动；C. 一弹性元件，所述弹性元件的一端固定，另一端与所述活动件连接；D. 一传动单元，所述传动单元包括一枢轴和第二斜齿轮，所述枢轴穿设于容置室和外容置空间之间，且枢轴的一端固设于所述承置件，另一端与所述第二斜齿轮枢接；E. 第一斜齿轮和第二斜齿轮相啮合，且第一斜齿轮带动第二斜齿轮在水平面上做圆周运动；F. 包括一传动齿轮，所述传动齿轮与第一斜齿轮同轴设置并固接，传动齿轮的直径小于第一斜齿轮直径，所述活动件设有一弧形齿条，所述弧形齿条与传动齿轮啮合；G. 还包括一单向轴承，所述单向轴承位于所述第二斜齿轮内并与第二斜齿轮同轴固接，所述枢轴远离承置件的一端与所述单向轴承枢接；H. 在壳体上具有容置室与外容置空间相通的轴孔，枢轴穿设于轴孔中，沿所述轴孔周围，在容置室内的壳体上设有一凸环，所述承置件的底部设有与所述凸环适配的凹孔，所述凹孔的内径大于所述凸环的外径，所述凹孔的高度大于所述内环的高度，承置件通过凹孔套设于凸环上等；（3）涉案专利权利要求2的技术特征与涉案产品对应的A、B、C、D、E、F技术特征一一对应并相同；（4）涉案专利权利要求4的技术特征与涉案产品对应的A、B、C、D、E、G技术特征一一对应并相同；（5）涉案专利权利要求7的技术特征与涉案产品对应的A、B、C、D、E、H技术特征一一对应并相同；（6）被告嘉华公司递交的现有技术文件分别为专利文献1、2、3，其中专利文献1公开在涉案专利优先权日之后，故不属于现有技术。而专利文献2未披露涉案产品F、G、H等技术特征，专利文献3未披露涉案产品A、B、D、E等技术特征，故专利文献2、3的技术特征与涉案产品的技术特征存在实质性差异。

本案中，各方当事人的争议焦点在于：（1）涉案产品的技术特征是否落入了原告涉案专利权利要求2、4、7的保护范围；（2）被告嘉华公司在涉案专利申请日之前是否已就涉案产品的生产作好必要的准备，并仅在原有范围内继续制造、使用；（3）两被告应否承担原告在本案中所主张的民事责任。

综上，依照《专利法》第11条第1款、第59条第1款、第65条、第69条第（2）项、第70条，《最高人民法院关于审理侵犯专利权纠纷案件应用法律若干问题的解释》第1条第2款、第2条、第7条之规定，判决如下：

一、被告嘉华金属（上海）有限公司、被告上海联家超市有限公司停止对原告江某某享有的名称为"脱水桶结构"实用新型专利（专利号为ZL 200920XXXX14.3）的侵害；

二、被告嘉华金属（上海）有限公司应于本判决生效之日起10日内赔偿原告江某某经济损失人民币30万元；

三、驳回原告江某某的其余诉讼请求。

如果被告嘉华金属（上海）有限公司未按本判决指定的期间履行给付金钱义务，应当按照《事诉讼法》第229条之规定，加倍支付迟延履行期间的债务利息。

本案案件受理费人民币5 800元，鉴定费人民币6万元，由被告嘉华金属（上海）有限公司负担。

案例三十八

江苏省高级人民法院民事判决书〔2009〕苏民三终字第0253号

上诉人（原审被告）：昆山刚毅精密电子科技有限公司；住所地：江苏省昆山市陆家镇陆丰西路91号。

被上诉人（原审原告）：欣日兴精密电子（苏州）有限公司；住所地：江苏省苏州市甪直镇经济开发区鸿运路1号。

上诉人昆山刚毅精密电子科技有限公司（以下简称刚毅公司）因与被上诉人欣日兴精密电子（苏州）有限公司（以下简称欣日兴公司）侵犯实用新型专利权纠纷一案，不服江苏省苏州市中级人民法院〔2009〕苏中知民初字第0025号民事判决，向本院提起上诉。本院于2009年11月25日受理后，依法组成合议庭，于2010年1月7日公开开庭审理了本案。

因刚毅公司对涉讼"具定位功能的枢纽器"前后两次提起无效宣告请求，国家知识产权局专利复审委员会（以下简称专利复审委）也两次对该无效宣告请求进行了受理，本院依法于2010年3月3日裁定中止本案的审理。专利复审委分别于2010年5月18日、2011年1月27日作出了无效宣告请求审查决定书，维持涉案专利权有效。

欣日兴公司一审诉称：

请求判令刚毅公司：（1）立即停止制造、使用、销售侵权产品，并销毁全部库存产品及生产模具；（2）赔偿经济损失及合理费用共计人民币500万元；（3）在全国性报刊《人民日报》上刊登公告向欣日兴公司道歉；（4）承担本案全部诉讼费用。

本案一审争议焦点为：（1）刚毅公司生产销售的DS2枢纽器产品是否落入欣日兴公司涉案专利保护范围；（2）如果构成侵权，刚毅公司应承担何种责任。

另查明，刚毅公司辩称其被许可使用的ZL 200620124365.6号专利系连铉公司2006年7月10日向国家知识产权局申请的名称为"多爪式自动锁合枢纽器"的实用新型专利，2007年7月11日该专利被授权公告。

一审法院认为：

关于刚毅公司生产的DS2枢纽器产品是否落入欣日兴公司涉案专利保护范围问题。根据我国专利法规定，实用新型保护范围以其权利要求的内容为准，说明书及附图可以用于解释权利要求。根据庭审比对情况，被控产品具备了涉案专利技术方案记载的全部必要技术特征，落入了欣日兴公司涉案专利的保护范围。

关于刚毅公司提出的其系按连铉公司许可其实施的专利进行生产的辩称意见，因连铉公司的"多爪式自动锁合枢纽器"专利申请日在欣日兴公司涉案专利之后，且在判断专利侵权时应当审查被控产品本身的主要技术特征是否覆盖原告的专利保护范围，故对该抗辩亦不予采信。

判决：（1）刚毅公司立即停止对欣日兴公司 ZL 200420067823.8 号实用新型专利权的侵犯；（2）刚毅公司于判决生效之日起 10 日内赔偿欣日兴公司经济损失 50 万元；（3）驳回欣日兴公司的其他诉讼请求。

刚毅公司上诉称：（1）一审法院对刚毅公司 DS2 枢纽器产品的定位片及定位块的技术特征的认定与事实不符。一审法院对涉案专利的权利要求的保护范围作了扩大解释。（2）被控侵权产品属于现有技术，对此刚毅公司二审中提交了相应的证据予以证明。综上，刚毅公司的被控侵权产品不落入涉案专利保护范围，不构成侵权。请求二审法院撤销一审判决，驳回欣日兴公司的诉讼请求，并判决欣日兴公司负担本案的全部诉讼费用。

本案二审争议焦点为：（1）刚毅公司关于现有技术抗辩的理由能否成立。（2）被控侵权产品是否落入涉案专利保护范围。

刚毅公司提交上述证据用以证明被控侵权产品是现有技术。

欣日兴公司质证认为，上述证据不属于新的证据，且形成于域外，未经过公证认证，翻译也不符合要求，故对上述证据的真实性不予认可，不能达到刚毅公司的证明目的。

本院认为，刚毅公司二审所提交证据系美国专利局网站下载的，并非形成于域外，故无须进行公证、认证的程序，对该证据的真实性应予确认。另外，虽然译文由上诉人刚毅公司自行翻译，但欣日兴公司并未指出译文中所存在的具体错误，故可以对该译文内容予以认定。对上述证据的证明力问题，将在判决理由部分予以分析认定。

本院认为：（1）刚毅公司关于涉案专利属于现有技术的上诉理由不能成立。首先，将被控侵权产品与刚毅公司提交的证据 1 即 US6125507A 号专利文件相比。其次，将被控侵权产品与证据 2 即 US6305050B1 号专利文件进行比对。综上，刚毅公司二审中提交的两份证据不能证明被控侵权产品是现有技术；

（2）被控侵权产品落入涉案第 ZL 200420067823.8 号、名称为"具定位功能的枢纽器"实用新型专利的保护范围。

综上，本案上诉人刚毅公司的上诉理由缺乏事实和法律依据，其上诉请求应予驳回。一审判决认定事实清楚，适用法律正确，应予维持。

案例三十九

江苏省高级人民法院民事判决书 [2009] 苏民三终字第 0254 号

上诉人（原审被告）：昆山刚毅精密电子科技有限公司；住所地：江苏省昆山

市陆家镇陆丰西路 91 号。

被上诉人（原审原告）：欣日兴精密电子（苏州）有限公司；住所地：江苏省苏州市甪直镇经济开发区鸿运路 1 号。

欣日兴公司一审诉称：2008 年 6 月 25 日，其通过与台湾新日兴股份有限公司（以下简称新日兴公司）签订独占许可协议的形式取得 ZL 99210336.3 号、名称为"双向定位枢钮器"实用新型专利的独占许可使用权。

本案二审争议焦点为：（1）刚毅公司关于现有技术抗辩的理由能否成立。（2）被控侵权产品是否落入涉案专利保护范围。

刚毅公司提交以下证据：（1）US5，896，622A 号专利文件及部分译文。该证据披露了一种枢钮器装置，相关内容为："该枢钮器装置包括……垫片 30……"。（2）公告号为 284318 台湾实用新型专利文件。该证据相关内容为："该可调式枢钮器由……固定座、枢转座及其间所夹设的弹性元件所组成，在枢转座的枢轴末端有调整螺栓……因而能够将枢钮器的转动设定在枢轴与弹性元件之间"。上述证据证明被控侵权产品实施的是现有技术。

欣日兴公司质证认为：刚毅公司提交的上述证据来源于域外，未经过公证认证，且部分译文的翻译是刚毅公司自行翻译，故对上述证据的真实性、关联性不予认可。

本院认为，证据 1 系美国专利局网站下载，并非形成于域外，故无须进行公证、认证，对该证据的真实性应予确认。另外，虽然译文由刚毅公司自行翻译，但欣日兴公司并未指出该译文具体的错误，故可以对该译文内容予以认定。证据 2 形成于台湾，在欣日兴公司无确切证据证明该台湾专利文件虚假外，本院对该证据的真实性也予以确认。对刚毅公司所提交两份证据的证明力问题，将在判决理由部分予以分析认定。

案例四十

上海市第二中级人民法院民事判决书（2012）沪二中民五（知）初字第 31 号

原告：庞茫某。

被告：李某。

被告：台州市黄岩爱婴缔婴儿用品有限公司。

原告庞某某诉称：2010 年 7 月 20 日，原告向中华人民共和国国家知识产权局专利局（以下简称国家专利局）申请名称为"多功能组合洗涤盆"实用新型专利（以下简称涉案专利）。2011 年 1 月 26 日，涉案专利获得授权，专利号为 ZL 2010XXXX6899.7。2011 年 12 月，原告发现被告李某销售、被告爱婴缔公司生产的"TUTU 浴盆"（以下简称涉案产品）的技术特征落入了原告涉案专利权利要求 1

的保护范围。原告认为，两被告的行为侵犯了原告的涉案专利权，遂诉至法院请求判令两被告立即停止对原告涉案专利权的侵害。

被告李某辩称，涉案产品确系李某销售，但李某不清楚涉案产品是否属于侵权产品。涉案产品系李某从案外人上海孩宝母婴用品批发公司购入。

被告爱婴缔公司辩称：（1）爱婴缔公司对于原告系涉案专利的专利权人以及涉案专利处于有效期内并无异议；（2）爱婴缔公司无法确认涉案产品是否系爱婴缔公司生产、销售的，但爱婴缔公司确实生产、销售过与涉案产品技术特征完全相同的产品；（3）涉案产品不存在涉案专利权利要求1要求保护的支架的一端端部设置有凹槽，凹槽的形状和宽度分别与盆的开口边沿的形状和宽度配合，支架的一端通过凹槽与盆的开口边沿连接的技术特征。故涉案产品的技术特征与原告涉案专利权利要求1要求保护的技术特征既不相同、亦不等同；（4）早在2008年，爱婴缔公司已经生产、销售与涉案产品技术特征完全相同的产品。故即使涉案产品确系爱婴缔公司生产、销售，爱婴缔公司系使用现有技术生产涉案产品。

本院另查明，2008年12月30日，案外人陈海斌向国家专利局申请名称为"浴盆（8836儿童浴盆）"的外观设计专利（以下简称08专利）。2009年11月25日，08专利被授予专利权，专利号为ZL 200830XXXX35.7。经本院比对，08专利外观设计图片中所显示浴盆及支架的技术特征比涉案产品对应技术特征，缺少盆前端边沿内侧凸起段中心孔、前端支架壁中心位置旁设置有立柱等技术特征。2009年12月1日，陈海斌出具授权书，授权被告爱婴缔公司销售其使用08专利的货号为8836的浴盆，爱婴缔公司的货号为AD-0230。

本案中各方当事人的主要争议焦点在于：（1）被告爱婴缔公司是否生产、销售了涉案产品；（2）涉案产品的技术特征是否落入了涉案专利权利要求1的保护范围；（3）涉案产品的技术特征是否属于现有技术。

关于第二个争议焦点，本院认为，涉案产品的技术特征没有落入涉案专利权的保护范围。

关于第三个争议焦点，本院认为，被告爱婴缔公司作为现有技术抗辩的08专利及《台州市丽宝健婴幼儿用品有限公司2008～2009年度产品画册》等证据显示的浴盆及支架，均没有显示涉案产品中在前端支架壁中心位置旁设置有立柱，该立柱大小与上述盆前端边沿内侧凸起段中心孔的大小相配合的技术特征。故本院对于被告爱婴缔公司关于涉案产品的技术特征属于现有技术的辩称意见不予采信。

驳回原告庞某某的诉讼请求。

案例四十一

湖南省长沙市中级人民法院民事判决书（2011）长中民五初字第0601号

原告：梁甲。

原告：梁乙。

被告：韶山××夏龙医疗器械制造有限公司；住所地：湖南。

两原告于2002年8月22日共同向甲家知识产权局申请了一项名称为"颌面骨手术电动旋转锉"的实用新型专利，该专利于2003年7月16日获得授权，专利号为ZL 0227××××.0。原告是该实用新型专利的专利权人。

被告辩称，在原告的颌面骨手术电动旋转锉专利申请前，技术本身已存在，申请前也有销售，答辩人所生产的产品是按照自己被国家知识产权局授权的专利权生产的，答辩人的产品更有先进性、实用性。被告生产的颌面骨手术电动旋转锉与原告实用新型专利颌面骨整形手术组合铣刀权某要求书中描述的内容有实质区别，具体区别在于具体结构、安装位置和功能作用。原告要求赔偿经济损失没有事实依据和法律依据。

本案的争议焦点主要在于被控侵权产品是否落入两原告涉案专利的保护范围、两原告主张被告承担的法律责任是否有事实和法律依据。

被控侵权产品具备了与涉案专利权某要求1的全部技术特征相同的结构，被控侵权产品落入了涉案专利的保护范围。被告提交了ZL 20052005××××.7颌面骨整形手术组合铣刀实用新型专利进行现有技术抗辩，但由于该专利的申请日为2005年12月19日，在涉案专利申请日之后，被告现有技术抗辩不成立。

案例四十二

湖南省长沙市中级人民法院民事判决书（2011）长中民五初字第0603号

被控侵权产品具备了涉案专利权某要求1的全部技术特征，被控侵权产品落入了涉案专利的保护范围。

被告认为，其提交的ZL 20062005××××.0下腭骨手术拉钩实用新型专利权某要求1中有描述"手柄上固装有拉钩体"，反映出被控侵权产品的相应特征，现有技术中虽没有"底部向外延伸的横向部分宽度大于竖直部分形成支撑平台"的特征，但属于法律规定的无实质性差异。原告认为，被控侵权产品与涉案专利相对应的特征1～4在现有技术方案中均有体现，但现有技术不具备与涉案专利相对应的特征5"底部向外延伸的横向部分宽度大于竖直部分形成支撑平台"。

本院认为，依据最高人民法院《关于审理侵犯专利权纠纷案件应用法律若干问题的解释》第14条之规定，被诉落入专利权保护范围的全部技术特征，与一项现有技术方案中的相应技术特征相同或者无实质性差异的，人民法院应当认定被诉侵权人实施的技术属于《专利法》第62条规定的现有技术。本案中，被告作为现有技术抗辩的ZL 20062005××××.0下腭骨手术拉钩实用新型专利早于原告涉案专利申请日申请和公告，且双方当事人均认可对于被诉落入专利权保护范围的与专利特征 1~4 相对应的技术特征与该项现有技术方案中的相应技术特征相同。就双方持有争议的特征 5，本院认为，双方当事人均确认现有技术中没有"底部向外延伸的横向部分宽度大于竖直部分形成支撑平台"的特征，虽被告陈述称属于法律规定的无实质性差异，但并未举证证明被诉落入侵权的"底部向外延伸的横向部分宽度大于竖直部分形成支撑平台"的特征与现有技术中的其他方案属于无实质性差异。因被告并未举证证明被诉落入涉案专利权保护范围的全部技术特征，与其提出的现有技术方案中的相应技术特征相同或者无实质性差异，被告提出的现有技术抗辩不成立。

案例四十三

上海市高级人民法院民事判决书（2012）沪高民三（知）终字第 13 号

上诉人（原审被告）：绍兴森岛电器有限公司。

被上诉人（原审原告）：浙江美大实业股份有限公司。

原审被告：林辉（上海市徐汇区林辉家用电器商行业主）。

原审第三人：李东海。

2011 年 5 月 9 日，国家知识产权局专利复审委员会受理森岛公司就李东海所享有的"炉具盖板"专利（专利号：ZL 200410053617.6）提出的无效宣告请求。同年 9 月 19 日专利复审委员会作出审查决定，宣告该专利权利要求 1、2、4 无效，在权利要求 3、权力要求 5~10 的基础上继续维持该专利有效。原告据此在 2011 年 10 月 20 日的庭审中变更权利要求的保护范围为权利要求 3、5、7。

经比对，上述集成厨房电器上的炉具盖板的技术特征与专利权利要求 3、5、7 所列的全部必要技术特征相同；但与被告提出现有技术抗辩所依据的广东科龙电器股份有限公司名称为"具有活动盖板的家用燃气灶具"（ZL 01242720.9）的权利要求所列技术特征并不完全一致，其中涉案炉具盖板中的"弹簧组件"等技术特征在该现有技术中并未公开。

本案中，被告林辉销售，被告森岛公司制造、销售的集成厨房电器中使用的炉具盖板所具备的技术特征全面覆盖了原告主张的专利权保护范围的必要技术特征，可以认定上述炉具盖板已经实施了该专利，且两被告提出的现有技术抗辩不能成立，故两被告的行为已经侵害了原告对涉案专利所享有的独占实施权。

判决：（1）被告林辉、被告森岛公司立即停止侵害原告美大公司对发明专利"炉具盖板"（ZL 200410053617.6）所享有的独占实施权；（2）驳回原告美大公司的其他诉讼请求。一审案件受理费人民币 8 800 元，由原告美大公司负担人民币 4 400 元，被告林辉、被告森岛公司负担人民币 4 400 元。证据保全费人民币 30 元，由原告美大公司负担。

上诉人森岛公司上诉的主要理由是：原审判决适用法律错误。由于涉案专利被宣告无效，且被控侵权炉具盖板因缺少34构件而与涉案主张权利的专利权利要求保护范围不同，被控侵权炉具盖板与广东科龙电器股份有限公司名称为"具有活动盖板的家用燃气灶具"专利权利要求所列技术特征完全一致。

被控侵权炉具盖板的技术方案既落入了权利要求3的保护范围，也落入了权利要求5与权利要求7的保护范围。另外，广东科龙电器股份有限公司名称为"具有活动盖板的家用燃气灶具"专利权利要求的技术方案中并未公开"弹簧组件"，被控侵权炉具盖板与"具有活动盖板的家用燃气灶具"专利权利要求所列技术特征并非完全一致。上诉人关于原审判决适用法律错误的上诉理由不能成立。

驳回上诉，维持原判。

案例四十四

江苏省高级人民法院民事判决书（2012）苏知民终字第0221号

上诉人（原审被告）：深圳市富安娜家居用品股份有限公司。

被上诉人（原审原告）：黄盛华。

黄盛华一审诉称：其于2007年4月12日向国家知识产权局申请，并于2008年4月30日获得"挂钩"实用新型专利权（ZL 200720143801.9），且至今有效。

2008年12月，黄盛华发现富安娜公司和吴玉花生产、销售的蚊帐带有黄盛华享有专利权的"挂钩"。

黄盛华的诉讼请求为：（1）判令吴玉花停止销售行为，富安娜公司停止生产、销售行为；（2）判令富安娜公司赔偿黄盛华损失100万元；（3）判令富安娜公司和吴玉花赔偿黄盛华调查取证费及维权费用57 566元；（4）判令富安娜公司和吴玉花承担本案的诉讼费用。

富安娜公司一审辩称：（1）涉案专利不具备新颖性和创造性。被控侵权产品是按照现有技术专利号为ZL 200620139617.2、名称为"一种导管夹"的实用新型专利实施的；（2）富安娜公司主要经营床单、被子等床上用品。

一审法院查明，专利号为ZL 200720143801.9、名称为"挂钩"的实用新型专利的申请日是2007年4月12日，授权公告日是2008年4月30日，专利权人是黄盛华，该专利至今合法有效。

2009年10月19日，国家知识产权局就涉案专利权出具检索报告，初步结论为：该专利权利要求1不具有新颖性，权利要求2~5具有新颖性和创造性。庭审中，黄盛华主张按照权利要求3~5来确定涉案专利权的保护范围。

一审法院认为，被控侵权产品已经落入了涉案专利权的保护范围。

对于富安娜公司提交的名称为"一种导管夹"、专利号为ZL 200620139617.2

的实用新型专利说明书，该专利的授权公告日为 2007 年 10 月 24 日，晚于涉案专利申请日 2007 年 4 月 12 日。

且将被控侵权产品与专利号为 ZL 200620139617.2 的实用新型专利进行比对，被控侵权产品所具备的"近底部两边向内各有一突出弯曲臂部，与 U 形件上部共同围合成一圆形"这一技术特征，在该专利中并未得到公开。综上，富安娜公司关于其被控侵权产品系按照现有技术实施的辩解意见不能成立。

一审判决如下：（1）吴玉花立即停止销售带有侵犯 ZL 200720143801.9 专利权挂钩的蚊帐；（2）深圳市富安娜家居用品股份有限公司立即停止生产、销售带有侵犯 ZL 200720143801.9 专利权挂钩的蚊帐；（3）深圳市富安娜家居用品股份有限公司于判决生效之日起十日内赔偿黄盛华经济损失及为制止侵权所支出的合理费用共计人民币 10 万元；（4）驳回黄盛华的其他诉讼请求。

本案二审的争议焦点为：（1）富安娜公司的合法来源抗辩是否成立；（2）一审判决的赔偿数额是否适当。

驳回上诉，维持原判决。

案例四十五

江苏省高级人民法院民事判决书（2012）苏知民终字第 0058 号

上诉人（原审被告）：泰安科创矿山设备有限公司。

被上诉人（原审原告）：靳慧民。

被上诉人（原审原告）：连云港东速电子有限公司。

靳慧民、东速公司一审诉称：靳慧民于 2008 年 5 月 20 日向国家知识产权局申请了名称为"一种底升式挡车栏"的发明专利，于 2010 年 6 月 2 日批准授权。该专利至今合法有效。该专利于 2008 年 5 月 31 日许可给东速公司生产、制造。

现发现科创公司未经允许，擅自制造与涉案专利相同的产品，实施专利侵权行为，严重侵犯了涉案专利的专利权，给其造成了巨大的经济损失，请求法院判令科创公司及亚星公司：（1）立即停止专利侵权行为；（2）赔偿其经济损失 200 万元；（3）承担本案诉讼费及相关费用。

科创公司一审辩称：其生产的"往复起落式挡车栏"属于自主研发，在靳伟民专利申请日前，其具备了生产该类设备的能力，并已生产出样机。其生产的涉案设备与涉案专利中所主张的权利要求明显不同。涉案专利缺乏新颖性。靳伟民及东速公司主张的赔偿额无法律依据。

亚星公司一审辩称：我公司销售的被控侵权产品系从科创公司购得。

一审法院查明：

2008 年 5 月 20 日，靳慧民向国家知识产权局申请了名称为"一种底升式挡车栏"的发明专利，国家知识产权局于 2010 年 6 月 2 日予以授权公告，专利号为 ZL 200810024399.1。该专利权目前处于有效状态。

科创公司向法院提交以下证据：

（1）申请人为刘传勇的"斜井无框卧式自动挡车栏"实用新型专利说明书（该专利申请日为 1992 年 1 月 30 日），以证明启闭技术在涉案专利申请日前已公开，涉案专利缺乏新颖性；

（2）跑车防护装置技术条件（2005 年煤炭行业标准），证明 2005 年国家标准就已公开其组成。

一审法院认为：

经庭审对比，被控侵权产品的技术特征和涉案专利权利要求 1 载明的必要技术特征一一对应，落入涉案专利权的保护范围。

科创公司还提出涉案专利为现有技术，其销售被控侵权产品的行为不构成侵权，为此提交了刘传勇"斜井无框卧式自动挡车栏"实用新型专利说明书以证明启闭技术早已公开。一审法院认为，现有技术是指专利申请日以前在国内外为公众所知的技术。由于刘传勇"斜井无框卧式自动挡车栏"实用新型专利的权利要求书所记载技术特征与涉案发明专利权利要求记载的技术特征不相同。故科创公司的上述抗辩理由无事实根据，法院不予采纳。

判决：（1）科创公司立即停止生产、销售侵犯靳慧民"一种底升式挡车栏"（ZL 200810024399.1）发明专利权的产品；（2）科创公司在判决生效之日起 15 日内赔偿靳慧民、东速公司经济损失及为制止侵权所支付的合理费用共计 30 万元。

科创公司上诉称：（1）国家知识产权局专利复审委员（以下简称专利复审委）已受理我公司提出的涉案专利无效的申请，法院应中止审理本案；（2）被控侵权产品属于现有技术；（3）被控侵权产品未落入涉案专利保护范围；（4）即使构成侵权，一审判决数额过高。

本案二审争议焦点为：（1）本案应否中止审理；（2）本案现有技术抗辩是否成立；（3）本案被控侵权产品是否落入涉案专利保护范围；（4）如果侵权成立，一审判决赔偿数额是否适当。

本院二审过程中，双方当事人一致确认，科创公司已于 2012 年 5 月 18 日提交了撤回宣告涉案专利权无效请求的书面声明，专利复审委已于 2012 年 6 月 13 日作出通知书，有关科创公司请求涉案专利无效的案件已审理结束。

本院认为：

（1）本案不应中止审理。

（2）科创公司关于现有技术抗辩的上诉理由不能成立。科创公司认为被控侵权产品实施的是现有技术，在涉案专利申请日前东速公司已经销售了与涉案专利技术相同的产品，科创公司也在涉案专利申请日前生产并销售了与东速公司同样的跑车防护装置。对此，本院认为，现有技术是指在专利申请日前在国内外为公众所知的技术。科创公司虽然认为在涉案专利申请日前，其及东速公司已生产并销售了与涉案专利技术相同的产品，但并未提供产品、销售合同、发票等相关证据以证明在涉案专利申请日前，与涉案专利技术相同或等同的产品已在市场上出现，故科创公司关于现有技术抗辩的理由不能成立。

（3）被控侵权产品落入了涉案专利的保护范围。

驳回上诉，维持原判决。

案例四十六

江苏省高级人民法院民事判决书［2010］苏知民终字第0130号

上诉人（原审被告）：耀马车业（中国）有限公司。

被上诉人（原审原告）：张胜祥。

庭审后，张胜祥向本院申请中止审理本案，理由是涉案实用新型专利权被国家知识产权局专利复审委员会（以下简称专利复审委）宣告全部无效，其将向北京市第一中级人民法院提起行政诉讼，故本案应等到该行政诉讼结束后再行判决。2010年10月11日，本院依法裁定本案中止诉讼。2012年2月本院得知北京市第一中级人民法院对上述行政诉讼已作出一审判决，且当事人均未上诉，故恢复审理本案。本案现已审理终结。

张胜祥一审诉称：张胜祥于2006年3月29日获得名称为"电池盒（电动车）"的外观设计专利，专利号为ZL 200530086324.3。后张胜祥又于2007年2月28日获得名称为"电动车的电池盒"的实用新型专利，专利号为ZL 200520073482.X。2010年年初，张胜祥发现易莲超市销售的雅哥弟牌531YL电动车的电池盒结构侵犯了其外观设计专利和实用新型专利。

请求判令：（1）耀马车业和富朗特公司停止制造、销售装有涉案电池盒的电动车，易莲超市停止销售装有涉案电池盒的电动车；（2）耀马车业与富朗特公司共同赔偿张胜祥人民币50万元；（3）耀马车业、易莲超市和富朗特公司共同承担张胜祥为制止侵权支出的合理费用人民币3 499元；（4）本案诉讼费由耀马车业承担。诉讼中，张胜祥书面撤回了要求富朗特公司承担赔偿责任的诉讼请求。

耀马车业一审辩称：（1）张胜祥所有的"电动车的电池盒"实用新型专利不具备创造性，是现有技术，故耀马车业不构成侵权；（2）张胜祥未就其"电池盒（电动车）"的外观设计专利提供国务院专利行政部门出具的专利权评价报告，电池盒在电动车中仅起功能性作用，对电动车的外观整体没有影响，因此无法认定耀马车业侵犯张胜祥的外观设计专利权；（3）涉案型号电动车的利润为负数，不存在因侵权而获利，即使侵权成立，张胜祥所主张的50万元赔偿过高。

一审法院查明：

2005 年 7 月 8 日，张胜祥向国家知识产权局分别提出了"电池盒（电动车）"外观设计专利申请和"电动车的电池盒"实用新型专利申请。国家知识产权局分别于 2006 年 3 月 29 日和 2007 年 2 月 28 日对上述专利申请进行授权公告，专利号分别为 ZL 200530086324.3 及 ZL 200520073482.X。目前上述专利权均处于有效状态。

本案一审争议焦点为：（1）耀马车业提出的现有技术抗辩能否成立；（2）耀马车业提出的涉案电池盒外观设计的功能性抗辩能否成立；（3）富朗特公司是否为涉案电池盒的制造者；（4）易莲超市是否应承担赔偿责任。

对于争议焦点（1），一审法院认为，耀马车业提出的现有技术抗辩不能成立。理由如下：（1）耀马车业主张涉案专利不具备创造性，但专利新颖性和创造性的评判应由专利行政主管机关在行政审查程序中进行，人民法院不应对此进行审查，而应就被控侵权产品的技术特征是否为现有技术作出司法判断；（2）现有技术是指在专利申请日前在国内外出版物上公开发表、在国内公开使用或者以其他方式为公众所知的技术。现有技术抗辩要成立，必须同时满足两个条件：一是作为现有技术抗辩的技术必须是在本案所涉专利申请日前已被公开；二是作为现有技术抗辩的技术与被控侵权产品的技术特征完全相同。本案中，耀马车业提供了雅马哈发动机株式会社于 1998 年 3 月 4 日公开的"电动自行车的电池盒拆装结构"发明专利申请公开说明书作为现有技术的对比文件，但该文件中记载的电池盒的拆装结构的特征为：A. 电池盒下部的盖状壳体固定在电动车车体上；B. 特征 A 中的壳体上设立导向部件；C. 电池盒沿导向部件滑动。本案中被控侵权物的技术特征表现为：A. 在盒体的一侧设置的与盒体长轴线平行的滑槽；B. 在盒体的端部设置用于安装输出电源插座的凹槽；C. 在盒体的端部设置用于安装输入电源插座的插孔。被控侵权物的技术特征与对比文件的技术特征不同，且此种不同并非本领域普通技术人员不需要付出创造性劳动就可以联想到的，因此耀马车业提出的现有技术抗辩不能成立。

一审法院判决：（1）耀马车业和富朗特公司于判决生效之日起立即停止侵犯张胜祥拥有的 ZL 200520073482.X 号"电动车的电池盒"的实用新型专利权及 ZL 200530086324.3 号"电池盒（电动车）"的外观设计专利权；（2）耀马车业于判决生效之日起 10 日内赔偿张胜祥经济损失 10 万元；（3）耀马车业于判决生效之日起 10 日内赔偿张胜祥支付的合理开支 3 499 元；（4）驳回张胜祥的其他诉讼请求。

耀马车业向本院提起上诉，请求撤销一审判决，驳回张胜祥的诉讼请求。主要理由为：（1）涉案实用新型专利不具有创造性，专利复审委已经作出审查决定，宣告其全部无效。（2）耀马车业没有侵犯涉案外观设计专利权。

张胜祥答辩称：（1）专利复审委的审查决定尚未生效，不能作为定案依据；（2）被控侵权产品的外观设计落入涉案专利权的保护范围，作为普通消费者，无法区分两者。

本案二审争议焦点为：（1）耀马车业是否侵犯了张胜祥涉案实用新型及外观设计专利权；（2）如构成侵权，一审判决确定的赔偿额是否适当。

耀马车业提供了下列证据：（1）专利复审委第 15164 号《无效宣告请求审查决定书》，其中载明："宣告 ZL 200520073482．X 号实用新型专利权全部无效。"（2）北京市第一中级人民法院（2011）一中知行初字第 351 号行政判决书，判决主文为："维持国家知识产权局专利复审委员会做出的第 15164 号无效宣告请求审查决定。"以证明涉案实用新型专利权无效。

本院查明：2010 年 8 月 30 日，专利复审委作出第 15164 号《无效宣告请求审查决定书》，宣告涉案 ZL 200520073482．X 号实用新型专利权全部无效。张胜祥对该决定不服，向北京市第一中级人民法院提起诉讼。该院于 2011 年 5 月 10 日作出（2011）一中知行初字第 351 号行政判决，维持专利复审委作出的第 15164 号无效宣告请求审查决定。张胜祥没有提起上诉，该行政判决已经发生法律效力。

本院认为：鉴于涉案实用新型专利权已被宣告无效，张胜祥基于该专利权提起的侵权之诉失去了权利依据，故相应的诉讼请求应予驳回。

案例四十七

上海市第一中级人民法院民事判决书［2011］沪一中民五（知）初字第 163 号

原告：上海慧高精密电子工业有限公司。

被告：上海迅雷金属材料有限公司。

原告上海慧高精密电子工业有限公司诉称，原、被告的经营范围基本一致。2008 年 7 月 21 日，原告向国家知识产权局申请名称为"小头打厚导线成型机"发明专利。2010 年 1 月 27 日，国家知识产权局将该专利申请予以公布。2011 年 8 月 17 日，上述专利获得授权。被告自上述专利申请公布之日起至今，未经原告许可擅自使用原告的上述专利技术，并从中获取巨额利润。

据此，原告请求本院判令被告：（1）支付原告自 2010 年 1 月 27 日至 2011 年 8 月 17 日临时保护期内的发明实施费用人民币（以下币种相同）1 011 750 元；（2）支付原告自 2011 年 8 月 18 日至 9 月 18 日期间的专利侵权赔偿金 106 500 元。

被告上海迅雷金属材料有限公司辩称：（1）被控侵权产品并非由其生产，而是向其他公司购买的，其能够提供合法来源，故不应承担赔偿责任；（2）被控侵权产品未落入原告专利权的保护范围，不构成对原告专利权的侵犯；（3）被控侵权产品采用的技术方案为现有技术。据此，被告请求本院依法驳回原告的全部诉讼请求。

诉讼中，被告向本院提交了以下证据材料，以证明其在原告专利申请日前即已购置了被控侵权产品，被控侵权产品采用的是现有技术：

1. 常州华鹤机械厂关于导针引线成型机的说明，说明附有导针引线成型机的图片，并记载："整机由上座、下座组成，是整台机器的支承部分。主轴部分由主轴、切刀凸轮、冲头凸轮、动模凸轮及偏心轮、飞轮组成，其功能主要是通过动模凸轮推动动力推杆、冲头推杆、动模架的运动而将引线送进、引直、打头、切断。引线部分主要由电机、皮带轮、引直器组成，功能主要是通过电机将引直器旋转，从而达到校直、送料的目的。传动部分主要由电机、飞轮组成。其功能主要是将整机启动，机器处于工作状态……"

2. 常州盛航电子设备有限公司出具的证明书，记载："兹证明上海迅雷金属材料有限公司向我司（常州盛航机械）购买各种段数打头机（1 送 ~ 6 送），购买期间为 2000 ~ 2010 年，各种段数打头机皆包括：穿线孔、穿线块、切刀、模具、模具滑块、撞头、凸轮、主轴及推动各连动部件的电机部分。其中，变动部件也可由厂商自配或到市场上匹配，包括：穿线孔（各种线径）、切刀（钨钢或其他材质）、模具（自行开线沟）、撞头、凸轮（高低点自行设计）。这些配件除厂商要求我司匹配外，市场上都有专业厂家供应。"

上述证据 1、2 证明被控侵权产品来源于常州盛航电子设备有限公司（常州华鹤机械厂），系在原告专利申请日前即已购置。

3. 扬州虹扬科技发展有限公司出具的证明及开具的增值税专用发票、其与被告签订的关于引线产品的采购单、被告的设计图纸。其中，证明记载："兹证明我司所使用上海迅雷生产的几款产品 L-SKY130S-00、L-SKY120S-00、L-SKY105S-00、L-R6-00（其中 L-SKY130S-00、L-SKY120S-00 为原 16ASKY 之延伸产品），这些产品我司自 2006 年起已开始向上海迅雷金属材料有限公司订购。"

4. 台湾伟登精密工业股份有限公司的宣传手册、常州星光电子有限公司和常州吉星电子器材有限公司的宣传手册，上述宣传手册均涉及对二极管引线的介绍，台湾伟登精密工业股份有限公司的宣传手册中还刊登了几张导针引线成型机的照片。

上述证据 3、4 证明被告和其他公司均在原告专利申请日之前生产出二极管引线，该二极管引线与使用原告专利设备生产出的二极管引线相同，故生产二极管引线所使用的成型机也必定相同，据此证明被控侵权产品采用了现有技术。

本案的争议焦点之一为被控侵权产品是否落入了原告专利权的保护范围。

综上，被控侵权产品采用的技术方案包含了与原告专利权利要求 1、2、3 记载的全部技术特征相同的技术特征，已经落入了原告专利权的保护范围。

本案的争议焦点之二为被控侵权产品是否由被告制造。

结合被控侵权产品上并无任何生产厂家等信息，依现有证据本院认定被控侵权产品系由被告制造。

本案的争议焦点之三为被告提出的现有技术抗辩能否成立。

被告共提供了 4 组证据（见上），以证明其在原告专利申请日前即已购置了被控侵权产品，被控侵权产品采用的是现有技术。本院认为：（1）如前所述，本院对于被控侵权产品系来源于常州盛航电子设备有限公司不予确认，故被告以常州盛航电子设备有限公司出具的证明书以证明该公司在原告专利申请日前即已制造出被控侵权产品，缺乏事实依据，本院不予采信。（2）常州华鹤机械厂关于导针引线成型机的说明并未公开原告专利权利要求1中"所述的模具上下两端各设有一弹片，该弹片的自由端置于线材的小头内侧"等技术特征以及权利要求2、3记载的技术特征，而该说明所附的图片亦未显示机器设备的全部技术特征，故以该份说明作为现有技术的抗辩不能成立。（3）台湾伟登精密工业股份有限公司的宣传手册的印制时间无法体现，不能证明系在原告专利申请日前即已形成，而且宣传手册中刊登的几张导线成型机的照片小而不清晰，无法全面反映该机器设备的全部技术特征，故该份证据不能作为现有技术抗辩的证据。（4）被告提供的其余证据均旨在以相同的二极管引线产品来证明所使用的导线成型机也相同，对此，本院认为，按一般专业常识及机械原理无法以产品相同而直接推断出其所使用的机器设备必然相同的结论。被告的该项抗辩缺乏充分的依据，本院难以支持。综上，被告提出的现有技术抗辩均不能成立。

判决如下：

（1）被告上海迅雷金属材料有限公司于本判决生效之日起停止侵犯原告上海慧高精密电子工业有限公司享有的"小头打厚导线成型机"发明专利权（专利号ZL 200810040798.7）；

（2）被告上海迅雷金属材料有限公司于本判决生效之日起10日内支付原告上海慧高精密电子工业有限公司专利实施费用人民币40 000元；

（3）被告上海迅雷金属材料有限公司于本判决生效之日起10日内赔偿原告上海慧高精密电子工业有限公司经济损失人民币60 000元；

（4）驳回原告上海慧高精密电子工业有限公司的其余诉讼请求。

案例四十八

上海市高级人民法院民事裁定书［2012］沪高民三（知）终字第36号

上诉人（原审被告）：兆东机电（启东）有限公司。

被上诉人（原审原告）：应永武。

原审法院经审理查明：2007年12月12日，原告应永武向国家知识产权局申请"一种网格砂盘"实用新型专利，并于2008年6月25日被授予专利权，专利号为ZL 200720310395.0，该专利目前仍在保护期内。

本案争议焦点之一在于被控侵权产品是否落入涉案专利权保护范围。

原审法院经比对审查认为，被控侵权砂盘包括基体、网布、砂面，基体表面往下凹陷呈斗笠形，中间设有一圆孔和四个弹性槽，基体与砂面中间有一层网布并粘合，其与原告专利权利要求1记载的技术特征相同。

本案争议焦点之二在于被告兆东公司是否实施制造、销售被控侵权产品的行为。

原审法院认为，在案证据足以证明被控侵权产品是由被告兆东公司制造、销售的。

兆东公司不服，提起上诉。

上诉理由为：（1）原审法院关于兆东公司实施了生产、销售被控侵权产品的认定，事实不清，证据不足，据此作出的判令兆东公司停止侵权、赔偿损失的判决不能成立，依法应予撤销。（2）即使被控侵权产品是兆东公司生产的，兆东公司使用的也是现有技术，并不侵犯涉案专利权。应永武主张保护的涉案专利权利要求1中除"基体与砂面的夹层中加以网布"以外的其余技术特征，均已在中华人民共和国机械行业钢纸砂盘标准1985年版和1996年版以及2006年版日本工业标准中被公开，而"基体与砂面的夹层中加以网布"该项技术特征也已在ZL 93111089.0号专利中被公开。

被上诉人应永武答辩称：关于现有技术抗辩，兆东公司在一审中并未提出，而是在二审中新提出的，因此二审中不应对兆东公司提出的现有技术抗辩进行审理。

另查明，2012年7月2日，国家知识产权局专利复审委员会作出第18951号无效宣告请求审查决定，宣告涉案专利权全部无效。

由于涉案专利权已被专利复审委员会宣告全部无效，且被宣告无效的涉案专利权视为自始即不存在，应永武对涉案专利自始不享有专利权，不能认定应永武与本案有直接的利害关系，应永武作为本案的原告不适格。

（1）撤销上海市第一中级人民法院［2011］沪一中民五（知）初字第128号民事判决；

（2）驳回应永武的起诉。

案例四十九

江苏省高级人民法院民事判决书［2012］苏知民终字第0185号

上诉人（原审被告）：周锋军。

被上诉人（原审原告）：陈永贵。

被上诉人（原审原告）：杭州富春家私有限公司。

陈永贵、富春公司一审诉称：陈永贵系ZL 200720108348.8号"桌子支脚"实用新型专利权人，富春公司是该专利独占被许可权利人。周锋军在其经营的店铺中销售、许诺销售的多款产品已落入涉案专利保护范围。

请求法院判令周锋军：（1）立即停止销售、许诺销售侵权产品，销毁库存侵权产品；（2）赔偿陈永贵、富春公司经济损失人民币30万元（以下币种相同）及其为制止侵权行为所支付的合理费用6 365.6元；（3）承担本案全部诉讼费。庭审中陈永贵、富春公司将合理费用部分变更为 19 793.6 元。

周锋军一审辩称：（1）根据陈永贵、富春公司向法庭提供的检索报告，该专利没有创造性；（2）周锋军销售的产品是按现有技术生产的，没有侵权；（3）周锋军销售的产品的技术特征没有落入涉案专利的保护范围；（4）陈永贵与富春公司的专利实施许可合同没有依法备案，富春公司不能作为原告主张权利，故请求驳回陈永贵、富春公司的全部诉请。

一审法院审理查明：

1. 关于本案诉争专利的事实。

该专利目前处于有效状态。2010 年 6 月 1 日，陈永贵许可富春公司独占许可实施该专利。

根据国家知识产权局出具的《实用新型专利检索报告》，该专利权利要求 1～6 有新颖性，权利要求 1～3 无创造性，权利要求 4～6 有创造性。庭审中，陈永贵和富春公司明确主张依据该专利权利要求 1～4 确定专利保护范围。

2. 关于被控侵权产品的构造及销售的事实。

3. 关于现有技术抗辩比对专利的事实。

1993 年 7 月 26 日，优美股份有限公司向国家知识产权局提出"底脚调整装置"实用新型专利申请，1994 年 6 月 1 日获得授权，专利号为 ZL 93220407.4。该专利权利披露了一种底脚调整装置，其主要由调整旋钮、支承垫、螺丝组成。

2006 年 3 月 24 日，陈少生向国家知识产权局提出"一种用于家具的支承部件"实用新型专利申请，2007 年 4 月 4 日获得授权，专利号为 ZL 200620056833.0，该专利披露了一种用于家具的支承部件，包括支撑脚及装置于支撑脚上的支承码。

2004 年 12 月 31 日，上海震旦家具有限公司向国家知识产权局提出"组合式桌具的柱梁连接构件组"实用新型专利申请，2006 年 3 月 15 日获得授权，专利号为 ZL 200420116983.7，该专利披露了一种组合式桌具的柱梁连接构件组，用以连接组合式桌具的一根横梁及一根立柱，包括转接件、附着于转接件上的嵌夹单元、用于固结转接件和嵌夹单元的螺接件。

一审法院认定的争议焦点：（1）富春公司是否具备原告主体资格；（2）被控侵权产品是否落入涉案专利保护范围；（3）周锋军的现有技术抗辩是否成立。

一审法院认为：

关于争议焦点二，富春公司具备本案原告主体资格。

关于争议焦点二，被控侵权产品已经落入涉案专利保护范围。

关于争议焦点三，周锋军的现有技术抗辩不能成立。理由如下：根据专利法的相关规定，授予专利权的发明和实用新型，与现有技术相比应当具备新颖性、创造性和实用性，而现有技术则是指申请日以前在国内外为公众所知的技术。根据法律规定，被诉落入专利权保护范围的全部技术特征，与一项现有技术方案中的相应技术特征相同或者无实质性差异的，人民法院应当认定被诉侵权人实施的技术属于

《专利法》第 62 条规定的现有技术，即被控侵权技术应当是来源于现有技术的一套完整的技术方案，而不应是某一个或数个孤立的技术特征。一般不得将被控侵权技术与两项以上现有技术方案进行组合对比。本案中，周锋军在庭审中认为被控侵权产品使用的技术属于现有技术，并提交了"底脚调整装置""一种用于家具的支承部件"和"组合式桌具的柱梁连接构件组"三个在先专利作为比对依据，上述专利均在涉案专利申请日前公开，但并非一套完整的技术方案，被控侵权技术也不属于所属领域普通技术人员广为熟知的公知常识简单组合。因此周锋军的现有技术抗辩不能成立。

判决如下：（1）周锋军立即停止销售侵害"桌子支脚"实用新型专利权（专利号 ZL 200720108348.8）的产品；（2）周锋军自判决生效后 10 日内赔偿富春公司经济损失 40 000 元；（3）周锋军自判决生效后 10 日内赔偿陈永贵和富春公司为制止侵权支出的合理费用 7 793.6 元；（4）驳回陈永贵和富春公司的其他诉讼请求。

周锋军不服一审判决，向本院提起上诉。

理由为：1. 陈永贵和富春公司一审中向法庭提交了涉案专利的检索报告，该报告显示权利要求 1～3 没有创造性，一审法院依据涉案专利的权利要求 1～4 记载的技术特征及其引用的权利要求记载的技术特征来确定保护范围，认定事实不清。

2. 被控侵权产品的桌子支脚的柱（立柱）梁连接方式是根据 2004 年申请，2006 年授权的名称为：组合式桌具的柱梁体连接构件组的中国专利（专利号：ZL 200420116983.7）制作的，并且一审中所援引的"底脚调整装置"及"一种用于家具的支撑部件"两项专利只是用于证明涉案专利权利要求 1～3 没有创造性，并没有将该两项技术方案同权利要求 4 进行对比。因此，周锋军实施的技术属于《专利法》第 62 条规定的现有技术。

陈永贵和富春公司二审辩称：周锋军的被控侵权产品落入了权利要求 1～4 的保护范围，并且现有技术中没有公开与被控侵权产品相同的独立而完整的技术方案，因此现有技术抗辩不能成立。

本院二审另查明：专利复审委员会已向本院发出无效案件审查状态通知书，其上载明周锋军已于 2012 年 5 月 28 日向专利复审委员会提出了针对涉案专利的无效宣告请求。

本案二审的争议焦点为：（1）本案是否应当中止审理；（2）富春公司是否具备原告的主体资格；（3）被控侵权产品是否落入涉案专利的保护范围；（4）周锋军的现有技术抗辩是否成立。

本院认为：

1. 本案不应当中止审理

专利检索报告已经认定该权利要求具有新颖性和创造性，因此在没有其他证据表明该权利要求无效的情况下，权利要求 4 目前是有效的。也就是说，即便涉案专利权利要求 1～3 如专利检索报告所述不具备创造性而被宣告无效，由于具备新颖性、创造性的权利要求 4 的存在，本案仍能依据其继续进行有效的审理，因此，没有必要中止本案的诉讼程序。

2. 周锋军主张的现有技术抗辩不能成立

根据《最高人民法院关于审理侵犯专利权纠纷案件应用若干问题的解释》第 14 条的规定，被诉落入专利权保护范围的全部技术特征，与一项现有技术方案中的相应技术特征相同或者无实质性差异的，人民法院应当认定被诉侵权人实施的技术属于《专利法》第 62 条规定的现有技术。

驳回上诉，维持原判决。

由于周锋军所引用的作为现有技术抗辩证据的专利文献中从未提及桌子支脚由 1/4 圆弧板搭扣在 3/4 圆弧柱上面构成，也未提及立柱上端部接有一个圆柱形转换配件，因此，即便是在不考虑其是否真正公开了夹口状托臂与圆柱形转换配件之间的连接特征的情况下，已经可以认定被诉落入专利权保护范围中的至少两部分技术特征（上述技术特征（1）和（2））并没有在周锋军主张的专利文献中公开，也就是说，本案并不符合"被诉落入专利权保护范围的全部技术特征，与一项现有技术方案中的相应技术特征相同或者无实质性差异"的情形，因此，被诉侵权人实施的技术不属于《专利法》第 62 条规定的现有技术，周锋军主张的现有技术抗辩不能成立。

《知识产权专题研究书系》 书目